정치와 도덕을 말하다

Public Philosophy: Essays on Morality in Politics

Copyright © 2005 by Michael J. Sandel
Published by arrangement with Harvard University Press.
All rights reserved.

Korean translation copyright © 2016 by Mirae N Co., Ltd.
Korean translation rights arranged with Harvard University Press
through EYA(Eric Yang Agency).

이 책의 한국어판 저작권은 EYA(Eric Yang Agency)를 통한
Harvard University Press 사와의 독점 계약으로 ㈜미래엔에 있습니다.
저작권법에 의해 한국 내에서 보호를 받는 저작물이므로 무단전재와 복제를 금합니다.

마이클 샌델

정치와 도덕을 말하다

좋은 삶을 향한 공공철학 논쟁

김선욱 해제 | 안진환, 김선욱 옮김

PUBLIC
PHILOSOPHY

와이즈베리
WISEBERRY

키쿠에게, 사랑을 담아

마이클 샌델 특별 기고

버니 샌더스와 도널드 트럼프, 그리고 아메리칸 드림

대통령 예비선거로 미국 전역이 떠들썩한 가운데 미 정치계에 포퓰리즘이 기세를 떨치고 있다. 민주당에서는 자칭 상원 내 유일한 사회주의자 버니 샌더스Bernie Sanders가 국무장관을 지냈던 힐러리 클린턴Hillary Clinton의 대세론에 강력한 위협을 가하고 있으며, 공화당에서는 억만장자이자 유명 방송인인 도널드 트럼프Donald Trump가 조지 W. 부시George W. Bush 전 대통령의 동생이자 전 플로리다 주지사 젭 부시Jeb Bush를 포함한 다수의 경쟁자들을 뛰어넘고 선두주자 지위에 올라 있다. 젭 부시 전 주지사는 선거자금으로 1억 달러를 모금해놓고도 유권자들과의 소통에 실패해 경선에서 사퇴하고 말았다.

샌더스와 트럼프 모두 여러 면에서 현상現狀에 안주하려는 기득권 정치세력에 도전하면서 사회적 통념에 대항해왔다. 클린턴이 민주당 경선에서 여전히 선두를 달리고 있지만, 여론조사 결과는 클린턴과 샌더스의 격차가 두 달 전 25퍼센트 포인트에서 최근 6퍼센트 포인트로 줄어들었음을 보여준다. 클린턴의 흔들리는 입지는 부분적으로 그녀의 정직성과 신뢰성에 대한 유권자들의 의구심에 기인한다. 많은 유권자들은 샌더스의 꾸밈없이 말하는 걸걸한 스타일이 클린턴의 계산된 조심성에 비해 신선할 정도로 진정성이 있다고 생각한다.

74세의 샌더스는 특히 젊은 사람들에게서 높은 지지를 얻고 있다. 아이오와, 뉴햄프셔, 네바다에서 열린 처음 세 차례의 예비선거 및 전당대회에서 30세 이하 유권자 중 80퍼센트 이상이 그에게 표를 던졌다.

두 후보자는 스타일은 물론 본질 측면에서도 많이 다르다. 샌더스는 거의 무명에 가까운 상황에서 출발해 불평등 완화와 대형은행 해체, 금권정치 타파를 부르짖으며 지지기반을 다졌다. 그는 클린턴이 근래의 여타 민주당 정치인들과 마찬가지로 월가와 너무 친밀해서 대형은행들에 맞서지 못한다고 주장한다. 클린턴의 선거운동은 금융계에서 1500만 달러의 기부금 지원을 받은 반면, 샌더스의 경우는 일반인들의 소액 기부금이 주를 이뤘다. 또한 클린턴은 국무장관 퇴임 후 강연료로 2000만 달러를 버는 등 개인적으로 기업들로부터 많은 후원을 받아왔다. 투자은행 골드만삭스는 세 차례 강연에 대한 대가로 그녀에게 67만 5000달러를 지급했다.

샌더스는 2008년 금융위기 이후 단행된 규제 개혁이 충분하지 못했다고 생각한다. 그는 대형은행을 해체하고 상업 은행업을 고위험의 투자 은행업에서 분리하기를 원한다. 그는 금융투기에 세금을 부과해 그 세입으로 국공립 대학 등록금을 무료로 만들고 싶어 한다. 또한 민영보험회사들을 제자리에 남겨 두었던 오바마 대통령의 의료보험 개혁안을 뛰어넘어 전 국민 단일의료보험 시스템을 창출하고자 한다. 클린턴은 샌더스의 제안들이 비현실적이라고 주장하면서 보다 온건하고 점진적인 개혁안을 내세운다. 그녀는 샌더스가 경제적 불평등과 금권정치 문제에만 집중하는 것을 가리켜 그가 "단일 쟁점 후보자"에 불과하다고 지적하며, 자신의 폭넓은 외교정책 경험이 세계 속의 미국을 이끄는 데 더욱 적합한 자질이라고 강조한다. 이에 대해 샌더스는 경험보다 중요한 것은 훌륭한 판단력이라고 답하며, 부시 행정부 시절 힐러리 클린턴은 이라크 전쟁에 찬성표를 던졌지만 자신은 반대표를 던졌음을 상기시킨다.

샌더스 선거운동의 놀라운 성공은 21세기 들어 더욱 심화되고 있는 불평등과 이 문제를 적절히 해결하지 못한 민주당의 실패에 대한 좌절감을 반영한다. 소득 불평등은 1920년대 이래로 가장 높은 수준에 올랐다. 근래의 경제적 성장 대부분의 혜택은 최상위층에 속하는 사람들에게 돌아갔다는 의미다. 현재 상위 0.1퍼센트에 속하는 갑부들은 하위 90퍼센트에 속하는 사람들의 모든 부를 합친 만큼의 부를 보유하고 있는 상황이다.

소득과 부의 이러한 집중 현상은 정치와 관련성을 가지지 않을 수 없다. 2008년 금융위기의 무대를 마련해준 금융산업 규제 철폐는 1990년대 말, 빌 클린턴Bill Clinton 행정부의 작품이었다. 금융위기가 한창일 때 정권을 넘겨받은 버락 오바마는 클린턴 집권기에 월가의 규제 철폐를 주도한 경제고문들을 요직에 임명했다. 그리고 그들의 조언에 따라 납세자들의 돈으로 은행들과 투자회사들을 긴급 구제하는 방안을 지원했다. 그 대가로 거의 아무것도 요구하지 않으면서 말이다. 결국 대형 은행의 해체도, 상업 은행업과 투자 은행업의 분리도, 중역들의 연봉과 보너스에 대한 의미 있는 제한도 없었고, 주택의 가치가 폭락하여 더 이상 모기지 상환금을 감당할 수 없었던 주택 소유자들에 대한 지원도 거의 이뤄지지 않았다.

한편 미 대법원은 정계의 선거운동에 기업이 후원할 수 있는 금액의 한계를 정한 법률을 폐지했다. 개인의 정치적 견해를 대중에게 알리는 데 쓰는 돈을 제한하는 것은 언론의 자유라는 기본권에 위배된다는 취지였다. 이제 큰돈이 아무런 제한 없이 정치를 지배할 수도 있게 되었다는 의미다. 「뉴욕타임스New York Times」의 분석에 따르면 2016년 대선 경선 초기에 민주당과 공화당 후보들에게 들어간 기부금의 약 절반이 고작 158개의 부자 가문에서 나왔다고 한다.

도널드 트럼프의 입후보에 탄력을 붙여준 것은 도통 이해할 수 없는 정치 시스템에 대한 보통 사람들의 끓어오르는 분노와 좌절이었다. 이번에는 미 정계에서 포퓰리즘의 일시적 득세가 좌파에만 국한되지 않았다. 유럽의 많은 우파 포퓰리즘 정치가들처럼 트럼프 역시 이민 문제를 들고 나왔다. 법적 허가 없이 미국에 거주하는 이민자, 즉 불법 체류자 1200만 명을 강제로 추방하겠다는 공약을 내건 것이다. 그리고 새로 들어오는 사람들을 막기 위해 3200킬로미터에 달하는 미국과 멕시코의 국경선을 따라 장벽을 세우겠다는 약속까지 했다. 그의 지지자들이 몹시 기쁘게도, 그 장벽의 건설비는 멕시코에서 대게끔 하겠다면서 말이다.

이민에 대한 트럼프의 강경한 입장은 이민자로 인해 일자리와 임금이 위협 받고 있다고 느끼는 근로계층 유권자들에게 먹혀들고 있다. 하지만 그의 호소력은 여기서 그치는 게 아니다. 이민에 대한 그의 강경 노선은 "미국을 다시 위대한 나라로 만들겠다"는 보다 큰 약속의 일부분에 해당한다. 그는 중국과의 무역수지 적자, "참수하는" IS 테러리스트들, 이란의 핵 프로그램 제한에 대한 보상으로 경제제재를 풀어준 "재난과도 같은" 거래 등에 대해 분개하며 독설을 퍼붓는다. 트럼프는 시선을 돌리는 곳 어디에서든 미국의 힘과 의지의 실패를 목도한다. 그는 "우리가 더 이상 이기지 못하고 있습니다"라고 불평한다. 그의 선거운동은 근본적으로 미국이 상실한 영향력을 되돌려놓는 것이 주제다. 그래서 특히 경제와 문화 측면에서 자신들이 한참 뒤처지게 되었다고 느끼는 근로계층 남성들이 트럼프에 열광하는 것이다. 트럼프는 이렇게 큰소리친다. "내가 대통령이 되면 우리는 이기는 게 지겨울 정도로 많은 승리를 거두게 될 겁니다."

이념적 차이에도 불구하고 샌더스와 트럼프는 서로 유사하게 불만이라는 원천을 이용하고 있는 셈이다. 두 사람 모두 거대한 자본과 무책임한 권력 앞에서 보통 사람들이 느끼는 상실감에 호소하고 있다. 또한 둘 다 민주당이든 공화당이든 지난 30년 이상에 걸쳐 제도의 수혜자로 살아온 주류 정치인들에게 비판의 날을 세우고 있다. 경쟁자들과 달리, 샌더스와 트럼프는 이른 바 "슈퍼 팩Super Pac"의 지원을 받아들이길 거부했다. 슈퍼 팩은 정치자금을 모아서 지원하는 후원단체로, 특정 선거운동 본부의 직접적인 지시와 통제를 받지 않는다는 조건으로 해당 후보를 위해 무제한의 돈을 모으고 쓸 수 있다. 슈퍼 팩의 대안으로 각자가 선택한 길은 물론 다르다. 샌더스는 온라인으로 소액 기부를 받아 수백만 달러를 모았고(평균 기부금 27달러), 억만장자인 트럼프는 자신의 돈으로 선거운동에 자금을 대고 있다. 트럼프는 선거운동에 자신의 돈을 쓰겠다고 선언하면서 현재의 선거자금 조달 체계가 갖고 있는 문제점, 즉 사실상 대기업과 갑부들이 정치적 영향력을 구매할 수 있게 해주는 잠재적 부패성을 직설적으로 꼬집었다. (트럼프는 자신도 과거에 비즈니스맨으로서 미래의 호의를 바라고 정치인들에게 선거자금을 후하게 기부했다는 사실을 거리낌없이 인정했다.)

몇 가지 다른 현안에 대해서도 트럼프는 같은 공화당 사람들보다 샌더스와 더 많은 공통점을 가진다. 그는 조세의 허점 덕분에 자신의 비서보다도 낮은 세율로 세금을 내는 부유한 헤지펀드 매니저들을 경멸한다. 공화당 전당대회보다는 월가 점령 시위에서나 박수갈채를 받을 법한 표현을 동원해가며 트럼프는 이렇게 선언했다. "헤지펀드 관계자들이 이 나라를 세운 게 아닙니다. 그 자식들은 서류나부랭이나 이리 돌리고 저리 돌려서 운 좋게 돈을 벌고 (…) 그러면서도 저지 당하거나 처벌 받지 않고 자기 하고 싶은 대로 다 하고 있습니다. (…) 나는 중산층의 세율을 낮추고 싶습니다." 또한 그는 미국의 일자리를 저임금 국가들로 넘어가게 만드는 FTA^{Free Trade Agreement, 자유무역협정}를 비판한다. 샌더스와 마찬가지로 그는 오바마 행정부가 추진하고 의회에서 공화당이 지지하는, 미국과 일본을 위시한 12개국의 자유무역협정인 TPP^{Trans-Pacific Partnership, 환태평양경제동반자협정}에도 반대한다. (샌더스의 도전에 압박을 느낀 클린턴은 오바마 행정부와 결별하고, 지금은 TPP에 반대 입장을 표하고 있다. 국무장관 재임 중에는 지지했음에도 말이다.)

트럼프의 경우 공화당 기득권 세력과의 가장 노골적인 절연을 보여주는 것은 필경 이라크 전쟁을 "재앙"이라고 묘사하며 맹렬히 비난한 일일 것이다. 군사문화 전통이 강한 사우스캐롤라이나에서 열린 후보 토론회에서, 전쟁의 구실이었던 사담 후세인의 대량살상무기 보유 문제에 대해 트럼프는 조지 W. 부시 대통령이 거짓말을 했다고 천명했다. 젭 부시가 자신의 형은 "나라를 안전하게 유지했다"고 주장했을 때 그에게 동의하지 않으면서 청중들에게 9.11 테러가 부시의 재임 중에 일어났음을 상기시켰다. 부시와 이라크 전쟁에 대한 이러한 변절자적인 언행에도 불구하고, 트럼프는 사우스캐롤라이나 예비선거에서 넉넉한 표차로 선두를 차지했다.

샌더스와 트럼프의 예상 밖의 선전은 미국 유권자들이 좌경화 혹은 우경화로 치닫고 있음을 나타내는 것이 아니다. 양당의 기득권층이 수용하고 있는 신자유주의 경제 질서, 즉 상류층에만 후한 보상을 안겨주고 다른 모든 이의 삶은 불안정하게 만드는 그런 경제 질서에 대한 대중적 저항을 보여주고 있는 것이다.

샌더스와 트럼프의 부상은 이념을 기반으로 한다기보다는 아메리칸드림이 사라지고 있다는 불안에 기인한다. 이것이 바로 샌더스가 보통 사람에게 불리하게 조작된 제도에 대해 말할 때 의미하는 바이며, 트럼프가 더 이상 이기지 못하는 미국에 대해 말할 때 의미하는 바이다. 둘 다 미국인들이 자신의 삶을 지배하는 세력에 대한 통제력을 상실해가고 있다는 폭넓은 인식을 표현하고 있는 것이다.

아메리칸 드림이 소득과 부의 불평등 완화를 의미했던 적은 단 한 번도 없었다. 그것은 사람들을 높이 올라서도록 만드는 것, 그리고 그 자녀들에게는 더 높이 올라설 기회를 제공하는 것을 의미했다. 그래서 미국인들이 전통적으로 유럽인들보다 불평등에 대해 덜 걱정했던 것이다. "소득과 부의 불균형이 유럽의 복지국가들보다 미국에서 더 심할지는 몰라도, 여기서는 출생 당시의 계급에 묶여서 살진 않는다"고 말하곤 했다. 평등성이 아니라 이동성이 우리가 누리는 자유의 척도였다. 하지만 최근 20~30년 사이에 이 위로가 되는 자아상은 입에 발린 소리처럼 들리게 되었다. "성실하게 일하고 규칙을 준수하며 사는" 사람들이 앞서 나가기 마련이라는 오랜 신념은 근로계층과 중산층 미국인의 실제 경험과 더 이상 맞아떨어지지 않는다. 그 20~30년 동안 심화된 불평등이 높이 올라설 기회들로는 더 이상 상쇄되지 않는 탓이다. 오히려 경제적 이동성의 경화硬化만 초래되었을 뿐이다.

현재 미국은 대부분의 유럽 주요 국가들보다도 계층 간 이동성이 약해진 상태다. 소득을 5분위로 나눴을 때 최하위에 속하는 가정에서 태어난 미국 남성 가운데 42퍼센트가 성인이 되어서도 그 계층을 벗어나지 못한다(덴마크의 25퍼센트, 영국의 30퍼센트와 비교해보라). 최하위층에서 최상층으로 이동하는 미국 남성은 단지 8퍼센트에 불과하다. 한 세대에서 다른 세대로 연결되는 이동성 역시 유사한 결과를 보인다. 덴마크, 캐나다, 스웨덴, 독일, 프랑스의 계층 간 이동성이 미국보다 더 강하다. 아메리칸 드림이 오히려 덴마크에서 살아 숨 쉬고 있다는 의미다.

만약 상향 이동성에 대한 약속이 더 이상 소득과 부의 불평등을 상쇄할 수 있는 현실적인 방안이 되지 못한다면, 미국인들은 어쩌면 아메리칸 드림에서 차지하는 평등성의 위치에 대해 다시 생각해봐야 할 필요가 있을지도 모른다. 요즘 일고 있는 포퓰리즘이 과연 그러한 재고를 촉발할 것인지 여부는 두고 봐야 할 일이라 하겠다.

「가디언Guardian」
2016년 2월 28일 게재

서문

정치는 왜 도덕을 말해야 하는가?

2004년 11월, 공화당 조지 W. 부시 대통령이 재선에 성공하자 민주당 관계자들 사이에 자기반성이라는 새로운 움직임이 일어났다. 출구 여론조사 결과에 따르면 상대적으로 많은 수의 유권자들이 다른 어떤 현안보다도 "도덕적 가치"에 기준을 두고 투표권을 행사한 것으로 드러났기 때문이다. 테러리즘이나 이라크 전쟁, 경제 상황 등과 같은 주요 현안을 제치고 도덕적 가치가 표심을 좌우한 것이다. 또한 도덕적 가치를 기준으로 삼았다고 답한 유권자들 가운데 압도적인 수가 민주당 후보 존 케리John Kerry를 제쳐두고 부시에게 표를 던졌다고 답했다(18퍼센트 대 80퍼센트). 이에 시사 전문가들은 당혹감에 빠지지 않을 수 없었다. CNN의 기자 한 명은 이렇게 토로할 정도였다. "어느 지점에서부턴가 우리 모두는 도덕적 가치의 문제를 놓치고 있었다."

회의론자들은 그 "도덕적 가치" 문제를 과잉 해석하지 말라고 경고했다. 그들은 유권자의 다수가 선거운동 기간의 최대 도덕적 현안이었던 낙태 및 동성결혼 허용 문제에 반대하는 부시의 입장에 공감하지 않는다고 지적했다. 부시의 승리를 설명할 수 있는 여타 요인들도 많았다. 존 케리의 선거운동에는 강한 흥미를 돋울 만한 주제가 없었다는 사실, 전쟁 중에는 현직 대통령이 재선에 유리하다는 사실, 미국인들이 여전히 9.11 테러의 악몽을 떨쳐내지 못하고 있었다는 사실 등이 그것이다. 그럼에도 불구하고, 2004년 대선의 여파 속에서 민주당 관계자들은 미국인들의 도덕적·정신적 갈망에 좀 더 설득력 있게 다가설 방법을 모색하지 않을 수 없었다.

민주당이 "도덕적 가치 문제"를 놓친 것은 그때가 처음이 아니었다. 1964년 린든 존슨 Lyndon Johnson의 압도적 승리 이후 40년의 세월이 흐르는 동안 민주당이 대선에서 승리한 것은 단 두 차례뿐이었다. 한 번은 조지아 출신의 기독교도로서 워터게이트 사건(1972년 미국 대선을 앞두고 닉슨 측이 민주당 본부가 있는 워터게이트 빌딩에서 도청을 시도한 사건. 이로 인해 닉슨은 1974년 대통령직에서 물러났다 – 옮긴이)의 여파 속에서 정부에 정직과 도덕성을 회복시키겠다고 공언한 지미 카터 Jimmy Carter가 후보로 나왔을 때였고, 다른 한 번은 개인적인 약점에도 불구하고 정치의 종교적·정신적 중요성에 대한 예리하고도 본능적인 이해력을 보여준 빌 클린턴이 후보로 나섰을 때였다. 다른 민주당의 간판 후보들(가령, 월터 먼데일 Walter Mondale, 마이클 듀카키스 Michael Dukakis, 앨 고어 Al Gore, 존 케리 등)은 도덕이나 정신과 관련된 언급은 애써 피하고 정책이나 정부 프로그램에 대한 언급에만 매달렸다.

도덕적·종교적 반향을 갈구하는 민주당 관계자들의 최근 노력은 두 가지 형태를 띠는데, 어느 것도 제대로 먹혀들고 있지 않다. 일부는 조지 W. 부시의 예를 좇아 종교적 수사법과 성경 인용문구로 자신들의 연설을 치장하기 시작했다(현대의 대통령 중 이 전략을 가장 뻔뻔스럽게 이용한 인물이 바로 조지 W. 부시다. 취임사와 첫 국정연설에서 그는 심지어 로널드 레이건$^{Ronald\ Reagan}$ 대통령이 그랬던 것보다 더 빈번하게 신을 언급한다). 2000년과 2004년의 대선에서 신의 은총을 입고자 하는 경쟁이 얼마나 치열했던지 빌리프넷닷컴$^{beliefnet.com}$이라는 웹사이트는 "가도메터$^{God-o-meter}$"라는 것을 설정해놓고 각 후보들의 신에 대한 언급 횟수를 추적하기까지 했다.

민주당 관계자들이 취한 두 번째 접근방식은 정치의 도덕적 가치란 낙태나 동성결혼, 공립학교의 기도시간이나 관청의 십계명 게시의 의무화 등과 같은 문화적 현안에 대한 것일 뿐만 아니라, 의료보험이나 보육, 교육기금, 사회보장제도 등과 관련된 경제적 현안에 대한 것이기도 하다고 주장하는 것이다. 존 케리 역시 2004년 전당대회에서 후보 수락 연설을 할 때 이러한 접근방식을 보여준 바 있다. 그는 그날 "가치" 혹은 "가치들"이라는 표현을 32차례나 사용했다.

다급한 마음은 이해가 가지만 도덕적 가치의 결여라는 과제에 대한 민주당의 이런 방식의 해결책은 부적절하거나 설득력이 부족하다는 인상을 준다. 그 이유는 두 가지다. 첫째, 민주당은 그동안 자신들의 사회적·경제적 정책들을 뒷받침하는 경제 정의에 대한 목표를 명확하고도 설득력 있게 설명해오지 못했다. 둘째, 경제 정의에 대한 강력한 주장조차도 그 자체만으로는 통치 목표의 구성요소가 되지 못한다. 풍족한 사회적 번영을 거둬들일 기회를 누구에게나 공정하게 제공하는 것은 분명 훌륭한 사회가 가져야 할 일면이다. 그러나 이 공정성만이 전부는 아니다. 공정성이 더 큰 의미의 공공생활$^{public\ life}$에 대한 기대까지 충족시켜주지는 못한다. 자치 self-government 라는 프로젝트와, 자기 자신을 위하는 것보다 더 큰 의미의 공동선 common good 을 실현하는 데 참여하려는 사람들의 열망이 이 공정성만으로 서로 자연스럽게 접점을 만들지는 않기 때문이다.

9.11 테러의 영향으로 전 국민적인 애국심이 분출되었음에도, 그리고 이라크 파병 군인들의 희생이 이어졌음에도 미국의 정치는 좋은 사회, 그리고 시민의 책임 공유에 대한 고무적인 전망이 부족하다. 2001년 테러 공격이 있은 지 몇 주 후, 미국을 전쟁 국면으로 이끌면서도 감세 정책은 끝까지 고수하던 부시 대통령에게 "왜 미국 국민들에게 전반적인 차원의 희생을 요구하지 않았느냐?"라는 질문이 쏟아졌다. 그는 "미국 국민들은 공항에서 예전보다 길어진 줄에 대해 인내하며 희생하고 있다"고 답했다. 또한 2004년 프랑스 노르망디에서 열린 상륙작전 기념행사의 인터뷰 석상에서 NBC 방송국의 톰 브로커 Tom Brokaw 도 부시 대통령에게 왜 미국 국민들에게 더 많은 희생을 요구하지 않는지를 물었다. 그렇게 해야 이라크에서 싸우며 죽어가는 자국의 군인들과 동질의식을 갖지 않겠느냐고 덧붙이면서 말이다. 부시는 마치 질문의 의도를 이해하지 못한 듯 어리둥절한 표정으로 되물었다. "더 많은 희생이라니, 무슨 의미로 하는 말이지요?" 브로커는 제2차 세계대전 당시의 식량배급제를 예로 제시하며 다시 고쳐 물었다. "제 생각에는, 미국의 군인들이 해외에서 하고 있는 일과 미국 국민들이 국내에서 하고 있는 일이 서로 단절되어 있다는 인식이 보편적인 것 같거든요." 부시는 이렇게 답했다. "미국은 그동안 희생을 치러왔습니다. 우리의 경제는 건실해야 마땅함에도 그러하질 못했습니다. 그리고 음……, 일자리를 갖

지 못한 사람들도 있었고요. 다행히도 우리의 경제는 이제 건실합니다. 그리고 점점 더 강해지고 있습니다."

민주당이 희생이라는 주제를 포착하지 못했다는 사실, 그리고 부시가 질문의 취지를 거의 이해하지 못했다는 사실은 21세기 초 미국 정치의 둔감해진 시민의식을 입증한다. 공공의 목적에 대한 양당의 고무적인 설득이 없는 상태에서 미국의 유권자들은 테러의 망령에 사로잡힌 채 현직 대통령이 풍기는(혹은 그들 자신이 대통령에게 결부시키는) 안전과 도덕적 확실성에 기대려는 선택을 내려 버린 것이다.

이 책에 실은 나의 평론들은 미국의 공공생활을 움직이는 도덕적 딜레마와 정치적 딜레마를 탐구한 것이다. 1부 〈미국의 시민생활〉은 미국 정치의 전통을 전반적으로 되짚어보는 것이 목적이다. 먼저 "도덕적 가치"가 처한 곤경을 보여주며 오늘날 자유주의자들이 거꾸로 움직이고 있는 것 같은 느낌을 주는 이유와, 보수주의자들이 정치 논쟁에서 신앙 기반 측면을 언제나 독점해온 것은 아니라는 사실을 살펴본다. 미국 역사의 위대한 도덕적·정치적 개혁운동 중 몇몇은(노예제 폐지 운동에서부터 진보 시대 Progressive era, 1960년대의 민권운동 civil rights movement에 이르기까지) 도덕적·종교적·정신적 자원에 강하게 의존했다. 1부의 평론들은 토머스 제퍼슨 Thomas Jefferson에서 현재에 이르기까지 미국 정치사의 주요 논쟁을 짚어보며 어쩌다 자유주의가 그 도덕적·시민적 목소리를 잃어버렸는지 보여주고, 우리 시대에 다시 자치라는 프로젝트에 활력을 불어넣을 수 있을지를 묻는다.

2부 〈논쟁들〉에서는 지난 20년 동안 치열한 논쟁거리가 되어왔던 도덕적·정치적 현안들, 즉 소수집단우대정책affirmative action(차별의 구제와 예방을 목적으로 인종·성별·국적을 고려하는 적극적인 노력 – 옮긴이)과 조력자살assisted suicide(의사 등이 도움을 주지만 치명적 행동은 당사자가 스스로 취한다는 점에서 안락사와 다르다 – 옮긴이), 낙태, 동성애자의 권리, 배아줄기세포 연구, 오염 배출권, 대통령의 거짓말, 범죄자 처벌, 관용의 의미, 시장의 도덕적 한계, 개인의 권리와 공동체의 요구 상충, 공공생활에서 종교의 역할 등에 대한 문제를 다룬다. 첨예한 대립 양상을 보이는 이 논쟁들의 중심에는 몇 가지 반복되는 의문점이 자리 잡고 있다. 개인의 권리와 선택의 자유는 우리의 도덕적·정치적 삶에서 가장 대표적인 규범이지만, 과연 그것들이 민주사회를 위하여 충분하고도 적절한 기반으로서의 의미까지 지니는가? 우리는 좋은 삶에 관한 논쟁적인 개념들을 다루지 않고서도 공공생활에서 발생하는 도덕적 과제들을 논리적으로 풀어 나갈 수 있는가? 만약 우리의 정치적 논의들을 다루는 데 있어 좋은 삶에 관한 질문들을 짚고 넘어가야만 한다면, 현대 사회에 이 질문들에 대한 의견 불일치가 만연해 있다는 사실에 대해서는 어떤 태도를 취해야 하는가?

3부 〈공동체와 좋은 삶〉에서는 2부에서 논의한 도덕적·정치적 특정 논쟁들에서 한걸음 물러나 오늘날 두드러지는 다양한 자유주의 정치이론들을 검토하고 각각의 강점과 약점을 평가한다. 여기서는 공개적이고 명백하게 도덕적·종교적 이상에 기대면서도 다원주의도 인정하는 정치이론들 몇 가지 사례도 소개한다. 3부의 평론들은 이 책 전반에 흐르는 주제들을 연결하며 시민의식과 공동체, 시민적 덕성을 강조하는 정치, 나아가 좋은 삶에 대한 문제들과 더욱 직접적으로 씨름하는 정치에 대한 옹호론을 펼친다. 자유주의자들은 종종 도덕적·종교적 논의를 공공 영역에 끌어들이는 것이 불관용이나 강압을 야기할 위험이 있다고 우려한다. 이 책의 평론들은 실질적인 도덕적 논의가 진보적인 공공의 목적과 상충하지 않는다는 점과, 다원적인 사회라고 해서 그 시민들이 공공생활에 투영하는 도덕적·종교적 신념을 수용하는 것을 꺼릴 필요는 없다는 점을 보여줌으로써 자유주의자들의 우려를 불식시킨다.

이 책의 평론 중 상당수는 정치 논평과 정치철학 사이의 경계를 명확히 구분하지 않는다. 그 평론들은 두 가지 의미에서 공공철학 분야에서의 모험적 시도라 할 수 있다. 먼저 우리 시대의 정치적·법적 논쟁거리들에서 철학적 근거를 찾기 때문이고, 또 도덕철학과 정치철학을 동시대의 대중 담론과 관계를 맺게 하는, 즉 공개적으로 철학을 행하는 시도를 보여주기 때문이다. 이 책에 소개한 평론 대부분은 원래 학계 전문가가 아닌 일반인을 독자로 삼는 간행물, 예컨대 「애틀랜틱먼슬리 Atlantic Monthly」와 「뉴리퍼블릭 New Republic」, 「뉴욕타임스」, 「뉴욕리뷰오브북스 New York Review of Books」 등에 실렸던 것들이고, 일부는 법률 전문지나 학술 전문지에 실렸던 것들이다. 하지만 어디에 실렸든 모든 평론이 학자는 물론이고 일반인까지 염두에 두고 집필되었음을 밝히며, 현대의 공공생활과 도덕을 조명하는 데 주안점을 두었음을 강조하는 바다.

마이클 샌델(Michael J. Sandel)

차례

마이클 샌델 특별 기고 5
서문 13

PART 01 | 미국의 시민생활: 자치의 길을 찾아서 ▪ 23

chapter 01	미국의 공공철학을 돌아보며	28
chapter 02	개인주의를 넘어서: 자치와 공동체	63
chapter 03	영민한 미덕의 정치	78
chapter 04	우리 시대 정치 담론의 빈곤함에 대하여	84
chapter 05	민주주의와 예의의 문제	89
chapter 06	두 번의 탄핵 정국 비교	95
chapter 07	로버트 F. 케네디의 약속	101

PART 02 | 논쟁들: 정치와 도덕을 말하다 ▪ 107

chapter 08	국가 복권사업, 공공 영역의 비열한 타락	112
chapter 09	광고와 상업주의, 학교를 겨냥하다	118
chapter 10	공공 영역의 브랜드화, 국민은 고객인가?	124
chapter 11	스포츠 비즈니스와 시민 정체성	130
chapter 12	역사가 매매되는 것에 대하여	136
chapter 13	능력 장학금에 담긴 시장원리	141
chapter 14	오염 배출권, 벌금과 요금의 차이	146
chapter 15	영광과 자격 그리고 분노	150
chapter 16	소수집단우대정책에 대한 두 가지 관점	155
chapter 17	피해자의 증언이 피고의 형량에 영향을 미쳐야 하는가?	160
chapter 18	스캔들, 거짓말과 칸트	166
chapter 19	조력자살의 권리를 허용해야 하는가?	172
chapter 20	배아줄기세포 연구 지원을 규제해야 하는가?	178
chapter 21	낙태와 동성애, 사생활 보호권의 의미	184

PART 03	공동체와 좋은 삶: 자유주의의 한계를 넘어	▪ 215

chapter 22	자유주의의 이상과 공동체주의의 충고	220
chapter 23	절차적 공화정과 무연고적 자아	232
chapter 24	공동체 구성원 자격과 분배 정의	256
chapter 25	핵과 멸종에 관한 개인주의 관점 비판	263
chapter 26	우리가 듀이의 자유주의를 되새겨야 하는 이유	268
chapter 27	인간이 신의 역할을 하는 것은 잘못인가?	286
chapter 28	롤스의 정치적 자유주의	307
chapter 29	롤스를 기억하며	354
chapter 30	공동체주의자라는 오해에 대한 해명	359

주 371
출처 389
해제 391
찾아보기 406

PART 01

미국의 시민생활:
자치의 길을 찾아서

PUBLIC
PHILOSOPHY

MICHAEL J. SANDEL

1부에서 소개하는 평론들은 미국 정치의 전통 속에서 이 시대를 위한 시민의식을 되살릴 원천을 찾는 것을 목표로 한다.

1장 〈미국의 공공철학을 돌아보며〉는 회복이라는 관점에서 쓴 평론이다(나는 이것이 과거에 대한 향수에 그치지 않길 희망한다). 1장을 통해 우리는 정치 논쟁이 언제나 국민생산의 규모와 분배에만 초점을 맞춰왔던 것은 아니라는 사실을 알 수 있다. 또한 우리 시대에 매우 익숙한, 자유에 대한 소비자중심주의적 이해나 개인주의적 이해가 자유를 생각하는 유일한 방법은 아니라는 것도 알게 될 것이다. 토머스 제퍼슨에서부터 뉴딜 정책에 이르기까지, 자유에 점점 더 많은 것을 요구하는 시민적 개념이 더해지면서 미국의 정치 논의에 활기를 불어넣어왔음을 알 수 있다. 글로벌 시대에 이르러서의 정치생활의 규모는 우리의 시민적 프로젝트를 더욱 복잡하게 만들고 있다. 그저 전통적인 방식 그대로 시민의식을 되살린다면 앞으로의 자치를 북돋을 수 없다는 의미다. 그러나 전통적인 시민의식의 표준을 되새기는 것은 분명 현재의 가능성을 다시 그려보는 데 도움이 될 수 있다. 혹은 적어도 우리가 물어보는 방법마저도 잊어버렸던 다음과 질문들을 상기해보는 데 도움이 될 수 있다. "어떻게 하면 막강한 경제적 세력을 민주적 대의에 동참시킬 수 있는가?", "글로벌 경제라는 조건하에서도 과연 자치는 실현 가능한 것인가?", "다중적 정체성과 복잡한 자아가 특징인 다원주의적 시대에 민주사회는 과연 어떤 형태의 공동체를 지향하길 희망할 수 있는가?"

2장에서 7장까지는 최근 몇 십 년 사이에 미국의 정치 담론에서 발생한 화두의 변천 과정을 탐구하는 비교적 짧은 평론들이다. 〈개인주의를 넘어서: 자치와 공동체〉는 1988년 민주당 대선후보 자리를 놓고 마이클 듀카키스와 게리 하트Gary Hart가 경합을 벌이던 시기에 처음 발표했다. 나는 거기서 민주당이 공화당 후보인 로널드 레이건에게 공동체라는 화두를 양도한 탓에 도덕적·시민적 목소리를 상실했다고 주장했다. 그 평론이 나가고 얼마 지나지 않아 나는 리틀록에 거주하는 한 독자로부터 감사의 편지를 받았다. 당시 아칸소 주지사였던 빌 클린턴이 본인 역시 그동안 이와 유사한 주제로 미 전역을 돌며 연설을 해왔는데, 특히 나의 평론에서 두 가지 요점에 감명 받았다는 내용을 편지에 적어 보낸 것이다. "하나는 우리가 레이건의 보수적인 시각과 그가

'자치와 공동체를 화두로 삼은 점'에서 뭔가 배울 게 있다고 말한 부분이고, 다른 하나는 우리가 거시경제적 현안에 대한 것보다 '경제구조에 관한 문제'와 '운영 가능한 규모로 자치를 행할 수 있는 공동체를 구축하는 일'에 관한 문제에 더욱 초점을 맞춰야 한다고 강조한 부분입니다."

3장에서 5장까지는 그로부터 8년 후, 그러니까 클린턴 대통령의 재임 시절에 쓴 평론들이다. 그것들은 공화당으로부터 공동체와 도덕적 가치라는 화두를 빼앗아온 그의 부분적으로 성공적인 시도들, 그리고 20세기 말에 진보 정치를 위한 큰 정부라는 주제를 설파한, 그의 상대적으로 덜 성공적인 시도들을 반영한다. 이 두 가지 노력은 모두 백악관 인턴이 관련된 섹스 스캔들로 인해 1998년에서 1999년에 걸쳐 진행된 탄핵 절차에 의해 중단되었다. 6장은 클린턴을 탄핵하기 위해 혈안이 되었던 공화당 하원들의 대규모 당파적 시도와 리처드 닉슨Richard Nixon의 사임을 이끌어낸 비교적 진지했던 탄핵청문회를 비교해 살펴본다. 한 젊은 기자로서 나는 그 청문회 현장을 직접 목격한 바 있다.

1부는 로버트 F. 케네디Robert F. Kennedy의 시민적 목소리를 되새기는 평론으로 마무리하는데, 이 평론은 2000년에 존 F. 케네디 도서관에서 열린 로버트 F. 케네디 출생 75주년 기념행사에서 내가 연설한 내용을 토대로 쓴 것이다.

01 미국의 공공철학을 돌아보며

자유주의적 자유 대 공화주의적 자유

현재 우리가 신봉하는 자유주의 공공철학의 핵심은, 자유란 자기 자신을 위한 목표를 스스로 선택할 수 있는 능력이라는 것이다. 정치는 시민의 덕성이나 인성을 육성하거나 교화하려 들어서는 안 된다. 그것은 곧 "도덕을 법률화"하는 것이기 때문이다. 정부는 정책이나 법률을 통해 "좋은 삶"에 대해 특정 개념을 규정해서는 안 되며, 사람들이 그 안에서 자신의 가치관과 목표를 자유롭게 선택할 수 있는 중립적 권리 체계를 제공해야 한다.

국가의 중립성에 대한 열망은 우리의 정치 및 법률 체제 전반에서 뚜렷하게 나타난다. 이는 자유주의적 정치사상에서 비롯된 것이기는 하나, 미국 정치에서는 자유주의자들에게만 국한된 영역이 아니며, 오히려 보수주의자들의 영역으로 여겨지기도 한다. 그러한 열망은 미국의 모든 정치 스펙트럼에서 골고루 발견되는 것이다. 가령, 자유주의자들은 공립학교의 기도시간이나 낙태 금지, 또는 기독교 근본주의자들의 도덕 기준을 일반 대중에 적용하려는 시도 등에 반기를 들 때 중립성이라는 이상理想을 호소하고, 반대로 보수주의자들은 정부가 시장경제 원리에 도덕적 규제(안전한 노동환경이나 환경보호, 또는 분배 정의 등)를 가할 때 그에 저항하는 수단으로 중립성을 부르짖는다.

자유로운 선택이라는 이상 또한 복지국가 논쟁의 양쪽 진영에서 모두 찾아볼 수 있다. 오랫동안 공화당원들은 저소득층을 위한 복지 프로그램에 부자들이 돈을 지불하는 것은 개인이 사적 재산을 처분할 자유를 침해하는, 일종의 강제적 자선행위라고 불평해왔다. 한편 민주당원들은 경제적 필요라는 극심한 압박을 겪고 있는 이들은 진정한 선택의 자유를 갖지 못한다고 반박하며 정부가 모든 시민에게 일정 수준 이상의 소득과 주택, 교육, 의료보험을 보장해주어야 한다고 응수했다. 다시 말해, 정부가 개개인의 선택을 존중하는 행동방식에 대한 의견은 일치하지 않을지언정 양쪽 모두 자유를 인간이 자신의 목표를 선택할 수 있는 능력이라고 가정하고 있는 것이다.

이 같은 자유에 관한 개념이 우리에게 너무나도 친숙하기에, 이것이 미국 정치의 전통이자 유구한 특성인 듯이 보일지도 모른다. 그러나 현대에 널리 퍼져 있는 이 공공철학은 사실 상당히 최근에 대두된 것으로, 고작 지난 반세기 동안 발전한 것에 지나지 않는다. 이 이론의 독특한 특성은 그것이 점차 대체하고 있는 또 다른 공공철학, 바로 공화주의 정치이론과 비교할 때 특히 두드러진다.

공화주의 이론의 핵심은, 시민의 자유가 자치에 참여하는 데 달려 있다는 것이다. 실제로 이런 사고는 자유주의적 자유와 상충되지 않는다.

정치 참여는 개인적 목표를 추구하기 위해 선택하는 방법 중 하나이기 때문이다. 그러나 공화주의 정치이론에 따르면 자치에 참여하는 데는 그 이상의 것이 존재한다. 그것은 시민들에게 공동선共同善에 대해 고민하게 만들며 정치 공동체의 운명을 만들어가도록 돕기 때문이다. 공동선에 대해 숙고하기 위해서는 나 자신의 목표를 선택하고 타인에게도 똑같은 권리가 있음을 존중하는 능력, 그 이상의 것이 필요하다. 공적 사안에 대한 지식이 필요하고, 전체에 대한 소속감과 책임감, 현재 기로에 놓여 있는 공동체와의 도덕적 유대 또한 필요하다. 따라서 자치에 참여하기 위해서는 특정한 시민적 덕성을 보유하거나 습득해야 한다. 그런데 이는 공화주의적 정치가 시민들이 지지하는 가치와 목표에 대해서 중립적일 수 없음을 의미한다. 자유주의자들과 달리 공화주의자들이 생각하는 자유는 형성적 정치 formative politics, 다시 말해 시민들에게 자치에 필요한 자질과 특성을 계발하는 형태의 정치를 필요로 한다.

자유에 관한 자유주의자와 공화주의자들의 인식은 미국의 정치사 전반에서 뚜렷이 나타나고 있지만 시대에 따라 그 척도와 상대적인 중요도에 차이가 있다. 지난 수십 년에 걸쳐 미국 정치의 시민적 또는 형성적 관점은 절차적 공화정(국가에 사적 목적에 대해 중립적인 "중재자" 역할만을 요청하는 것으로, 특정 목적들에 대해 "공정한 절차"들의 우선성이 중시된다 – 옮긴이)에 자리를 내주었으며, 시민적 덕성을 계발하기보다 자기 자신의 가치를 선택할 수 있게 하는 데 관심을 가졌다. 이러한 변화는 현재 우리가 느끼는 불만이 무엇에 기인하는지 힌트를 제공한다. 그 나름의 장점을 갖고 있음에도 불구하고, 자유주의적 관점에는 자치를 유지하는 데 필요한 시민적 자원이 부족하다. 현재 우리가 따르고 있는 공공철학은 그것이 약속한 자유를 보장하지 못하는데, 과거의 공동체 의식을 고무시키지도 못하고 자유를 확보하는 데 필수적인 시민 참여를 부추기지도 못하기 때문이다.

시민의식의 정치경제학

만일 미국 정치가 시민들의 목소리를 되찾고 싶다면, 가장 먼저 해야 할 일은 우리가 그동안 어떻게 물어야 할지 잊고 있던 질문들에 대해서 검토할 방법을 찾아내는 것이다. 오늘날 경제학에 대한 우리의 인식과 논의는 과거 미국사 전반에 걸쳐 이루어졌던 경제정책에 대한 논의와는 상당히 대조적이다. 현재의 경제적 논쟁은 주로 두 가지 주제를 핵심으로 삼는다. 바로 번영과 공정성이다. 과세정책이나 예산안, 규제정책은 대부분 그것이 경제 파이의 크기를 불리거나 파이 조각을 더 공평하게 배분할 것이라는 논리로, 또는 그 두 가지 모두를 가능케 할 수 있다는 논리로 국민들의 지지를 이끌어낸다.

경제정책을 정당화하는 이러한 방법들은 이제 너무나도 익숙해서 아예 다른 논거는 있을 수 없을 것처럼 보이기까지 한다. 그러나 경제정책에 대한 논쟁이 언제나 국민생산의 규모나 분배에만 초점이 맞춰져 있던 것은 아니다. 실제로 역사상 상당 기간 동안 미국은 그것이 아닌 다른 문제에 중점적으로 매달려 있었다. 그것은 바로 "자치에 가장 적절한 경제정책은 무엇인가?" 하는 것이다.

시민적 입장에 서 있던 토머스 제퍼슨은 이 같은 경제적 논의와 관련해 매우 인상 깊은 글을 남겼다. 「버지니아 주에 관한 기록들Notes on the State of Virginia, 1787」에서 그는 미국 내의 대규모 제조업 육성에 반대했는데, 농업중심적 삶이야말로 덕을 갖춘 시민들을 위한 것이며 자치를 실현하는 데 가장 적합한 생활방식이라는 이유에서였다. "땅을 일구며 사는 이들은 신에게 선택 받은 사람들이다." 그는 그것이 "진정한 미덕"의 구현이라고 표현했다. 유럽의 정치경제학자들은 모든 국가가 국내 제조업을 발전시켜 국내 수요를 충족시켜야 한다고 주장했지만, 제퍼슨은 대규모 제조업이 공화주의적 시민의식에 필수적인 독립성이 결여된 무산계급을 낳을 것이라고 우려했다. "종속관계는 아첨과 굴종을 낳고 미덕의 새싹을 짓밟으며 야심적인 음모에 적합한 도구를 준비한다." 제퍼슨은 "미국의 작업장을 유럽에 남겨둠"으로써 그것이 가져올 도덕적 타락을 피하는 것이 현명하다고 생각했다. 제조업에 수반되는 잘못된 습관과 생활방식을 수입하느니 차라리 공산품을 수입하는 것이 낫다고 믿었던 것이다. "대도시의 군중은 순수한 정부에 대해 염증이 인간의 몸에 끼치는 것과 똑같은 작용을 한다. 공화국에 활력을 심어주는 것은 바로 국민들의 올바른 태도와 정신이다. 태도와 정신의 타락은 국가의 법률과 헌법의 핵심을 좀먹는 암 덩어리와 같다."

제조업을 장려할 것인지 아니면 농업국가라는 정체성을 유지할 것인지는 초기 미국을 지배한 가장 커다란 주제였다. 제퍼슨의 농업국가론은 결국 승리를 거두지 못했지만, 그의 경제론 기저에 놓여 있던 공화주의자들의 가정(공공정책을 통해 자치에 필요한 시민적 자질과 특성을 육성해야 한다는)은 훨씬 더 긴 수명과 폭넓은 지지를 얻었다. 독립혁명에서 남북전쟁에 이르기까지 시민의식의 정치경제학은 미국의 국가정책 토론에서 매우 중요한 역할을 차지했으며, 경제에 관한 시민적 시각은 진보주의자들이 대기업과 그것이 자치에 미치는 영향에 맞서 싸우는 20세기까지 지속되었다.

규모의 저주

진보 시대의 정치적 상황은 현대와 놀랍도록 비슷하다. 지금과 마찬가지로, 당대의 미국인들은 공동체의 와해를 감지하고 자치의 행방을 우려했다. 또한 그들은 지금과 마찬가지로, 전반적인 경제생활의 규모와 개인이 그 안에서 인식하는 정체성 사이에 격차가 존재한다고, 즉 일치하지 못한다고 여겼다. 많은 이들이 그러한 사실에 혼란과 무기력함을 느꼈다.

세기말, 자치를 위협하는 요소는 두 가지 형태로 나타났다. 하나는 대기업에 의해 이루어진 거대한 권력의 집중이고, 다른 하나는 공화국이 탄생한 순간부터 미국인 대다수의 삶을 지배해온 전통적 권위와 공동체의 붕괴다. 거대기업이 지배하는 국가경제는 전통적으로 자치의 중심이었던 지역 공동체의 자율성을 축소시켰다. 그러는 동안 점점 더 증가하는 이민자들, 빈곤과 무질서로 가득찬 비인간적인 도시의 성장은 많은 이들의 우려를 불러일으켰다. 좋은 삶에 대한 공통된 관점에 따라 국가를 이루어가는 데 필요한 도덕적·시민적 결집력이 부족해질지도 모른다고 말이다.

그러한 혼란에도 불구하고 새로운 형태의 산업과 운송수단, 통신방식 등은 정치 공동체에 새롭고 더욱 폭넓은 기반을 제공해주는 듯했다. 여러 가지 의미에서 20세기 초반의 미국인들은 그 어느 때보다도 서로 긴밀한 관계를 맺고 있었다. 철도는 너른 대륙을 하나로 이어주었고 전화와 전신, 일간신문은 멀리 떨어진 장소에서 일어난 사건들을 사람들이 손쉽게 접하도록 해주었다. 복잡한 산업체계는, 사람들의 노동력을 정하는 상호의존성이라는 거대한 틀 안에서 개인들을 연결해주었다. 어떤 이들은 새로운 산업과 기술에서 나타나는 상호의존적 관계 속에서 더욱 확장된 공동체를 발견했다. 윌리엄 앨런 화이트William Allen White는 자신의 글에서 이렇게 썼다. "증기는 우리에게 전기를 제공해주었을 뿐만 아니라, 나라 전체를 이웃으로 만들어주었다. (…) 전선과 쇠파이프, 전차, 일간신문, 전화, 철도와 선박을 이용한 대륙 간 교통노선은 우리를 사회적·산업적·정치적으로 하나로 만들었다. (…) 모든 인간들이 서로 이해하는 일이 가능해진 것이다."

그러나 그보다 훨씬 냉정하게 관찰했던 사람들은 그렇게 확신하지 않았다. 미국인들이 상호의존관계라는 복잡한 울타리 안에 얽혀 있다고 해서 그들이 그 틀과 일체가 되어 비슷한 입장에 처한 낯선 이들과 삶을 공유할 것이라고는 확신할 수 없었기 때문이다. 사회개혁 운동가인 제인 애덤스Jane Addams가 말했듯 "이론적으로 '분업'은 사람들을 하나의 목적으로 결집시킴으로써 더욱 상호의존적이고 인간적으로 만든다." 그러나 이처럼 하나로 단결된 목적의 성취 여부는 여기에 참여한 이들이 이 공통의 과업에 자부심을 느끼고, 이를 자기 자신의 일로 간주하느냐에 달려 있다. 즉, "상호의존적이라는 단순한 기계적인 사실만으로는 아무 의미도 없다."

진보 시대의 정치적 논의는 거대기업 세력에 대한 서로 상반된 두 가지 대응에 초점을 맞추고 있었다. 한쪽에서는 경제권력을 분산시키고 이를 민주적인 통제 아래에 둠으로써 자치를 보존하고자 했다. 다른 이들은 경제권력의 집중을 거스를 수 없는 흐름으로 간주하고 국가적인 민주제도의 권한을 확대시킴으로써 그것을 통제할 길을 모색했다. 진보주의 분권화 노선의 탁월한 주창자는 루이스 D. 브랜다이스[Louis D. Brandeis]였다. 대법관에 임명되기 전 사회운동 변호사로 일했던 브랜다이스는 산업집중에 대해서 거침없이 비판했다. 그는 특히 경제 시스템의 조정이 사회적으로 어떤 영향을 미치는지에 큰 관심을 가지고 있었다. 그는 독점과 기업합동[trust](카르텔보다 강력한 기업집중의 형태로, 시장독점을 위하여 동일 산업 부문에서 각 기업체가 독립성을 상실하고 합동하는 것 – 옮긴이)에 반대했는데, 그들의 시장권력이 소비자가격을 상승시키기 때문이 아니라, 그들의 정치권력이 민주정부의 권한을 손상시키기 때문이었다.

브랜다이스의 관점에서 볼 때, 거대기업은 두 가지 방식으로 자치를 위협한다. 직접적으로는 민주제도를 제압하고 그 통제를 무시하며, 간접적으로는 노동자들이 시민으로서 사고하고 행동할 수 있는 도덕적·시민적 능력을 훼손한다. 브랜다이스는 오랫동안 끊임없이 반복되던 공화주의적 논지를 20세기에 되살렸다. 과거 제퍼슨과 마찬가지로 그는 집중화된 권력은 그것이 경제적인 것이든 정치적인 것이든 자유를 침해한다고 믿었다. 그의 해결책은 거대기업에 거대정부로 맞서는 것이 아니라(이는 "규모의 저주"를 심화시킬 뿐이다) 기업합동을 붕괴시키고 경쟁사회를 부활시키는 것이었다. 오직 이런 방법만이 민주적 통제하에서 지역기업들을 기반으로 하는 분산화 경제를 보호할 수 있다고 주장했다.

브랜다이스가 산업민주주의를 옹호한 까닭은 그것이 노동자의 소득을 증진시키기 때문이 아니라(그 또한 바람직한 요소인 것은 사실이지만) 시민의 역량을 증진시키기 때문이었다. 그에게 있어 자치 능력을 지닌 시민을 육성하는 것은 분배 정의보다도 가치 있는 목표였다. "우리 미국인들은 부의 불공정한 분배를 피하기 위해 사회 정의 구현에 힘써야 할 뿐만 아니라, 무엇보다 민주주의를 실현하기 위해 노력해야 한다." 그는 "민주주의를 실현하기 위한 노력이 인류 발전을 위한 노력과 분리될 수 없다"고 말했다. "인간이 발전하여 의식주를 확보하고 교육과 오락의 기회를 누리기 위해서는 반드시 그런 노력이 본질적이다. 이런 것들이 없다면 우리는 결코 목표를 이룰 수가 없다. 그러나 우리는 이 모든 것을 보유하고도 여전히 노예들의 국가에 살고 있을 수 있다."

신국민수의

또 다른 진보운동 노선은 기업권력의 위협에 대해 다른 대응법을 제시했다. 시어도어 루스벨트 Theodore Roosevelt는 브랜다이스처럼 경제 분산화를 꾀하기보다는 국가정부의 역량을 증가시켜 거대기업을 규제하는 신국민주의 新國民主義, New Nationalism를 제창했다.

루스벨트 역시 브랜다이스와 마찬가지로 경제권력의 집중으로 인한 정치적 결과를 우려했다. 그러나 그는 민주적 권위를 회복하는 방법과 관련해 분권주의자들과는 다른 의견을 가지고 있었다. 그는 거대기업을 산업 발전에 따른 불가피한 부산물로 여겼고, 19세기의 분권화된 정치경제를 소생시키려는 시도는 무의미한 것으로 보았다. 대다수의 대기업들이 주 또는 국가 간의 경계를 넘나들고 있었기에, 그들을 통제할 수 있는 것은 오직 연방정부뿐이었다. 따라서 중앙정부는 기업권력에 필적하는 수준으로 성장해야만 했다.

제퍼슨 시대 이후의 공화주의자들과 마찬가지로 루스벨트는 특정 경제정책이 시민의식에 미칠 영향을 우려했다. 그의 목적은 정부에 대한 거대기업의 지배권을 축소하고 미국 시민들의 자기이해 수준을 증진시켜, 그가 "참되고 영구적인 도덕적 각성"이라고 일컫는 "넓고 원대한 국민주의 정신"을 주입시키는 것이었다. 신국민주의는 단순한 제도 개혁 프로그램을 넘어서 새로운 국민의식 양성을 추구하는 형성적 프로젝트였다.

루스벨트가 신국민주의의 주요 대변인이었다면, 허버트 크롤리Herbert Croly는 신국민주의의 주요 사상가였다. 「미국인 생활의 전망The Promise of American Life, 1909」에서 크롤리는 진보주의의 국민주의 노선에 깔려 있는 정치론을 전개한다. "미국의 산업적·정치적·사회적 삶의 집중도가 증가하면서 미국 정부는 중앙집권화의 쇠퇴가 아닌 강화를 요구 받게 되었다." 크롤리에 따르면, 민주주의가 성공하기 위해서는 정치적 전국화全國化가 필요하다. 정치 공동체의 가장 주된 형태는 국가적 규모가 되어야 한다. 이는 진보 시대에 특히 절실히 느껴졌던, 미국의 생활 규모와 미국인의 정체성 사이의 격차를 메워주는 길이었다. 근대 경제의 국가적 규모를 고려할 때, 민주주의는 "사상과 제도 그리고 정신적인 면에서 더욱 전국화되어야 할" 필요가 있었다.

크롤리는 비록 민주주의가 권력 분립에 기반을 두고 있다는 제퍼슨의 주장과 결별하긴 했지만, 경제 및 정치구조가 그것들이 고무하는 국민성에 의해 판단되어야 한다는 점에 대해서는 제퍼슨과 궤를 함께했다. 그에게 있어 미국 국민의 전국화 프로젝트는 "본질적으로 형성적이고 계몽적인 정치적 변환"이었다. 미국의 민주주의는 국가가 더욱 전국화됨으로써만 발전할 수 있었고, 이를 위해서는 국민들에게 국가 정체성에 대해 더 깊은 자각심을 심어줄 시민 교육이 필수적이었다.

진보주의 개혁의 분산화 운동 및 전국화 운동은 1912년 우드로 윌슨Woodrow Wilson과 시어도어 루스벨트의 대결에서 극명히 나타난다. 돌이켜 생각해보면, 그해의 선거운동에서 가장 의미심장했던 것은 양 진영 지도자들이 공유하고 있던 전제였다. 한쪽에는 브랜다이스와 윌슨이, 반대쪽에는 루스벨트와 크롤리가 위치해 있었는데, 그들은 수많은 차이점에도 불구하고 "정치 및 경제제도가 자치에 필요한 도덕적 자질을 장려하거나 또는 훼손시키는 경향에 따라 평가 받아야 한다"고 믿었다. 그들은 제퍼슨과 마찬가지로 당대의 경제정책이 어떤 부류의 시민들을 만들어낼지 우려했던 것이다. 그들은 방식이 서로 다를지언정 한결같이 시민의식의 정치경제학에 대해 논하고 있었다.

한편 우리 시대의 경제적 논쟁은 진보개혁주의자들을 분열시켰던 주제와는 아무런 공통점이 없다. 그들은 경제구조에 관해 고심하고 민주 정부를 어떻게 경제권력의 집중으로부터 보호할 수 있을지 논의했다. 반면 우리는 전반적인 경제생산에 관해 고심하고, 어떻게 경제성장을 촉진하는 동시에 번영의 과실에 대한 더 폭넓은 접근권을 가질 수 있을

지 논의한다. 돌이켜보면 우리 시대의 경제적 질문이 정확히 언제 그들의 질문을 대체했는지를 파악하는 것도 가능하다. 뉴딜 정책 후반기에 시작된 성장과 분배 정의의 정치경제학은 1960년대 초반에 그 정점에 달하더니, 마침내 시민의식의 정치경제학을 밀어내는 데 성공했다.

뉴딜 정책과 케인스 혁명

뉴딜 정책이 시작되었을 때에도 진보 시대에 정의되었던 대안들은 계속해서 정치적 논의에 반영되었다. 프랭클린 D. 루스벨트Franklin D. Roosevelt가 대통령에 선출된 대공황 시기에는 경기회복을 꾀하는 두 개의 전통적 개혁안이 경합을 벌였다. 브랜다이스의 뒤를 잇는 개혁 집단은 독점금지법과 여타 수단을 통해 경쟁구도를 부활시킴으로써 집중화된 경제권력을 분산시키자고 주장했다. 시어도어 루스벨트의 신국민주의를 잇는 반대쪽 집단은 국가적 규모의 경제계획을 통해 경제합리화를 꾀해야 한다고 맞섰다. 이런 차이점이 존재하긴 했지만 반독점주의자와 계획경제주의자들 모두 대공황을 극복하기 위해서는 산업자본주의 그 자체를 변화시켜야 한다는 데 찬동하고 있었다. 그들은 경제 분야의 권력 집중화가 그 자체의 논리대로 내버려두었기에 민주주의에 위협이 되고 있다는 데도 의견을 모았다.

뉴딜 기간 대부분 동안 두 진영은 한 치의 양보도 없이 끝없는 경쟁을 벌였다. 그러나 루스벨트는 어느 한쪽을 완전히 배제하거나 일방적으로 수용하지 않고 서로 다른 정책과 방식들을 골고루 실험했다. 결국 반독점주의자들도 계획경제주의자들도 승리를 거두지는 못했다. 실제로 미국의 경제 회복은 구조 개혁보다는 정부 지출의 증가에 힘입은 것이었다. 제2차 세계대전이 그런 지출의 발판을 마련해주었고, 그에 대한 이론을 제공한 것은 케인스 경제학이었다. 사실 케인스식 재정정책은 전쟁을 통해 경제적 성공을 거두기 이전에 이미 정치적인 호소력을 설파하고 있었다. 엄격한 반독점 조치나 국가 주도 경제 개혁과 같은 다양한 구조적 개혁안과 달리, 케인스 경제학은 정부가 좋은 사회에 관한 다양한 관점 중 하나를 고르지 않고도 경제를 통제할 방법을 제시했다. 초기 개혁가들이 특정 부류의 시민을 양성하는 경제정책을 추구했다면, 케인스주의자들은 그러한 형성적인 계획을 취하지 않았다. 그들의 주장은 소비자들의 현대적 기호를 수용하고 총수요 aggregate demand를 조정함으로써 경제를 규제하자는 것이었다.

제2차 세계대전이 끝날 무렵, 미국 경제정책의 핵심 이슈는 세기 초의 것과는 거리가 멀어져 있었다. 산업자본주의 개혁이라는 과거의 논의는 일선에서 물러났고, 우리 시대에 익숙한 거시경제적 문제들이 전방에 나섰다. 1960년이 되자 대부분의 경제학자와 정책 입안자들은 허버트 스타인 Herbert Stein이 지적했듯 "미국의 가장 시급한 경제적 과제는 총생산량을 신속하게 증가시키고 높은 수준으로 유지하는 것"이라는 데 동의했다. 소득분배의 평등은 바람직한 목표이기는 했으나 완전고용과 경제성장이라는 목표에 비하면 부차적인 것으로 간주되었다.

물론 경제성장과 분배 정의의 상관성 주장, 인플레이션과 실업률의 교환, 과세정책과 우선지출 등의 주장에 관한 논의는 계속되었다. 그러나 이러한 논의가 이루어졌다는 사실은, 경제정책이 그 무엇보다 국부國富의 총량과 분배를 중시해야 한다는 가정을 반영한다. 재정정책이 승리하면서 시민의식의 정치경제학은 성장과 분배 정의의 정치경제학에 자리를 내주게 된 것이다.

케인스주의와 자유주의

새로운 정치경제학의 출현은 공화주의 노선의 소멸과 현대 자유주의의 도래라는 결정적인 흐름을 낳았다. 현대 자유주의에 의하면, 정부는 자신의 목표를 선택할 수 있는 독립적이고 자유로운 자아로서의 개인을 존중하기 위해 좋은 삶이라는 개념에 대해 반드시 중립성을 유지해야 한다. 케인스식 재정정책은 이러한 자유주의를 반영했으며, 또한 그것을 미국인의 공공생활에 깊이 심어놓았다. 케인스 경제학자들이 정확히 이런 취지에서 자유주의를 옹호한 것은 아니지만, 이 새로운 정치경제학은 절차적 공화정을 특징 짓는 자유주의의 두 가지 특성을 보여준다. 먼저 케인스식 재정정책은 정책 입안자와 선출 공무원들에게 논쟁의 여지가 다분한 좋은 사회에 대한 개념을 "제외할" 또는 유보할 방법을 제안함으로써 구조 개혁이라는 쟁점이 제공할 수 없던 합의점을 약속했다. 두 번째로 케인스식 재정정책은 형성적 프로젝트를 버림으로써 정부와 시민 사이의 도덕적 관계를 부인하고, 자유롭고 독립적인 자아로서의 개인이라는 개념을 긍정하였다.

국가를 통치하는 중립적 도구로서의 신경제학에 대한 신념을 가장 명백하게 보여주는 것은 아마 존 F. 케네디John F. Kennedy 대통령의 발언일 것이다. 1962년 예일 대학 학위수여식에서 그는 "사람들이 이데올로기적 신념을 포기한다면 근대의 경제 문제를 수월하게 해결할 수 있을 것"이라고 말했다. "우리 시대에 미국이 직면한 가장 중요한 국내 문제"는 과거에 국가의 관심을 요하던 거대한 도덕 및 정치적 문제보다도 "훨씬 미묘하고 복잡하다"는 것이다. "그 문제들은 철학이나 이념의 대립이 아니라 공동의 목적을 성취하는 방법 및 수단과 관련이 있습니다. (…) 우리 시대의 경제적 결정에 있어 진실로 중요한 것은 전국을 뜨겁게 달군 두 이념 사이의 전쟁이 아니라 실질적인 근대적 경제 운용입니다." 케네디는 국가가 "이념적인 선입견 없이 기술적인 문제를 직면"하고 "거대한 경제조직의 계속적인 발전과 관련된 복잡하고 전문적인 질문"에 집중할 것을 촉구했다.

케인스식 재정정책이 1960년대를 지배하면서 경제정책에 대한 시민적 관점은 미국의 정치 담론에서 점차 사라져갔다. 공화주의자들의 소망처럼 완전한 지배권을 행사하기에는 너무나도 거대한 경제를 마주하고 번영이라는 꿈에 현혹된 전후 시대 미국인들은 자유에 대한 새로운 이해로 나아갔다. 이러한 이해에 따르면 자유란 우리의 집단적 운명을 통제하는 힘을 공유하는 시민의 능력에 달린 것이 아니라, 개인으로서 우리 자신의 가치와 목표를 독립적으로 선택하는 능력에 달려 있었다.

공화주의 정치이론의 견지에서 이 같은 변화는 치명적인 후퇴를 뜻한다. 적합한 시민 양성이라는 형성적 목표를 포기하는 것은 공화주의적 전통에서 이해해왔던 방식의 자유의 프로젝트를 포기하는 것이다. 그러나 미국 국민들은 이런 새로운 공공철학을 권력의 상실로 받아들이지 않았다. 적어도 처음에는 말이다. 오히려 그 반대로 절차적 공화정은 자기통제와 지배가 승리한 결과처럼 보였다. 그것은 부분적으로는 역사적 상황에 기인한 것이고, 또 부분적으로는 자유에 대한 자유주의적 관념의 약속에 기인한 것이었다.

패권의 순간

절차적 공화정은 미국 국민들이 패권을 쥔, 유례없는 순간에 탄생했다. 제2차 세계대전이 끝난 뒤 미국은 전 세계의 머리 위에서 독보적인 권력과 영향력을 행사했다. 이런 미국의 패권이 전후 시대의 경제적 폭발과 결합되자 미국의 전후 세대는 스스로를 주변 환경을 통제할 수 있는 지배자로 여기기 시작했다. 존 F. 케네디의 취임연설은 프로메테우스적 권력을 보유하고 있다고 여겼던 그 세대의 확신과 사고방식을 장쾌하게 표현하고 있다. "세상이 변했습니다. 이제 인간은 이 작은 손에 모든 형태의 빈곤을 타파하고 모든 형태의 인간의 삶을 파괴할 수 있는 힘을 쥐고 있습니다." 우리는 자유를 성취하기 위해 "대가를 치르고 어깨 위에 실린 무거운 짐을 버텨낼 것입니다."

미국의 전후 시대 패권은 국력이라는 혜택 외에도 현대 자유주의 공공철학에 기반을 두고 있었다. 자신이 선택하지 않은 도덕 및 공동체적 속박에 얽매이지 않은 자유롭고 독립적인 자아라는 이미지는 해방적이고 유쾌하기까지 한 이상理想이었다. 자유주의적 자아는 관습이나 전통의 독재에서 벗어나 자주권을 행사하고 스스로를 구속하는 유일한 존재가 되었다. 자유에 대한 이런 이미지는 당시의 정치 스펙트럼 전반에서 찾아볼 수 있다. 린든 존슨은 공동의 의무가 존재하기 때문이 아니라, 사람들이 자신의 목표를 자유롭게 선택할 수 있다는 견지에서 복지국가를 주창했다. "30년이 넘는 세월 동안 우리는 사회보장제도에서 빈곤과의 전쟁에 이르기까지 인간의 자유를 확대시키기 위해 부단히 노력해왔습니다"라면서 그는 1964년 민주당 대통령 후보 수락 연설에서 이렇게 말했다. "그리하여 그 결과, 오늘밤 우리 미국인들은 원하는 삶을 살고 야망을 추구하고 염원을 충족시키는 데 있어 영광스러운 미국의 역사상 그 어느 때보다도 더 자유를 누리고 있습니다." 복지권 옹호론자들은 저소득층을 비롯한 모든 이들이 "자기 삶의 의미를 표현할 방식을 선택할 자유를 가져야 한다"는 이유로 복지 수혜자들의 자격요건 설정과 강제 직업훈련, 가족계획 프로그램에 반대했다. 한편 존슨의 위대한 사회 Great Society (린든 존슨 대통령이 시행한 미국 내 정책으로, 가난과 인종차별을 없애는 것을 목표로 한 사회적·지원적 성향을 띠고 있다 — 옮긴이)의 보수적인 반대론자들 역시 자유에 관한 자유주의적 개념을 근거로 삼아 주장을 펼쳤다. 배리 골드워터 Barry Goldwater 는 정부의 유일한 적법적 기능은 "인간이 스스로 선택한 것을 최대한의 자유를 가지고 추구하도록 해주는 것"이라고 주장했고, 자유방임주의 경제학자인 밀턴 프리드먼 Milton Friedman 은 사회보장제도와 정부의 강제적 프로그램에 대해 "사람들이 자신의 가치관에 따라 자신의 삶을 살아갈 권리"를 침해하기 때문에 반대했다.

그래서 이러한 미국인들의 특수한 상황으로 인해 한동안 시민적 자유관의 소멸이 분명히 드러나 보이지 않았다. 그러나 그러한 패권의 순간이 끝나자(1968년 베트남 전쟁이 발발하고, 빈민가에서는 폭동이 일어나고, 대학 캠퍼스가 분규에 휩싸이고, 마틴 루터 킹 주니어 Martin Luther King Jr.와 로버트 F. 케네디가 암살 당했을 때 믿음이 흔들렸다) 미국인들은 자신의 주위를 휩쓸고 지나가는 혼란과 제대로 싸울 장비를 갖추지 못한 상태에 처했다. 자유롭게 선택하는 자아라는 해방적 약속은 사람들 사이에 더욱 널리 퍼져 있던 자치의 상실이라는 빈자리를 메울 수 없었다. 미국 내외의 모든 사건들이 통제 불능으로 치달았고, 정부는 무기력해 보였다.

레이건의 시민 보수주의

이후 찾아온 저항의 시대는 현재까지도 우리 곁에 머무르고 있다. 정부에 대한 환멸감이 짙어지면서 정치인들은 정치적 의제로는 제시하지 못했던 당혹감의 내용을 분명히 포착하려고 암중모색했다. 그중 가장 큰 성공을 거둔 인물은 (최소한 선거기간 동안) 로널드 레이건이었다. 비록 자신이 타진한 불평불만의 해결에는 실패했지만, 그럼에도 그가 국민들에게 호소력을 가진 것은 무엇 때문이고, 또 이를 어떻게 기존의 정치 담론과 분리시킬 수 있었는지를 살펴보는 것은 상당히 유익한 일일 것이다.

레이건은 다른 상황과 분위기 속에서 자유지상주의자들과 보수주의자의 시민적 노선 양쪽 모두에게서 지지를 이끌어냈다. 그의 정치적 호소에 더 큰 동조를 보낸 것은 후자로, 이는 가족과 이웃, 종교와 애국심과 같은 공통적 가치를 훌륭하게 일깨우고 부추긴 덕분이었다. 자유방임주의적 보수주의자와 레이건을 가른 차이점은 그를 당대 통용되던 공공철학과도 떨어뜨려놓았다. 그것은 바로 절차적 공화정이 제공하는 것보다 거창하지 않고 인간적인 수준에서 커다란 의미를 찾는, 공동의 삶에 대한 미국 국민의 열망을 감지한 그의 능력이었다.

레이건은 큰 정부가 국민들의 권력을 빼앗는다고 비난하며, 권력을 주정부와 지방정부로 이양하는 "신新연방주의"를 주창함으로써 공화주의자들이 오랫동안 주장해온 중앙권력의 위험성을 환기시켰다. 그러나 레이건은 공화주의적 전통을 조금 다른 방식으로 부활시켰다. 기존의 공화주의 정치경제학 지지자들은 거대정부와 거대기업에 대해 똑같이 염려해왔다. 그러나 레이건에게 규모의 저주란 오직 정부에게만 해당하는 것이었다. 심지어 공동체의 이상에 대해서 논할 때조차도 그는 자본 도피의 악영향이나 거대 규모로 조직화된 경제권력이 초래하는 시민권력 약화라는 결과에 대해서는 입을 다물었다.

레이건 시대의 민주당은 그 점에 있어 레이건에게 저항하지도 않았고, 그렇다고 공동체와 자치에 대한 토론에 참여하지도 않았다. 권리지향적 자유주의에 얽매어 있던 그들은 국민들에게서 터져 나오고 있던 불만의 목소리를 읽지 못했던 것이다. 그 시대, 사람들은 국가와 개인 사이에 위치한 공동체들(가족과 이웃, 도시와 마을, 학교와 교구 등)이 침식되고 있다는 데 불안감을 느꼈다. 한때 권력 분산을 주장하던 민주당은 근래 그러한 중간 단계의 공동체를 의심의 눈길로 바라보는 법을 배웠다. 그러한 공동체들은 너무나도 자주 편견에 사로잡혔고, 편협함의 전초기지와 같았으며, "다수"의 폭정이 존재하는 곳이기도 했다. 그래서 뉴딜에서 위대한 사회를 향한 민권운동에 이르기까지 자유주의적 프로젝트들은 모두 연방정부의 권력을 활용하여 그동안 그러한 지역 공동체가 보호하는 데 실패했던 개인의 권리를 보장하기 위한 것이었다. 자치의 매개 역할을 하는 이러한 시민생활이 비록 명예롭게 획득된 것이기는 해도, 그에 대한 불편함 때문에 민주당은 자치의 쇠퇴라는 문제에 제대로 주목할 수 없었다.

레이건은 시민적 경향성을 띤 수사법을 가지고 민주당이 실패한 바로 그 지점에서 국민들의 불만의 분위기를 다독이는 데 성공했다. 그러나 결과적으로 레이건은 그런 불만의 기저에 놓여 있던 조건들을 거의 아무것도 변화시키지 못했다. 그는 시민 보수주의라기보다 시장 보수주의적 사고방식으로 국정을 운영했다. 그가 선호하던 족쇄 풀린 자본주의는 가족과 이웃, 공동체의 도덕적 의식을 되살리기는커녕 오히려 크게 훼손하는 결과를 낳았다.

공화주의 정치의 위험 부담

자유에 대한 시민적 노선을 소생시키려는 시도는 두 개의 냉정한 반론에 부딪치게 된다. 첫 번째는 공화주의자들의 이상을 부활시키는 것이 가능하냐는 의문이고, 두 번째는 과연 그것이 현재 필요한가 하는 회의론이다. 첫 번째 반론은 현대 사회의 규모와 복잡성을 고려할 때 공화주의 전통에서 생각하는 자치가 비현실적이라는 의미를 내포하고 있다. 아리스토텔레스Aristotle의 도시국가polis에서 제퍼슨의 농업국가에 이르기까지 자유에 대한 시민적 개념은 대체로 자급자족이 가능한 좁고 고정된 장소에 기반을 두고 있으며, 이곳에 거주하는 시민들은 여가와 교육을 누리고 공공의 관심사에 대해 숙고한다는 공통성을 가진다. 그러나 오늘날 우리의 생활방식은 매우 다르다. 우리는 변화가 극심하고 다양성이 넘치는, 고도로 유동적인 대륙 사회에 살고 있다. 이런 거대한 사회는 절대로 자급자족할 수 없으며 상품과 재화, 정보와 이미지가 흘러넘쳐 이웃은 물론 이웃 국가에도 관심을 기울이지 않는 글로벌 경제 안에 자리 잡고 있다. 그렇다면 이런 조건하에서 어떻게 자유에 대한 시민적 노선을 확립할 수 있단 말인가?

실제로 이런 반론들은 늘 끊임없이 제기되어왔고, 공화주의 노선의 주장은 일종의 향수나 그리운 소망에 불과한 경우가 많았다. 심지어 제퍼슨이 자작농들을 칭송하던 시절에도 미국은 제조업국가를 향해 달려가고 있었다. 앤드루 잭슨 Andrew Jackson 시대의 장인匠人 공화주의자들(제퍼슨의 공화주의를 이어받은 잭슨은 연방정부의 자치 권한을 확대하고 산업 자본가들의 힘을 억제하는 데 힘썼다 – 옮긴이), 에이브러햄 링컨 Abraham Lincoln 시절의 자유민 노동의 사도使徒들(남부의 대농장을 기초로 한 노예제 노동에 반대했던 링컨은 대통령 당선 후 자유민 노동제를 주장하며 실천에 옮겼다 – 옮긴이), 브랜다이스가 규모의 저주에 대항해 수호하던 소매상인과 약사들도 마찬가지였다. 공화주의자들은 언제나 (또는 그렇게 주장되기를) 실행 가능한 대안을 내놓기에는 너무 늦은 마지막 순간이 되어서야 입을 열고, 잃어버린 대의를 위한 비가悲歌를 부르곤 했다. 만일 공화주의적 이론이 더 이상 되돌릴 수 없을 만큼 시대에 뒤처져 있다면, 그들이 자유주의 정치의 결함을 드러낼 모종의 능력을 보유하고 있다

한들 국민을 더 풍족한 시민생활로 이끌 대안을 제시할 수는 없을 것이다.

두 번째 반론은 공화주의적 이상을 부활시키는 것이 설사 가능하다 할지라도 그것은 바람직하지 않다는 것이다. 시민적 덕성을 주입하는 것은 매우 어려운 일이고, 따라서 공화주의 정치는 언제나 강압적이 될 수 있다는 위험 부담을 안고 있다. 그러한 위험은 "민주공화국에는 형성적 계획이 필수적"이라는 장 자크 루소Jean-Jacques Rousseau의 글에서도 엿볼 수 있다. 그는 공화국의 창시자 또는 위대한 입법자의 과제가 "인간의 본성을 바꾸는 것, 즉 어떤 의미에서는 개개인이 부여 받는 삶과 존재를 거대한 무언가의 일부로 변모시키는 것"이라고 했다. 입법자는 인간이 전체로서의 공동체를 신뢰하게 하기 위해서 "개인이 가지고 있는 힘을 부인해야 한다." 사람들은 개개인이 가진 개별적 의지가 "사라지고 말소될수록" 일반의지general will를 수용하게 될 것이다. "따라서 시민 각자가 사소한 존재가 되고 타인과 협력하지 않고서는 아무 일도 할 수 없을 때 (…) 우리는 법률이 가장 완벽한 상태에 근접했다고 말할 수 있을 것이다."

영혼통치술soulcraft의 강압적인 면모는 미국 공화주의자들 사이에서는 결코 낯선 것이 아니다. 가령 독립선언서에 서명한 벤저민 러쉬Benjamin Rush는 "인간을 공화주의 기계로 바꾸고" 싶어 했으며 모든 시민들에게 "자신이 스스로에게 속하는 것이 아니라 공공재라는 사실"을 가르치길 원했다. 그러나 사실 시민 교육은 반드시 이렇게 엄격한 형태를 취할 필요가 없다. 실제로 공화주의 영혼통치술 가운데 성공한 것들은 훨씬 더 부드러운 지도tutelage의 형태를 띠고 있다. 예를 들어, 19세기 미국의 생활상을 알려주는 시민의식의 정치경제학은 시민들에게 단순한 공통성을 형성하는 것을 넘어서 공동선에 대해 잘 숙고할 수 있게 하는 판단력과 독립성을 배양시키길 원했다. 그리고 그것을 가능케 한 것은 강압이 아니라, 알렉시스 드 토크빌Alexis de Tocqueville이 "사회가 스스로 조용하고 느릿한 속도로 취하는 행동"이라고 일컬은 설득과 습관화가 복합적으로 이루어낸 것이었다.

토크빌의 시대에 분산과 차별화라는 미국 공공생활의 특성과 그러한 차별화가 만들어낸 간접적인 시민성의 형성이, 루소의 공화주의적 사고와 토크빌이 묘사한 시민적 조치를 구분해주는 것이다. 부조화를 참을 수 없었던 루소의 공화주의적 이상은 시민들이 일종의 말없는 투명인간, 또는 서로의 옆에 언제나 근접해 있는 존재가 되게 하려고 개인들 사이의 거리를 무너뜨렸다. 일반의지가 지배하는 곳에서는 시민들이 "그들 전체를 하나의 공동체로 인식하기" 때문에 정치적 논쟁이 끼어들 여지가 존재하지 않는다. "(새로운 법률을) 처음 제안하는 사람은 그저 모두가 이미 느끼고 있는 바를 말하기만 하면 된다. 찬성표를 얻기 위해 달변을 늘어놓거나 술책을 쓸 필요도 없다."

루소의 정치를 강압적인 방향으로 기울게 한 것은 형성적 의욕 그 자체가 아니라, 공동선이 단일하며 논란의 여지가 없다는 이와 같은 가정 때문이다. 나아가 그것은 공화주의 정치에는 필요하지 않은 가정이기도 했다. 시민의식의 정치경제학에 대한 미국 국민의 경험에서 알 수 있듯이, 자유에 대한 시민적 개념은 의견 불일치를 불필요한 것으로 여기지 않는다. 그것은 정치적 논쟁을 초월하는 방법 대신에 이를 다루는 방법을 제공한다.

루소의 단일한 관점과 달리 토크빌이 묘사하는 공화주의 정치는 합의나 만장일치보다 훨씬 시끌벅적하다. 개별의 차이를 멸시하지 않기 때문이다. 그것은 개인들 사이의 거리를 무너뜨려 일치시키는 대신, 사람들을 다양한 형태로 모아주는, 즉 그들을 구분하는 동시에 연결할 수 있는 공공제도로 그 간극을 메운다. 그러한 공공제도에는 거주구역과 학교, 종교, 지역 그리고 도덕적 삶의 유지를 가능하게 하는 작업들까지 포함하는데, 이러한 것들은 민주적 공화국이 필요로 하는 "품성"과 "마음의 습관"을 형성한다. 추구하는 목적에 상관없이 이런 시민 교육 기관들은 시민들에게 공적인 일에 참여하는 습관을 반복적으로 가르쳐준다. 또한 그 기관들 자체가 다양성을 갖고 있기 때문에 공공생활이 획일적인 전체 안으로 녹아들지 못하도록 막아준다.

따라서 자유에 대한 시민적 노선은 반드시 강압적일 필요가 없다. 때로 그것은 다원적일 수도 있다. 그런 점에서 공화주의 정치론에 대한 자유주의의 반론은 엉뚱한 곳을 가리키고 있는 셈이다. 그러나 자유주의 진영의 우려 역시 깊이 생각해볼 가치는 있다. 공화주의 정치는 아무것도 보장해주지 않는 위험 부담이 있는 정치이며, 이 위험성은 형성적 계획에 내포되어 있다는 지적 말이다. 시민들의 품성을 정치 공동체에 맞추어 형성시킨다는 것은, 나쁜 공동체가 사람들에게 나쁜 품성을 육성시킬 수도 있다는 가능성을 인정하고 있는 셈이다. 분산된 권력과 다양한 시민 형성 제도가 그런 위험성을 줄일 수는 있겠지만 완전히 제거하지는 못한다.

자유주의자들이 들어가기 두려워하는 영역

 이러한 불만들에 대해서 어떻게 생각할 것인지는 그 대안에 달려 있다. 만일 시민의식 양성에 관심을 기울이지 않고도 자유를 보장할 수 있다면, 또는 좋은 삶이라는 개념을 확립하지 않고도 권리를 정의할 방법이 있다면, 형성적 계획에 대한 자유주의 진영의 반론에 결정적인 것이 될 수 있다. 그러나 그러한 대안이 과연 실제로 존재하는가? 자유주의 정치이론은 그렇다고 주장한다. 자유에 대한 주의주의voluntarist(인간의 지성과 의지 중 어느 쪽이 더 유력한가 하는 문제 가운데 의지를 상위에 두는 입장 – 옮긴이) 관점은 공화주의 정치의 위험 부담을 영원히 잠재울 수 있다고 말한다. 만일 자유가 자치 활동과는 상관없이 개인이 자신의 목표를 선택할 능력으로만 인식된다면 시민적 덕성을 형성한다는 어려운 과제는 더 이상 떠맡을 필요가 없게 된다. 또는 적어도 그 과제는 타인에 대한 관용과 존중심을 배양한다는, 보다 단순해 보이는 과제로 축소될 수 있을 것이다.

 주의주의적 자유 개념에서 국가통치술은 제한된 영역을 제외하면 더 이상 영혼통치술을 필요로 하지 않는다. 자유롭게 선택할 수 있는 개인의 권리를 존중하는 것을 자유라고 한다면, 시민들에게 자치라는 습관을 어떻게 형성할 것인지에 대한 오랜 논쟁을 끝낼 수 있다. 또한 좋은 삶의 본질에 대한 케케묵은 논쟁도 피해갈 수 있을 것이다. 일단 자유가 형성적 계획에서 분리된다면 이마누엘 칸트Immanuel Kant의 말처럼 "국가 설립은 악마들의 국가를 통해서도 해결할 수 있다. 왜냐하면 그것은 인간의 도덕적 개선의 문제를 포함하지 않기 때문이다."

그러나 형성적 계획에서 자유를 분리하려는 자유주의 진영의 시도는 이론과 실제 양쪽 모두에서 발견되는 절차적 공화정의 또 다른 문제에 부딪치게 된다. 자유롭게 선택할 수 있는 독립적 자아, 선택에 선행하는 도덕적 또는 시민적 구속에 구애되지 않는 무연고적 자아("우리가 어떤 사람인지 모르는 상태의 자아"를 의미한다. 자유주의 철학자들은 이러한 무지의 상태에서 통치에 관한 선택을 하는 것이 정의 원칙이라고 주장한다 - 옮긴이)라는 자유주의적 시민 개념에는 철학적 문제가 놓여 있다. 그러한 관점은 충직이나 연대와 같이 우리가 일반적으로 인정하는 폭넓은 범위의 도덕 및 정치적 의무를 설명할 수 없다. 이 관점은 우리가 오직 자신을 위해 선택하는 목표와 역할에만 책임이 있다고 주장하며, 우리가 선택하지 않은 목표에 구속 당할 수 있다는 점을 부인한다. 다시 말해, 신이나 대자연이 우리에게 부여한 목적이나 가족, 민족, 특정 문화와 전통의 구성원으로서 우리가 갖고 있는 정체성들이 부여하는 목적을 인정하지 않는 것이다.

일부 자유주의자들은 우리가 그런 의무에 묶여 있음을 시인하지만, 이는 사적 생활에만 해당될 뿐 정치에는 적용할 수 없다고 주장한다. 그러나 그러한 주장은 다른 어려운 문제들을 야기한다. 왜 우리가 시민의 정체성을 그보다 더욱 폭넓게 인정되는 인간으로서의 정체성에서 분리해야 한단 말인가? 왜 정치적인 숙고 과정에서 우리가 인간의 가장 높은 목표로 여기는 것을 반영하지 않는가? 우리가 인정하든 그렇지 않든, 정의와 권리에 대한 논의들은 좋은 삶에 대한 특정한 관념들에 의지하지 않던가?

절차적 공화정과 자유주의의 문제점은 그것이 장려하는 실천 가운데 나타난다. 도덕성과 종교를 완전히 배제하는 정치는 곧 어떤 힘에서 벗어나게 된다. 정치 담론에 도덕적 의의가 결여되어 있다면, 더 큰 의미를 추구하는 공공생활에 대한 동경은 바람직하지 않은 방법으로 표출되고 만다. 기독교 연합과 그와 유사한 단체들은 벌거벗은 공개 광장을 편협하고 옹졸한 도덕주의moralism로 뒤덮고 싶어 한다. 근본주의자fundamentalist(국가, 가족, 교회에 대한 비보수적·자유주의적 입장에 대해 절대주의적 태도로 공격적이고 신념에 찬 반대입장을 취하는 이들 – 옮긴이)들은 자유주의자들이 발을 들여놓길 꺼리는 곳으로 거침없이 돌진한다. 이러한 변화는 또한 훨씬 더 세속적인 형태로 나타날 것이다. 공적 문제와 관련된 도덕의 영역을 다루는 정치 의제가 존재하지 않을 경우, 사람들의 관심은 공무원의 개인적 악덕으로 옮겨가게 된다. 오늘날의 정치 담론은 너무나 빠른 속도로 타블로이드 신문과 토크쇼, 심지어 주류 미디어가 제공하는 추문과 물의, 고백 등으로 채워지고 있다. 현대 자유주의 공공철학이 이런 경향에 대해 전적으로 책임이 있다고는 할 수 없다. 그럼에도 자유주의적 정치 담론의 관점은 민주주의적 삶에 도덕적 에너지를 포함하는 데 너무 인색하다. 그러한 담론은 도덕적 진공 상태를 만들어내고, 이는 또 다시 편협함과 잘못된 도덕주의로 이어질 수 있다.

실질적인 도덕 담론이 부재한 정치 의제가 절차적 공화정의 공공철학에서 보이는 병리증상 중 하나라면, 다른 하나는 바로 지배력의 상실이다. 주의주의적 자유 개념이 우세해질수록 개인들이 느끼는 권력의 상실감 또한 상승한다. 지난 수십 년간 시민들의 권리는 계속해서 확장되었지만, 그럼에도 국민들은 자신의 삶을 지배하는 세력들에 대한 통제력을 잃고 있다는 사실에 대해 당황하고 있다. 이는 부분적으로 글로벌 경제 상황에서의 고용불안과도 관련이 있지만, 동시에 우리의 자아상을 반영하는 것이기도 하다. 자유주의적 자아상과 현대 사회 및 경제적 삶의 현실적 구조는 날카롭게 대립하고 있다. 우리는 독립적인 자아로서, 선택의 자유를 지닌 자아로서 생각하고 행동하고 있지만 그럼에도 불구하고 우리를 둘러싼 세계는 우리의 이해와 통제를 뛰어넘는 비인간적인 권력구조를 갖추고 있기 때문이다. 자유에 대한 주의주의 개념은 우리가 이 같은 상황에 대항할 수 없게 만든다. 우리는 직접 선택하지 않은 정체성이라는 무거운 짐에서 해방돼 복지국가가 보장하는 권리를 부여 받고 있지만, 내게 속한 자원만을 가지고 세계를 마주하면 그 거대한 힘에 압도 당하는 것이다.

글로벌 정치와 개인의 정체성

현대 자유주의 공공철학이 민주주의의 불만을 다루는 데 실패했다면, 남은 질문은 새로 보완된 공화주의가 어떻게 우리에게 도움을 줄 수 있는가 하는 것이다. 현대 사회에서 공화주의가 말하는 의미의 자치가 과연 실현 가능할까? 만약 그렇다면 그것을 뒷받침하기 위해서는 어떤 특성이 필요할까?

현대 정치적 논쟁의 변화에서 이에 대한 불완전하고 부분적인 대답을 찾아볼 수 있을 것이다. 일부 보수주의자, 그리고 최근에는 일부 자유주의자들까지도 공공정책과 정치 담론에 있어 시민적 형성과 인격 형성, 그리고 도덕적 판단의 부활을 향해 손짓을 보내고 있다. 1930년대에서 1980년대에 이르기까지, 보수주의자들은 자유지상주의적 논점을 바탕으로 복지국가를 비판해왔다. 그러나 1980년대 이후 보수 진영은 연방정부의 사회정책에 대해 시민의식과 도덕성 부분에 초점을 맞추기 시작했다. 이제는 많은 보수주의자들이 복지가 납세자들의 재산권을 무시하기 때문이 아니라, 수혜자들에게 의존성을 심어주고 책임의식을 감소시키며 완전한 시민의식에 필요한 독립성을 박탈하기 때문에 자유와 모순된다고 주장한다.

한편 자유주의자들의 경우 절차적 공화정에 대해 반기를 드는 것을 좀 더 꺼리는 경향은 있지만, 마찬가지로 시민적 주제에 대해 뚜렷한 입장과 주장을 내세우기 시작했다. 1993년 11월, 빌 클린턴은 마틴 루터 킹 주니어가 암살 전날 설교를 했던 멤피스 교회에서 대담하게도 현대 자유주의자들이 회피하는 주제인 도덕성과 영적 영역에 대한 연설을 선보였다. 그는 저소득층이 거주하는 도심지에 일자리를 부흥시키는 것은 소득을 증가시킬 뿐만 아니라 인격 형성이라는 효과를 발휘하고, 일이 가족생활에 규율과 체계 그리고 자부심을 부여하기 때문에 더욱 중요하다고 설명했다.

그러나 우리의 정치 안에 존재하는 이런 시민적 주장이 완전한 목소리를 찾고 정치 담론의 상황을 재조정하는 데 성공했다고 가정해보자. 과연 이러한 정치가 상실된 지배권을 회복하고 민주정치에 대한 불만의 핵심인 공동체 붕괴의 흐름을 완화시킬 수 있을까? 심지어 도덕적 담론을 회피하기보다 적극적으로 수용하고 형성적 계획을 부활시키고자 하는 정치조차도 극복하기 힘든 장애물에 부딪치게 될 것이다. 그것은 바로 현대 경제가 구성되어 있는 어마어마한 규모와 그것을 통제하는 데 필수적인 민주주의적 정치 당국을 성취하는 어려움이다.

이러한 난제에는 실질적으로 두 가지 도전 과제가 수반된다. 하나는 글로벌 경제를 조종할 수 있는 정치기구들을 고안하는 것이다. 다른 하나는 그런 기구들을 유지하는 데 필수적인, 그 기구에 해당하는 시민적 정체성을 배양하고 그들이 필요로 하는 도덕적 권위를 부여하는 것이다. 그러나 이 두 도전을 과연 성공시킬 수 있을지는 미지수다.

자본과 재화, 정보와 이미지, 환경오염과 인간이 역사상 그 어느 때보다도 쉽게 국경을 넘나드는 오늘날과 같은 시대에는 정치 역시 초국적인, 아니 그를 능가하는 범지구적인 형태로 이루어져야 한다. 그렇지 않으면 경제권력은 민주적으로 제약을 받는 정치권력으로부터 아무런 구애를 받지 않고 자유롭게 움직여 버리게 될 테니 말이다. 전통적인 자치기구인 국민국가들은 시민들의 판단을 통해 그들의 운명을 지배하는 경제적 세력들을 압박하는 것이 불가능하다는 사실을 점차 깨닫게 될 것이다. 그러나 만일 경제의 전 지구적 특성으로 인해 초국적 형태의 협치governance가 필요하다고 생각될 경우, 과연 그런 정치기관이 민주적 권위가 궁극적으로 의존하는 충성과 단결심(도덕적·시민적 문화)을 불러일으킬 수 있을지는 앞으로 신중하게 살펴봐야 할 필요가 있다.

글로벌 경제 시대에 자치가 직면한 도전은 미국 정치가 20세기 초반에 직면했던 상황과 놀랍도록 흡사하다. 당시에도 지금과 마찬가지로 새로운 형태의 상업과 커뮤니케이션이 친숙한 정치적 경계를 넘나들었고, 거리상 멀리 떨어져 있는 사람들 사이에 새로운 상호의존적 네트

워크가 발생했다. 그러나 이 새로운 상호의존성이 공동체에 대한 새로운 인식을 가져오지는 않았다. 미국의 사회개혁 운동가였던 제인 애덤스의 "상호의존적이라는 단순한 사실만으로는 아무 의미도 없다"는 통찰은 오늘날에도 해당되는 이야기다. 그녀가 살던 시대에 철도와 전신, 국가적 규모의 시장이 사람들을 이웃이나 같은 국민, 또는 동업자로 만들지 않고도 서로를 연결해준 도구였다면, 우리 시대에는 그것이 위성 전송과 CNN, 인터넷 공간과 글로벌 시장으로 바뀌었을 뿐이다.

오늘날과 당시의 유사성을 감안하여 진보주의자들의 해결책이 우리 시대에도 적용될 수 있다고 가정하는 것은 상당히 매혹적으로 들릴 것이다. 국가 경제에 대한 대응책이 정부와 시민의식을 강화하는 것이라면, 어쩌면 세계 경제에 대응하는 길은 초국적 형태의 협치를 강화하고 범세계적 또는 세계주의적 시민의식을 배양하는 것일지도 모른다. 국제적 의식을 가진 개혁가들은 이미 그와 같은 일을 추진 중에 있다. 다양한 국가 출신의 관리들 28명으로 구성된 글로벌거버넌스 위원회 Commission on Global Governance는 최근 국제기구에 더욱 큰 권한을 주어야 한다는 보고서를 발표했다. 또한 그 위원회는 "경제적 교류와 의사소통 향상에 기반을 둔 지구촌 이웃을 보편적인 도덕 공동체"로 변화시키기 위해 "세계 시민 윤리를 광범위하게 수용"하는 노력의 촉구를 요청하고 있다.

우리 시대의 세계화와 진보 시대의 전국화 프로젝트는, 우리가 초국가적인 정치기구 없이는 글로벌 경제를 통제할 수 없고, 확장된 시민 정체성을 배양하지 않고서는 그러한 기구를 유지할 수도 없다는 점에서 유사성을 지닌다. 인권 협약, 국제환경 협약 그리고 무역과 금융 및 경제 발전을 다루는 세계기구들이 대중의 지지를 얻을 수 있을지는 범세계적 운명을 공유한다는 참여의식을 고취시킬 수 있는지 여부에 달려 있다.

그러나 통치권과 시민의식을 확대하는 것만으로 자치를 회복할 수 있을 것이라고 말하는 세계 시민적 시각은 틀렸다. 오늘날 자치의 희망은 주권의 위치 이동이 아니라 그것의 분산에 달려 있다. 주권국가에 대한 가장 유력한 대안은 인류의 연대성에 기반을 둔 세계 시민적 공동체가 아니라, 다양한 공동체들과 (일부는 국가보다 크고 또 일부는 그보다 작은) 정치기구들이다. 주권을 조직의 위아래 양쪽 모두로 분산시키는 정치만이 글로벌 시장 세력과 경쟁할 수 있는 힘과 시민들의 충성심을 고취시키길 원하는 공공생활에 필요한 다양화를 결합할 수 있다.

일부 지역에서 통치권 분산은, 국가 이하의 공동체(카탈로니아와 쿠르드, 스코틀랜드와 퀘벡과 같은)에는 그에 따라 더 강력한 문화적 및 정치적 자치권을 부여하는 한편, EU (European Union, 유럽연합)와 다른 초국가적 조직을 강화하고 민주화시킬 수 있을 것이다. 그러한 조정은 국가의 주권이 전부 아니면 전무全無가 되는 경우 발생하는 충돌을 피하게 해줄 수도 있을 것이다. 유럽적 의미의 국민국가였던 적이 없는 미국에서는 정치 참여의 장소 확대가 매우 다른 형태로 나타날 수 있다. 미국은 주권이 한곳에 머무를 필요가 없다는 확신 아래 탄생한 국가다. 미국 헌법은 처음부터 정부의 각 부처에 다양한 수준으로 권력을 분산시켰다. 그러나 시간이 지나면서 주권과 시민의식을 국가를 향해 위쪽으로 밀어 올려왔다.

미국 정치의 전국화는 주로 산업자본주의에 대응하기 위해 대두되었다. 경제권력의 강화는 정치력의 강화를 가져왔다. 오늘날 큰 정부에 반대하는 보수주의자들은 이 사실을 자주 망각한다. 그들은 연방정부의 힘을 축소시키면 자신들의 통제권을 넘어선 경제세력들에 좌우되지 않고 스스로 선택한 목표를 추구할 수 있도록 해방될 것이라고 착각한다.

보수주의자들의 큰 정부에 대한 불만은 그들이 생각지 못했던 이유로 인해서 대중적 반향을 얻었다. 미국식 복지국가는 그 목적에 부합하는 성격의 국가 공동체에 기반을 두고 있는 게 아니기 때문에 정치적으로 취약하다. 진보 시대에 시작돼 뉴딜에까지 펼쳐진 위대한 사회를 향한 전국화 프로젝트는 부분적으로밖에 성공을 거두지 못했다. 강력한 정부를 확립하는 데는 성공했지만 모두가 공유하는 국민적 정체성을 육성하는 데는 실패했기 때문이다. 복지국가가 발전할수록 공동의 의무와 사회 연대적 윤리는 희미해지고, 공정한 절차와 개인권의 윤리는 더욱 강력해진다. 그러나 절차적 공화정의 자유주의는 복지국가가 요구하는 강력한 시민의식의 부적절한 대체물임이 입증되었다.

만일 국가가 최소한의 공통성 그 이상을 끌어낼 수 없다면 글로벌 공동체는 더 나은 결과를 (최소한 스스로는) 창출하지 못할 것이다. 국가라는 범위를 넘어선 민주주의 정치에 대한 더욱 유력한 기초는 우리가 살고 있는 특정 공동체 안에 생명력을 갖고 있는 시민생활의 부활에 있다. NAFTA^{North American Free Trade Agreement, 북미자유무역협정} 시대에는 근접 정치가 중요하다. 사람들은 규모가 거대하고 거리상으로 멀리 떨어져 있는 집단에 대한 충성심이 아무리 중요하다고 해도 이를 피부로 느끼지 못할 것이다. 그 집단이 참여자들의 정체성을 반영하는 정치적 제도와 연결되어 있지 않다면 말이다.

주권국가와 주권적 자아를 넘어서

　공동 정체성의 공적 표출에 대한 염원이 점차 증가하고 있다는 사실은, 멀리 떨어진 곳에 있는 강력한 힘에 의해 점점 더 통치 당하는 세상에서 제자리를 잡을 수 있는 정치적 제도가 마련되어야 한다는 열망을 반영한 것이다. 한동안 국민국가가 정체성과 자치 사이에 연결고리를 제공함으로써 그런 열망을 충족시켜줄 수 있을 듯 보였다. 각각의 국가는, 적어도 이론상으로는 공통적인 역사와 언어, 또는 전통에 의해 정의된 민족의 집단적 정체성을 표현하는 다소 자족적인 정치적·경제적 단위였다. 그 국민국가는 주권을 행사함으로써 시민의 집단 정체성을 표현한다는 근거로 시민들에게 충성을 요구했다.

　그러나 현대 사회에서 이러한 주장은 점차 효력을 잃어가고 있다. 국가의 주권은 국경을 넘나드는 상품과 재화, 정보 그리고 세계 금융시장의 통합과 산업의 초국가적 성격에 힘입어 위에서부터 침식되고 있고, 동시에 자치와 자율권을 요구하는 국가 이하의 집단들에게서 아래로부터의 도전에 직면하고 있다. 통치권의 효과가 희미해짐에 따라 정부는 점점 시민들의 충성심을 잃어가고 있다. 하나로 통합되고 있는 글로벌 경제와 집단 정체성의 파편화 경향이라는 습격을 받으면서 자치와 정체성을 연관시키는 데 점점 더 어려움을 겪고 있다. 심지어 세계에서 가장 강력한 국가들조차 글로벌 경제라는 흐름을 벗어나지 못하고 있다. 가장 작은 국가들도 너무나 이질적이어서 어느 하나의 종족, 민족 또는 종교 집단의 정체성을 완전히 표현하기 위해서는 더불어 살아가고 있는 다른 집단을 억압하지 않을 수 없을 정도다.

아리스토텔레스의 도시국가 시대 이래 공화주의적 전통은 자치를 특정 장소에 기반을 두고 있는 활동이자, 그 장소와 그에 깃든 공통적인 삶의 방식에 충성하는 시민들에 의해 수행되는 활동으로 여겨졌다. 그러나 오늘날의 자치는 이웃에서 국가, 전 세계에 이르기까지 다양한 환경에서 작동하는 정치를 필요로 한다. 그리고 그러한 정치가 가능해지기 위해서는 분산된 주권과 결부된 애매한 상황을 찾아낼 줄 알고, 다중적인 연고적 자아("어떤 의무와 관계가 맺어진 자아"라는 의미로, 무지 상태의 인간, 즉 "무연고적 자아"와 반대되는 공동체주의적 인간관 – 옮긴이)로서 생각하고 행동할 수 있는 시민들이 필요하다. 우리 시대에 특히 두드러지는 시민적 덕성이란, 때로는 중첩되기도 하고 때로는 서로 충돌하는 우리의 의무들 사이에서 자신의 길을 협상하는 능력이자 다중적 충성심이 불러일으키는 긴장감을 견딜 수 있는 능력이다.

우리의 삶을 형성하는 글로벌 미디어와 글로벌 시장은 우리를 저 경계선 너머의 세상으로 유혹한다. 그러나 그런 힘을 지배하기 위해, 또는 적어도 거기에 맞서기 위해 필요한 시민적 자원은 우리를 세계 속에 위치시키고 우리의 삶에 도덕적 특수성을 부여하는 장소와 이야기, 기억과 의미, 사건과 정체성에서 찾을 수 있다. 오늘날 정치가 해야 할 일은 그러한 자원을 계발하고 민주주의가 의존하는 시민생활을 고쳐가는 것이다.

02
개인주의를 넘어서: 자치와 공동체

이 글은 1988년 대통령 예비선거 기간에 발표되었다. 그해 민주당 경선에서 승리한 마이클 듀카키스는 대통령 선거에서 공화당의 조지 H. W. 부시^{George H. W. Bush}에게 패배했다.

반세기가 넘는 세월 동안 민주당을 지탱한 것은 뉴딜 자유주의라는 공공철학이었다. 민주당원과 공화당원들은 시장경제에서 정부의 역할과 기본적 필요의 공급에 대한 정부의 책임을 놓고 토론을 벌였고, 이러한 논쟁에서 승리한 것은 민주당이었다. 민주당은 1932년부터 1964년까지 드와이트 아이젠하워^{Dwight Eisenhower}에게 진 경우를 제외하고 모든 대선에서 승리했다.

한편 공화당은 복지국가에 대한 공격을 중단하고, 대신 그들이 복지국가를 더 잘 운영할 수 있다고 주장하기 시작했다. 그러나 뉴딜 정책과 관련한 주제는 토론의 초점을 새롭게 정의하며 지속되었는데, 바로 자유주의와 보수주의의 의미에 대한 것이었다. 자유주의자들은 국가의 사회적·경제적 삶에 있어 연방정부의 역할이 확대되길 원했고, 보수주의자들은 그 반대 진영에 서 있었다.

미국 정치는 이 두 가지 대안을 규칙적으로 반복해왔다. 아서 슐레진저 2세^{Arthur Schlesinger Jr.}는 미국 정치가 활동기에서 안정기, 다시 활동기로 주기적으로 변화한다고 주장했다. 진보는 활동적인 정열을 필요로 하는데, 이것은 오랫동안 지속될 수 없다. 그렇기 때문에 일정 기간 동안 자유주의가 발전하고 나면 뒤이어 보수주의가 그러한 흐름을 중단시키고 등장하여, 자유주의는 더 심오한 개혁으로 이어질 다음 무대를 마련한다는 것이다.

따라서 자기만족에 빠진 1920년대의 공화당은 프랭클린 루스벨트와 해리 트루먼^{Harry S. Truman}의 활동기에 자리를 넘겨주었고, 이는 다시 아이젠하워의 지루한 시대로 이어졌다. 토대 구축의 시대는 새로운 정치적 노력, 즉 "나라를 다시 움직여야 한다"는 케네디의 외침과 린든 존슨의 위대한 사회가 피어나도록 길을 다져주었다. 그리고 1960년대 말이 되자 여러 갈래로 분열되고 지친 미국은 리처드 닉슨의 어색하고 불편한 품 안으로 쓰러졌다.

미국의 정치 주기에 대한 이러한 해석은 최근 민주당이 어떻게 그렇게 오랫동안 집권할 수 있었는지를 설명해준다. 미국의 양대 정당은 각각 그들만의 특수한 소명을 갖고 있지만(민주당은 개혁, 공화당은 안정) 그러한 흐름은 민주당에게 정치적·도덕적 발전을 이룰 주도권을 부여했고, 민주당은 지난 반세기 동안 그것을 행동에 옮겨왔다. 복지국가는 민주당의 날개 아래 점차 모습을 갖춰갔으며, 1960년대의 거대 담론들(시민권과 베트남 전쟁)은 정당들 사이가 아니라 민주당 내부에서 서로 부딪치며 논의되었다.

그런데 만일 미국의 정치가 일정한 주기에 맞춰 반복되는 것이라면, 1988년은 마땅히 민주당의 해가 되었어야 할 것이다. 만약 이 세상이 일반적인 통념대로 흘러갔다면 로널드 레이건의 8년 재임기간은 (민주당의) 개혁을 위한 발판이 되었어야 할 것이다.

그러나 그러한 행동주의에 관한 주기가 정체되고 패턴이 사라졌다고 믿을 만한 근거가 있다. 1970년대가 되자 뉴딜 정책은 시대에 뒤처진 이론이 된 것이다. 뉴딜이 제시하는 대안들은 더 이상 선거에 필요한 활발하고 의미 있는 토론을 북돋울 수 없었다. 1960년대에서 1980년대까지 투표율은 지속적으로 감소했고 정당에 대한 충성도 또한 희미해졌으며 정부에 대한 실망은 높아만 갔다. 한편, 정치가들은 당대의 정치 의제가 포착하지 못한 국민들의 불만과 좌절감을 파악하기 위해 동분서주했다. 좌익에서 우익에 이르기까지 모든 정파가 저항의 정치를 들고 나섰다. 1972년 예비선거 당시 여론조사 기관들은 조지 월리스George Wallace의 지지자들 중 상당수가 차선으로 조지 맥거번George McGovern을 선택한 데 놀라지 않을 수 없었다. 두 사람은 이념적인 차이에도 불구하고 모두 인민적 저항populist protest이라는 전통에 호소했다.

1976년에 지미 카터는 남부 인민적 저항 진영과 진보적 인민적 저항 진영 양쪽 모두의 지지를 받았다. 그는 월리스와 맥거번처럼 정치권의 아웃사이더로서 연방의 관료정치와 워싱턴의 기득권 세력을 비난하는 선거운동을 벌였다. 하지만 그가 후보 시절에 자극했던 사람들의 불만은 그가 임기를 채우는 동안 도리어 심화되었다. 결국 4년 뒤에는 또 다른 자칭 정치적 아웃사이더인 로널드 레이건이 정부에 대항하는 방식으로 대통령 선거에 출마했고 승리를 거두었다.

카터와 레이건은 서로 다른 방식이긴 했지만 뉴딜 정책이 해결하지 못한 국민들의 불안감에 말을 건넸다. 두 사람은 미국 사회 내에 개인적으로나 집단적으로나 자신의 삶을 지배하는 세력에 대한 통제권이 사라지고 있다는 공포심이 증가하고 있음을 감지했다. 최근 몇 십 년 사이 개인의 권리와 자격이 확대되고 참정권이 증진되었음에도 불구하고, 미국인들은 자신의 이해와 통제를 넘어선 비인간적인 권력구조 속에 갇혀 있음을 점점 더 절실히 깨닫게 되었다.

1970년대가 되자 지금껏 유복한 생활과 가히 독보적인 미국의 권력을 누리던 세대는 더 이상 소환할 수도, 명령할 수도 없는 세상을 맞닥뜨리게 되었다. 10년간의 인플레이션과 실질임금의 하락은 스스로 운명을 개척할 수 있다는 미국인들의 자신감을 무너뜨렸다. 한편 미국은 국외에서 발생한 사건들로 인해 국제사회에서의 패권을 크게 상실했다. 베트남 전쟁에서는 패배했고, 이란에서는 보복이 불가능한 인질극이 발생했지만 구출에 실패했으며, 1978년에는 전문가들조차 설명할 수 없는 주식시장 붕괴가 일어났다.

엎친 데 덮친 격으로, 권력이 대규모 기관으로 이동하면서 전통적 공동체가 쇠퇴하기 시작했다. 가족과 이웃, 도시와 마을, 종교와 민족 그리고 지역 공동체가 쇠락하거나 동질화되었고, 이제 개인들은 중간 단계의 공동체가 제공하는 도덕적·정치적 자원 없이 경제와 국가의 비인간적인 세력들을 직면해야 했다.

실제로 로널드 레이건 대통령은 그가 후보 시절 유권자들에게 효과적으로 환기시켰던 국민적 갈망과 우려를 제대로 해결하지 못했다. "우뚝 선 미국"에 관한 그의 수많은 말들에도 불구하고 결국 미국 국민의 자기지배감을 회복해주지 못했고 공동체의 붕괴를 되돌리지도 못했다. 레바논에서 살해된 해병대원들, 인질과 무기를 교환하려는 시도의 실패, 침체기에 들어선 월가, 심각한 무역적자 등은 세계가 통제 불능으로 치닫고 있다는 것을 보여준 레이건 시대의 방증이었다.

그러나 민주당이 이러한 레이건의 실패에서도 한 가지 얻어야 할 것이 있다면, 바로 그가 자치와 공동체의 언어를 활용했다는 점이다. 이상하게 들릴지도 모르지만, 로널드 레이건의 보수적인 시각에는 미국 자유주의의 새로운 공공철학이 배워야 할 점이 담겨 있다.

정치 천재는 흔히 신중하기보다 직관적이다. 특히 레이건의 경우가 그랬다. 그의 천재성은 미국 보수주의 내의 대립적인 두 흐름을 하나의 목소리로 통합했다는 데 있다. 첫 번째는 개인주의적이고 자유지상주의적이며 자유방임주의자였고, 두 번째는 공동체적이고 전통주의적이며 도덕적 다수파Moral Majority였다. 전자는 공적 삶에서 시장의 역할을 더욱 중요시했고, 후자는 도덕의 역할을 더욱 중요시했다.

개인주의적 보수주의자들은 타인에게 해를 끼치지 않는 범위에서라면 사람들이 원하는 대로 행동할 수 있을 만큼 자유로워야 한다고 믿었다. 그들은 "사람들의 등에서 정부를 떼어내야 한다"고 주장하는 보수주의자들이었다. 한편 그와는 대조적으로 공동체적 보수주의자들은 정부가 도덕적 가치와 종교적 가치를 확립해야 한다고 믿었다. 그들은 낙태를 금지하고 포르노를 제한하고 공립학교의 기도시간을 부활시키기를 원했다. 첫 번째 집단은 개인의 자유를 보장하는 차원에서 모병제를 옹호한 반면, 두 번째 집단은 시민의 덕성을 양성한다는 이유로 징병제를 옹호했다. 첫 번째 집단은 자선행위를 강요하는 것과 마찬가지라며 복지국가를 반대했고, 두 번째 집단은 복지국가가 보수적 가치를 장려하기 때문에 바람직하다고 여겼다.

레이건은 이 두 개의 가치체계 중 하나를 선택하지 않고서도 양쪽 윤리 모두의 편에 서는 데 성공했다. 이처럼 포용력 있는 그의 보수주의 노선하에서 밀턴 프리드먼은 제리 팔웰Jerry Falwell을 만났고, 두 사람은 한동안 공존할 수 있었다. 그러나 레이건의 정치적 업적은 단순히 자유지상주의 경제학자와 근본주의 목사를 사이좋은 친구로 만들었다는 데 그친 것이 아니다. 그보다 더욱 중요한 점은 보수주의적 이상으로부터 당대의 문제점에 관한 일련의 논제들을 이끌어냈다는 것이다.

그리고 바로 거기에 미국의 자유주의가 아직도 배워야 할 교훈이 있다. 레이건의 주장 중에서 국민들로부터 가장 커다란 동조를 이끌어낸 것은 후자, 즉 보수적 사고에 깃든 공동체적 노선이었다. 개인의 자유와 시장 해법에 대해 레이건이 목소리를 높였음에도 불구하고, 그의 호소 가운데 가장 중요한 부분은 공동체의 가치, 즉 가족과 이웃, 종교, 애국심의 가치에 대한 환기였다. 레이건은 최근 사라지고 있는 듯 보이는 삶의 방식, 즉 국민국가가 제공하는 것보다 더 작고 더 인간적인 규모로 이루어지는 더 큰 의미의 공동의 삶에 대한 열망을 일깨웠던 것이다.

그러나 애석하게도 최근 민주당은 자치와 공동체에 관해 설득력 있는 대안을 제시하지 못하고 있다. 수사적인 문제라기보다는 자유주의적 정치이론 깊은 곳에 그 이유가 존재한다. 보수주의와 달리 현대 자유주의에는 두 번째 목소리, 다시 말해 공동체적 노선이 결여되어 있다. 그들의 주요 기조는 개인주의이기 때문이다.

자유주의자들은 자유방임주의 보수주의자들과 마찬가지로 정부가 도덕 및 종교적 문제에 있어 중립을 취해야 한다고 믿는다. 그들은 좋은 삶에 대한 특별한 관점을 법률로 규정하기보다 개인이 원하는 가치를 스스로 선택할 수 있어야 한다고 주장한다. 그들은 정부가 시민적 덕성을 장려하고 배양하는 것이 아니라 시민의 권리를 보호해야 한다고 믿는다. 정부는 시민들이 바라는 가치를 자유롭게 추구할 수 있는 중립적 권리체계를 제공해야 한다는 것이다.

비록 개인의 권리를 수호하는 중립적인 국가라는 이상을 공유하고 있긴 해도, 개인주의 보수주의자와 자유주의자는 시민의 어떤 권리들이 기본권인지에 대해, 그리고 중립성의 이상이 어떠한 정치적 조정을 요구하는지에 대해 서로 의견을 달리한다. 보수주의자들은 개인의 재산권을 강조하고, 선택의 자유는 족쇄 없는 시장경제 내에서만 완전하게 실현될 수 있다고 주장한다. 반면 자유주의자들은 진정한 자유를 누리기 위해서는 일정한 사회적·경제적 조건이 필요하며, 따라서 복지와 교육, 고용, 주택, 의료보험 등의 권리가 주어져야 한다고 말한다.

이러한 논쟁은 반세기 동안 이어졌다. 자유방임적 보수주의자들과 싸우는 자유주의자들은 권리와 자격이라는 개인주의적 용어를 이용해 복지국가를 옹호했다. 예를 들어, 사회보장제도는 애초에 사회복지 프로그램이라기보다 개인적인 보험제도에 가까웠다. 그래서 국가의 세수입이 아니라 개인소득의 기여에 의해 재정이 마련된다. 프랭클린 루스벨트는 이 제도라야 사회보장제도가 정치적으로 생존할 것이라고 생각했고, 그의 판단은 옳았다.

유럽의 사회민주주의와 비교할 때 미국의 복지국가는 공동체적 의무와 사회적 연대에 덜 의존하고, 개인의 권리에 더 의존한다. 개인주의적인 미국의 정치문화를 생각할 때, 이는 인간의 기본적인 필요를 공적으로 지급하는 데 있어 폭넓은 지지를 얻을 수 있는 유일한 길이었는지도 모른다.

그러나 정치적 계산을 제쳐두고라도 자유주의자들은 자치와 공동체에 대한 사람들의 강한 관념 때문에 골치를 썩고 있다. 자유주의자들은 묻는다. 만일 정부가 중립적이지 않다면, 편협한 다수가 자신에게 동의하지 않는 이들에게 자신의 가치를 강요하는 것을 어떻게 막을 수 있겠는가? 이미 지난날의 민권운동이 "지역별 규제"가 인종차별의 완곡한 표현이 될 수 있고, "공동체"가 편견과 편협함의 최초 도피처가 될 수 있다는 사실을 보여주지 않았는가? 나아가 종교적 권리의 부상은 도덕성과 정치의 혼합이 얼마나 위험한지 알려주지 않았던가?

민주당이 공동체를 언급할 때에는 대개 국가 공동체를 뜻한다. 프랭클린 루스벨트는 "지역 공동체의 오래된 원칙을 국가적 수준으로 확장시켜야" 하며 미국인들이 서로를 국가 공동체라는 테두리 안에 살고 있는 "이웃"으로 여겨야 한다고 주장했다. 더욱 최근에 민주당은 가족을 국민적 시민의식의 연대에 비유했다. 위대한 사회를 주장한 린든 존슨은 "미국은 한 가족이며, 우리 국민들은 애정과 신뢰라는 공통적인 연대에 의해 연결되어 있다"고 여겼다. 1984년에는 월터 몬데일 Walter Mondale과 마리오 쿠오모 Mario Cuomo 또한 국가를 가족에 비유한 바 있다.

몬데일은 "서로를 아끼고 돌보는 가족, 사랑이라는 끈으로 단단히 묶인 하나의 공동체가 되자"고 말했다.

그러나 공동체에 대한 갈망은 더 이상 국가를 가족이나 이웃으로 여김으로써 충족시킬 수가 없다. 그 비유는 이제 어떤 확신을 표현하기에는 너무나 억지스럽다. 국가는 최소한의 공통성 그 이상을 유지하기에는 너무나도 거대하고, 간혹 드물게 주어지는 참여의 기회가 발생하는 경우를 제외하면 개인으로부터 너무나도 멀리 존재한다.

지역사회에 대한 애착은 시민들에게 개인적 목표와 추구를 넘어 공통의 삶에 참여하게 함으로써, 그리고 공적인 일에 주의를 기울이는 습관을 키우게 함으로써 자치에 기여할 수 있다. 토크빌의 말에 따르면, 그것은 시민들이 "그들의 손이 미치는 작은 영역 내에서 통치의 기술을 연마할" 수 있게 해준다.

적어도 이상적으로는 그러한 범위가 팽창함에 따라 시민들의 활동 영역이 확산된다. 처음에 이웃과 마을회관에서, 교회와 회당에서, 노동조합과 사회운동에서 깨어난 시민의 역량은 국가적인 수준에서 표출되게 된다. 예를 들어, 남부의 흑인침례교회에서 형성된 시민 교육과 사회적 연대성은 이후 전국적으로 전개된 민권운동의 매우 중대한 필요조건이었다. 몽고메리의 버스 탑승 거부 운동은 결국 남부의 흑백분리 정책에 대한 도전으로 이어졌고, 이는 평등한 시민권과 투표권에 대한 전국적 운동으로 승화되었다. 이러한 움직임은 단순히 선거에 승리하기 위한 수단이 아니라 시민 자치의 순간, 시민을 향한 권력 부여의 실례라 할 수 있었다. 그것은 지역사회에 대한 애착과 공동체적 유대감에서 솟아날 수 있는 시민 참여의 모범적 사례였다.

뉴딜에서 위대한 사회에 이르기까지 권리와 자격에 대한 개인주의적 가치체계는 적극적이고 진보적인 힘을 제공해주었지만, 1970년대가 되자 사람들을 고무시키는 능력을 잃고 말았다. 공동체적 감각을 상실한 자유주의자들은 사람들 사이에서 피어오르는 불만의 기운을 감지하지 못했다. 그들은 시민들이 예전보다 더 많은 권리를 누리면서도 권력은 약화되었다고 느끼는 이유를 이해하지 못했다.

가족과 이웃에서부터 도시와 마을, 종교와 민족 또는 문화적 전통으로 구분되는 여러 다양한 공동체에 이르기까지, 개인과 국가 사이를 잇는 중간 단계의 공동체 쇠퇴는 시대적인 불안과 우려를 가져왔다. 미국의 민주주의는 국가가 결코 혼자서는 요구할 수 없는 공공의식의 배양이라는 면에 있어 이런 다양한 공동체에 오랫동안 의존해왔다. 자치에는 공동체가 필요하다. 사람들은 개인으로서뿐만 아니라 동질감을 느끼는 공동적 삶에 대한 참여자로서 자신의 운명을 통제하고 싶은 열망을 갖고 있기 때문이다.

그러나 권리와 자격에 초점을 맞춘 공공철학은 민주당으로 하여금 중간 단계의 공동체에 대한 회의를 갖게 만들었다. 뉴딜에서 민권운동, 그리고 위대한 사회에 이르기까지 자유주의 프로젝트는 지역 공동체가 보호하는 데 실패한 개인의 권리를 연방정부의 권력을 활용해 보장하기 위한 것이었다. 자치와 공동체에 대한 국민들의 갈망을 해소시키지 못한 민주당은, 로널드 레이건과 종교적 우파가 그러한 열망을 포착하고 이를 보수주의적 목적에 맞게 비틀고 변형하도록 내버려두었다.

그러한 방만의 대가는 컸다. 레이건이 증명했듯, 정치적으로 보면 공동체적 차원은 무시하기에는 너무나도 강력한 요소였기 때문이다. 그러나 이는 철학적으로 보면 불필요한 요소이기도 했다. 가족이나 이웃, 공동체, 종교와 관련해 본질적으로 보수적인 것은 존재하지 않기 때문이다. 오히려 그 반대로 현대에는 보수주의적 정책으로는 전통적 가치를 회복할 수 없으며, 이는 레이건이 주창한 통치 목표가 궁극적으로 실패했다는 사실에서 확인할 수 있다.

자치의 쇠퇴에 대해 레이건이 제시한 해결책은 연방정부의 국내 지출을 삭감하고 규제를 해제하고 분권화함으로써 권력의 근원을 연방정부에서 주정부와 지방정부로 이양하는 것이었다. 이렇게 부활한 옛 연방체제는 시민들에게 더 가까운 곳에 권력을 배치함으로써 삶에 대한 통제권을 회복시킬 것이었다. 한편 연방 사법제도는 기존의 적극성을 상실하고, 공동체가 낙태와 포르노, 동성애, 공립학교의 기도시간과 같은 영역에서 도덕을 법률화할 수 있게 허용함으로써 전통적인 가치를 강화할 것이었다.

그러나 이러한 접근법은 실패가 예정된 것이었다. 애초에 연방정부의 힘을 강화시킬 수 있던 조건들을 간과했기 때문이다. 이들 조건에는 전국적인, 이제는 전 세계적인 규모로 기업 세력이 성장한 점도 포함된다.

원래 연방주의는 근본적으로 정치 분권화를 통해 자치를 장려하기 위해 창안된 것이었다. 이러한 제도는 당시 분권경제가 우세하다는 전제에 기반을 두고 있었다. 그러나 미국 내 시장과 대기업들이 성장함에 따라 초기 공화국의 정치적 형태는 자치에 부적합해졌다. 세기말에 나타난 정치권력의 집중은 경제권력의 집중에 대항하기 위한 것이었으며, 민주적 통제권을 유지하려는 시도였다.

레이건이 제안한 것처럼 경제를 분권화하지 않고 정부를 분권화하는 것은 반쪽짜리 연방주의에 불과했다. 그리고 자치라는 관점에서 볼 때 반쪽짜리 연방주의는 아예 없는 것보다도 더 나빴다. 지역 공동체를 멀리 떨어져 있는 기업의 손아귀에 맡기는 것은 결코 시민들에게 힘을 부여하는 행위가 아니다. 오히려 자기 자신의 운명을 결정할 능력을 손상시킬 뿐이다.

비슷한 이유로 보수주의 정책들 역시 공동체에 대한 열망을 충족시킬 수 없다. 전통적 가치를 가장 크게 좀먹는 것은 자유주의적 성향의 판사들이 아니라, 보수주의 진영이 간과하는 현대 경제의 특성들이다. 거기에는 자본의 자유로운 이동성과 그것이 이웃과 도시, 마을에 미치는 파괴적인 영향력, 그들이 기여하는 공동체에 대해 아무 책임도 지지 않는 거대기업의 권력 집중, 그리고 노동자들에게 경력을 계속 쌓을 것인지 아니면 아이들을 돌볼 것인지 선택하라고 강요하는 융통성 없는 일터 등이 포함된다.

결국 레이건은 사람들의 마음을 자극하는 데는 성공한 한편, 실질적인 면에서는 실패했다. 이 두 측면 모두 미국 자유주의의 공공철학에 도움을 줄 몇 가지 통찰력을 제시한다.

먼저, 자유주의 진영은 시민 자치와 공동체의 언어를 배워야 한다. 선거권도 중요하긴 하지만, 자유주의에는 선거권을 넘어서는 자치의 목표가 필요하다. 나아가 국가와 개인의 사이를 중재하는 풍부한 시민적 자원을 포용할 수 있는 공동체에 관한 목표를 세워야 한다.

둘째, 사람들이 공동체를 이해하고 거기에 참여할 이유를 발견하지 않는 한, 그 어떤 간곡한 권고로도 공동체를 회복시키는 것은 불가능하다. 따라서 민주당은 그들만의 연방주의를 활성화시킬 필요가 있으며, 지역의 통제권에 가장 적합한 정치적 책임에 대한 토론을 시작해야 한다. 민주당의 연방주의 이론을 마련하기 위해, 먼저 국민의 시민적·기본적 권리를 정의하는 데서 시작하여, 나아가 지역 공동체가 그들 자신의 삶에 영향을 미치는 결정들에서 더 큰 역할을 하도록 만들 방법을 모색할 수 있을 것이다. 예를 들어, 인종평등과 모든 시민이 적절한 교육을 받아야 한다는, 전국적으로 확립된 권리와 일치하는 교육에 대한 지방정부의 통제권을 강화할 방법을 생각해볼 수 있을 것이다.

세 번째로 민주당은 어떤 형태든 정치권력의 유의미한 이전을 위해서는 현대 경제구조의 개혁이 필요하다는 사실을 이해해야 한다. 공화당은 이러한 이해가 없었다. 민주당에는 전례 없이 자유롭게 이동할 수 있는 자본과 대기업의 무책임한 권력, 그리고 서로 적대적인 노사관계를 해결할 정책이 필요하다. 자치를 최고의 가치로 여기는 공공철학은 적자예산과 세율 등의 거시경제적 문제들이 아니라 경제구조에 관한 질문에 더욱 초점을 맞춰야 한다. 또 그러한 공공철학은 국민소득을 최대화하는 관점에서뿐만 아니라 실질적인 규모로 자치가 가능한 공동체의 형성이라는 관점에서도 그런 질문들을 다루어야 할 것이다.

이러한 점에서 이는 민주정부에 가장 적합한 경제적 제도가 무엇인가에 관한 논쟁, 즉 진보주의 전통에서 매우 오랫동안 전해 내려온 논쟁을 환기시킨다. 일부 뉴딜 지지자들은 경제권력에 맞서 민주주의를 보호하기 위해 국가가 주도하는 경제계획을 선호했고, 다른 이들은 독점금지 정책과 경제 분권화를 지지했다. 20세기 초반에 시어도어 루스벨트의 신국민주의는 우드로 윌슨의 새로운 자유 정책The New Freedom (독점기업 규제, 노동시간 단축, 미성년자 노동 규제, 보호관세 등 윌슨이 시행했던 진보적 정책-옮긴이)에 대항했다. 그러나 그들의 차이점에도 불구하고 토론에 참여한 양쪽 진영은 경제정책이 소비뿐만 아니라 자치에 관한 것임을 이해하고 있었다. 오늘날의 민주당은 그 진보주의 선배들의 통찰력을 되살려야 한다.

마지막으로, 민주당은 도덕적·종교적 담론을 공공생활과 분리시키려는 충동을 극복해야 한다. 그들은 정부가 중립을 유지할 수 있다는 생각을 버려야 한다. 도덕적 의미와 공유하는 이상이 결여된 공공생활은 자유를 보장하지 않고 오히려 편협한 태도를 불러올 수 있다. 도덕적 다수파가 보여주었듯이, 도덕적 자원을 적절히 활용하지 않는 (그래서 오히려 그 자원을 감소시키는) 정치는 편협한 도덕주의를 강요하려는 이들에게 잠식 당할 위험이 있다. 근본주의자들은 자유주의자들이 들어가기 두려워하는 영역으로 거침없이 돌진한다. 따라서 자유주의자들이 택해야 할 해법은 도덕적 논의를 피해 도망가는 것이 아니라 거기에 적극적으로 참여하는 것이다. 어쨌든 자유주의 진영은 오랫동안 도덕적 주장을 펼쳐왔고, 많은 경우 명백하게 그렇게 해왔다. 민권운동은 "도덕을 법률화"시켰고, 종교적 논지에 의존하면서도 그런 방식에 관한 변명을 하지 않았다.

최근 자유주의는 공동선의 목표를 주장하는 데 실패해 비틀거렸고, 이는 보수주의자들에게 미국 정치에서 가장 잠재성 있는 자원을 양도하는 결과를 낳았다. 자치와 공동체의 공공철학은 자유주의자들이 자신의 목적을 위해 이러한 자원을 다시 되찾을 수 있게 해줄 것이며, 민주당이 도덕적·정치적 진보를 추구하는 당으로서의 면모를 회복하게 해줄 것이다.

03

영민한 미덕의 정치

3장 및 4장은 빌 클린턴과 공화당 후보 밥 돌 Bob Dole 이 대결한 1996년 대통령 선거기간에 발표되었다. 클린턴은 여유 있게 재선에 성공했다.

리처드 닉슨이 반문화(지배적인 문화에 정면으로 반대하고 적극 도전하는 하위문화 – 옮긴이)를 질타하고 법과 질서를 옹호함으로써 대통령에 선출된 이래, 민주당은 가치에 대해 다분히 방어적인 태도를 취해왔다. 적어도 지금까지는 말이다. 빌 클린턴은 미국 정치 역사상 가장 큰 반전을 통해 미덕의 정치에서 우위를 차지하게 되었다. 지난 수년간 클린턴은 V칩(텔레비전 수신기 내부에 설치된 폭력 프로그램 여과 장치 – 옮긴이)과 청소년의 야간통행 금지, 교복 착용을 장려하고 미성년자의 임신과 흡연, 무단결석을 신랄하게 비판했다. 일부는 이러한 그의 어젠다를 "쓸데없는 작은 부탁들"이라고 비웃으며 대통령이 언제쯤 본심을 드러낼지 궁금해했지만, 공화당이라면 이미 알고 있듯이 이처럼 작은 미덕을 다루는 정치학은 미국 정치에서 상당히 오랜 역사를 차지하고 있다. 이

보다 훨씬 강력하고 심각한 문제를 다루는 정치학보다도 훨씬 긴 역사를 말이다.

이러한 사실을 누구보다도 잘 이해하고 있었던 인물은 바로 로널드 레이건이다. 그는 국민들에게 가족과 이웃, 종교와 애국심의 중요성을 솜씨 좋게 설파했다. 심지어 자기가 그토록 칭송하는 전통과 공동체를 침식하는 범인인 족쇄 없는 자본주의를 부르짖는 와중에도 말이다. 다른 공화주의자들 역시 그의 뒤를 따랐다. 조지 H. W. 부시는 진심으로 믿었다기보다는 전략적으로 가치에 호소했고, 국기 공장에서 사진을 찍고 윌리 호튼Willie Horton(진보적인 죄수 휴가 프로그램을 통해 복역 중 며칠 동안 휴가를 나왔다가 강도, 살인 및 강간 등을 저질러 충격을 준 범죄자 – 옮긴이) 사건을 대중에게 환기시켰다. 댄 퀘일Dan Quayle은 텔레비전 캐릭터인 머피 브라운이 미혼모라고 비난했고, 윌리엄 베넷William Bennett은 랩 음악의 폭력적인 가사를 규탄하는 캠페인을 벌였다. 패트릭 뷰캐넌Patrick Buchanan은 "우리의 문화를 되찾고 조국을 되찾아야 한다"고 주장했다. 한편 민주당은 공화당의 특정한 도덕적 판단에 반대하는 것이 아니라, 공공 영역은 도덕적 판단을 하는 영역이라는 생각 자체를 거부함으로써 이런 미덕의 정치에 저항했다. 공화당이 낙태를 금지하고 동성애자의 권리를 부인하고 공립학교의 기도시간을 장려할 때, 자유주의 진영은 정부가 도덕을 법률화하거나 시민의 도덕성에 관여해서는 안 된다고 주장했다. 그들은 국가통치술이 영혼통치술로 전환되는 곳에 강요의 위험이 도사리고 있다고 지적했다. 정치는 사람들에게 어떤 삶을 살아야 할지 명령해서는 안 되며, 모두에게 스스로 선택할 자유를 부여해야 한다고 말이다.

정치가 도덕과 종교 문제에 있어 중립을 유지해야 한다는 자유주의자들의 주장은 원칙적으로 잘못된 방향으로 나가고 있었을 뿐만 아니라 실제로 커다란 대가를 치러야 했다. 철학적인 문제와 마찬가지로, 당시 정부가 긴박한 도덕적 문제에 관해 중립을 유지할 수 없다는 사실은 누가 보더라도 명백했다. 민권법은 도덕을 법률로 규정한 것이었고, 그래야 마땅한 것이기도 했다. 민권법은 식당 내 인종분리처럼 증오심에서 기인한 특정 행위를 금지했고, 나아가 시민들의 도덕적 감성을 변화시키는 것을 목적으로 하고 있었다.

철학을 제쳐두고라도, 미덕의 정치를 거부한 민주당은 그에 대해 커다란 대가를 치러야 했다. 정치에서의 도덕적 담론에서 보수주의자들이 독점을 행사하도록 내버려두어야 했기 때문이다. 덕분에 공화당은 1968년부터 1988년까지 여섯 번의 대통령 선거에서 다섯 번이나 승리를 거둘 수 있었다. 그러한 흐름을 깨뜨리고 "새로운 민주당원"으로서 대선에 승리한 사람은 바로 권리뿐만 아니라 책임을 강조한 빌 클린턴이었다. 그러나 클린턴이 공화당으로부터 가치라는 주제를 성공적으로 빼앗아왔다는 사실이 명백해진 것은 1996년 여름의 일이었다.

이를 가능하게 만든 데는 두 가지 요인이 있었다. 첫 번째는 공화당이 중간선거 때 의회를 장악했다는 점이다. 더 이상 법률 제정이라는 점에 희망을 걸 수 없게 되자 클린턴은 그의 장점이라 할 수 있는 연설과 수사학적 능력에 의존했고, 대통령의 권위를 이용한 소통의 장을 통해 영혼통치술을 펼쳤다.

두 번째는 바로 공화당 후보로 지명된 밥 돌이었다. 그는 미덕과 가치에 대해 말하는 재능도 취향도 결여되어 있었다. 그는 1995년, 시장에 도덕성을 부여하려는 대담한 시도의 일환으로 할리우드에서 연설을 했는데, 영화제작사들이 대중의 취향을 폭력과 섹스, 부패와 타락으로 몰아가고 있다고 비난했다. 그러나 그의 마음이 거기에 머무르지는 않았다. 그는 얼마 후 다시 할리우드에서 시장과 도덕 사이에는 아무런 갈등도 존재하지 않는다고 선언했다. 영화제작사들은 외계인 침략자들을 물리치는 최첨단 액션 영화 〈인디펜던스데이〉에서처럼 사람들의 고상한 본성을 자극하여 돈을 벌 수 있다면서 말이다. 우매한 군중을 꾸짖는 선지자의 역할을 내려놓은 돌은 마치 열렬한 홍보 컨설턴트처럼 말했다. "오늘날 할리우드에서 주목해야 할 점은 책임감을 자극하는 이야기가 큰돈을 만들어줄 수 있다는 것입니다. 영화의 평점이 상승하고 표 판매량은 늘어나는 동시에 자기 자신의 모습을 되돌아볼 수 있는 것입니다." 돌은 영화관 매표소가 미국인들이 "기괴한 것보다 좋은 것을, 착취보다 훌륭한 것을, 이유 없는 폭력보다 조용한 미덕을 좋아한다"는 것을 증명하는 "문화의 투표소"라고 주장했다.

자신의 입지에 힘을 실어야 할 필요를 느낀 돌은 오늘날 공화당 정치가 헌신적으로 열중하는 두 가지 분야 가운데 하나를 선택해야 했다. 바로 종교적 우파의 도덕적 열광과 공급 측면에 대해 진정한 신념을 가진 자들의 감세에 대한 열망이었다. 자신의 정당을 분열시킨 낙태 문제에 대해 많이 염려했던 돌은 후자를 선택했고, 그 결과 클린턴에게 전자인 가치에 대해 이야기할 기회를 활짝 열어주게 되었다. 가치에 관해 이야기를 나눈 「USA투데이 USA Today」와의 인터뷰에서, 돌은 그 주제에 대한 조바심을 감추지 못했다. 그는 자신의 후보수락 연설이 "가치에 상당한 비중을 둘 것이며, 아이를 키우는 데 필요한 것은 마을이 아니라 가족이라는 점을 강조할 것"이라고 말했다. 그러나 그의 과묵한 감수성은 미덕의 정치를 향한 이런 마지못한 양보에도 상처를 입은 듯했다. "뭐요? 그러면 나더러 '나는 가치를 중요시하는 후보요. 자, 와서 보시오. 여러분에게 몇몇 가치들을 나눠드리지요'라고 말하면서 돌아다니라는 겁니까?"

클린턴은 그의 조심성에 방해 받지 않으면서 여전히 자신의 영혼통치술을 위해 내세울 무언가를 찾아내야만 했다. 그러나 그곳에 이르는 길은 요원해 보였다. 전직 대통령들은 모두 공직의 권위에 편승해 국민들에게 희생을 강요했다. 전쟁에 목숨을 걸거나, 자신의 여유분을 자기보다 운이 나쁜 이들과 공유하게 하거나, 또는 시민적 덕성을 위해 물질적 소비를 보류하라고 말이다. 또한 자유주의자들의 우려처럼, 영혼통치술이 가장 의욕적으로 내세운 과업들은 19세기에 이민자들을 미국화하려 했던 노력, 진보 시대에 주택 및 사회복지관 등 여러 도덕성 증진 도구를 이용해 빈곤과의 전쟁을 선포한 것 등과 같이 강압적인 조치와 종종 관련이 있었다.

그러나 공동체에 목말라하지만 규제와 제한은 참을 수 없고, 도덕적 목적을 열망하지만 희생은 하지 않으려는 국민에게는 대체 어떤 종류의 영혼통치술이 적합할까? 계획한 것이었는지 아니면 직관에 따른 것인지는 모르겠지만 클린턴은 "성인들을 도덕적으로 구속하지 마라. 대신 아이들에게 족쇄를 채워라"라는 해결책을 찾아냈다. V칩과 청소년 야간통행 금지, 교복을 장려하고, 무단결석과 미성년자 임신 및 흡연에 반대하는 운동의 공통점은 자녀들의 도덕성에 관심을 돌림으로써 도덕적 권위가 땅에 떨어지고 있다는 대중의 근심과 걱정에 응답한다는 것이다. 클린턴이 펼친 미덕의 정치는, 엄밀한 의미에서 아버지 노릇을 함으로써 간섭주의paternalism에 대한 반대를 피해가고 있다.

어떤 이들은 클린턴의 훈계가 도덕성 및 시민의식 향상이라는 역사적인 프로젝트에 비해 너무 가볍고 성인의 시민적 습관과 기질에 거의 아무런 영향도 끼치지 않는 허울뿐인 미덕이라고 불평할지도 모른다. 그러나 어쩌면 이는 오늘날 우리가 기대할 수 있는 전부일 수도 있다. 클린턴의 미덕의 정치는 최소한 국기 공장 방문과 윌리 호튼 사건에 비하면 한 차원 향상된 것이다. 그리고 그러한 사실은 어쩌면 그가 프랭클린 루스벨트 이후 재선에 성공하는 최초의 민주당 출신 대통령이 되도록 도와줄지도 모른다.

04

우리 시대 정치 담론의 빈곤함에 대하여

1996년 대통령 선거에는 하나의 크고 쓸데없는 아이디어와 여러 개의 작고 가치 있는 아이디어가 등장했다. 거창하지만 쓸데없는 아이디어는 밥 돌이 제안한 감세정책에 있다. 사람들은 자신이 번 것을 소유해야 한다는 아이디어가 그것이다. 그러나 왜 그래야 하는지는 확실치 않았다. 이 점을 생각해보자. 첫째, 재정적자와 대중의 필요를 충족시켜야 하는 상황에 놓인 정부에서는 돈이 필요하다. 둘째, 미국은 이미 어떤 산업민주주의 국가보다도 국민소득의 세금 비율이 낮다. 마지막으로, 돌은 후보수락 연설에서 더 낮은 세금과 같은 숭고하지 않은 목적을 제시함으로써 대통령은 반드시 물질적인 고려보다 도덕적인 고려를 우위에 놓아야 한다고 한 자신의 선언을 스스로 부인하고 있다. 때때로 그는 감세정책이 가지는 도덕적 지위를 올려놓기 위해 지나친 과세가 자유를 침해한다고 주장하지만, 1인당 수백 달러를 개인의 소비 영역으로 돌리는 것이 어떻게 미국 국민을 더 자유롭게 할 수 있다는 것인지는 이해하기 힘들다.

한편 커다란 아이디어가 없는 대신 빌 클린턴의 선거운동은 작은 아이디어들로 가득하다. 문맹퇴치 봉사활동 프로그램, 직업훈련 바우처, 방탄조끼를 무력화시키는 총탄의 사용 금지, 흡연 제한, 출산 후 48시간 이내에 산모를 퇴원시키는 것을 금지하는 법률, 911의 통화중 비율 낮추기. 이런 작은 아이디어들은 훌륭하기는 하지만 국가 통치를 위한 목표와는 거리가 있다. 클린턴은 선거에 이기기 위해 거창한 아이디어는 필요하지 않다고 결정한 것이다. 그리고 그것은 옳은 판단이었던 것 같다.

돌이 실패한 가장 커다란 원인도 바로 여기에 있다. 돌의 선거운동은 클린턴에게 유리한 판을 벌려주었다. 그것은 클린턴이 진보주의 정치에 대해 다시 생각해봐야 할 의무를 면제해주었고, 조만간 미국의 정치적 논쟁을 변형시킬 세력들과 싸울 힘을 들이지 않아도 되게 해주었다. 만일 패트릭 뷰캐넌이 공화당 후보였다면, 클린턴은 노동의 변화하는 본질과 전통적인 공동체의 붕괴, 글로벌 시장의 부상, 국가 주권의 약화로 인한 사람들의 불안 및 우려와 씨름해야 했을 것이다. 그러나 낡은 정당 정치의 진부한 태도를 밑바탕으로 목표를 제시하는 공화당원을 맞이한 클린턴은, 더 커다란 문제들을 해결하지 않고도 보수 진영을 분열시키고 그 중앙을 정면으로 파고들 수 있었다. "21세기로 가는 다리"를 내세운 클린턴의 수사에도 불구하고, 이번 선거는 사람들의 머릿속에 (만일 기억된다면) 미국 정치의 새로운 시대가 시작되는 출발점이 아니라 낡은 정치가 퇴장하는 시점으로 기억될 것이다.

21세기를 정의하는 결정적인 선거가 이루어지려면 최소한 10년, 아니 그 이상의 시간이 필요할지도 모른다. 사람들이 일련의 사건들을 겪으면서 자신이 처한 새로운 환경을 설명할 방법을 찾아낼 때, 시대를 움직이는 질문들이 무엇인지가 명백해진다. 20세기로 가는 "다리를 건설하는" 선거는 1912년, 민주당의 우드로 윌슨과 혁신당Bull Moose Party의 시어도어 루스벨트가 20세기 정치의 모습을 구체화한 거대한 아이디어를 고안해냈을 때에야 비로소 탄생했다.

당시 미국은 지금의 우리와 비슷한 곤경에 처해 있었다. 지금과 마찬가지로 경제적 삶의 규모와 정치적 공동체 사이에 커다란 간극이 존재했고 철도와 전화, 전신과 일간신문은 지역적 경계선을 넘어 사람들이 멀리 떨어진 곳에서 일어나는 일을 접할 수 있게 해주었다. 전국 규모의 시장과 복잡한 산업체제는 노동자와 소비자를 상호의존적으로 만들어주었다. 그러나 소규모 공동체 안에서 자신의 위치와 관계를 파악하는 데 익숙한 미국인들은 자신이 통제할 수 없는 거대한 힘을 마주하자 무력감을 느꼈다. 상인과 농부들 중심의 국가를 위해 고안된 분권화 정치체제는 거대기업들의 힘 아래 위축되었다.

지방자치에 기반을 둔 민주주의 체제가 어떻게 국가 수준의 경제를 통치할 수 있을까? 루스벨트와 윌슨의 차이는 바로 이 질문에 대한 대답에서 기인한다. 윌슨은 기업합동을 해체하고 경제권력을 분산시켜 지방의 정치기관에게 더 많은 권리와 책임을 부여하고자 했다. 윌슨은 거대기업이 "국가라는 정치조직보다 더욱 폭넓게 집중화되었다"고 선언했다. 기업이 주정부보다 더 큰 예산을 보유하고 있으며 "전체 인간 공동체의 삶과 운명에 미치는 영향력 측면에서 연방정부보다 더 커다란 존재로 부각되고 있다"는 것이었다. 윌슨에 따르면, 단순히 독점권력을 받아들이고 규제를 가하는 것은 일종의 조건부 항복이었다. 그는 물었다. "그렇다면 이제 우리는 미연방공화국의 대통령이 금융권력 앞에서 모자를 벗고 '당신은 우리의 주인님이십니다. 하지만 우리는 당신을 최대한 이용할 방법을 찾아낼 겁니다'라고 말하는 시대에 와 있는 것인가?"

시어도어 루스벨트는 거대기업을 산업 발전에 따른 불가피한 부산물로 여겼고, 19세기의 탈중심적 경제를 소생시키려는 시도 역시 불필요한 것으로 보았다. 그는 국가적인 수준의 경제권력과 맞서 싸울 방법은 오직 국가의 민주제도의 역량을 증대시키는 것뿐이라고 주장했다. 거대기업에 대한 해결책은 바로 거대정부였다. 루스벨트는 국가 규모의 경제권력에 국가 규모의 정치권력으로 대항하려 했다. 그러나 그는 국민민주주의에는 중앙집권화 그 이상의 것이 필요하다고 여겼다. 바로 "정치의 전국화"였다. 정치 공동체를 전국적 규모로 재편성해야 한다는 것이었다. 루스벨트의 "신국민주의"는 미국 국민들에게 "참되고 영구적인 도덕적 각성", 즉 새로운 시민의식을 고무시키는 것이었다.

선거에서 승리한 것은 윌슨이었지만 미래에서 승리한 것은 루스벨트의 신국민주의였다. 뉴딜에서 위대한 사회에 이르기까지 그리고 심지어 레이건과 깅리치Gingrich의 시대에 이르기까지, 루스벨트의 전국화 프로젝트는 미국의 정치 논의에 활력과 목적을 제공했다. 연방정부의 권한을 확장하고자 하는 자유주의자들과 그것을 제한하고자 하는 보수주의자들, 양쪽 모두에게 말이다.

오늘날 우리는 20세기 초반에 미국이 직면했던 것과 비슷한 새로운 곤경에 처해 있다. 그때와 마찬가지로 지금도 새로운 형태의 상업과 커뮤니케이션이 기존의 정치적 경계를 넘나들고 상호의존적 네트워크를 생성하고, 우리에게 익숙한 형태의 공동체를 붕괴시킨다. 20세기 초에 철도와 전선, 그리고 국내 시장이 사람들을 이웃이나 동료 시민, 또는 동업자로 만들지 않고도 서로를 연결해준 도구였다면, 오늘날에는 그것이 인터넷 공간과 CNN, 글로벌 시장으로 바뀌었을 뿐이다. 다시 한번 경제의 규모가 기존의 민주제도들이 대응할 수 있는 범위를 넘어섰다. 이는 우리가 어째서 권한이 박탈된 상실감을 느끼고 있는지, 또 어떤 정당도 이 시대의 불안감을 누그러뜨릴 수 없다는 의구심에 젖어 있는지를 말해준다.

우리가 윌슨과 루스벨트를 사로잡았던 문제들에 견줄 수 있는 것들을 토론하지 않고 있다는 사실은 우리 시대의 정치가 얼마나 빈곤한지를 드러낸다. 글로벌 경제하에서 민주주의는 가능할까? NAFTA에서 GATT General Agreement on Tariffs and Trade, 관세및무역에관한일반협정, 그리고 국제사법재판소에 이르기까지 다양한 다국적 협약이나 기구들이 이웃과 국가에 대한 충성심을 고취할 수 있을까? 만일 시민적 덕성이 학교나 종교 회당, 직장과 같은 가까운 곳에서 배양되어야 한다면, 그런 공동체들은 어떻게 우리가 글로벌 규모의 시민의식을 발휘하도록 도울 수 있을까? 21세기로 가는 다리를 구성하는 것은 수많은 작은 대답들이 아니라 소수의 커다란 질문들일 것이다.

05
민주주의와 예의의 문제

무례함과 당파심에 대한 우려는 미국 정치에서 수없이 되풀이되는 주제다. 이는 1996년에 클린턴 대통령이 재선에 성공하고 공화당이 상원과 하원에서 다수당을 차지하게 되자 다시금 부상했다.

미국인들의 삶에서 상스러움은 이미 한물간 유행이 되었고, 이제는 예의와 정중함에 대한 욕구가 전국을 휩쓸고 있다. 공격적인 광고와 흑색선전, 열혈 정치꾼들의 악의에 질린 미국인들은 점점 더 거칠고 인정머리 없이 변해가는 세상에 스트레스를 받고 있다. 고속도로에서 흔히 마주칠 수 있는 무례한 사람들, 할리우드 영화와 대중음악에 드러나는 폭력성과 야비함, 낮 시간 텔레비전 프로그램 속 파렴치한의 고백들, 심판에게 침을 뱉는 야구스타들을 떠올려보라.

무례함에 대한 사람들의 반감을 감지한 클린턴 대통령과 공화당 지도자들은 당파적 사고를 넘어 공통의 기반을 추구하게 되었다. 국회의원들은 초당파적인 모임을 갖고 서로를 더욱 잘 이해하고 보다 예의 바른 태도로 의견 차이를 해결할 방법을 모색했다. 한편, 지속적으로 증가하고 있는 수많은 국가위원회들 역시 시민의식과 공동체를 일신할 방도를 궁리했다.

미국인들이 일상에서 올바른 예의가 사라져가고 있다고 개탄하는 것은 지극히 타당한 일이다. 그러나 정중한 행동과 품위가 미국 민주주의의 근본적 문제들을 해결해줄 것이라 믿는다면, 틀렸다. 정치판에서 예의란 과대평가된 미덕에 지나지 않는다.

예의의 문제점은, 그것이 정치가들로 하여금 찬양하고 싶게 만드는 무언가라는 데 있다. 즉 예의란 논란의 여지없이 누구나 찬동할 만한 것이라는 점이다. 그러나 진정한 민주주의 정치는 논쟁과 토론으로 구성된다. 우리가 선거를 통해 정치가들을 선출하는 이유는 그들이 공공의 문제에 대해 토론을 벌여주길 바라기 때문이다. 교육과 국방, 그리고 저소득층 지원에 얼마나 많은 예산을 지출할 것인지, 범죄자를 어떻게 처벌하고, 낙태를 허용할 것인지 금지할 것인지 결정할 수 있게 말이다. 우리는 그러한 토론으로 인한 다툼과 갈등, 소동으로부터 도망쳐서는 안 된다. 그것이야말로 민주주의의 진정한 모습이자 진정한 소리이기 때문이다.

물론 정치적 논쟁이 서로에 대한 적대감보다는 상호존중의 정신으로 행해진다면 더욱 바람직할 것이다. 그러나 최근 정계에서 말하는 예의란 대개 불법 선거운동이나 다른 부정행위들에 관해 덜 비판적으로 조사해 달라는 것을 고상하게 일컫는 말에 불과할 때가 많다. 마찬가지로, 당파주의를 초월하자는 목소리 역시 적법한 정책적 차이를 흐릿하게 만들고 원칙이나 확신이 결여된 정치를 정당화할 수도 있다.

뉴딜에서 민권운동에 이르기까지, 원칙에 의거한 정치는 언제나 당파적 정치였다. 최소한 같은 의견을 지닌 시민들을 모아 다른 사람들이 반대하는 목표를 위해 싸운다는 점에서는 말이다.

오늘날 미국인의 삶에 만연한 무례함은 훈계를 한다고 해서, 또는 정치적 차이를 좁힌다고 해서 해결될 일이 아니다. 그것은 당파적 목소리를 누그러뜨림으로써 해결할 수 있는 것보다 훨씬 근본적인 문제로 인해 나타나는 증상이다. 미국인들이 사람들의 무례한 태도에 불안감을 느낀다는 것은 우리의 공동체를 구성하는 도덕적 실타래가 풀려나가고 있다는 깊은 두려움을 나타낸다. 가족, 이웃, 도시, 마을, 학교, 종교 회당과 노동조합에 이르기까지, 전통적으로 사람들에게 도덕적 기준과 소속감을 부여하던 수많은 기관들이 위험에 처해 있다.

때로 이러한 공동체들은 "시민사회" 기관이라고 묘사된다. 건강한 시민사회는 예의범절(물론 이것이 매우 유용한 부산물이라는 데는 의심의 여지가 없다)을 장려할 뿐만 아니라, 훌륭한 민주 시민을 배양하는 습관과 기술과 자질 등을 이끌어내기 때문에 매우 중요하다.

물론 시민사회의 모든 제도들은 각각 독특한 목적을 내포하고 있다. 가령, 학교는 젊은이들을 교육하기 위한 것이고 교회나 유대교의 회당synagogue은 종교적인 모임을 위한 것이다. 그러나 학교나 교회에 참가할 때, 우리는 또한 좋은 시민이 갖추어야 할 자질이나 시민적 덕성도 발전시키게 된다. 예를 들어, 그곳에서 우리는 전체의 이익을 생각하고, 타인을 위해 책임을 다하고, 이해관계의 상충을 해결하고, 다른 사람들의 의견을 존중하는 동시에 자신의 견해를 주장하는 방법을 배운다. 그리고 무엇보다 이러한 기관들은 우리를 사적이고 자기 이익 중심의 영역에서 이끌어내, 공동선에 대해 관심을 갖는 습관을 기르도록 만든다.

150년 전, 토크빌은 적극적인 미국 시민사회가 민주주의의 기반인 "마음의 습관"을 육성한다고 찬양했다. 토크빌의 말이 옳다면, 거리와 가게에서 사람들이 보이는 태도 정도의 차원을 뛰어넘어 시민사회의 건전함 자체를 우려하는 것은 마땅한 일일 것이다.

만일 가정과 이웃, 학교가 훌륭한 상태에 있지 못하다면 민주주의의 성공에 필요한 적극적이고 공공의식이 충만한 시민들을 양성할 수가 없을 테니까 말이다. (최근 선거에서 나타난 우울한 결과 또한 이러한 사실을 반영하는 것인지도 모른다.)

시민의식과 공동체를 쇄신할 방도를 탐색하기 위해 탄생한 수많은 정부위원회들의 기저에도 이러한 사고방식이 놓여 있다. 그러한 단체로는 이번 달에 필라델피아에서 모임을 가진 사회, 문화 및 공동체에 관한 펜 국가 위원회Penn National Commission on Society, Culture and Community, 윌리엄 베넷과 전 조지아 상원의원 샘 넌Sam Nunn이 이끄는 자선활동 국가위원회National Commission on Civic Renewal, 전 교육부장관 라마 알렉산더Lamar Alexander를 수장으로 하는 자선 및 시민의식 부흥위원회National Commission on Philanthropy and Civic Renewal, 그리고 콜로라도의 전 하원의원 패트리샤 슈뢰더Patricia Schroeder가 이끌고 있으며 최근 시민의식 부흥에 힘쓰겠다고 선언한 보스턴의 시민사회협회Institute for Civil Society 등을 들 수 있다.

이러한 노력이 과연 미국의 시민생활을 회복할 수 있을지는, 이런 단체들이 미덕에 기반을 둔 공동체를 손상시킨 원인에 관한 어렵고 논쟁적인 문제의 해결 의지를 얼마나 갖고 있느냐에 달려 있다. 그들은 정치적인 색채를 띤 문제를 가급적 피하고 싶은 유혹을 떨쳐내야 한다.

그런 단체들은 대개 이런 유혹에 굴복한다.

표면적으로 볼 때, 시민사회 부흥 프로젝트는 공공생활에서의 예의 회복을 주장하는 목소리와 마찬가지로 정파를 초월하여 누구에게나 호소력을 지닌다. 가족과 이웃, 학교의 공동체의식을 강화하고자 하는 노력에 반대할 사람이 어디 있겠는가? 그러나 시민사회 회복을 위한 노력은 독립기념일 연설이나 대통령의 국정연설처럼 권고의 형태로 남아 있는 한, 논란의 여지없는 상태로만 존재하게 될 것이다.

가치중심적인 공동체를 지켜내려는 진지한 노력은 필연적으로 그 공동체를 손상시키는 힘과 부딪치게 된다. 베넷과 같은 보수주의자들은 미덕을 양성하는 기관을 위협하는 범인으로 두 개의 요인을 지목한다. 바로 대중오락과 큰 정부다.

그들은 랩 음악과 천박한 영화들이 아이들과 젊은이들을 타락시키고 있으며, 큰 정부와 복지국가가 개인의 권리를 침해하고 지역의 자주성을 약화시키며, 중간 단계의 공동체 역할을 앗아간다고 주장한다. 그들은 햇살을 가로막는 큰 정부라는 나무를 쳐내면 가족과 이웃, 그리고 교회에 기반을 둔 자선단체들이 과도하게 자란 나무 때문에 복잡해진 곳에 공간을 열고 햇빛 아래에서 번성하게 될 것이라고 말한다.

문화 보수주의자들이 대중오락의 악영향에 대해 우려하는 것은 당연한 일이다. 대중오락은 그것을 부추기는 광고와 더불어 소비에 대한 열망을 자극하고, 정치에 대한 소극적 태도(이는 시민적 덕성과 상충한다)를 불러일으킨다. 그러나 그들은 무엇보다 가장 강력한 힘, 즉 족쇄 풀린 시장경제의 파괴적인 힘을 간과하고 있다.

기업들이 그 거대한 권력을 사용하여 감세정책을 끌어내고 일자리를 절실히 필요로 하는 도시나 주(州)의 변화를 제한하고 환경문제에 관한 양보를 요구할 때, 그들은 그 어떤 연방권력보다도 심각하게 공동체의 권한을 빼앗고 약화시킬 것이다. 빈부격차가 극심해지면 결국 부자들은 공립학교와 공립공원, 그리고 대중교통을 떠나 특권층과 소수를 위한 좁은 장소로 찾아 들어가게 된다. 그러면 시민적 덕성은 찾아보기 힘들어지고 공동선은 사라지게 될 것이다.

　공동체를 회생시키려는 모든 시도는 사회구조를 좀먹는 문화적 힘은 물론 경제권력과도 대항해 싸워야 한다. 우리에게는 어떤 경제제도가 자치에 가장 적합하고, 그것을 유지하기 위해서는 어떤 시민적 덕성이 필요한지 묻는 정치철학이 필요하다. 시민의식을 부흥시키기 위한 프로젝트는 매우 중요하다. 그것이 정치적 차이를 좁힐 수 있는 방법을 알려주기 때문이 아니라, 미국의 건전한 민주주의를 위해서 필요하기 때문이다. 또한 예의를 회복하기 위해서도 시민의식의 부흥이 필요하다.

06
두 번의 탄핵 정국 비교

이 논평은 1998년에 하원이 빌 클린턴 대통령 탄핵안을 발의했을 때 발표되었다. 주로 당의 정책에 따라 투표하는 하원은 결국 두 건의 탄핵 사유를 인정했지만 클린턴은 여전히 대중으로부터 굳건한 지지를 받고 있었고, 상원은 그에게 무죄를 선언했다.

나는 한때 워싱턴에서 인턴으로 일한 적이 있다. 스물한 살 때의 일이다. 대학 3학년과 4학년 사이에 나는 워싱턴에 있는 「휴스턴크로니클Houston Chronicle」에서 기자로 일했다. 때는 1974년, 하원 법사위원회가 리처드 닉슨의 탄핵을 심사하고 있던 시기였다.

"저들은 워터게이트에 매달리게들 놔둡시다(그리고 우리는 우리가 해야 할 일을 할 것입니다)." 닉슨은 이렇게 말했다. 나는 기꺼이 워터게이트에 매달리던 이들 중 한 명이었다. 7월 8일, 나는 대법원 법정에 앉아 특별검사 레온 자워스키Leon Jaworski와 대통령의 변호사인 제임스 생클레어James St. Clair가 닉슨이 그의 테이프를 공개해야 하는지를 두고 말다툼을 벌이는 것을 듣고 있었다. (그러나 나는 그 논쟁의 절반밖에 듣지 못했다. 기자들 간의 경쟁이 너무 치열해서 대부분의 기자들이 30분마다 돌아가며 방청석에 앉아야 했기 때문이다.) 며칠 뒤 법사위원회는 직원들이 준비한 두꺼운 증거자료를 공개했다. 오늘날 인터넷에서 곧장 찾아볼 수 있는 자료더미와는 달리, 당시 그런 자료는 저녁에 국회의사당에서 배포되었고 다음 날 아침까지 언론보도 제한 요청을 받았다. 나는 우리 신문사에 할당된 문서를 받아오겠다고 자원하고는 국회의사당 뒤에 있던 우리 집에 가져가 밤새도록 자료를 읽으며 새로 폭로된 어마어마한 양의 자료들을 발췌했다. 그리고 그해 여름이 끝났을 때에는 기념으로 두꺼운 책자 한 세트를 가져가도 좋다는 허락을 받았다.

얼마 전(1998년)에 발표된 하원의 대통령 탄핵안은 내게 책장에서 그 베이지색 커버의 책자를 다시 꺼내보게 만들었다. 스타 보고서Starr Report(클린턴의 성추문 사건을 조사한 케네스 스타 특별검사의 보고서 – 옮긴이)와 비교할 때, 1974년 해당 위원회의 "정보 보고서Statement of Information"는 충격적일 정도로 제한적이었다. 문서는 오직 근거가 되는 사실로만 구성되어 있고 논의나 결론은 배제되어 있었으며 또한 닉슨의 변호사가 마련하고 위원회가 발간한, 대통령에게 우호적인 정보를 강조하는 자료가 포함되어 있었다.

표면상의 유사점에도 불구하고 그해 여름 내가 목격한 탄핵청문회는 워싱턴에서 진행 중인 클린턴 대통령의 탄핵 정국과는 여러모로 상이했다. 당시에도 최근과 마찬가지로 다수의 정당이 두 번째 임기를 수행 중인 반대 정당의 대통령을 수사하고 있었다. 위원회 소속 의원들의 정당 비율도 거의 비슷했다. 닉슨 시절 피터 로디노Peter Rodino 위원장하에서는 21대 17로 민주당이 우세했고, 클린턴 대통령 사건의 헨리 하이드Henry Hyde 위원장하에서는 21대 16으로 공화당이 우세하다. 로디노의 심리는 한 공화당 하원의원이 제안한 것처럼 시간이나 주제에 제한 받지 않았다. 심리 인가가 떨어진 후 투표가 완료되기까지는 거의 6개월이나 되는 시간이 걸렸고, 결국 로디노는 탄핵에 필요한 정족수를 확보했다. 전국적인 여론도 그들과 함께하고 있었다.

그러나 하이드가 이끄는 위원회는 세 가지 이유로 그런 결과를 이끌어내지 못할 것이다. 첫 번째 원인은 의회의 변화에 있다. 많은 이들이 오늘날의 하원, 특히 법사위원회가 25년 전에 비해 훨씬 당파적이라고 지적한다. 사실 이러한 비교는 시간적 차이 때문에 어느 정도 애매해지기 마련이다. 닉슨의 탄핵청문회 역시 당파적 대립이라는 수난을 피해가지는 못했다. 매사추세츠의 로버트 드리넌Robert Drinan과 뉴욕의 찰스 란젤Charles Rangel과 엘리자베스 홀츠먼Elizabeth Holtzman, 그리고 미시건의 존 코니어스 2세John Conyers Jr.(당시 법사위원회의 소수당 간사)를 비롯한 열두 명의 법사위원회 소속 민주당원들은 닉슨이 캄보디아 폭격을 비밀리에 승인했다는 이유로 탄핵안에 투표했다(이 사유는 기각되었다). 또 공화당의 경우에는 닉슨의 전 선거구였던 캘리포니아의 의원 찰스 위긴스Charles Wiggins와 투쟁적인 성향의 뉴저지 공화당원인 찰스 샌드맨 2세Charles Sandman Jr.가 대통령을 수호하기 위해 최후까지 격렬하게 저항했다. 한편 소수당은 그때나 지금이나 정보 누설과 부적절한 대우에 대해 불평을 늘어놓았다.

그러나 전체적인 분위기는 지금보다 훨씬 덜 적대적이었다. 당시에는 정당과 이념의 경계선이 오늘날보다 애매하고 흐릿했다. 로디노 위원회의 민주당 의원 스물한 명 중에서 세 명은 보수적인 남부 민주당원이었다. 월터 플라워스Walter Flowers(앨라배마), 제임스 만James Mann(사우스캐롤라이나), 레이 손튼Ray Thornton(아칸소)은 모두 1972년에 닉슨을 강력하게 지지한 선거구 출신이었고, 그들의 표가 어느 쪽으로 향할지는 마지막 순간까지도 불확실했다. 한편 공화당 측에는 메인의 윌리엄 코엔William Cohen(당시 국방부장관), 뉴욕의 해밀턴 피시 2세Hamilton Fish Jr., 일리노이의 톰 레일스백Tom Railsback 등 북부 온건주의자들이 섞여 있었다. 남부 민주당 의원과 온건 공화당 의원은 자주 만남을 가졌고 당파적 대립을 부드럽게 완화시켰다. 결국 모든 민주당 의원과 일곱 명의 공화당 의원이 탄핵권고안에 표를 던졌다.

 두 번째 차이점은 애초에 도마 위에 오른 대통령의 행위 자체에 있다. 닉슨의 위법행위(워터게이트 침입 사건을 무마하려는 시도[소추안 I]와 FBI, CIA, IRS를 동원해 정적들을 불법적으로 감시한 일[소추안 II])은 위원회의 말대로 탄핵의 가장 정당한 사유인 "정부체제에 대한 심각한 범죄 행위"에 해당했다. 법사위원회의 투표가 끝난 지 얼마 되지 않아 닉슨이 워터게이트 사건을 은닉하려 했다는 "결정적인 증거"인 테이프가 공개되었을 때에는 닉슨을 열렬히 옹호하던 열 명의 의원들조차 탄핵 지지를 선언했다. 그들은 소수의견 기록에 대통령은 "오직 헌법에 명시된 정부체제에 위협을 가하는 심각한 위법 행위를 저질렀을 때에만 퇴임되어야 한다"고 적었다. 거기에 배서한 닉슨의 충신들 가운데는 당시 초선의원이었던 트렌트 롯Trent Lott도 포함되어 있었다. 그러나 지금 롯과 하이드, 그리고 그들의 동료 공화당 의원들은 민주당 의원들(그리고 국민들)에게 클린턴의 행위가 (비록 개탄스러운 것이기는 하나) 미국의 헌법체제에 심각한 위협을 가하는 것임을 설득하는 데 어려움을 겪고 있다.

빌 클린턴 대통령의 탄핵과 관련해 전국적인 합의를 이끌어내지 못하는 세 번째 요인은 미국인들의 삶에서 대통령의 역할이 변화했다는 데 있다. 베트남 전쟁과 워터게이트, 그리고 최근 클린턴의 섹스 스캔들은 대통령의 권위적이고 제왕적인 아우라를 축소시켰다. 전국방송을 통해 대통령 후보들이 카메라 앞에서 영혼을 내보이고 약점을 고백하게 부추긴 미디어의 역할도 컸다. 빌 클린턴은 국민들로부터 닉슨보다 더 많은 사랑을 받고 있지만 경외심은 덜 받고 있다. 역설적이게도, 이러한 경외심의 결여는 클린턴을 국민들의 분노에서 보호해주었고 닉슨의 탄핵을 가능케 했던 이상주의에 상처를 입혔다.

1974년 7월 27일 저녁, 로디노 위원장이 서기에게 찬반의견을 물으라고 말했을 때, 나는 레이번하우스 2141호에 앉아 있었다. 방은 적막에 싸여 있었고, 위원회 소속 의원들은 한 명씩 거의 들리지도 않는 목소리로 "네" 또는 "아니오"라고 말했다. 종교적일 정도로 엄숙한 순간이었다. 첫 번째 탄핵 사유에 관한 투표가 끝나고 로디노 위원장의 의사봉이 책상을 두드리자, 기자들은 너나 할 것 없이 위원회 의원들이 앉아 있는 앞줄로 몰려들었다. 내가 할 일은 청문회 내내 뛰어난 능변으로 사람들의 눈길을 사로잡은 휴스턴의 민주당 의원 바바라 조던 Barbara Jordan 에게서 논평을 얻어내는 것이었다. "지금은 아무 말도 하고 싶지 않습니다." 그녀는 감정을 폭발시켰다. 그녀는 두 눈에 눈물을 가득 머금은 채 뒤쪽에 있는 방으로 가 버렸다. 나는 그녀의 모습에 깜짝 놀라 흠칫했다. 심지어 닉슨에게 적대적이었던 민주당 의원들조차 대통령을 실제로 탄핵했다는 무겁고 괴로운 부담감에 시달리고 있었다. 그러나 오늘날 국민들 사이에서 그 시절과 유사한 시민적 동요가 발생하고 있다고는 생각하기 힘들다.

07

로버트 F. 케네디의 약속

로버트 F. 케네디는 1968년, 캘리포니아 예비선거에서 승리를 거둔 바로 그날 밤에 암살되었다. 그의 죽음을 되돌아보는 것은 만약 그가 사망하지 않았다면 우리의 미래가 어떻게 되었을지 궁금해하는 것이나 마찬가지다. 대통령 후보로 나섰을 때, 그는 자기만족에 휩싸여 있던 미국 전후 시대 자유주의에 도전하는 정치적 관점으로 가는 길을 찾고 있었기 때문이다. 만약 그가 생존했더라면 진보주의 정치를 더욱 새롭고 성공적인 길로 이끌었을지도 모른다. 그가 암살된 후 수십 년 동안 민주당은 케네디가 소리 높여 말하던 도덕적 에너지와 대담한 공공 목적을 되살리는 데 실패했다.

빈민들에 대한 관심과 베트남 전쟁 반대에도 불구하고 케네디는 이념적으로나 기질적으로나 자유주의자는 아니었다. 그의 정치적 견해는 어떤 점에서 볼 때는 민주당 주류보다 보수적이었고, 또 다른 점에 있어서는 훨씬 급진적이었다. 대부분의 자유주의자들과 달리 그는 큰 정부와 국민들 사이의 거리를 우려했고, 분권화를 선호했으며, 복지를

"우리 시대의 가장 커다란 실패"라고 비판했고, 사회적 병폐에 대한 만병통치약으로서의 경제성장이라는 신념에 도전하고, 범죄에 대해 강경한 입장을 취했다.

어떤 이들은 케네디가 전통적인 자유주의 이념과 거리를 둔 것은 소수민족과 저소득층의 지지기반을 유지하면서 백인 노동계급 유권자들의 지지를 얻기 위한 방안이었다고 주장한다. 물론 그러한 정치적 효과가 있었음을 부인할 수는 없다. 1968년 인디애나 예비선거에서 케네디는 놀랍게도 흑인 유권자의 86퍼센트로부터 지지표를 얻었을 뿐만 아니라, 1964년에 조지 월리스를 강력히 지지했던 주(州)들을 휩쓸었다. 저널리스트 잭 뉴필드Jack Newfield는 케네디를 두고 "양쪽 극단에 위치한 힘없는 집단에게 동시에 말을 걸 수 있는" 유일한 후보라고 일컬었다.

그러나 케네디가 1960년대의 주류 자유주의들과 불편한 관계를 유지했던 데는 단순한 정치적 계산 그 이상의 이유가 있었다. 그의 메시지가 사람들의 동조를 끌어낸 것은 현대의 관리감독적인 정치가 밀어낸 시민의식과 공동체에 관한 관점에 기대고 있었기 때문이다. 케네디는 당시의 혼란스러운 시대상에 적합한 공공철학을 궁리한 끝에 대단히 유서 깊고 많은 노고를 필요로 하는 시민생활의 관점을 되살렸던 것이다. 그러한 이상에 따르면 자유란 단순히 소비자 사회의 보상에 대한 공평한 접근권에 있는 것이 아니다. 자유를 확보하기 위해서는 시민들이 자치권을 공유하고 자신의 집단적 운명을 통제할 수 있는 힘을 기르는 데 직접 참여해야 했다.

시민적 노선을 갖고 있던 케네디는 지금도 지속되고 있는 1960년대에 만연하던 시민들의 우려, 즉 정부에 대한 불신과 권한이 박탈된 상실감, 공동체의 도덕적 요소가 사라지고 있다는 두려움 등에 주목했다. 자유주의 노선은 주로 개인주의적 관점에서 주장을 펼치거나 또는 국가 공동체라는 이상에 호소했지만, 케네디는 그와 대조적으로 개인과 정부 사이에 위치한 중간 단계의 공동체에서의 자치가 중요함을 강조했고, 현대 사회에서 그러한 공동체가 사라져가고 있음을 개탄했다. "국가나 대도시는 너무 거대하여 공동체에 충분한 가치를 제공하지 못한다. (…)우리가 살고 있는 지역 너머의 세계는 점점 더 비인간적이고 추상화되어 개인의 통제권이 닿지 못한다. 놀라울 정도로 신속하게 확산되고 있는 도시들은 마을과 지역 공동체를 지워나가고 있다. 가구 수는 늘어나지만 산책을 즐기거나 여자와 아이들이 만나고 공동활동을 할 수 있는 공간은 감소한다. 일터는 어두운 터널과 매정한 고속도로 너머로 한없이 멀어진다. 의사와 변호사, 공무원은 언제나 그들이 필요한 곳이 아니라 멀리 떨어진 다른 곳에 있으며 사람들은 그들이 누군지 알지도 못한다. 너무나도 많은 곳에서(번잡한 도시의 거리뿐만 아니라 한가한 교외에서도) 집이란 먹고 자고 텔레비전을 보는 공간으로 전락했다. 우리가 살고 있는 곳에는 공동체가 없다. 우리는 여러 곳에서 살고 있지만 동시에 어떤 곳에서도 살고 있지 않다."

도심지 문제와 관련해 1960년대의 민주당이 "실업률"을 강조했다면 공화당은 "범죄율"을 내세웠다. 케네디는 실업률과 범죄를 아우르는 설득력을 보였고, 이를 시민적 주제와 결합시켰다. 그는 범죄가 비극적인 이유는 사람들의 삶을 위험하게 만들기 때문이 아니라, 거주지역과 공동체 같은 공공의 공간에 파괴적인 영향을 미치기 때문이라고 주장했다. "문을 잠가두고 있는 국가는 절대 자유로울 수 없다. 왜냐하면 공포 속에 스스로를 가두고 있기 때문이다. 시민들이 자신이 살고 있는 거리를 걷는 것을 두려워하는 국가는 결코 건강할 수 없다. 왜냐하면 고립은 공공의 참여에 있어 독약과도 같기 때문이다." 실업률 역시 시민들이 대면해야 하는 힘든 도전이었다. 단순히 경제적인 면모 때문이 아니다. 문제는 실업 상태가 소득을 감소시킬 뿐만 아니라 국민들에게 시민의식이라는 공동의 삶을 공유할 수 없도록 만든다는 데 있었다. "실업은 아무것도 할 일이 없다는 것을 의미한다. 그것은 다른 사람들과 아무런 관계도 맺을 수 없다는 것을 뜻한다. 일자리가 없다는 것, 동료 시민들과 아무런 관계도 맺을 수 없다는 것은, 다시 말해 그들이 랠프 엘리슨Ralph Ellison의 '투명인간Invisible Man(랠프 엘리슨이 동명의 소설을 쓴 바 있다 – 옮긴이)'이나 마찬가지라는 의미다."

케네디와 주류 자유주의 노선과의 현저한 차이점은 복지에 대한 관점에 있다. 저소득층에 연방정부의 재정을 지출한다는 점을 못마땅하게 여기는 보수주의 진영과는 달리, 케네디는 복지가 수혜자들의 시민적 능력을 타락시킨다는 이유에서 그것을 비판했다. 복지는 "수백만 명의 국민들을 빈곤과 의존증의 노예로 만들며 다른 시민들의 호의에 기대어 그들이 수표를 써주길 기다리게 한다. 연대감, 공동체, 애국심 같은 필수적인 가치는 단순히 함께 생필품을 구매하고 소비하는 데서 오는 것이 아니다. 그것은 개인의 자주성과 사적인 노력의 의미를 공유하는 데서 오는 것이다." 빈곤 문제의 해결책은 정부가 수입을 보장해 주는 것이 아니라 "적절한 소득을 안겨주는 당당한 일자리, 자신이 속한 공동체, 가족, 국가 그리고 무엇보다 자기 자신에게 '나는 이 나라를 세우는 데 도움을 주고 있다. 나는 이 위대한 공적 과업의 일원'이라고 말할 수 있는 일자리"에 있다. 소득이 보장되는 것만으로는 "자부심도, 민주사회의 시민에게 필수적이라고 할 수 있는 공동체적 삶에 참여하고 있다는 자기만족감도 느낄 수 없다."

만일 민주당이 범죄에 대해 강경한 입장을 취했던 케네디의 태도를 물려받았더라면, 가장 효과적인 이슈 중 하나를 공화당의 세대에게서 빼앗아올 수 있었을 것이다. 민주당이 복지에 대한 케네디의 우려와 불안감을 받아들였더라면, 저소득층을 포기하지 않고도 복지제도를 개혁할 수 있었을 것이며, 수십 년간 정부에 대한 적대감이 커지는 데 기여한 복지에 대한 공공의 불만을 피할 수도 있었을 것이다. 만약 민주당이 케네디로부터 공동체와 자치, 그리고 시민적 덕성의 중요성을 배웠더라면 그들은 로널드 레이건 같은 보수주의자들에게 이런 강력한 아이디어들을 빼앗기지도 않았을 것이다. 지금까지도 진보주의 진영이 회복해야 할 강력한 목소리가 남아 있다. 소비 사회에 적합한 시민이 되기 위한 기본적인 훈련, 그 이상의 무언가를 포함한 시민의식을 되찾아줄 분투적인 이상주의가 아직도 필요한 것이다.

PART 02

논쟁들:
정치와 도덕을 말하다

PUBLIC
PHILOSOPHY

MICHAEL J. SANDEL

2부에서는 소수집단우대정책에서부터 오염 배출권과 배아줄기세포 연구에 이르기까지 최근의 법적·정치적 논쟁에 의해 촉발된 여러 도덕적 가치의 문제들을 다룬다. 글의 도처에서 시장의 도덕적 한계에 대해 다룰 것인 바, 나는 향후 다른 저서를 통해 이 주제를 더 체계적으로 고찰해볼 계획을 갖고 있다(실제로 『돈으로 살 수 없는 것들 What Money Can't Buy』[2012, 와이즈베리]을 출간, 시장의 도덕적 한계에 대해 심층적으로 다뤘다 – 옮긴이). 8장에서 13장까지는 시장의 관행과 상업적 압력이 공공 기관을 타락시키고 공공 영역의 질을 떨어뜨릴 수 있다는 사실에 대해 논한다. 국가 복권사업이나 학교 내 광고를 통해 창출된 수익으로 교육을 비롯한 여러 공공 목적에 필요한 자금을 충당하는 경우가 늘고 있는 현상이 그 대표적인 예다. 그보다 덜 뚜렷하긴 하지만 역시 주목해야 할 위험한 현상은 브랜드화, 상업주의, 시장원리들이 과거에는 어느 정도 비非시장 규범에 지배 받던 생활 영역들(정부, 스포츠, 대학 등)까지 파고들고 있다는 사실이다.

14장 〈오염 배출권, 벌금과 요금의 차이〉에서는 온실가스 거래 제도가 시행되어 각국이 온실가스 배출권을 사고팔 수 있어야 한다는 미국의 주장에 이의를 제기할 것이다. 이 글은 경제학자들로부터 많은 비판을 받았다. 그들은 온실가스 배출권 거래를 허용하는 것을 시장 메커니즘이 공공선을 증진할 수 있음을 보여주는 훌륭한 예라고 생각하고 있다. 이 글이 발표된 직후, 나는 가깝게 지내는 경제학 교수로부터 편지를 받았다. 놀랍게도 그는 내 주장에 공감을 표했다. 그러면서도 내가 자신에게 경제학을 배웠다는 사실을 알리지 말아 달라고 부탁했다.

기회와 영광, 보상의 공정한 분배를 둘러싼 논쟁의 수면 아래에는 "도덕적 자격"이라는 문제가 숨어 있는 경우가 의외로 많다. 15장에서 17장까지는 장애인의 권리, 소수집단우대정책, 범죄자 처벌과 관련된 논쟁에 등장하는 도덕적 자격의 개념들을 살펴본다. 18장 〈스캔들, 거짓말과 칸트〉에서는 섹스 스캔들과 관련된 클린턴 전 대통령의 위증 혐의를 살펴봄으로써, 거짓말과 오도하는 진실 사이의 도덕적 차이에 관한 이마누엘 칸트의 견해를 고찰한다.

정치가, 사회 운동가, 정치 평론가들은 정치에서 도덕을 논할 때 대개 문화전쟁에서 두드러지게 나타나는 도덕적·종교적 차원의 이슈들을 고려한다. 즉 낙태, 동성애자 권리, 의사조력자살 그리고 최근에 나타난 주제인 배아줄기세포 연구와 같은 문제들 말이다. 19장에서 21장까지는 이러한 이슈들을 다룰 것이다. 이 장들을 관류하는 논지는 실질적인 도덕적·종교적 주제들을 고려하지 않고 권리에 대한 판단을 내리려고 하는 한, 자유주의적 관용은 필연적으로 결함을 지닐 수밖에 없다는 것이다.

어떤 이들은 굳게 확립되어 있는 도덕적·종교적 신념을 둘러싸고 이성적인 논리를 전개하는 일이 불가능하다고 주장한다. 특히 인간 생명의 탄생이나 존엄성과 관련된 사안들에서는 말이다. 나는 그런 주장에 의문을 제기할 것이다. 배아줄기세포 연구의 윤리 문제를 다루는 20장의 내용은 내가 대통령 직속 생명윤리위원회 Council on Bioethics의 위원으로 활동하면서 경험한 논쟁들을 토대로 한다. 이 위원회는 조지 W. 부시 대통령이 신생 생물의학 기술들과 관련된 윤리적 문제들을 검토하기 위해 만든 단체다. 위원회의 동료들과 토론을 하면서, 나는 인간 배아의 도덕적 지위와 관련된 까다로운 문제들도 이성적 논쟁의 주제가 될 수 있다는 내 생각을 다시금 확인했다(이성적 논쟁의 결과 반드시 합의가 도출된다는 의미는 아니다. 20장에 피력된 견해들은 전적으로 나의 견해이며,

생명윤리위원회의 입장을 대변하지는 않음을 밝힌다). 21장은 낙태와 동성애자의 권리라는 민감한 이슈를 다룬다. 1960년대의 사생활 보호권 재판에서부터 동성애 금지법을 위헌으로 판결한 2003년의 재판에 이르기까지, 이들 주제와 관련된 미 연방대법원의 판결 내용을 고찰해본다.

08

국가 복권사업,
공공 영역의 비열한 타락

정치의 타락은 대개 두 가지의 형태로 나타난다. 가장 흔한 것은 도둑질과 유사한 행태들이다. 뇌물, 권력 남용, 공직자들의 주머니를 채워주고 그 대가로 특혜와 이권을 챙기는 로비 행위 등이 그것이다. 이러한 타락은 은밀히 행해지며, 대중에게 드러날 경우 강렬한 비난의 대상이 된다.

그러나 또 다른 형태의 타락은 다분히 공개적으로 일어난다. 그것은 공직자들의 도둑질이나 부정행위와는 관련이 없으며, 오히려 사람들의 습관에 일어나는 변화와 공공의 책임을 외면하기 시작하는 것과 관련되어 있다. 이와 같은 두 번째의 시민적 타락은 첫 번째 종류의 타락보다 더 위험하다. 법을 위반하는 행위는 아니지만, 훌륭한 법률의 토대가 되는 정신을 손상시키기 때문이다. 그리고 이러한 타락이 명백해질 즈음에는 새로운 습관이 사람들의 삶에 너무 깊숙이 파고들어 있어서 다시 되돌리기가 힘들 가능성이 높다.

소득세가 생겨난 이후 정부 재정과 관련하여 일어난 가장 중요한 변화 한 가지를 생각해보자. 그것은 바로 주정부의 복권사업이 급격히 활성화된 일이다. 과거에 모든 주에서 불법이었던 복권사업은 언제부턴가 갑자기 주정부 수입의 원천으로서 중요한 역할을 하기 시작했다. 1970년도에는 2개의 주에서만 복권사업을 운영했지만 최근에는 40개 주와 컬럼비아 특별구에서 운영하고 있다. 2004년에 전국 복권 판매액은 480억 달러를 상회했고 이는 1985년의 90억 달러에 비하면 훨씬 높아진 수치다.

전통적으로 복권에 반대하는 사람들은 도박이 부도덕한 행위라는 근거를 댄다. 그런데 이러한 반대론은 최근 수십 년 사이에 힘을 많이 잃었다. 부분적으로는 죄에 대한 개념이 변화했기 때문이기도 하지만, 미국 국민들이 법률로 도덕과 부도덕을 규정하는 것을 과거에 비해 더 꺼리기 때문이기도 하다. 도덕적인 이유로 도박을 반대하는 사람들조차도 도박을 그 이유만으로 법률로 금지하는 것에는 선뜻 찬성하지 못한다. 도박이 사회 전반에 해로운 영향을 끼치지 않는다고 한다면 말이다.

도박에 대한 전통적이고 간섭주의적인 반대에서 벗어나 복권 찬성론자들은 일견 타당해 보이는 세 가지 근거를 제시한다. 첫째, 복권은 세금을 올리지 않고도 중요한 공공 서비스에 필요한 주정부 수입을 늘릴 손쉬운 방법이다. 세금과 달리 복권은 의무가 아닌 선택의 문제이며, 강제적인 것 또한 아니다. 둘째, 복권은 사람들에게 인기 있는 오락이다. 셋째, 복권을 파는 판매소(편의점, 주유소, 슈퍼마켓 등)와 복권을 홍보하는 광고회사나 언론매체들도 수입을 창출할 수 있다.

그렇다면 주정부가 운영하는 복권사업은 무엇이 문제일까? 먼저 이 복권사업의 찬성론자들은 자신들이 공식적으로 반대하는 국민정서, 즉 도박에 대한 도덕적 거부감에 위선적으로 의존한다. 복권사업이 막대한 수익을 창출하는 이유는 독점사업이기 때문이다. 전통적인 도덕적 이유 때문에, 현재 민간 사업자가 복권을 판매하는 것은 금지되어 있다. (수많은 카지노가 경쟁적으로 영업을 하고 있는 라스베이거스에서는 슬롯머신이나 블랙잭 테이블이 손님에게 돌려주는 배당금을 총수입 금액의 약 90퍼센트로 설정한다. 반면 주정부가 독점 운영하는 복권의 경우 총수입 금액의 약 절반 정도만 당첨자에게 돌려준다.) 자유지상주의에 입각한 복권 옹호론자들은 다음의 두 질문 사이에서 딜레마에 빠지게 된다. 만일 복권이 세탁업처럼 도덕적으로 합당한 사업이라면, 왜 민간기업이 그것을 판매하고 운영해서는 안 되는가? 만일 복권이 매춘처럼 도덕적으로 바람직하지 못한 사업이라면, 왜 주정부가 그 사업을 운영하는가?

    대개 복권 찬성론자들은 사람들이 도박의 도덕성을 스스로 판단할 수 있어야 한다고 말한다. 그들은 어느 누구도 강제로 도박을 하라고 강요 당하지 않으며, 도박에 반대하는 사람은 그저 하지 않으면 그만이라는 점을 지적한다. 정부가 부도덕한 무언가에서 수입을 얻는다는 사실을 못마땅해하는 사람들에게, 찬성론자들은 대개 정부가 일반적으로 바람직하지 못하게 여겨지는 상품들(술, 담배 등)에 "죄악세"를 부과한다는 사실을 언급한다. 그러면서 복권은 세금을 물리는 것보다 더 낫다고 말한다. 복권 구매는 전적으로 자발적인 행위이며 선택의 문제이기 때문이다.

    그러나 실제 복권 구매 행위는 이러한 자유지상주의적 이상과는 한참 거리가 멀다. 정부는 사람들에게 복권을 살 수 있는 기회를 제공하는 데서 그치지 않기 때문이다. 정부는 적극적으로 복권을 홍보하고 그것을 구매하도록 부추긴다. 해마다 복권 광고에 4억 달러에 가까운 금액을 지출하고, 복권 사업자는 손꼽히는 대형 광고주 가운데 하나다. 만일 복권도 일종의 "죄악세"를 부과하는 사업이라면, 그것은 정부가 국민들에게 죄악을 범하라고 장려하기 위해 엄청난 돈을 사용하는 유일한 종류의 사업인 셈이다.

복권사업이 최고의 고객들, 즉 노동자 계층이나 소수민족, 빈민층을 상대로 가장 공격적인 광고를 펴는 것은 그다지 놀라운 일이 아니다. 시카고의 한 빈민가에 세워져 있는 대형 복권 광고판에는 "이것이 여기에서 벗어날 수 있는 티켓이 될 수 있다"고 쓰여 있다. 복권 광고는 엄청난 대박의 주인공이 될 수 있다는, 그래서 더 이상 뼈 빠지게 일할 필요가 없어질 것이라는 환상을 자극하는 경우가 많다. 복권 광고는 특히 매월 초순 방송에 많이 등장하는데, 이는 사회보장제도와 복지기금 수혜자들이 받을 돈이 통장에 들어올 때다. 다른 대부분의 정부지원 서비스(예를 들면 치안 서비스)와 대조적으로, 복권 판매소는 빈민가나 육체노동자 거주지역에 많이 들어서 있다. 반면 부유층 거주지역에는 적은 편이다.

미국에서 1인당 복권 판매액이 가장 높은 매사추세츠는 그러한 육체노동자 편향성을 뚜렷하게 보여준다. 1997년 「보스턴글로브 Boston Globe」 연재기사에 따르면, 매사추세츠 주의 극빈 지역 가운데 한 곳인 첼시의 경우 복권 판매인이 주민 363명에 한 명꼴이었다. 반면 부유층 지역인 웰즐리는 복권 판매인이 주민 3063명당 한 명꼴이었다. 다른 주들과 마찬가지로 매사추세츠 역시 세금 부과를 대신할 수 있는 이 "손쉬운 대안"에, 그러나 대단히 퇴보적인 방식에 주정부 수입을 의존하고 있는 것이다. 첼시의 주민들은 작년 한 해 복권 구입에 1인당 915달러를 썼으며, 이는 그들 소득의 8퍼센트에 가까운 금액이다. 반면 부유층 지역인 링컨의 주민들은 1인당 불과 30달러를 썼으며, 이는 그들 소득의 0.1퍼센트에 해당하는 금액이다.

복권 사업자들이 주장하는 것과 달리, 많은 사람들에게 복권 구매는 자발적 선택에 근거한 자유로운 행위가 아니다. 복권사업 영역에서 가장 큰 수익을 창출하고 있는 즉석 게임(스크래치 복권이나 5분 간격으로 추첨이 이루어지는 키노Keno 등)들은 사람들을 도박 행위에 끌어들이는 주요 원인으로, 카지노나 경마 못지않게 인기를 얻고 있다. 도박 중독자 모임Gamblers Anonymous에 참석하는 복권 중독자들도 갈수록 늘고 있다. 하루에 1500달러어치씩 스크래치 복권을 긁어대다가 노후자금으로 모아둔 돈까지 탕진하고 신용카드 11개의 빚만 늘어난 그런 사람들 말이다.

한편 주정부도 도박꾼들 못지않게 복권에 중독되어 버렸다. 매사추세츠의 복권 수익금은 현재 주수입의 무려 13퍼센트를 차지하면서 근본적인 변화에 대해 생각조차 할 수 없게 된 것이다. 복권의 부정적인 영향을 아무리 잘 인식하고 있는 정치가라 할지라도 복권사업을 철폐하는 대신 세금을 올리거나, 또는 복권사업이 가져다주는 수익이 없어도 운영에 문제가 없을 만큼 정부 지출을 줄이려고 하지는 않을 것이다.

복권사업이 가져다주는 수익에 중독되어 있는 한, 주정부는 주민들에게, 특히 가장 취약한 계층의 사람들에게 민주주의적 삶을 지탱하는 노동과 희생, 도덕적 책임의 윤리와 상충되는 메시지를 계속 퍼부을 수밖에 없다(특히 그 메시지를 가장 쉽게 흡수할 만한 사람들에게 말이다). 이와 같은 공공 영역의 타락은 복권이 야기하는 가장 중대한 해악이다. 복권은 공공 영역의 질을 떨어뜨린다. 정부가 비뚤어진 시민 교육을 제공하는 주체가 되어 버리기 때문이다. 원활한 공공자금의 흐름과 정부 재정을 유지하기 위해 이제 미국의 주정부들은 자신의 권위와 영향력을 이용해 시민의 미덕을 키우는 것이 아니라, 헛된 희망을 퍼뜨려야만 하는 형편이다. 운만 조금 따라주면, 불행한 운명에 이끌려 발을 들여놓을 수밖에 없었던 노동의 세계에서 얼마든지 벗어날 수 있다고 사람들을 설득해야 하는 것이다.

09

광고와 상업주의, 학교를 겨냥하다

보스턴 레드삭스가 코카콜라 병 모형의 거대한 조형물을 홈구장인 펜웨이 파크Fenway Park의 왼쪽 벽 상부에 처음 설치했을 때, 지역 스포츠 기자들은 상업주의에 물든 흉물스러운 광고물을 세우는 것은 야구장의 신성함을 훼손하는 일이라며 강하게 비난했다. 그러나 야구장에 광고판과 광고 문구들이 넘쳐나는 것은 어제오늘 일이 아니다. 또 요즘은 스포츠 팀이 기업에게 돈을 받고 경기장에 해당 기업이나 브랜드 이름을 붙일 수 있게 해주는 것을 흔하게 볼 수 있다. 예를 들면, 콜로라도 로키스의 홈구장 이름은 쿠어스 필드나(쿠어스Coors는 맥주 브랜드이다 옮긴이). 그런 상업주의는, 거부감을 다소 일으킬지는 모르겠지만 야구 경기를 타락시키거나 게임의 질과 재미를 손상시키지는 않을 것이다.

하지만 최근에 기업들의 새로운 격전지로 떠오른 장소에 대해서라면 이야기가 달라진다. 그것은 바로 공립학교다. 교실까지 침입해 들어가는 기업들의 행보는 학교를 홍보의 요람으로 만들고 있다. 한창 자라나는 소비자들을 이용해 돈을 벌려는 기업들이, 우호적인 기업 이미지를 심어주고 아이들 마음속에 브랜드 이름을 좋은 인상으로 각인시키기 위해 만들어진 무료 비디오, 포스터, "학습 자료"들을 교사에게 앞다퉈 제공한다. 학생들은 허쉬 초콜릿 Hershey's Chocolate이나 맥도날드 McDonald's가 제공한 교과 자료들에서 영양에 대해 배우고, 엑슨 Exxon이 만든 비디오 자료를 보며 알래스카 원유 유출 사고의 영향을 공부한다. 알렉스 몰나르 Alex Molnar의 저서 『아이들을 망치는 기업들 Giving Kids the Business』에 소개된 내용에 따르면, 몬산토 Monsanto가 만든 비디오는 우유 생산 촉진에 소 성장호르몬을 사용하는 것이 효과적이라는 사실을 아이들에게 가르치고, 프록터앤드갬블 Procter & Gamble이 제공하는 환경 교육과정에서는 일회용 기저귀가 환경에 도움이 된다고 가르친다고 한다.

 기업이 지원하는 교육 자료들이 꼭 관념적인 어젠다만 다루는 것은 아니다. 때로는 브랜드 이름을 적극적으로 홍보한다. 몇 년 전 캠벨수프 Campbell Soup Company는, 캠벨수프가 만든 프레고 Prego 스파게티 소스가 유니레버 Unilever의 라구 Ragu 소스보다 더 진하다는 사실을 증명하는 법을 알려주는 과학 교육 자재를 학교에 제공했다. 제너럴밀스 General Mills는 자사의 과일젤리 거셔스 Gushers의 무료 샘플이 포함된 과학 교육 자재를 여러 학교에 보냈다. 가운데 액체 과즙이 들어 있어 깨물면 이름처럼 과즙이 "흘러나오는" 과일젤리다(영어의 "gush"는 "세차게 흘러나오다, 분출하다"라는 뜻이다 – 옮긴이). 이 자재의 교육 지도 자료에는, 학생들에게 거셔스를 깨물어본 뒤 그것을 지구의 지열 유체 분출과 비교해보게 하라고 적혀 있다. 셈과 쓰기에 관한 투치롤 Tootsie Roll의 교육 자료에서는, 아이들이 가족들에게 투치롤 사탕과 관련된 기억이나 경험을 물어보고 적어오는 숙제를 내줄 것을 권고한다.

브랜드 이름을 교묘하게 교육 자료나 커리큘럼에 집어넣는 기업도 있지만 더욱 직접적인 방식을 취하는 기업도 있다. 바로 교내 광고를 하는 것이다. 몇 년 전 재정 위기에 직면한 시애틀 교육위원회는 기업 광고를 교내에 유치하는 안건을 투표에 부쳤다. 위원회 관계자들은 "리복Reebok이 후원하는 치어리더 팀", "맥도날드 체육관" 등과 같은 식의 스폰서십을 통해 연간 100만 달러를 확보할 수 있기를 희망했다. 그러나 학부모와 교사들의 반대가 심해서 시애틀 교육위원회는 해당 정책의 시행을 보류할 수밖에 없었다. 하지만 미국의 많은 학교들에서 그와 같은 마케팅이 점점 늘고 있는 추세다.

기업 로고들이 스쿨버스에서 책 커버에 이르기까지 여러 공간에서 학생들의 주의를 끌기 위해 아우성치고 있다. 콜로라도스프링스에서는 스포츠 음료 마운틴듀Mountain Dew의 광고가 교내 복도를 장식하고 있고 버거킹Burger King 광고가 스쿨버스 옆면을 채우고 있다. 매사추세츠의 한 회사는 나이키Nike, 게토레이Gatorade, 캘빈클라인Calvin Klein을 선전하는 무료 책 커버를 전국 약 2500만 명의 학생들에게 나눠준다. 미네소타의 한 방송국은 15개 주에 있는 학교들의 복도와 교내 식당에 음악방송을 제공하면서 1시간당 12분 정도 분량의 광고를 내보낸다. 광고 매출액의 40퍼센트는 학교들에 돌아간다.

학교 상업화의 가장 끔찍한 사례는 1만 2000개 학교의 800만 명의 학생들이 시청하는 12분짜리 텔레비전 뉴스 프로그램인 채널 원Channel One이다. 1990년 위틀 커뮤니케이션스Whittle Communications가 처음 시작한 채널 원은 각 교실에 텔레비전 한 대와 VCR 두 대, 위성방송 연결 시스템을 제공해주고, 그 대신 매일 뉴스 프로그램을 방송하기로 학교 측과 협의했다. 여기에는 2분 분량의 상업 광고도 포함된다. 전국 청소년들의 40퍼센트 이상이 채널 원을 시청하기 때문에, 방송 운영자는 광고주에게 30초짜리 광고 하나당 무려 20만 달러의 광고비를 받을 수 있다. 광고주를 설득하는 과정에서 채널 원 측은, "전화나 음악, 리모컨의 방해"가 전혀 없는 상황에서 역사상 최대수의 청소년 시청자에게 광고를 노출할 수 있다고 보장한다. 채널 원은 학교 내에서 직접적이고 노골적인 상업 광고를 삼가야 한다는 금기를 깨뜨렸다. 많은 주에서 이와 관련된 논란이 일고 있음에도 불구하고 채널 원의 교내 방송을 금지한 곳은 오직 뉴욕뿐이다.

학교를 향한 상업주의의 침략은 분명히 문제가 된다. 먼저, 기업이 후원하는 대부분의 학습 자료들은 선입견과 왜곡된 시각, 피상적 내용으로 가득하다. 미국소비자연맹Consumers Union의 최근 연구조사에 따르면 학교에 제공되는 무료 자료들의 약 80퍼센트가 해당 기업의 제품 광고에 초점이 맞춰져 있다고 한다. 채널 원을 분석한 한 연구조사에 따르면, 채널 원의 뉴스 프로그램은 학생들이 공공의 사안에 대해 이해하는 데 거의 기여하지 못하는 것으로 드러났다. 채널 원이 내보내는 방송의 불과 20퍼센트만이 시사, 정치, 경제, 문화행사 등을 다루고 나머지는 광고, 스포츠, 날씨나 자연재해 정보 등으로 채워지기 때문이다.

설령 기업들이 광고 목적과는 무관하게 뛰어난 수준과 질을 갖춘 학습 자료를 지원해준다 할지라도, 교내 상업 광고는 여전히 유해한 영향을 미친다. 그것은 학교의 존재 이유와 목적 자체를 훼손하기 때문이다. 광고는 물건에 대한 소유욕이 일어나고 그 욕구를 충족하고 싶어 하게끔 사람들을 부추긴다. 하지만 사람들로 하여금 욕구를 숙고해보고 그것을 자제하거나 추구하게 이끄는 것이 교육의 목적 아니던가? 광고의 목적은 소비자를 최대한 끌어당기는 것이다. 반면 공교육의 목적은 제대로 된 시민을 길러내는 것이다.

어린 시절의 상당 부분 동안 상업주의에 노출되어 있다면, 아이들을 세상과 사물에 대해 비판적으로 사고할 수 있는 올바른 시민이 되도록 가르치기는 쉽지 않다. 아이들이 기업 로고와 브랜드를 홍보해주는 걸어 다니는 광고판이 된다면, 학교가 소비주의에 함몰된 대중문화와 일정한 거리를 두기(이는 대단히 중요한 일이다)가 훨씬 어려워진다.

그러나 광고는 그러한 거리 두기를 싫어한다. 상업 광고는 공간과 장소들의 경계선을 흐릿하게 만들고, 모든 장소를 제품 홍보를 위한 곳으로 만들어 버린다. 지난 1997년 5월, 뉴올리언스에서 열린 제4회 아동 구매력 마케팅 연례회의^{Annual Kid Power Marketing Conference}의 소책자에는 "학교에서 수익원을 발견하자!"라고 쓰여 있다. 또 이렇게도 적혀 있다. "읽기를 배우는 저학년이든 생애 처음으로 자동차를 사고 싶어 하는 고등학생이든, 우리는 학교라는 공간에서 그들에게 당신의 제품과 회사를 확실하게 인지시킬 수 있습니다." 마케터들은 윌리 서튼^{Willie Sutton}(미국의 유명한 은행 강도 – 옮긴이)이 은행을 턴 것과 똑같은 이유로 학교로 몰려간다. 거기에 "돈이 있기 때문"이다. 6~19세 소비자들이 쓰는 돈에다, 그들이 자기 부모에게 영향을 미쳐 소비하게끔 만드는 돈까지 헤아려보면, 이 아이들은 한 해에 4850억 달러를 소비하는 셈이 된다.

소비에서 아이들의 영향력이 막강해지고 있다는 사실은 곧 부모들이 자녀와 시장 사이에서 중재자 역할을 해야 하는 의무를 저버렸음을 나타내는 슬픈 징후다. 한편 재산세 상한선(미국에서 재산세는 주정부의 주요 재원이며 그 상당 부분이 학교나 병원 등에 투자된다 – 옮긴이), 예산 삭감, 재학생 수 증가 등의 요인으로 인해 재정난을 겪는 많은 학교들은 기업의 후원이라는 유혹의 손길을 뿌리치기가 쉽지 않다. 교육비용을 충당하기 위해 필요한 정부 공공자금을 늘리는 대신, 우리는 기업으로부터 돈을 받고 버거킹과 마운틴듀에 아이들의 시간을 팔고 그들의 정신을 빌려주고 있는 것이다.

10

공공 영역의 브랜드화,
국민은 고객인가?

공공 영역의 브랜드화는 내가 이 글을 썼던 1998년 이래로 급격히 늘어났다. 시 당국이 명명권^{naming rights}을 판매하도록 도와주는 "시^市 마케팅" 회사들도 속속 등장했다. 2003년 뉴욕 시장은 뉴욕 시 최초의 최고마케팅책임자^{CMO}를 임명했다. 그의 재직 기간 초반에 성사된 거래 가운데 하나는 스내플^{Snapple}을 뉴욕 시의 공식 음료수로 지정하기로 한 1억 6600만 달러짜리 계약이다.

기업과 국가를 가르는 경계선이 갈수록 희미해지고 있다. 최근 콜로라도 수 봉본트에 있는 어스워치^{Earthwatch Inc.}는 세계 최초의 상업용 첩보 위성을 발사했다. 이제 몇 백 달러만 있으면 누구든지 중동에 있는 미사일 기지나 유명 연예인의 저택 뒤뜰에 있는 수영장을 찍은 사진을 살 수 있다. 우주에 떠 있는 위성으로 첩보용 사진을 찍는 것은 한때 정부만의 특권이었지만 이제는 하나의 상업적 비즈니스가 된 것이다.

국가의 역할과 기능이 유지되는 분야에서조차도 공공경영^{governance}과 마케팅이 뒤얽히는 경우가 점점 늘고 있다. 벌써 수십 년 전부터 공직

선거에 출마한 많은 후보자들은 마치 아침식사용 시리얼을 홍보하듯 스스로를 선전해왔다. 그런데 요즘에는 아예 국가 차원에서도 그런 현상이 일고 있다. 영국의 "리브랜딩rebranding", 즉 국가 브랜드 재구축 작업을 생각해보라. 1990년대 후반, 토니 블레어Tony Blair 전 영국 총리의 고문단은 그에게 영국의 이미지를 일신할 필요가 있다고 권고했다. 영국을 "세계적인 박물관이 아니라 세계를 이끄는 선두적인 나라로 리브랜딩해야 할 때"라는 것이다. 전통적인 빨간색 공중전화 부스는 투명하고 세련된 유리 부스로 교체하고, 투박하게 생긴 런던의 택시들도 날씬한 유선형 디자인으로 바꾸기로 했다. 또 과거 지향적 국가 슬로건인 "브리타니아여, 통치하라!Rule Britannia!"를 버리고 영국 관광청의 새로운 슬로건인 "멋진 영국Cool Britannia"이라는 모토를 채택했다. 영국 관광청의 로고는 쾌활하고 밝은 분위기를 위해 영국 국기에 노란색과 초록색을 가미한 디자인을 사용하고 있다. 블레어는 말했다. "중산모자와 어두운 정장바지를 떠올리게 만들었던 영국의 국가 이미지 대신, 이제는 훨씬 활기차고 개방적이며 미래 지향적인 이미지를 추구해야 한다. 나는 영국의 과거 역사에 긍지를 가지고 있다. 하지만 그 역사 안에서 살고 싶지는 않다."

영국의 리브랜딩은 이례적인 사례가 아니라 최근의 시대 분위기를 보여주는 신호다. 그것은 국가를 생각할 때 이미지를 중시하는 상업화된 새로운 접근방식을 반영하며, 이러한 접근법은 국가 정체성을 브랜드 이름으로, 국가國歌를 광고를 위한 노래로, 국기를 기업 로고와 같은 것으로 변화시키려 하고 있다.

1997년, 미국 체신부는 벅스바니Bugs Bunny 우표를 발행했다. 일부 사람들은 우표에는 응당 역사적 인물이 들어가야지, 상업 캐릭터가 들어가서는 안 된다고 비판했다. 그러나 이메일, 팩스, 페덱스Federal Express와의 치열한 경쟁에 직면한 우체국은 그러한 캐릭터를 사용하는 것이 우편사업이 버틸 수 있는 데 중요한 역할을 한다고 믿는다. 사람들이 벅스바니 우표 한 장을 사서 우편물을 부치는 데 사용하지 않고 보관할 때마다 우체국 수익이 32센트씩 늘어난다. 우체국 수익의 증가에서 우표 수집이 기여하는 정도는 극히 일부에 불과하다. 체신부는 워너브라더스Warner Bros.와 라이선스 계약을 맺고 전국 500곳 이상의 우체국에서 루니툰스Looney Tunes 넥타이, 모자, 비디오 등 관련 캐릭터 상품을 판매하고 있다.

체신부라는 브랜드 자체를 이용하는, 포스트마크 아메리카Postmark America라는 이름을 단 새로운 제품 라인 또한 판매 중이다. 여기에는 과거의 조랑말 속달 우편Pony Express 배달부가 쓰던 2.95달러짜리 모자, "배달 완료Just Delivered"라는 로고가 새겨진 신생아 의류, 우편항공기 조종사의 345달러짜리 가죽 재킷 등이 포함되어 있다. 체신부 측은 이러한 우체국 브랜드 상품 판매가 워너브라더스나 월트디즈니Walt Disney 같은 기업을 모델로 삼은 것이라고 설명했다. "그런 기업들은 자신이 만든 캐릭터와 아이콘을 이용해 다양한 제품 라인을 만들었다. 우리는 거기에서 아이디어를 얻었다. 우리는 우표와 우편 관련 이미지를 다양한 상품들과 조화시키려고 하는 것이다."

그러나 국가적 상징물을 브랜드로 만들려는 시도에 반대하는 사람들도 있다. 1995년, 캐나다 기마경찰대는 기마경관 이미지를 전 세계에서 사용할 수 있는 권리를 디즈니에 팔았다. 디즈니는 캐나다 연방경찰

측에 연간 250만 달러를 지불했다. 판매권 취득 비용과 기마경관 이미지가 들어간 각종 상품들(티셔츠, 머그, 곰 인형, 메이플 시럽, 기저귀 가방 등)에 대한 라이선스 수수료를 합친 금액이다. 많은 캐나다 국민들은 캐나다 경찰이 신성한 국가적 상징을 미국의 대기업에게 돈을 받고 팔았다며 비난했다. 캐나다 일간지 「글로브앤드메일 Globe and Mail」은 사설에서 "디즈니에게 받은 금액이 문제가 아니라 팔았다는 사실 자체가 불쾌하다. 기마경찰대는 중요한 부분에서 잘못된 판단을 내렸다. 그것은 자존심이다"라고 썼다.

캐나다 국민들은 기마경관 마케팅을 받아들일 수밖에 없었지만, 비판론자들의 지적에는 일리가 있다. 공공경영과 상업주의가 지나치게 뒤섞이는 현상은 우려할 필요가 있다. 정치와 정부에 대한 국민들의 불신이 커지면, 정부관리들은 대중문화나 광고, 오락 등을 이용해 정치나 정부기관에 대한 국민들의 호감도를 높이려고 애쓰기 마련이다. 문제는 그처럼 차용된 권위가 실패한다는 것이 아니라, 오히려 반대로 확실하게 성공하는 경우가 많다는 사실이다. 여론조사에 따르면 미국 정부기관 중 국민들에게 가장 인기 있는 곳은 우체국과 군대다. 미국의 우체국과 군대가 텔레비전 홍보 광고를 매우 많이 내보낸다는 사실을 생각해보라. 언론매체가 보내는 메시지와 이미지에 잠식되어 있는 세상에서, 정부에 대한 국민들의 판단은 정부가 주입시키는 이미지에 점점 더 큰 영향을 받고 있다.

광고에 쓸 예산이 부족한 정부기관이나 정부 프로그램들의 입장에서 이것이 불공평하다는 것만이 문제가 아니다(복지를 홍보하는 광고는 좀처럼 없지 않은가). 대중에 비치는 이미지를 개선하는 데 많은 돈을 쓰는 국가기관들이 자신의 우선적인 임무를 망각하기 쉬워진다는 것 또한 문제다. 시간이 흐르면 그들의 본래 임무와 마케팅을 가르는 구분선이 모호해진다. 과거에 우체국은 우표를 판매하고 우편물을 배달했다. 요즘은 캐릭터가 그려진 옷과 우편 서비스 관련 이미지들을 판다. 전 체신부 장관 마빈 러니언 Marvin Runyon은 상업화된 공공경영 방식이 도입되는 이유를 이렇게 설명했다. "우리는 시장 중심의, 그리고 고객 친화적인 조직이 되어야 하며, 국민이 원하는 상품을 만들어야 합니다."

하지만 국민은 고객이 아니다. 그리고 민주주의는 단순히 국민에게 원하는 것을 제공하기 위한 것이 아니다. 올바르게 시행된 자치는 국민들이 자신의 욕구를 숙고해보고 다른 대안들에 비추어서, 필요할 경우 그 욕구를 수정하도록 이끈다. 고객과 달리 국민은 때로 공동선을 위해 자신의 욕구를 희생하기도 한다. 그것이 바로 정치와 상업의 차이이며 애국심과 브랜드 충성도의 차이다.

정부가 만화 캐릭터와 최신 스타일의 광고가 갖는 호소력을 빌리는 데 지나치게 의존하면 정부 지지도를 높이는 데는 도움이 될지 모르지만 공공 영역의 위엄과 권위를 해칠 수 있다. 그리고 공공 영역이 제대로 정비되어 있지 않은 상태에서는, 나날이 거세지며 우리 삶에 막대한 영향을 미치는 시장의 힘과 상업적 압력을 민주사회 시민들이 통제할 길이 요원해진다.

마거릿 대처 Margaret Thatcher라면 영국의 리브랜딩을 지지하지 않았을 것이다. 그런데 대처는 자신도 모르게 이러한 현상에 일조했다. 총리 시절 항공사업을 민영화했던 것이다. 한번은 영국 보수당 회의가 열린 건물에서, 대처는 영국항공 British Airways 부스에 들렀다가 전시되어 있는 비행기 모형의 꼬리에 영국 국기가 그려져 있지 않은 걸 보고 당황스러워했다. 거기에는 국기 대신 영국항공의 새로운 글로벌 정체성과 다문화를 상징하는 도안이 그려져 있었다. 대처는 불만의 표시로 핸드백에서 티슈 한 장을 꺼내 모형 비행기의 꼬리 부분을 덮었다. 대처도 진즉 알았어야 했다. 시장은 수많은 영화도 제공하지만 명예와 자존심 측면에서 대가를 요구한다는 것을.

11
스포츠 비즈니스와 시민 정체성

자본주의와 지역사회가 충돌하는 경우 (요즘은 그런 일이 점점 늘고 있다) 지역사회는 적지 않게 고군분투해야만 한다. 스포츠의 경우를 생각해보자. 미국 사회에 존재하는 다른 대부분의 제도들과 달리, 프로 스포츠 경기들(야구, 미식축구, 농구, 하키 등)은 사회적 유대감과 시민의 자존심을 강화하는 역할을 톡톡히 한다. 양키 스타디움이나 캔들스틱 파크 등의 경기장은 시민종교를 위한 대성당과도 같다. 각계각층의 다양한 사람들이 모여 상실감과 희망, 불경한 행위와 기도가 혼재하는 의식에 참여하는 공공 영역인 것이다. 그러한 공농의 삼성은 비난 성시상이라는 영역 안에만 국한되지 않는다. 몇 해 전 보스턴 셀틱스와 로스앤젤레스 레이커스가 NBA(미국프로농구) 플레이오프에서 맞붙었을 때, 보스턴의 거리를 지나는 사람이면 누구나 집집마다 열린 창문 밖으로 들려오는 경기중계와 응원 소리를 들을 수 있었으니 말이다.

하지만 프로 스포츠가 시민 정체성의 원천인 것만은 아니다. 그것은 비즈니스이기도 하다. 그리고 요즈음은 스포츠 분야에서 돈이 지역사회보다도 큰 힘을 발휘한다. 물론 스포츠 팬들이 시민적 경험을 하기 위해서 경기장에 가지는 않는다. 그들은 켄 그리피 주니어 Ken Griffey Jr.가 홈런을 날리거나 외야에서 멋지게 공을 잡아내는 모습을 보려고 경기장으로 향한다. 그러나 그들은 경기장에서 민주적 공공생활이 지니는 두 가지 중요한 특징도 경험한다. 하나는 조건의 평등이고, 또 하나는 특정한 장소에 속한다는 소속감이다. 특별석이 일반 관람석보다 언제나 더 비싸기는 하지만, 야구장은 기업 임원과 우편물실 직원이 나란히 앉아서 무언가를 즐기는 몇 안 되는 공공장소 가운데 하나다. 이곳에서는 가난한 사람, 부자 할 것 없이 누구나 똑같이 싸구려 핫도그를 먹고, 비가 오면 똑같이 관람석에서 비를 맞고, 지역사회 주민이라면 누구나 홈 팀의 운명에 따라 함께 울고 웃는다.

하지만 그것도 이제 과거 이야기인지 모른다. 요즘은 더 많은 수익을 챙기려는 팀 구단주들이 운영방식에 변화를 가하면서, 모든 부류의 사람들이 어울릴 수 있는 분위기, 스포츠와 민주주의 발전의 토대가 되는 의식 등이 흐려지고 있다. 급격히 늘어난 호화로운 별도 관람석인 스카이박스가 부유층 사람들과 일반 시민들을 멀찍이 떨어뜨려놓는다. 또 해당 팀의 연고지인 지역사회가 스타디움을 위해 거액의 지원금을 내놓지 않으면 구단주가 팀을 다른 도시로 이전해 버리는 경우도 있고, 또 그렇게 하겠다고 으름장을 놓기도 한다.

별도 관람석의 유행은 프로미식축구 팀 댈러스 카우보이스가 텍사스 경기장에 호화로운 관람실을 만들었을 때 시작되었다. 당시 많은 기업은 평범한 시민들이 앉아 있는 관람석 위쪽에 있는 우아하고 안락한 공간에서 기업 임원을 모시거나 고객을 접대하기 위해 최고 150만 달러까지 지불했다. 댈러스 카우보이스의 선례를 따라, 1980년대에 10여 개 팀들이 야구장 위쪽 유리벽으로 된 방 안에 부유층 팬들을 고이 모셨다. 1980년대 후반, 의회가 기업들이 호화 관람석 비용에 대해 받을 수 있는 세금공제 혜택을 줄였지만 그래도 이 쾌적한 공간에 대한 수요는 줄지 않았다. 스포츠 팀들은 호화 관람석에서 나오는 수입을 두 팔 벌려 환영하지만 그러한 관람석의 증가는 팬들과 경기 사이의 관계, 그리고 팬들 사이의 관계에 변화를 야기한다. 과거 래리 버드^{Larry Bird}(1980년대에 활약한 미국 농구선수 – 옮긴이) 시절에 사람들이 보스턴 가든^{Boston Garden}(보스턴에 있는 실내 종합경기장 – 옮긴이)에서 평등한 관람석에 앉아 너나 할 것 없이 땀을 흘리며 응원하던 모습은 사라지고, 이제는 널찍하고 쾌적하지만 계층화된 관람석이 갖춰진 경기장이 존재한다. 단골 기업 중역들은 너무 높이 있어서 농구 코트가 보이지도 않는 고급스러운 방에서 피스타치오가 뿌려진 연어 요리를 먹는다.

  호화 관람석이 스포츠 팬들을 계급별로 분리시킨다면, 다른 도시로의 팀 이전은 지역사회 주민들에게서 홈 팀을 빼앗아간다. 대표적인 예가 미식축구 팀 클리블랜드 브라운스다. 35년간 클리블랜드 브라운스를 소유한 구단주인 아서 모델^{Arthur Modell}은, 매 경기마다 경기장의 7만여 좌석을 가득 채워주는 클리블랜드 시민들에게는 당연히 불만이 없었다. 하지만 1995년에 그는 팀을 볼티모어로 이전하겠다고 발표했다. 볼티모어에서 6500만 달러와 새로운 경기장의 무상 제공, 호화 관람석에서 나오는 수익을 제안했기 때문이다.

  이익에 눈먼 구단주가 홈 팀에 대한 지역사회의 애정을 외면해 버린 사례는 비단 클리블랜드뿐만이 아니다. 사실 볼티모어가 거액의 조건을 제시하며 클리블랜드 브라운스를 끌어간 것은, 자신의 홈 팀이었던 볼티모어 콜츠가 1984년에 인디애나폴리스로 이전해 버렸기 때문이다. (당시 콜츠 구단주는 무뚝뚝한 어조로 이렇게 말했다. "콜츠는 내가 소유한 팀이다. 그러니 내가 하고 싶은 대로 한다.") 1992년부터 1998년까지 6년간 메이저리그의 8개 팀이 원래의 연고지를 버리고 더 후한 조건을 제시하는 다른 도시로 이전했으며, 20개 도시에서 특정 스포츠 팀의 요구대로 경기장을 신축하거나 새로 보수했다. 그 외에도 많은 팀들이 다른 곳으로 이전하지 않는 조건으로 이런저런 형태의 지원금을 요구한다. 일례로 슈퍼볼(미국프로미식축구 챔피언 결정전 - 옮긴이) 우승 전력을 가진 덴버 브롱코스는, 시에서 2억 6600만 달러를 들여 새 경기장을 지어주지 않으면 다른 도시로 옮겨가겠다는 뜻을 내비친 바 있다.

시장원리의 관점에서 보면, 더 좋은 조건을 제시하는 곳으로 팀을 옮기는 일은 잘못된 것이 아니다. 시나 주정부들은 종종 자기 지역사회에 특정한 새로운 사업을 유치하기 위해서 서로 경쟁을 벌인다. 자동차 공장 유치를 위해 세금 혜택과 주정부 지원금을 제안하는 것이 이상한 일이 아니라면, 스포츠 팀을 데려오기 위해 더 나은 조건을 제시하며 경쟁하는 것은 왜 안 되는 것일까? 자치단체들 간의 이러한 경쟁이 바람직하지 않은 이유는, 교육이나 다른 시급한 공공 영역에 투자되어야 할 예산이 기업 혹은 여타의 법인단체들에 혜택을 제공하는 데 쓰이게 되기 때문이다. 스포츠의 경우, 이러한 경쟁은 훨씬 더 유해하다. 홈 팀에 대해 가졌던 지역사회 주민들의 애정과 충성, 시민적 자부심을 철저히 무시하는 셈이기 때문이다.

지역사회가 사랑하는 팀을 빼앗기는 일을 줄게 만들려면 어떤 노력이 필요할까? 미니애폴리스에 있는 지역자치연구소Institute for Local Self-Reliance의 공동창립자 데이비드 모리스David Morris는 한 가지 가능성 있는 해법을 제안했다. 팀들이 자신의 가치를 초과하는 지원금을 요구하고 있는 상황이라면, 지역사회가 팀에 대한 소유권을 가지면 어떨까? 현재 프로리그에서 지역사회가 팀을 소유하는 유일한 예는 1923년에 비영리단체NPO가 된 그린베이 패커스뿐이다. 그린베이의 적은 인구를 감안할 때 시장은 작은 편이지만, 패커스는 슈퍼볼에서 3회나 우승했고 30시즌 이상 연속으로 표가 매진되었다(1998년 기준 – 옮긴이). 이 팀의 경기를 보기 위한 시즌 입장권을 사려는 대기자 명단은 3만 6000명에 이른다. 그린베이 주민이자 패커스를 소유한 주주인 10만 8000명의 팬들은 자신들이 커다란 이익을 챙기지 못할 것이라는 사실을 잘 안다. 그러나 그린베이 패커스가 지역사회를 떠날지 모른다는 걱정은 할 필요가 없다.

모리스도 언급했지만, NFL(미국프로미식축구리그)는 지역사회가 팀을 소유하는 것을 금지하고 있다(그린베이 패커스만 예외다). 그리고 MLB(미국프로야구)도 거기에 반대하는 비공식적 방침을 갖고 있다. 그렇기 때문에 모리스는 오리건 주 하원의원 얼 블러메나워Earl Blumenauer가 제안한 법안을 적극 찬성하는 입장이다. 프로 팀을 지역사회가 소유하는 것을 리그에서 허용하도록 하는 법안 말이다. 이를 거부하는 리그는 팀들이 서로 공조하여 중계권을 판매하게 해주는 귀중한 독점금지 면제권을 상실하는 내용을 담고 있다. "팬들에게 기회를 주는 법"이라는 별칭을 가진 이 법안은 팀이 다른 곳으로 이전하기 180일 전에 미리 공지하는 것, 지역단체에게 팀 소유권 확보 입찰에 참여하거나 소유권 유지를 위한 여타의 제안을 할 수 있는 기회를 주는 것을 의무화한다.

의회를 통해 정식 법안이 마련될지 여부를 떠나, 홈 팀을 고장에 머물게 하는 대가로 갑부 구단주와 스타 선수들에게 자치단체의 지원금을 제공하는 것을 못마땅하게 여기는 주민들에게는 지역사회의 팀 소유가 환영할 만한 일일 것이다. 덴버의 시민 운동가들은 경기장 지원금을 지급할 때마다 그에 상응하는 지분을 덴버 브롱코스로부터 받아내는 식으로 공공 지원금과 공공 지분을 연계시키는 계획을 제안했다. 미네소타 주의 경우, 야구 팀인 미네소타 트윈스를 노스캐롤라이나 주 샬럿에 빼앗길 위험이 생기자, 일부 미네소타 주의원들이 주정부가 팀을 사들여 그것을 다시 팬들에게 팔 수 있게 하는 법안을 제안했다. 팀 소유권을 지역사회에 주자는 주장은, 스포츠 경기장 지원금 제공에 반대하는 보수주의자들에게도, 그리고 지역사회를 중시하며 정부가 사적인 부와 공공선 사이 경쟁의 장을 공평하게 만들기를 원하는 진보주의자들에게도 지지를 얻고 있다.

12

역사가 매매되는 것에 대하여

　1998년 존 F. 케네디의 유품들이 경매에 부쳐진 일은 1990년대 미국 문화의 불쾌한 특성 두 가지를 보여준다. 하나는 유명인에 과도하게 집착하는 경향이고, 다른 하나는 무엇이든 거래 대상으로 만드는 경향이다. 이 경매에서는 케네디의 흔들의자(30만 달러), 대통령 재임 당시의 낙서들이 적힌 종이(1만 2250달러), 케네디가 댈러스(케네디가 암살된 곳 – 옮긴이)에 갈 때 들었던 검정색 악어가죽 가방(70만 달러), 대학 시절에 입던 하버드 로고 스웨터(2만 7500달러), 긴 속옷(3000달러), 플라스틱 빗(1100달러) 등이 판매되었다. 이날 경매에 나온 물건들 대부분은 케네디 유품의 열혈 수집가인 로버트 L. 화이트Robert L. White가 케네디의 수행비서였던 에블린 링컨Evelyn Lincoln에게서 받아 소장하고 있다가 내놓은 것들이었다.

　케네디의 자녀인 캐롤라인 케네디Caroline Kennedy와 존 F. 케네디 주니어John F. Kennedy Jr.는 경매에 반대했다. 그들은 일부 물건들에 대한 소유권을 따지면서 그것들이 보스턴에 있는 존 F. 케네디 도서관에 소장되어야 마땅하다고 주장했다. 그들은 "화이트가 에블린 링컨으로부터 받은 물건들 대부분은 링컨이 소유한 적이 없다. 그것들은 한때 우리 아버지 물건이었다. 그리고 이제는 우리 가족에게, 역사에게 그리고 미국 국민들에게 속한 것들이다"라고 말했다. 경매 찬성론자들은 케네디의 자녀들이 1996년 4월에 재클린 케네디 오나시스Jacqueline Kennedy Onassis의 유품들을 경매에 내놓아 3440만 달러어치를 판매한 일을 언급하며, 그들이 위선적이라고 비판했다. 화이트의 변호사는 케네디 자녀들이 "마치 L. L. 빈L. L. Bean(의류 및 아웃도어 용품 업체 – 옮긴이) 카탈로그에서 물건을 고르듯 유품을 골라내려 한다"고 비난했다. 화이트가 케네디의 수첩 두 권을 비롯해 몇 가지 개인용품을 케네디의 자녀들에게 넘겨주는 대신, 그들이 경매 문제를 법정에까지 끌고 가지 않기로 합의하면서 양측의 언쟁은 일단락되었다. 법적인 권리와 시시비비는 제쳐놓더라도, 이 경매는 나날이 강해지고 있는 한 가지 천박한 추세를 반영한다. 그것은 바로 역사적 기억의 상품화, 국가적 자긍심과 고통을 판매하는 것, 우리의 과거를 카탈로그와 홈쇼핑 채널에서 소개되는 제품과 다를 바 없이 만드는 일이다. 케네디 유품 경매의 경우, 그에 대한 국민적 정서와 그리움만이 사람들을 경매장으로 이끈 것은 아니다. 여기에는 역사적 비극의 주인공이 쓰던 개인용품을 소유하고 싶어 하는 싸구려 욕망도 작용했다. 케네디 암살과 관련된 물품은 특히 수집가들 사이에서 인기가 높다. 1997년 한 경매소에서는 케네디 암살을 타전하는 연합통신사AP의 전신 타자기 송신문이 팔렸다. 1991년에는 잭 루비Jack Ruby가 리 하비 오스왈드Lee Harvey Oswald(케네디의 암살범으로 지목됐던 인물 – 옮긴이)를 살해하는 데 쓰인 총이 무려 20만 달러에 팔렸다.

역사적 물건들이 경매에 나오는 것을 보면서 많은 사람들이 도덕적 거부감을 느낀다. 그런데 대통령이 사용하던 노트와 속옷 등이 거금을 내는 사람에게 판매되는 일이 왜 잘못된 것인가? 적어도 물품의 종류에 따라 두 가지 문제가 존재한다. 첫째는 공적이어야 할 것이 사유화된다는 점, 둘째는 사적이어야 할 것이 공개된다는 점이다.

역사적 중요성을 띠는 자료를 사적인 수집가에게 판매해 버리면, 일반 대중은 (도서관, 박물관, 문서 보관소 등을 통해) 집단 정체성과 역사적 기억의 원천에 접근할 수 있는 기회를 박탈 당한다. 역사를 상품화하여 판매하는 일은 공적 영역을 타락시킨다. 그런 이유로 박물관이 운영자금 마련을 위해 명화를 "매각 처분"하는 일에 미술계의 많은 사람들이 반대하는 것이다. 그렇게 보면, 몇 년 전 새로 발견된 미국독립선언서 초판본이 경매에서 한 개인 수집가에게 약 240만 달러에 팔린 것 역시 개탄할 일이 아닐 수 없다. 마틴 루터 킹 주니어의 가족들이 킹 목사의 역사적 이미지와 유산을 상업적으로 이용하려고 했을 때에도 일부 학자들과 민권 운동가들은 이에 반대했다. 1997년 킹 가 사람들은 종합 미디어 그룹인 타임워너Time Warner가 킹 목사의 어록들과 이미지를 상업적으로 사용할 수 있게끔 허락하는 계약을 체결했다. 이 계약은 킹 가에 3000만~5000만 달러를 가져다줄 것으로 추산된다. 타임워너는 킹 목사의 어록들과 이미지를 책, 녹음물, CD 등에 사용할 것이므로 이 경우에는 상업주의로 인해 오히려 대중의 접근성이 높아진다는(그것을 제한하기보다는) 주장도 가능할지 모른다. 그러나 킹이 남긴 유산에 대한 이러한 적극적인 마케팅이 시작될 즈음, 킹 센터King Center의 자료들에 대해서는 접근에 엄격한 제한이 가해졌다. 또한 킹 가 사람들은 유달리

라이선스 권리 허가에 대해 엄격한 입장을 취해왔다. 그들은 킹 목사의 〈나에게는 꿈이 있습니다 I Have a Dream〉 연설 장면이 포함된 비디오테이프를 판매한 것에 대해 CBS를 고소했고, 라이선스 비용을 지불하지 않고 연설문을 게재한 일로 「USA투데이」를 고소한 바 있다.

물론 수집가들이 손에 넣으려고 애쓰는 물건들 대부분은 역사보다는 유명인과 더 관련이 깊다. 누군가 거액을 주고 대통령이 쓰던 빗을 사들였다는 사실이 공공 영역을 축소시키지는 않는다. 그러나 공적 인물이 사용하던 사적 용품을 사고파는 행위에는 뭔가 불쾌한 면이 있다. 그런 물건을 소유하려는 욕망 뒤에는 타인의 사생활을 엿보고 싶은 천박한 호기심이 존재하는 듯하다. 얼마 전 세간에 논란의 대상이 되었던 또 다른 경매에서, 미키 맨틀 Mickey Mantle (뉴욕 양키스에서 활약했던 야구선수 - 옮긴이)의 전 에이전트이자 친구인 그리어 존슨 Greer Johnson이 맨틀의 유품들을 팔려고 했다. 여기에는 맨틀의 머리칼 한 줌, 그가 쓰던 아메리칸 익스프레스 카드, 목욕 가운, 운동선수용 팬티, 낡은 양말, 골프 슈즈, 충혈 완화제 네 병 등이 포함돼 있었다. 맨틀의 가족이 소송을 걸려고 하자, 존슨은 처방약을 비롯한 일부 개인용품을 경매에 내놓지 않기로 합의했다. 유명인과 관련된 또 다른 경매를 살펴보자. 도쿄의 한 경매소에 나온 비틀즈 Beatles 유품들을 확보하기 위해 전 세계 곳곳에 있는 수집가들이 위성 시스템과 전화를 이용해 경매에 참가했다. 당시 폴 매카트니 Paul McCartney는 자신이 손으로 직접 쓴 〈페니 레인 Penny Lane〉 악보를 팔지 못하도록 금지하는 법원 명령을 얻어냈다. 하지만 그의 출생 증명서(과거 그의 양어머니가 1만 4613달러에 누군가에게 판 것이었다)는 7만 3064달러에 팔렸다.

유명인에 대한 숭배(스포츠 영웅이든, 록 스타나 영화배우이든)는 결코 낯설거나 새로운 현상이 아니다. 하지만 최근, 유명인을 상품화하고 그들이 쓰던 물건을 사들이고 소유하려는 열망이 지나치게 높아져 있다. 과거에 아이들은 좋아하는 선수를 만나 직접 사인을 받으려고 경기가 시작하기 한참 전에 야구장에 도착하곤 했다. 오늘날 유명인 사인과 관련된 시장 규모는 5억 달러에 이른다. 판매업자가 선수에게 돈을 지불하면 선수가 수많은 품목에 사인을 해주고, 그렇게 사인이 들어간 물건들은 케이블 텔레비전 채널, 우편 주문 판매회사, 전국 쇼핑몰에 있는 스포츠 기념품 상점 등을 통해 사람들에게 판매된다. 1992년에 맨틀(그는 1995년에 사망했다 – 옮긴이)은 각종 석상에 모습을 드러내는 것과 자신의 사인 덕분에 275만 달러를 벌었다고 했다. 그가 양키스에서 활약한 기간 동안 번 돈을 전부 합친 것보다 많은 금액이었다.

역설적이게도, 요즘 사람들이 이미지와 개인용품들을 손에 넣으려고 애쓰는 가장 인기 높은 문화 아이콘들(존 F. 케네디, 미키 맨틀, 비틀즈, 마틴 루터 킹 주니어 등)은 모두 지금보다 좀 더 순수하고 때 묻지 않은 시절, 좀 더 이상주의적인 시절인 1960년대의 인물들이다. 그때는 공인들의 사적인 취미나 결점들이 무자비하게 노출되지 않던 시절, 대통령이 텔레비전에 나와 자신의 사각 팬티에 대해 말하지 않던 시절이었다. 어쩌면 시장원리에 중독된 우리는 지금 돈을 이용해 옛날로 돌아가려고 헛되이 애쓰고 있는 건 아닐까? 모든 것이 거래 대상은 아니었고 무엇이든 대중에 노출되지는 않았던 세상으로 돌아가려고 말이다.

13

능력 장학금에 담긴 시장원리

고등학교 학생들이 어느 대학을 가야 할지를 놓고 고민할 때, 그 부모들은 자녀의 대학 교육비용을 마련할 방법을 놓고 고민한다. 일부 사립대학들의 경우, 학생 한 명이 1년간 학교를 다니는 데 등록금, 기숙사 비용, 식비까지 합쳐 4만 달러가 넘게 들어간다. 그러나 모든 학생들이 그처럼 버거운 금액을 감당해야 하는 것은 아니다. 비행기 티켓의 경우와 마찬가지로, 모든 학생이 똑같이 등록금 전액을 지불하지는 않기 때문이다. 많은 대학들은 집안 형편이 어려운 학생을 위한 학자금 지원이나 장학금 제도를 시행해왔다. 그리고 최근에는 경제적 형편과 상관없이 우수한 학생들에게 능력 장학금 merit scholarship(성적이나 재능에 따라 지급하는 장학금 – 옮긴이)을 주는 대학이 늘고 있다.

경제적 형편을 기준으로 하는 장학금의 수혜 조건에 맞지 않는 학생들에게는 능력 장학금이 늘어나는 추세가 매우 반가운 일일 것이다. 또 능력 장학금은 우수한 학생을 확보하려고 경쟁하는 대학들 입장에서도 퍽 유용한 인재 모집 수단이다. 그러나 능력 장학금에 좋은 측면만

2부 | 논쟁들　141

있는 것은 아니다. 등록금을 낼 여유가 있는 학생들에게 장학금이 돌아 간다면, 집안이 어려운 학생들에게 돌아갈 장학금은 그만큼 줄어든다 는 의미이기 때문이다. 1980년대에 능력을 기준으로 한 장학금이나 학 자금 보조는 연간 13퍼센트씩 증가했으며, 이는 경제적 형편을 기준으 로 한 장학금 증가보다 더 빠른 추세다. 특히 이러한 경향은 우수한 인 재를 데려가기 위해 일류 대학들과 경쟁해야 하는 이류 대학들에서 가 장 뚜렷하게 나타난다. 학생 선호도 상위권의 사립대학들은 능력 장학 금 제도를 시행하는 경우가 별로 없다. 반면 그에 밀리는 학부 중심 대 학liberal arts colleges들의 경우 장학금 종류의 거의 절반이 성적에 따라 수여 된다.

능력 장학금에 반대하는 사람들은 "능력"이 "시장"을 완곡하게 표현 한 말이라고 주장한다. 그들은 능력 장학금이 시장가치가 교육 분야에 파고들었음을 보여준다고 말한다. 대학이 우수한 학생에게 등록금을 할인해주는 것은 단순히 높은 학문적 성취도나 능력을 포상하는 것이 아니다. 경제적 형편만을 기준으로 장학금을 제공할 경우에 지원할 학 생들보다 더 우수한 학생들을 돈을 주고 사는 것이다.

비즈니스 세계의 기업들과 달리 대학은 이윤 극대화를 추구하지 않 는다. 하지만 대학은 학문적 우수성과 탁월함, 명문이라는 명성 등의 특성을 최대한 높이려고 애쓰며, 그러기 위해서는 비용이 들어간다. 그 런 경쟁 때문에 많은 대학들이 입학 및 장학금 제도에서 시장방식의 방 침을 채택했다. 시장의 관점에서 보면 능력 장학금은 특별할인 항공 운 임료와 유사하다. 즉 궁극적으로는 최종 수익을 높이기 위해서 상품을 할인 판매하는 셈이다. 항공사와 마찬가지로, 현재 많은 대학들이 다양한 항목별로 입학 지원자들의 "지불 의향"을 예측할 수 있는, 컴퓨터 중심의 "입학 등록 관리" 시스템을 운영한다. 요즘은 신입생 강의실의 좌석 요금, 즉 입학 등록금이 학생의 경제적 형편이나 학문적 우수성에 따라서만 다른 것이 아니라 인종, 성별, 거주지역, 전공 등에 따라서도 달라질 수 있다. 일부 학교들은 면접을 보러 직접 학교까지 찾아오는 학생들이 입학 열망이 더 강하고, 따라서 빈약한 장학금 조건을 더 기꺼이 받아들인다는 사실을 발견했다.

시장방식의 방침이 장학금 제도를 합리화한 것인지, 아니면 장학금 제도를 타락시키는 것인지는 고등교육의 목적을 어떤 관점에서 보느냐에 따라 달라진다. 교육 서비스를 일종의 유용한 상품으로 본다면(즉 미래의 수익을 창출해낼 인적 자원에 대한 투자로 본다면), 그것을 시장원리에 따라 배분하는 것이 옳다고 주장할 수 있을 것이다. 그러나 교육을 통해 비非시장 이상들(진리 추구와 도덕적·시민적 자질의 함양)을 가르쳐야 한다고 본다면, 시장원리가 학교를 타락시킬 수 있다고 우려할 수밖에 없다.

고등교육에 대한 이와 같은 두 관점이 충돌한 적이 있었다. 미 법무부가 북동부에 있는 일단의 명문대학들을 상대로 반독점 소송을 제기한 것이다. 1950년대 말 이래로 아이비리그 8개 대학과 MIT는 공통된 원칙과 기준하에 오로지 학생의 경제적 형편만을 기준으로 장학금을 지원하기로 합의한 정책을 시행해오고 있었다. 이를 위해 각 학교 대표들은 1년에 한 번씩 만나 장학금 지원제도를 비교해보고 일치하지 않는 측면에는 조정을 가했다. 예를 들어 하버드, 프린스턴, 컬럼비아에서 입학 허가를 받은 학생은 이 중 어느 학교를 가더라도 비슷한 장학금을 받는 것이다.

법무부는 이런 관행이 가격담합과 유사한 행위라면서 북동부 명문대학들에 대해 반독점 소송을 제기했다. 학교들은 자신들은 이윤을 추구하는 기업이 아니라 가치 있는 두 가지 사회적 목표를 추구하는 교육기관이라고 응수했다. 그들이 말하는 두 가지 목표란 가난한 학생들에게도 명문의 우수한 교육을 받을 수 있는 평등한 기회를 주는 것, 그리고 모든 학생들이 장학금 지원 수준에 따른 선입견 없이 자유롭게 대학을 선택할 수 있게 하는 것이었다. 대학들은 장학금이 상품 할인과 같은 것이 아니라, 학교의 교육적 사명을 실천하기 위해서 수여하는 자선기부금과 같은 것이라고 주장했다.

법원은 그러한 견해에 다음과 같이 반박했다. "가난한 학생에게 교육비를 할인해주는 것은 자선행위가 아니다. 대학 측은 그 대신 실체적인 유형의 이익을 얻기 때문이다." 실체적인 유형의 이익이란 금전적인 이익을 말하는 것이 아니라, 이들 학교가 확보하는 학생들, 즉 장학금 제도가 아니었다면 입학하지 못할 뛰어난 학생들을 말한다. 또한 아이비리그 학교들이 학생에 대한 재정적 지원제도 측면에서 서로 경쟁을 피할 수 있다는 사실은 등록금을 상대적으로 더 높게 책정하는 데에도 기여했다. 아이비리그 대학들이 공통된 원칙은 계속 유지할 수 있지만 학생들의 개별적 사례는 더 이상 비교할 수 없다는 것이 법원의 입장이었다.

능력 장학금을 가장 강하게 반대하는 이들은 당연히 그런 장학금 제도를 별로 필요로 하지 않는 학교들이다. 재정적인 경쟁의 장이 공평하다면, 일류 대학들은 그 명성 덕분에 학생들을 끌어오기 위한 경쟁에서 훨씬 유리하다. 이류 대학들이 시행하는 능력 장학금의 교육적 이점 한 가지는, 뛰어난 학생들이 소수의 일류 대학에만 집중되는 현상을 막고 그들을 다양한 많은 대학에 분산시킬 수 있다는 점일지도 모른다.

그렇다 하더라도 능력 장학금에 대한 반대의 목소리를 쉽게 무시할 수만은 없다. 교육 분야에 대한 정부지원이 줄어드는 시기에는, 재정이 넉넉한 일부 교육기관을 제외한 많은 학교들이 가난한 학생을 위한 장학금 정책만 축소 조정하는 관행을 보여왔다. 그리고 능력 장학금을 통해 경쟁력을 확보하는 학교들 역시 교육 서비스의 상품화라는 위험성을 간과하지 않도록 주의해야 한다. 적극적인 시장 옹호론자들조차도 여전히 어느 정도는 고등교육을 시장 압력에서 분리하고자 할 것이다. 다시 말해서 다음과 같은 문제에는 쉽게 동의하지 않을 것이다. 뛰어난 학생들을 데려오기 위해 전액 장학금을 주는 것이 옳다면 아예 그들에게 월급을 지급하는 것은 어떤가? 체육 특기생들을 모집하기 위한 공개적 입찰을 미국대학체육협회에서 아예 허용하는 것은 어떤가? 특정 과목이나 강의에 수강신청 학생이 과도하게 몰린다면 그런 강의에는 수업료를 더 받으면 어떤가? 인기 없는 교수의 강의에 대해 수강신청 학생 수가 늘 미달이라면 그런 강의의 수업료는 할인해주면 어떤가?

어느 시점엔가 시장의 해법은 그것이 가져다주는 이익의 성격을 훼손시킨다. 적어도 대학에서는 더 그러하다. 능력 장학금의 증가가 바로 그 시점을 앞당기게 될지도 모른다.

14

오염 배출권, 벌금과 요금의 차이

1997년 교토 기후변화 회의에서 미국은 두 가지 중요한 이슈에 대해 개발도상국들과 의견 충돌을 빚었다. 첫째로 미국은 개발도상국들이 온실가스 배출 제한을 위해 노력해야 한다고 주장했고, 둘째로 온실가스 거래 제도가 시행되어 국가들이 온실가스 배출권을 사고팔 수 있어야 한다고 주장했다.

클린턴 행정부의 첫 번째 주장은 타당하지만 두 번째는 그렇지 않다. 온실가스 배출권에 대한 국제시장이 형성되면 각국의 의무 감축량 달성을 촉진하는 데 도움은 되겠지만, 우리 모두가 지키고 양성해야 하는 환경윤리를 훼손할 수 있다.

실제로 중국과 인도는 온실가스 배출권 거래에 반대했다. 그들은 배출권을 돈으로 살 수 있게 되면 선진국들이 온실가스 감축 노력에 태만해질 것이라고 우려했다. 하지만 결국 개발도상국들은 선진국들 사이의 일부 배출권 거래에 동의했다. 회의 참가국들은 세부 규정 및 사항들에 대해서 다음 해에 다시 협의하기로 결정했다.

클린턴 행정부는 온실가스 배출권을 환경정책의 핵심 이슈로 삼았다. 정부는 각국에 배출 허용치를 할당하기만 하는 것보다는 배출권 거래 제도를 시행하는 것이 오염을 줄이는 데 더 효과적이라고 말했다.

미국은 오염 배출권 거래 제도 덕분에 더 적은 비용을 들여, 그리고 더 쉽게 기후협약 규정을 준수할 수도 있다. 자국이 아니라 다른 나라의 이산화탄소 배출량을 줄이는 데 돈을 지불하면 될 테니 말이다. 예를 들어, 미국으로서는 기름을 많이 먹는 SUV에 대한 자국의 자동차세를 올리는 것보다 개발도상국의 구식 화석연료 공장을 친환경적인 공장으로 교체하는 데 돈을 지불하는 편이 더 손쉬운 일일지도 모른다(그리고 정치적으로도 더 괜찮은 방식이다).

이런 의문이 들지도 모른다. 지구 전체의 온실가스 배출량을 줄이는 것이 목표라면, 지구상의 어느 지역에서 온실가스를 더 적게 배출하든 그것은 중요하지 않은 것 아닌가?

지구의 입장에서는 중요하지 않을지 모르지만 정치적 관점에서는 중요하다. 물론 배출권 거래의 효과도 존재하지만 그런 제도는 세 가지 이유에서 반대할 만하다.

첫째, 오염 배출권 거래 제도는 부유한 나라들이 의무 감축량을 피해 갈 구멍을 만들어준다. 예를 들어, 교토 협약하에서 미국은 러시아가 1990년 이후 이미 온실가스 배출량을 30퍼센트 줄였다는 사실을 이용할 수 있다. 러시아의 배출량 감소는 에너지 효율성 향상 때문이 아니라 경제침체 때문이었다. 미국은 러시아에 돈을 주고 배출권을 사서, 자국의 의무 감축량을 준수하는 데 활용할 수 있다.

둘째, 오염 배출권을 사고팔 수 있는 대상으로 만들면 오염 유발 행위에 붙어 마땅한 도덕적 낙인을 제거할 수 있게 된다. 만일 어떤 기업이나 국가가 과도한 대기오염 물질을 방출하여 벌금을 부과 받으면 사람들은 해당 기업이나 국가가 그릇된 행동을 했다고 판단한다. 반면 오염 유발 행위에 요금을 낸다면 그것은 비즈니스를 하는 데 드는 여러 비용 가운데 하나(임금이나 복리후생 비용, 임대료처럼)가 될 뿐이다.

환경 파괴 행위에 벌금을 물리느냐, 요금을 부과하느냐 하는 것은 우리가 쉽게 간과해서는 안 되는 성질의 문제다. 그랜드 캐니언에 맥주 캔을 버리면 100달러의 벌금을 내야 한다고 치자. 그런데 어떤 부자가 하이킹을 하다가 그냥 캔을 버리고 100달러를 내기로 마음먹었다. 100달러를 벌금이라기보다는 그저 쓰레기 버리는 비용이 좀 비쌀 뿐이라고 생각한 그의 행동에 아무런 잘못이 없는 것일까?

장애인 주차 구역에 일반인이 주차하는 경우에 내는 벌금을 생각해보라. 어떤 건축업자가 자신이 일하는 건축 현장에서 가깝다는 이유로 장애인 주차 구역에 차를 대고 기꺼이 벌금을 낸다면, 그저 조금 비싼 주차장을 사용했다고 여기는 그의 행동에 아무 문제가 없을까?

벌금과 요금의 구분선을 흐릿하게 만든다는 점에서, 온실가스 배출권 거래는 1인 탑승 자동차도 요금만 내면 로스앤젤레스 고속도로의 카풀 차선을 이용할 수 있도록 유료화하자는 제안과 비슷하다. 원래 운전자 혼자 탄 자동차가 카풀 차선에 들어갈 경우 벌금이 부과됐지만, 이 제안이 현실화되면 그런 운전자도 남들에게 욕을 먹지 않고 카풀 차선을 씽씽 달릴 수 있게 된다.

셋째, 오염 배출권 거래 제도는 갈수록 국제사회 공조가 늘어나는 오늘날 더욱 필요한 인류 공동의 책임감을 약화시킬 수 있다.

다음과 같은 예를 생각해보자. 사람들은 가을이면 낙엽을 긁어모아 태우곤 한다. 어떤 동네에서 각 가정이 1년에 한 번씩만 소량의 낙엽을 태우기로 합의했다고 치자. 그런데 이 동네 사람들은 원하는 경우에 낙엽 태울 권리를 서로 사고팔 수 있도록 했다.

그 동네 언덕 위의 부잣집에 사는 사람이 낙엽 태울 권리를 이웃들에게서 산다. 그는 사실상 이웃들에게 돈을 주이 그들의 집 앞에 쌓인 낙엽들을 (태우지 못하고) 그 지역의 퇴비 집하장으로 옮기게끔 만든 것이다. 시장은 잘 돌아가고 오염도 줄어든다. 하지만 시장이 개입하지 않았더라면 발휘되었을지 모르는 희생정신은 사람들 사이에서 찾아보기 힘들어진다.

낙엽 태울 권리를 파는 쪽이든 사는 쪽이든, 사람들은 낙엽 태우는 행위를 깨끗한 공기를 오염시키는 행동으로 인식하기보다는 하나의 사치품 내지는 신분의 상징으로 여기게 된다. 그리고 언덕 위 부잣집에 대한 사람들의 못마땅함 때문에 갈수록 지역 주민들 사이의 협력이 힘들어진다.

당연히 교토 기후변화 회의에 참가한 많은 국가들 사이의 협력 역시 한동안 요원한 상태에 머물렀다. 많은 국가들이 자국의 오염 배출량을 제한하는 데 여전히 동의하지 않았기 때문이다. 온실가스 배출권 거래 제도뿐만 아니라 각국의 그러한 태도 역시 환경 문제에 대한 전 지구적 윤리가 정착할 가능성을 희미하게 만들었다.

그러나 배출권 거래 제도가 부유한 나라들이 돈으로 전 지구적 책무를 비껴가도록 해준다는 개발도상국들의 정당한 불만이 제기될 수 없다면, 미국은 더 많은 비난을 받게 될 것이다.

15

영광과 자격 그리고 분노

 고대의 정치학에서는 미덕과 영광을 중요시했지만 오늘날은 공정성과 권리를 중요시한다. 이 익숙한 금언은 진리에 가깝지만 어느 정도까지만 그렇다. 외면적으로 볼 때 현대의 정치적 논쟁에서는 영광에 대한 논의가 거의 나타나지 않으며, 영광이란 기사도 정신과 결투가 있었던 신분중심사회에나 어울리는 주제처럼 느껴진다. 그러나 그 표면을 조금만 걷어내면, 공정성과 권리에 대한 가장 뜨거운 일부 논쟁들이 사회적 존경과 영광의 적절한 근거가 무엇인지에 대한 뿌리 깊은 의견 충돌을 반영한다는 사실을 알 수 있다.

 캘리 스마트Callie Smartt를 둘러싸고 벌어진 논란을 살펴보자. 15세인 캘리는 웨스트 텍사스에 있는 한 고등학교의 치어리더다. 캘리는 뇌성마비 때문에 휠체어를 타고 다니는 소녀였지만 1년 동안 치어리더로 열심히 활동했다. 수 앤 프레슬리Sue Anne Pressley는 「워싱턴포스트Washington Post」에 이렇게 썼다. "학교와 응원에 대한 캘리의 열정은 대단했다. (…) 관중들은 그녀 때문에 정말로 즐거워하는 것 같았다. 미식축구 선수들은 캘리의 아름다운 미소가 정말로 사랑스럽다고 말했다." 그러나 시즌이 끝나자 캘리는 응원단에서 쫓겨났다. 가을 초 그녀는 명예 치어리더로 격하되었으며, 얼마 후 그 자리마저도 아예 없어졌다. 일부 치어리더들과 학부모의 강력한 요청에 따라 학교 측은 캘리에게 다음 해 응원단에서 활동하려면 다른 치어리더와 마찬가지로 일자로 다리 뻗기와 공중회전 같은 어려운 동작 훈련을 해야 한다고 말했다.

특히 치어리더 단장의 아버지가 캘리의 활동에 반대했다. 그는 단지 캘리의 안전이 걱정되어서 반대하는 것이라고 말했다. 경기하는 선수들이 무서운 속도로 뛰어다니므로 "몸이 정상인 치어리더들이라야 잽싸게 움직여 피할 수 있다"고 그는 말했다. 하지만 캘리는 여태껏 치어리더를 하면서 다친 적이 한 번도 없다. 캘리의 어머니는 캘리가 받는 갈채에 대한 그의 분노가 반대의 동기라고 의심했다.

그렇다면 치어리더 단장의 아버지는 어떤 종류의 분노를 느낀 것일까? 캘리가 끼어들어 자기 딸의 자리를 빼앗을까 봐 걱정되었기 때문은 아니다. 캘리는 이미 응원단의 일원이었으니까. 캘리가 다리 뻗기와 공중회전에 뛰어나서 자신의 딸보다 더 빛나기 때문에 아버지가 시기심을 느껴서도 아니다. 당연히 캘리는 그런 묘기를 못한다. 그의 분노는 캘리가 자격도 없으면서 영광을 누린다는 생각 때문이었을 것이다. 딸의 뛰어난 능력을 보면서 그가 느끼는 자랑스러움을 캘리가 조롱한다고 느꼈을 것이다. 휠체어에 앉은 사람도 뛰어난 치어리더가 될 수 있다면, 다리 뻗기와 공중회전을 잘하는 사람이 얻는 영광은 그 가치가 떨어질 수밖에 없지 않은가? 자격이 없다고 여겨지는 사람에게 돌아간 영광에 대한 분노는 오늘날 정치에서 뚜렷하게 나타나는 도덕 감정이며, 이는 때로 공정성과 권리에 관한 논쟁을 더욱 뜨겁게 달군다.

캘리는 치어리더로서 활동할 자격이 있는가? 어떤 이들은 비차별 원칙을 답변의 근거로 내세운다. 캘리가 치어리더로서의 역할만 잘 수행한다면 어려운 동작을 소화할 능력이 부족하다는, 그녀 자신도 어쩔 수 없는 이유만으로 그녀를 내쫓아서는 안 된다는 것이다. 하지만 비차별 원칙에 근거한 주장은 논쟁의 핵심에 있는 한 가지 질문을 피해가고 있다. 치어리더로서의 역할을 잘 수행한다는 것은 무엇을 의미하는가? 다시 말해, 이것은 치어리더에게 중요한 미덕과 자격이 무엇인가에 대한 질문이다. 캘리의 치어리더 활동에 찬성하는 사람들은 휠체어를 타고 환호성을 지르고 응원용 술을 흔들며 팀의 사기를 북돋운다면 치어리더 역할을 제대로 수행하는 것이라고 말한다.

그러나 캘리가 장애는 있지만 치어리더에게 필요한 미덕을 갖췄다는 이유로 치어리더가 되어야 한다면, 다른 치어리더들이 누리는 영광은 분명히 위협 받을 수밖에 없다. 다른 치어리더들이 가진 체조 실력은 더 이상 뛰어난 응원을 위한 필수 요소가 아니며, 관중석 분위기를 띄우는 방식 중 하나일 뿐이다. 치어리더 단장의 아버지가 도량은 작을지언정 문제의 핵심은 정확히 이해하고 있었다. 목적과 그에 수반되는 영광이 분명했던 사회적 관행이, 이제 캘리 때문에 그 목적과 영광을 다시 정의하게 된 것이다.

그런데 공정성과 권리에 관한 다른 논쟁들의 기저에도 이러한 영광의 분배를 둘러싼 의견 충돌이 깔려 있다. 예를 들어, 대학 입시의 소수집단우대정책에 관한 논쟁을 살펴보자. 이때도 역시 한쪽에서는 차별금지에 대한 일반론적 주장을 내세운다. 소수집단우대정책 찬성론자들은 차별이라는 악행을 고치기 위해서 그런 정책이 필요하다고 말한다. 한편 반대론자들은 사회적 소수자에게 가산점을 주는 것은 역차별을 발생시킨다고 주장한다. 이때도 역시 차별 금지를 주장하는 사람들은 한 가지 중요한 질문을 피해가고 있다. 모든 입시 정책에는 이런저런 이유를 근거로 내세우는 차별 조항이 들어 있다. 우리가 생각해봐야 할 질문은 "어떤 종류의 차별이 대학이 추구하는 목적에 적절한가?" 하는 것이다. 이 질문은 논쟁의 대상이 된다. 그것이 교육 기회의 분배 방식을 결정하기 때문만이 아니라, 대학이 어떤 미덕을 가진 사람에게 영광을 안겨줄 것인지를 결정하기도 하기 때문이다.

만일 뛰어난 학문적 능력을 계발하고 지적 소양을 함양하는 것만이 대학의 유일한 목적이라면, 대학은 그 목적에 가장 잘 기여할 수 있는 학생들을 입학시킬 것이다. 그러나 다원주의적 사회에서 리더십을 발휘할 인재를 키우는 것이 대학의 또 다른 사명이라면, 지적인 목적뿐만 아니라 시민적 목적에도 기여할 수 있는 학생을 뽑아야 할 것이다. 텍사스 법학대학원이 시행하는 소수집단우대정책에 항의하는 한 학생이 소송을 제기한 사례가 있었다. 당시 학교 측은 소수집단우대정책이 시민적 목적에 기여하는 점을 언급했다. 즉, 이 정책 덕분에 많은 흑인과 히스패닉 졸업생들이 텍사스 주와 연방의 법조계 및 연방정부에서 활약할 수 있게 되었다고 주장했다.

소수집단우대정책에 대한 일부 반대론자들은, 대학이 학문적 능력이 아닌 다른 자질에 대해 영광을 안겨준다는 점에 대해 항의한다. 그것은 학문적 능력과 미덕에는 도덕적 자격이 부족하다고 말하는 셈이기 때문이다. 인종과 민족이 대학 입학을 결정하는 근거가 될 수 있다면, 자기 딸이 성적과 시험점수만으로 충분히 입학의 영광을 누릴 자격이 있다고 자랑스러워하는 학부모의 확신은 어떻게 되는가? 딸의 뛰어난 체조 실력을 자랑스러워하는 치어리더 단장 아버지의 경우처럼, 해당 학부모의 확신 역시 영광이란 것이 사회제도(그 목적이 언제나 논쟁과 수정의 대상이 될 수 있는)와 관련될 수밖에 없다는 사실을 인정함으로써 완화되어야 마땅하다.

아마도 영광에 관한 문제가 가장 두드러지게 대두되는 영역은 노동을 둘러싼 논쟁일 것이다. 많은 노동자 계층이 사회복지에 반대하는 이유 가운데 하나는, 그들이 사회복지정책에 소비되는 돈을 아깝게 여기기 때문이 아니라 영광과 보상을 수여하는 기준과 관련해 사회복지라는 개념에 담긴 메시지에 분노하기 때문이다. 공정성과 권리를 근거로 사회복지를 옹호하는 자유주의자들은 바로 그 점을 간과할 때가 많다. 소득이란 사회에 유익한 방식으로 노력과 능력을 이끌어내는 인센티브에서 그치는 것이 아니라 우리가 중시하는 것들에 대한 하나의 척도 역할까지 한다. "열심히 일하며 규칙을 따르는" 많은 사람들의 입장에서는 집에 가만히 앉아 있는 사람들에게 보상을 제공하는 것이 그들 자신이 흘리는 땀과 일에 대해 갖는 자부심을 조롱하는 것으로 느껴지는 것이다. 물론 사회복지에 대한 그들의 분노가 가난한 사람들을 외면해야 하는 이유가 될 수는 없다. 그러나 그러한 분노는, 공정성과 권리에 대한 옹호의 밑바닥에 깔려 있는 미덕과 영광이라는 개념에 대해서도 자유주의자들이 더 설득력 있게 다듬어야 함을 암시한다.

16

소수집단우대정책에 대한 두 가지 관점

소수집단우대정책은 1970년대 이후 끊임없이 정치적·법적 논란의 주제가 되어왔다. 1996년 캘리포니아에서는 공교육 및 고용에서 소수인종 특혜를 금지하는 주헌법 개정안인 제안 209호 Proposition 209가 주민투표로 통과되었다. 2003년에 미 연방대법원은 미시간 대학교 측에 소수인종 지원자들에게 가산점을 주는 학부 입시 방침을 철회하라고 명령했다. 하지만 연방대법원은 미시간 법학대학원의 보다 융통성 있는 소수집단우대정책은 지지했고, 인종이 입학 심사에서 고려 사항이 될 수 있다고 판결을 내렸다.

어떤 이들은 용어를 어떻게 정하느냐가 많은 것을 좌우한다고 말한다. 1997년 휴스턴에서 소수집단우대정책 affirmative action(영어 그대로는 "긍정적 행동"이라는 의미 – 옮긴이) 금지 안건이 주민투표에 부쳐졌으나 부결되었다. 그러나 소수인종 특혜 preferential treatment를 금지하자는 제안 209호에 대해서 캘리포니아 주민들은 찬성 쪽에 더 많은 표를 던졌다. 정치적 논쟁에서 이길 가능성을 높이는 첫 번째 방법은 사용하는 용어나 표현에 신중을 기하는 것이다. 그러나 소수집단우대정책의 경우, 사람들이 단순히 정치적 용어 조작 때문에 찬반의 입장을 정한 것이 아니다. 상충하는 대중 여론이 반영된다는 의미다. 소수집단우대정책 반대자들은 여론이 상충하는 이유가 미국인들이 새로운 차별정책으로 과거의 잘못을 보상하길 원치 않기 때문이라고 말하는 반면, 지지자들은 대중의 마음속에 끈질기게 남아 있는 인종차별주의 때문이라고 말한다. 하지만 양쪽 모두 틀렸다. 인종과 관련이 없는 이유로 소수집단우대정책에 대한 찬반의 입장을 설명하기가 쉽지 않기에 오류가 생기는 것이다. 사실, 여기서 중요한 문제는 소수집단우대정책 옹호론이 미국인들의 신성한 믿음에 도전을 제기한다는 점이다. 오로지 노력한 사람만이 일자리나 신입생 강의실 자리를 차지하는 것과 같은 보상을 얻을 자격이 있다는 믿음 말이다. 대학 입학 심사에서 인종을 고려해야 한다는 주장의 두 가지 근거를 생각해보자. 하나는 보상 논리이고, 다른 하나는 다양성 논리다. 보상 논리를 지지하는 이들은 소수집단우대정책을 과거의 잘못을 보상하고 바로잡는 행위로 본다. 소수집단 학생들을 불리한 처지로 몰아넣은 역사적 차별을 보상하는 의미에서 그들을 우대해야 한다는 것이다. 이 논리는 입학 허가를 중요한 혜택으로 보고, 과거의 차별을 보상하는 차원에서 그 혜택을 나누어주려고 한다.

그러나 이 논리는 다양성 논리에 비하면 다소 설득력이 떨어진다. 보상 논리에 근거한 소수집단우대정책을 반대하는 이들은, 보상을 받는 사람이 꼭 원래의 피해자인 것은 아니며 보상하는 사람이 과거의 잘못에 대한 책임이 없는 사람인 경우가 많다고 지적한다. 소수집단우대정책의 수혜자 가운데 많은 수가 중산층 소수집단 학생들이고 그들은 도시 빈민가의 흑인과 히스패닉 학생들이 겪는 고통을 경험하지 않았다. 그리고 소수집단우대정책 때문에 입학 허가에서 밀려난 학생들이 이 정책의 수혜자보다 더 힘겨운 나름의 역경을 겪었을지도 모르는 일 아닌가?

보상 논리로 소수집단우대정책을 옹호하는 이들은, 그 정책이 아니었다면 당연히 입학할 수 있었을 학생들이 과거 세대가 저지른 역사적 잘못을 바로잡는 짐을 왜 대신 져야 하는지 설명해야 한다. 보상을 어느 특정한 차별 행위에 대한 구제책으로 봐서는 안 된다고 주장할 수 있다 하더라도, 소수집단우대정책이라는 이름하에 시행되는 수많은 프로그램들을 정당화하기에 보상 논리는 근거가 너무 협소하다.

다양성 논리는 그보다 좀 더 설득력을 지닌다. 이 논리는 우대를 받은 소수집단 학생이 실제로 차별을 겪은 적이 있는지를 증명하는 문제와 상관이 없다. 다양성 논리를 펴는 사람들은, 입학 허가를 수혜자에 대한 보상이 아니라 사회적으로 가치 있는 목적을 실현하기 위한 수단으로 여긴다. 이들은 학교에 여러 인종이 섞여 있는 게 바람직하다고 말한다. 출신 배경이 비슷한 학생들끼리 모여 있을 때보다 서로에게서 많은 것을 배울 수 있기 때문이다. 특정 지역 출신의 학생들만 모여 있으면 지적인 시야가 좁아질 수 있듯이 동일한 인종, 계층, 민족의 학생들만 모여 있는 경우에도 그러할 것이다. 그리고 불리한 소수집단 학생들을 교육하여 주요 공직이나 전문직에서 리더십을 발휘하도록 한다면 대학의 시민적 목적을 실현하고 공동선에 기여할 수도 있다.

소수집단우대정책 반대자들은 그러한 목적에 대해서는 인정할지 몰라도 그 방식에 대해서는 의문을 제기할 것이다. 학교의 다양성 증대라는 목적은 바람직하나, 성적은 충분히 뛰어나지만 대학의 가치 있는 목적 실현을 위해 필요한 인종 및 민족이라는 배경을 어쩔 수 없이 갖지 못한 (이것은 자신의 잘못이 아니다) 학생의 입학을 불허하는 것은 불공정하지 않은가? 높은 성적과 뛰어난 가능성을 가진 학생이 입학을 허가 받을 자격이 없단 말인가?

엄밀히 말하면, 그에 대한 답변은 "없다"이다. 여기에서 우리는 다양성 논리 밑에 깔려 있는 심오한 가정을 엿볼 수 있다. 입학 허가는 뛰어난 탁월성을 포상하기 위해 수여하는 영광이 아니라는 것이다. 시험 점수가 높은 학생이나, 불리한 처지에 놓인 소수집단 학생 모두 입학을 허가 받을 도덕적 자격이 있는 것은 아니다. 입학 심사의 기준이 가치 있는 사회적 목적과 합당하게 관련되어 있다면, 그리고 지원자들의 입학 여부가 그에 따라 결정된다면, 어느 누구도 불평할 수 있는 권리는 없다.

다양성 논리가 지닌 도덕적 힘은 입학 허가를 개인이 누리는 영광에서 분리하고 공동선과 연결한다는 데 있다. 그러나 이는 정치적 공격에 취약한 측면이기도 하다. 일자리와 기회는 그것을 얻을 자격이 있는 사람에게 돌아가는 보상이라는 믿음은 미국인들의 사고방식에 뿌리 깊게 박혀 있다. 정치인들은 "열심히 일하며 규칙을 따르는 사람"은 앞서 갈 자격이 있다는 사실을 늘 우리에게 상기시키며, 아메리칸 드림을 실현한 사람들이 그 성공을 자신의 미덕을 나타내는 척도로 여겨야 한다고 말한다.

그러한 믿음이 약해진다면, 즉 미국인들이 현세의 성공이 도덕적 자격을 반영한다는 믿음에 회의감을 품기 시작한다면, 소수집단우대정책이나 사회적 연대를 위한 여타의 방침들에 대한 옹호론이 힘을 얻기가 더 쉬울 것이다. 그러나 과연 어떤 정치가가 기꺼이 나서서, 미덕에 보상을 제공하는 것이 아니라 공동선 실현을 위해 필요한 자질을 불러 모으는 것이 게임의 룰이라는 사실을 설명하려고 하겠는가?

17

피해자의 증언이 피고의 형량에 영향을 미쳐야 하는가?

오클라호마시티 연방건물 폭파범인 티모시 맥베이 Timothy McVeigh에게 사형이 구형되기 전, 이 사건 재판의 배심원들은 희생자 가족과 생존자들이 진술하는 가슴 아픈 증언을 들었다. 아무리 증언 내용이 진실하고 가슴을 울린다 할지라도, 어떤 이들은 그런 증언이 법정에서 이루어지는 것은 옳지 않다고 본다. 범죄를 저지른 피고에 대한 사형 선고 여부는 사실적 증거와 법률에 기초한 합리적인 숙고에 의해 결정되어야지, 희생자 가족들이 느끼는 분노와 원한에 의해 결정되어서는 안 된다는 것이다. 반면, 다른 한쪽에는 범죄 피해자들의 진술이 가해자가 받을 형벌을 결정하는 데 영향을 미칠 수 있어야 한다는 주장도 있다. 그들은 범죄에 적절한 처벌이 내려지려면 배심원단이 희생자의 고통과 상실감을 충분히 알아야 한다고 주장한다.

맥베이 재판을 진행한 리처드 매치 Richard Matsch 판사는 이 두 가지 입장의 중간쯤에 서 있었던 것 같다. 매치 판사는 일부 희생자 가족들이 법정에서 증언하도록 허용하되, 과도하게 감정을 불러일으킬 수 있는 자료들은 사용하지 못하도록 제한했다. 시적인 문장, 결혼사진, 폭발 현장에서 엄마를 잃은 아홉 살짜리 꼬마의 증언 같은 것들 말이다. 그는 "복수심이나 슬픔에 대한 공감의 측면에서 배심원단의 감정을 강하게 자극할 가능성이 있는" 증언은 배제하려고 애썼다. 그는 "그런 감정은 피고에게 사형을 선고할지 여부에 대해 정확하고 신중한 도덕적 판단을 내리는 데 적절하지 않다"고 말했다. 판사의 양면적 태도는 범죄자 처벌의 목적을 둘러싼 상반된 관점들을 보여준다. 형량을 선고할 때 범죄 피해자의 증언이 영향을 미쳐야 한다고 주장하는 사람들은 (때로는 자신도 의식하지 못한 채로) 두 가지 근거에 의존한다. 하나는 심리치료 논리이고, 다른 하나는 응보 논리다. 심리치료 논리에서는, 판결이란 희생자가 느낄 위로의 근원이며 카타르시스적인 표현이고 모든 일을 마무리하는 순간이라고 여긴다. 처벌이 피해자에게 이로움을 제공한다면 피해자는 그 처벌의 종류를 결정하는 데 영향을 미칠 수 있어야 한다는 것이다. 피해자가 자신의 고통과 괴로움을 설명할 뿐만 아니라 피고에 대한 의견을 표현하도록 허용하는 주법에서 주요한 근거가 되는 것이 바로 심리치료 논리다. 이는 법정을 마치 소란스러운 토크쇼 현장처럼 만든다. 텍사스 주에서는 형량 선고 이후 피해자나 그 가족들이 법정에서 피고에게 심한 말을 퍼부을 수 있도록 허용하기도 한다.

그러나 심리치료 논리에는 문제점이 있다. 범죄자 처벌의 효과(피해자와 그 가족들이 처벌 결과에서 만족을 느끼는 것)와 범죄자 처벌의 정당성(범죄자에게 그가 받아야 마땅한 벌을 주는 것)을 혼동하기 때문이다. 그보다 더 설득력이 있는 것은 응보 논리다. 즉, 배심원단에게 범죄의 도덕적 무게감을 충분히 인식시키기 위해서 피해자의 증언이 필요하다는 것이다. 오클라호마 폭파 사건에서 168명이 사망했다는 것이 사실적 정보라고 한다면, 애타게 엄마를 찾는 아기에 대한 가슴 아픈 이야기는 범죄의 도덕적 무게감을 확실하게 전달한다.

응보 논리에서는 피해자가 감정을 배출하도록 돕기 위해서가 아니라, 정의를 실천하고 해당 사안의 도덕적 진리를 실현하기 위해서 피해자 진술이 피의자의 형량 선고에 영향을 미쳐야 한다고 본다. 감정이 범죄의 본질을 명확하게 하기보다는 오히려 왜곡하는 경우, 판사가 형량을 선고할 때 그것의 비중을 줄이면 된다는 논리다.

응보 논리는 피해자 증언을 옹호하는 효과적인 근거가 될 수 있지만, 이 논리는 두 가지 반박에 부딪힐 수밖에 없다. 첫째, 특정한 피해자들의 성품이나 그들이 가족과 지역사회에서 차지했던 중요성에 대한 증거를 사용하는 것은 어떤 사람들의 삶이 다른 사람들의 삶보다 더 소중하다는 가정을 함축한다. 그렇지 않다면, 살인자가 네 자녀의 아버지를 죽이는 것과 곁에서 아무도 슬퍼해줄 사람이 없는 미혼의 부랑자를 죽이는 것 사이에, 또는 마틴 루터 킹 주니어 목사를 죽이는 것과 동네 주정뱅이를 죽이는 것 사이의 도덕적 차이를 말할 수 없지 않겠는가? 이러한 종류의 판단을 위한 모종의 근거가 존재하지 않는다면, 특정한 피해자들의 삶이나 품성에 대해 증언하는 일의 도덕적 타당성도 설명하기 어려워진다.

둘째, 설령 특정한 살인의 도덕적 죄과가 다른 살인보다 더 크다고 할지라도, 범죄자가 애초에 알지 못했던 어떤 측면 때문에 처벌을 강화하는 것은 불공정하지 않은가? 만일 어떤 사람이 (상대방의 신분을 모르는 상태에서) 낯선 남자를 죽였을 때, 그 죽은 사람이 범죄자인지 성자인지에 따라서 그의 형량이 달라져야 하느냐는 논리의 반박이다. 미 연방대법원은 1987년 부스 대 메릴랜드 Booth v. Maryland 사건에서 이와 같은 논리로 사형 판결 과정에서의 피해자 증언에 대해 위헌 판결을 내렸다. 배심원들로 하여금 피해자의 성품이나 피해자 가족의 상황을 고려하게 한다면 "피고 자신이 미처 알지 못했으며 살해 의도와는 무관한 어떤 요인들 때문에 피고에게 사형을 선고하는 결과를 낳을 수 있다"는 것이었다.

두 번째 반박은 첫 번째 반박에 비해 중요도가 떨어진다. 우리가 살인자를 처벌하는 이유는 단순히 그의 "살해 의도" 때문만이 아니라 살인자가 유발한 피해 때문이기도 하다. 똑같이 총기를 사용한 경우라도 범죄자가 쏜 총알이 빗나가 사람이 죽지 않은 경우에는 총알이 명중해 사람이 죽은 경우보다 더 약한 처벌을 받는다. 두 경우 모두 "살해 의도"가 있었음에도 말이다. 보행자를 치어 죽인 음주운전자는, 똑같이 취했지만 운 좋게도 보행자를 치어 죽이지 않은 사람보다 더 무거운 형량을 받는다. 양쪽 어느 누구도 "살해 의도"가 없었다는 사실은 같지만 말이다.

반면 첫 번째 반박은 무시해 버리기가 쉽지 않다. 피해자 증언을 옹호하는 응보 논리가 살인사건들(그리고 피해자들) 사이에 도덕적 계층이 존재함을 함축한다는 사실은 부인하기 어렵다. 그러한 도덕적 차별 개념은, 도덕 문제에서 개인적 판단을 피해야 한다고 보는 오늘날의 정서와 상충한다. 그러나 도덕적 차별은 그러한 정서에 반대하는 주장이 아니다. 도덕적 차별이라는 개념이 없으면 우리는 범죄와 처벌에 관한 판단 자체를 납득할 수 없다.

범죄자 처벌에 관한 두 가지 상반된 논리와 씨름하는 사람은 매치 판사뿐만이 아니다. 최근 들어 법정에서 피해자의 증언을 활용하는 사례가 늘어났으며, 이는 피해자 인권운동과 1991년 연방대법원의 페인 대 테네시 Payne v. Tennessee 판결에 힘입은 바가 크다(이 판결에서는 부스 대 메릴랜드 판례를 뒤집고 사형 판결 과정에서 피해자 의견 진술을 허용했다). 현재(1997년) 미국 대부분의 주에서는 피해자 의견 진술 권리를 허용하고 있으며, 의회는 피해자 진술 조항을 1994년 연방범죄법안에 포함시켰다. 1997년 3월, 클린턴 대통령은 오클라호마시티 연방건물 폭파 사건 피해자들이 증언 요청을 받을지도 모르는 재판에 입회할 수 있도록 하는 법안에 서명했다. 클린턴 대통령은 말했다. "누군가 범죄로 피해를 입었다면 그 사람은 구경하는 방관자의 자리가 아니라 범죄를 심판하는 과정의 한가운데 있어야 한다."

피해자 권리에 관한 목소리가 갈수록 커지고 있는 현상에는 도덕적 측면에서 모호한 것이 내포되어 있다. 이 현상은 미국의 공공생활에서 심리치료 효과에 대한 관심이 늘고 있음을 반영하는 동시에(한 피고측 변호사는 피해자 진술을 일컬어 "형량 선고의 오프라화[Oprahization: 미국의 텔레비전 쇼인 〈오프라 윈프리 쇼〉에서 불우했던 과거나 속마음을 털어놓으려는 사람들이 늘어나는 것을 일컫는 표현 – 옮긴이]"라 칭했다), 전통적인 응보적 정의관이 더욱 호소력을 얻고 있다는 사실도 반영한다. 심리치료 논리가 도덕적 책임과의 분리를 나타낸다면, 응보 논리는 도덕적 책임을 회복하려는 열망을 담고 있다. 문제는 후자의 충동을 전자의 충동으로부터 떼어내는 것이다. 적절하고 현명하게 시행될 경우, 피해자 증언은 범죄의 도덕적 무게감을 명백하게 조명함으로써 정의 실현에 기여할 수 있다. 그러나 피해자를 "범죄를 심판하는 과정의 한가운데" 위치시키는 일은 위험하다. 개인적 복수라는 오래된 관습의 경우처럼, 범죄에 합당한 처벌이 내려져야 한다는 도덕적 명령보다 피해자의 심리적 필요가 우선시될 위험이 존재하기 때문이다.

18

스캔들, 거짓말과 칸트

논의의 전개를 위해 클린턴 대통령이 모니카 르윈스키 Monica Lewinsky 와 성관계를 가진 것이 사실이라고 가정해보자. 그가 그것을 부인하는 것은 잘못된 일일까? 대답은 당연히 "예스"이다. 백악관 인턴과 혼외정사를 가진 것도 충분히 나쁜 일이고, 거기에 거짓말까지 한다는 것은 죄를 더욱 가중시킬 뿐이다. 그러나 사적인 부정행위에 대한 공개적인 거짓말이 도덕적으로 바람직한 것은 아닐지 모르지만, 그러한 거짓말이 그렇게 해서 감추려고 하는 행위의 죄까지 필연적으로 증가시키는 것은 아니다. 그러한 거짓말은 심지어 정당화될 수도 있다.

대통령의 기만과 관련된 다른 경우를 살펴보자. 예컨대 전쟁을 벌일 계획을 부인하는 것과 같은 기만 말이다. 1964년 대통령 선거운동 기간 동안 린든 존슨은 베트남 전쟁을 확대하려는 자신의 의도를 숨겼다. 마치 프랭클린 루스벨트가 제2차 세계대전에 참전할 계획을 부인했던 것처럼 말이다. 1940년 대선운동 기간 동안 루스벨트는 이렇게 말했다. "전에도 말했고 앞으로도 거듭 밝힐 것이지만, 여러분의 아들들이

해외의 그 어떤 전쟁지역에도 보내질 일은 없을 겁니다." 두 대통령은 모두 대중을 속였다. 루스벨트는 정당한 목적을 위해, 존슨은 부당한 목적을 위해서 말이다. 따라서 이 두 기만 각각의 도덕적 지위는 서로 다르다. 존슨의 거짓말이 루스벨트의 그것보다 정당성을 부여 받지 못하는 이유는 상대적으로 더 진실과 거리가 멀었기 때문이 아니라, 가치가 없는 목적을 위해 행해졌기 때문이다. 물론 클린턴의 경우는 문제의 거짓말이 공무 수행이 아닌 사적인 비행 혐의와 관련된 것이라는 점에서 두 경우와 다르다. 루스벨트의 경우에서 볼 수 있는 숭고한 도덕적 목적이 확실히 결여되어 있다. 그러나 대통령이 자신에게 쏟아지는 상스러운 비난에 대해서, 설령 그것이 사실이라고 해도 사생활과 예의를 내세우며 부인하는 경우는 있을 수 있다. 그것이 공적 책임과 아무런 관련이 없기만 하다면 말이다. 『탈무드』에서는 진실을 말하지 않아도 되는 세 가지 예외를 인정한다. 지식, 환대, 성性과 관련된 거짓말이 바로 그것이다. 예컨대, 『탈무드』의 특정 구절을 아느냐는 질문을 받은 학자는 조심성 없는 지식의 과시를 피하기 위해 허위로 모른다고 답할 수 있다. 또 어느 집의 손님 접대가 어떠했는지 질문을 받은 경우에도 그 집에 반기지 않는 손님들이 줄을 잇는 일이 생기지 않도록 사실과 다른 거짓말을 할 수 있다. 그리고 어느 누구든 부부의 성생활과 같은 내밀한 사안에 대해 질문을 받는 경우 거짓말을 할 자격이 있다. (이 마지막 면제 조항은 클린턴의 경우에 단지 느슨하게 적용됐을 뿐이다. 이는 한편으로 거짓말할 권리가 질문이 부적절할 때 생길 수 있다는 점을 암시하고 있고, 다른 한편으로 이것은 간통 혐의가 아닌 부부관계에 대한 질문에 해당하는 것이다.)

기만의 도덕성 문제는 실제로 거짓을 말하지 않고도 사람들을 오도할 수 있다는 사실로 인해 한층 복잡해진다. 그동안 클린턴은 당혹스런 비난을 담은 주장이 나오면 늘 조심스럽게 말을 골라 빠져나갈 구멍을 만들어놓고 부인하는 경향을 보였다. 처음 민주당 대선후보로 선거운동을 벌이던 중, 향락성 약물recreational drugs을 사용해본 적이 있느냐는 질문에 클린턴은 미연방이나 주의 마약류 금지법을 위반한 적이 없노라고 답했다. 그는 후일, 영국 유학생 시절 마리화나를 피워본 적이 있다고 시인했다. 또 1992년 〈60분60 Minutes〉이라는 방송 프로에서 진행한 그의 유명한 인터뷰를 면밀히 살펴보면, 그가 실제로는 제니퍼 플라워스Gennifer Flowers와의 혼외정사를 결코 부인하지 않았음을 알 수 있다. 클린턴과 12년 동안 관계를 맺었다는 플라워스의 타블로이드판 폭로에 대해 클린턴은 이렇게 답했다. "그 진술은 잘못된 것입니다That allegation is false." 이는 클린턴이 성희롱으로 제소 당한 폴라 존스Paula Jones 사건에 대한 비공개 피고인 증언에서 (보도에 의하면) 플라워스와의 성관계를 인정한 것과 기술적으로는 일치하는 답변이다.

그렇다면 교묘한 얼버무림과 노골적인 거짓말 사이의 도덕적 차이는 무엇인가? 클린턴을 비난하는 사람들이나 대부분의 윤리학자들은 "아무런 차이가 없다"고 말한다. 그들은 교묘한 얼버무림을 통한 진실 오도가 명백한 거짓말과 같은 목적을 가질 뿐 아니라, 성공하는 경우 같은 효과를 발휘한다고 주장한다. 그렇지만 역사상 가장 위대한 도덕가 중 한 명은 이에 동의하지 않는다. 18세기 독일의 철학자 이마누엘 칸트는 거짓말과 기술적으로 진실한 발뺌(속임수, 기만) 사이에는 엄청난 차이가 있다고 주장했다.

칸트는 거짓말에 대한 반대 입장에서 그 누구에게도 뒤지지 않았던 인물이다. 심지어 그는 살인자가 문간에 찾아와 집에 숨어 있는 사람을 찾는 경우에도 거짓말하는 것을 도덕적으로 허용할 수 없다고 주장했다. 진실을 말해야 할 의무는 결과에 관계없이 유효하다는 의미다. 한번은 동시대의 프랑스 철학자 뱅자맹 콩스탕Benjamin Constant이 칸트의 강경한 입장에 이의를 제기했다. 콩스탕은 진실을 말해야 할 의무는 진실을 알 자격이 있는 사람만을 대상으로 적용된다고 주장했다. 따라서 당연히 살인자에게는 해당하지 않는다는 것이다. 이에 대해 칸트는 살인자에게 거짓말을 하는 것은 그것이 놈에게 해를 끼치기 때문에 잘못인 것이 아니라, 올바름의 근본 원칙을 침해할 뿐 아니라 나아가 거짓을 말하는 당사자의 인간적 존엄성까지 손상시키기 때문에 잘못이라고 답했다. "따라서 모든 언명에 있어 진실(정직)은 그 어떤 편의주의도 허용치 않는, 무조건적으로 적용해야 하는 신성한 이성적 원칙이다." 이것이 칸트의 결론이다.

거짓말에 대한 절대적인 금지에도 불구하고, 혹은 어쩌면 그 때문인지, 칸트는 거짓으로 오해하기 쉽지만 형식적 의미에서는 허위가 아닌 진술과 거짓말 사이에 명확한 경계를 그었다. 콩스탕과 공방을 주고받기 몇 해 전, 칸트는 자신의 종교철학 저서로 인해 당시 프로이센의 군주인 프리드리히 빌헬름 2세Friedrich Wilhelm II의 노여움을 사게 되었다. 빌헬름 2세와 검열 당국은 칸트에게 기독교 신앙을 왜곡하거나 폄훼하는 것으로 간주될 수 있는 그 어떤 강연이나 저술도 삼갈 것을 요구했다. 종교 관련 강연과 저술을 계속할 계획이 있었던 칸트는 신중하게 말을 골라 이렇게 약속했다. "국왕 전하의 충직한 신하로서, 저는 앞으로 종교와 관련된 모든 공개 강연이나 저술 활동을 완전히 중지할 것입니다."

몇 년 후 프리드리히 2세가 죽자, 칸트는 자신이 한 약속을 해제하기로 결정했다. 그 약속은 "(현) 국왕의 충직한 신하"로서만 그를 구속하는 것이었기 때문이다. 칸트는 훗날 이렇게 설명했다. "나는 그때 정말 신중하게 말을 골라 답했다. 내 자유를 영구히 박탈 당하지 않기 위해서 (…) 단지 국왕이 생존할 때에만 제한 받기 위해서 말이다." 이러한 현명한 얼버무림으로 이 프로이센 도덕의 전형은 거짓을 말하는 일 없이 검열 당국을 현혹시키는 데 성공했다.

스캔들 초기에 클린턴은 과거의 부도덕에 대한 진술들에 관하여 거듭 현재시제를 사용해 부인했다. "성적인 관계는 단연코 없습니다." 이를 보고 많은 사람들은 그가 칸트와 유사한 책략을 쓰고 있다고 생각했다. 그리고 마침내 언론인들이 빠져나갈 구멍의 가능성을 포착해서 지적하자 그는 전보다 덜 애매한 부인을 내놓기 시작했다.

설령 클린턴 대통령이 오도 목적의 진실(칸트의 그것과 같은)을 말하는 것에서 실질적인 거짓을 말하는 것으로 바뀌었다 해도, 그래도 여전히 (거짓을 말하는 그의 죄를) 경감해줄 만한 요인은 남는다. 우리 중 가장 의로운 자들조차도 공인들이 종종 노출되는 염탐적이고 음란한 까발림을 환영하지는 않을 테니까 말이다. 다시 한 번 『탈무드』를 참작해 보자. 거기 보면 모든 면에서 모범을 보여주는 한 랍비 현자의 이야기가 나온다. 랍비가 얼마나 모범적이었던지 제자 중 한 명은 아내와 성생활을 하는 올바른 방법을 배우기 위해 랍비의 침대 밑에 숨어든다. 랍비가 제자를 발견하고 나가라고 하자, 제자는 이렇게 답한다. "이 역시 유대의 율법과 관련된 일이므로 연구할 가치가 있습니다." 클린턴 대통령의 인기는 손상되지 않았다. 그것은 미국인들이 그가 진실을 말한다고 믿었기 때문이 아니라, 그의 성생활은 법과 관련된 일이 아니고 연구할 가치가 있는 것도 아니라고 결정했기 때문이다.

19

조력자살의 권리를 허용해야 하는가?

이 글은 연방대법원이 의사조력자살을 금지하는 주법과 관련된 두 사건에 대한 심의를 하고 있던 시기(1997년 4월)에 쓰인 것이다. 법원은 만장일치로 해당 법안을 지지했으며 의사조력자살에 대한 헌법적 권리라는 개념을 인정하지 않았다.

연방대법원은 말기환자에게 의사조력자살을 선택할 헌법적 권리가 있는지 여부에 관해 조만간 결정을 내릴 것이다. 대법원은 이 권리를 인정하지 않을 가능성이 높다. 현재(1997년) 대부분의 주에서 조력자살을 금지하고 있으며, 올해 초 법정에서 있었던 구두 논의 가운데 판사들은 이처럼 중대한 도덕적 이슈에 관한 많은 주법을 무효화하는 것에 대해 의문을 제기했다.

만일 예상대로 연방대법원이 조력자살의 권리를 인정하지 않는다는 판결을 내린다면, 그것은 자살을 헌법적 권리로 인정한 연방법원 두 곳의 입장을 뒤엎는 것이다. 그리고 그것은 법정조언자 의견서를 제출한 여섯 명의 저명한 도덕철학자들의 의견에 반박하는 것이기도 하다. 이 의견서에는 자유주의 정치철학을 대표하는 인물들이 참여했는데, 로널드 드워킨 Ronald Dworkin(옥스퍼드 대학 및 뉴욕 대학), 토머스 네이글 Thomas Nagel(뉴욕 대학), 로버트 노직 Robert Nozick(하버드 대학), 존 롤스 John Rawls(하버드 대학), 토머스 스캔론 Thomas Scanlon(하버드 대학), 주디스 자비스 톰슨 Judith Jarvis Thomson(MIT)이 바로 그들이다.[1]

이 철학자들의 주장에는 흥미롭지만 잘못된 원리가 담겨 있다. 그것은 정부가 논쟁의 대상이 되는 도덕적·종교적 문제들에 대하여 중립적인 입장을 취해야 한다는 신념이다. 그들은 삶의 의미와 가치를 결정하는 것이 무엇인가에 대해서는 사람마다 생각이 다르므로, 정부가 법을 통해 그러한 문제들에 대한 특정한 답을 정해주어서는 안 된다고 주장한다. 그 대신, 삶을 살아갈 가치가 어디 있는가에 대한 각자의 신념에 따라서 사람들이 삶을 살 (그리고 죽음을 선택할) 권리를 지녔음을 존중해줘야 한다는 것이다. 이 철학자들은, 도덕적 논란이 벌어질 만한 영역에 판사들이 선뜻 발을 들여놓고 싶어 하지 않는다는 점을 염두에 두고, 법원이 자살 자체의 도덕적 지위에 관한 판결을 내리지 않고도 조력자살의 권리를 인정할 수 있다고 주장한다. 철학자들은 의견서에 이렇게 썼다. "이 사건들은 사람들이 자신의 죽음을 받아들이거나 마주하는 방식에 대해, 또는 누군가가 죽음을 앞당기거나 그러기 위해서 타인에게 도움을 요청하는 것이 윤리적으로 적절한 때가 언제인가에 대해 도덕적·윤리적·종교적 판단을 내릴 것을 법원에게 요구하지 않는다." 이들은 "종교적·철학적 전통 신념에 대한 법원이나 입법부의 그 어떤 강요도 없는 상태에서 이와 같은 중대한 판단을 스스로 내릴 수 있는 권리를 법원이 각 개인에게 부여해야 한다"고 말했다.

자유주의 철학자들은 중립적인 태도를 취한다고 말하지만 그들의 주장은 삶의 가치를 결정하는 것이 무엇인지에 대해 특정한 관점을 드러내고 있다. 이 관점에 따르면, 우리의 생명을 우리 스스로 만든 창조물과 같은 것으로 여기면서 숙고를 통해 자율적으로 삶을 살거나 죽음을 선택하는 것이 최선이다. 스스로를 자신보다 더 커다란 연극의 참여자로 여기지 않고 연극 그 자체를 만든 저자로 보는 사람이 가장 바람직한 삶을 산다는 것이다. 철학자들은 의견서에서 이렇게 말했다. "우리 대부분은 죽음을 삶이라는 연극의 마지막 장면으로 생각한다. 그리고 우리는 그 마지막 장면이 우리의 신념을 반영하기를 바란다." 이 철학자들은, (병의 말기 시점에서) 생명을 지속하는 것이 삶의 가치를 높이기보다는 오히려 그 가치를 손상시키게 될 것이라고 결론 내리고 자신의 삶을 끝내려는 사람들의 생각을 대변한다고 볼 수 있다. 낙태와 관련된 재판인 가족계획협회 대 케이시 Planned Parenthood v. Casey, 1992 사건에서 법원이 내린 판결 내용을 인용하며, 자유주의 철학자들은 "개인의 존엄성과 자율성을 지키기 위한 선택을 내릴" 개인의 권리를 강조한다. 이러한 자유에는 "인간 생명의 존재와 의미, 우주와 생명의 신비 등의 개념을 스스로 정의할 수 있는 권리"가 포함된다.

자율과 선택을 강조하는 자유주의 철학자들의 이와 같은 견해에는, 생명이란 그 생명을 가진 사람의 소유물이라는 의미가 함축되어 있다. 이러한 윤리관은, 생명은 우리에게 주어진 선물이며 우리는 일정한 의무감을 갖고 그 생명을 지키는 관리인이 되어야 한다는 도덕적 관점과 반대편에 서 있다. 이러한 도덕적 관점에서는 인간의 생명을 무제한적으로 사용할 수 있다는 생각에 반대한다. 그 생명의 주인이라 할지라도 그렇게 할 수 없다고 보는 것이다. 자유주의 철학자들이 주장하는 자율의 윤리는 전혀 중립적이지 않으며 많은 종교적 전통과, 심지어 자유주의 정치철학의 아버지인 존 로크John Locke나 이마누엘 칸트가 지닌 관점과도 거리가 있다. 로크와 칸트 두 사람 모두 자살할 권리에 반대했으며, 우리의 생명이 우리 마음대로 처분할 수 있는 소유물이라는 생각을 거부했기 때문이다.

동의consent를 강조한 철학자인 로크는, 어떤 권리들은 철저하게 우리 자신에게 속하기 때문에 우리는 심지어 동의에 의해서도 그것을 포기할 수 없다는 근거를 들어서 작은 정부를 옹호했던 인물이다. 생명권과 자유를 누릴 권리는 양도할 수 없는 것이므로 우리는 스스로를 노예제도나 자살에 건네줄 수 없다고 로크는 말한다. "어느 누구도 자신이 가진 것보다 더 많은 권한을 줄 수는 없다. 따라서 자기 자신의 생명을 제거할 수 없는 사람은 그렇게 할 권한을 타인에게 줄 수도 없는 것이다."

칸트의 경우, 자율에 관한 존중에는 타인에 대한 의무뿐 아니라 자기 자신에 대한 의무도 수반된다. 특히 인간 그 자체를 목적으로 대해야 하는 의무가 수반된다. 이 의무는 인간이 자기 자신을 대하는 방식을 규정한다. 칸트에 따르면, 살인이 옳지 않은 이유는 인간인 상대방을 목적으로서 존중하지 않고 하나의 수단으로 이용하기 때문이다. 이는 자살의 경우도 마찬가지다. 칸트는 말했다. "고통스러운 상황에서 빠져나가기 위해 스스로 목숨을 끊으려 한다면, 그것은 생이 끝날 때까지 참을 수 있는 상태를 유지하기 위한 수단으로 인간을 이용하는 것이다. 그러나 인간은 수단으로 이용되는 물건이 아니다. 인간은 언제나 그 자체로서 목적으로 간주되어야 한다." 칸트는 인간에게는 타인을 죽일 권리가 없는 것과 마찬가지로 자기 자신을 죽일 권리도 없다고 결론 내렸다.

칸트와 달리, 자유주의 철학자들의 의견서에서는 당사자가 판단력과 정보를 갖고 있는 한 인간 생명의 가치는 자기 자신이 판단하는 것이라고 가정한다. "판단력이 있는 인간이 죽음을 원한다면, 죽임을 당하지 않을 환자의 권리를 근거로 하여 그의 죽음을 유발하는 행위가 허용될 수 없다고 주장하는 것은 이치에 맞지 않는다"고 그들은 썼다. 그러나 칸트라면 여기에 동의하지 않았을 것이다. 어떤 사람이 죽고 싶어 한다는 사실 때문에 그를 죽이는 일은 도덕적으로 허용되지 않기 때문이다. 죽고 싶어 하는 그의 바람이 강요된 것이 아니며 그가 상황을 잘 이해하고 있다 하더라도 말이다.

자유주의 철학자들은 조력자살의 허용이 그것을 도덕적으로 반대하는 사람들에게 해를 끼치지 않는다고 응수할지도 모른다. 자신의 삶을 자율적 창조물이 아닌 더 큰 연극의 에피소드 정도로 보길 선호하는 사람들은 계속 그런 관점을 유지하면 될 테니까 말이다.

그러나 이는, 법이 바뀌면 우리가 스스로를 이해하는 방식에도 변화가 일어날 수 있다는 사실을 간과하는 것이다. 조력자살을 금지하는 현재의 법이, 무엇이 생명에 의미를 부여하는가에 관한 특정한 관점을 반영하고 보호하고 있다고 하는 자유주의 철학자들의 말은 옳다. 그러나 연방대법원이 자율권이라는 이름하에 조력자살의 권리를 인정하는 경우에도 그와 동일한 상황이 발생할 것이다. 조력자살의 권리를 인정하는 제도하에서는 단순히 선택 사항들의 범위만 확장되는 것이 아니라,

목숨을 선물이라기보다는 소유물로 간주하는 경향이 늘어나게 될 것이다. 자율적이고 독립적인 사람들에게 부여되는 신망은 강화되고, 의존적인 상황에 처한 사람들의 주장은 폄하될지도 모른다. 이러한 변화가 노인과 장애인, 빈자와 약자들과 관련된 정책에 어떤 영향을 미칠지, 또는 의사가 환자를 대하는 태도와 자녀가 늙어가는 부모를 대하는 태도에 어떤 영향을 미칠지는 두고 봐야 알 수 있을 것이다.

 자율권 논리에 반대하는 것이 반드시 모든 경우의 조력자살에 반대하는 것은 아니다. 생명을 신성한 선물로 여기는 사람들도, 환자에 대한 연민을 근거로 한 주장이 때로는 생명 보존의 의무보다 우선할 수 있다는 사실을 인정할 수도 있다. 문제는, 죽음을 돕는 행위에 대한 도덕적 부담감을 유지하는 가운데, 생명이란 선택하는 무언가가 아니라 소중하게 여겨야 하는 대상이라는 경의를 간직하면서 연민에 근거한 주장을 존중할 방법을 찾는 것이다.

20

배아줄기세포 연구 지원을 규제해야 하는가?

얼핏 생각하기에, 정부가 배아줄기세포 연구를 지원해야 한다는 주장은 특별한 옹호론이 필요하지도 않을 만큼 당연히 옳은 것처럼 느껴진다. 파킨슨병, 당뇨병, 척수 손상 같은 끔찍한 병을 치료할 수 있는 길을 열어줄 연구를 정부가 지원하지 않을 이유가 어디 있겠는가?

줄기세포 연구 반대자들의 반박 논리에는 두 가지가 있다. 어떤 이들은 그러한 가치 있는 목적에도 불구하고 배아줄기세포 연구가 인간의 배아를 파괴하므로 옳지 않다고 주장한다. 또 어떤 이들은 배아줄기세포 연구 자체는 나쁜 것이 아니라 할지라도, 이 연구가 결국 인간의 존엄성을 말살하는 여러 관행들(배아 양식장, 인간 복제, 태아를 예비 부품으로 사용하는 행위, 인간 생명의 상품화 등)로 향하는 미끄러운 비탈길을 열어주게 될 것이라고 우려한다.

두 반박 모두 완벽한 설득력을 갖지는 않지만, 이들의 주장에는 줄기세포 연구 지지자들이 진지하게 생각해봐야 할 문제가 담겨 있다. 첫 번째 반박을 생각해보자. 배아 파괴가 옳지 않다고 주장하는 사람들은 생물의학윤리에서는 목적뿐만 아니라 수단도 중요하다는 점을 내세운다. 맞는 말이다. 아무리 훌륭한 목적에 기여하는 연구라 할지라도 그 목적 달성 과정에서 근본적인 인간의 권리를 침해한다면, 그 연구는 정당화될 수 없다. 예를 들어, 나치의 잔인한 실험들은 설령 그 실험으로 인해 인간의 고통을 덜어주는 여러 치료법을 발견했다 할지라도 도덕적으로 정당화될 수 없다.

인간의 존엄성에 대한 존중 때문에 의학 연구가 어느 정도 도덕적 제한을 받아야 한다는 사실에 반대할 사람은 거의 없을 것이다. 문제는 줄기세포 연구 시 수반되는 배아 파괴가 인간을 살해하는 행위에 해당하는가의 여부다. 배아 파괴를 반대하는 사람들은 그렇다고 주장한다. 이 관점을 견지하는 사람들이 생각하기에, 배반포(胚盤胞)에서 줄기세포를 추출하는 것은 다른 사람의 생명을 구하기 위해 아기의 몸에서 장기를 떼어내는 것과 도덕적으로 다를 바 없는 행위다.

어떤 이들은 수정된 태아 단계에서 이미 영혼이 존재하기 시작한다는 종교적 믿음을 근거로 제시한다. 또 어떤 이들은 종교와 상관없이 이성적 추론 과정을 토대로 줄기세포 연구에 반대한다. 그들의 논리는 이렇다. 인간은 누구나 배아를 출발점으로 삶이 시작된다. 인간이라는 이유 자체로 우리의 삶이 존중 받을 가치가 있으며 침범 당할 수 없는 신성한 가치를 갖고 있다면, 어린 연령이나 생명의 초기 단계에는 존중 받을 가치가 없다고 생각하는 것은 잘못이다. 이 논리를 주장하는 사람들은, 잉태에서 출산에 이르는 과정 중에 정확히 어느 순간부터 인격체라고 할 수 있는지 말할 수 없다면 배아도 완전한 성인과 마찬가지로 똑같이 침범 당할 수 없는 가치를 가진 존재로 간주해야 한다고 말한다.

하지만 이 논리에는 결함이 있다. 모든 인격체가 배아를 출발점으로 삶을 시작한다는 사실이 곧 배아가 인격체라는 사실을 확증하지는 않기 때문이다. 비유를 들어보자. 모든 떡갈나무는 한때 작은 도토리였지만, 그렇다고 해서 도토리가 곧 떡갈나무라는 말은 성립되지 않는다. 나의 소유였던 도토리 한 알을 뒤뜰의 다람쥐가 먹어 버리는 경우와 떡갈나무가 폭풍우에 쓰러져 죽는 경우에 내가 경험하는 상실은 엄연히 다르다. 성장 단계로 따지면 서로 이어져 있는 존재이지만, 도토리와 떡갈나무는 서로 다른 종류의 존재다. 배아와 인간도 마찬가지다. 분별력을 지닌 존재의 요구는 그렇지 않은 존재의 요구와 다르다. 또한 무언가를 경험하고 의식할 수 있는 존재는 그보다 더 높은 수준의 권리를 갖는다. 인간 존재는 단계별로 발달한다.

배아를 인격체로 보는 사람들은 종종 도덕적 비차별의 관점에서 배아를 대하는 것만이 유일한 대안이라고 가정한다. 그러나 배아를 존중하기 위해서 그것을 반드시 완전한 인간으로 간주해야 할 필요는 없다. 물론 배아를 우리가 원하는 어떤 목적에도 사용할 수 있는 사물로 여기는 것은 잠재적 인간 생명이라는 배아의 중요성을 간과하는 일이다. 새로운 화장품을 개발하기 위해 배아를 무자비하게 파괴하고 사용하는 일에 찬성할 사람은 거의 없을 것이다. 하지만 대상을 존중하기 위해서 인격체임을 유일하게 정당한 이유로 삼아야 하는 것은 아니다. 예를 들어, 우리는 등산객이 산에 있는 오래된 세콰이어 나무에 자기 이름을 새기는 행위를 무례하고 잘못된 행동으로 여긴다. 이는 세콰이어를 인간으로 간주하기 때문이 아니라, 존중하고 경외할 가치가 있는 아름다운 자연물이라고 생각하기 때문이다. 오래된 산림을 존중한다는 것이 모든 나무가 인간의 목적을 위해 벌목되어서는 안 된다는 의미는 아니다. 숲을 존중하는 것과 그것을 이용하는 행위는 양립할 수 있다. 그러나 벌목의 목적은 설득력이 있어야 하고 대상물의 경이로운 본질과 어울려야 한다.

납작한 배양 접시 안의 배아가 인격체와 똑같은 도덕적 지위를 갖는다는 생각은 보다 심오한 근거를 토대로 한 반론에 부딪힐 수 있다. 아마도 그러한 생각에 타당성이 부족한 이유를 살펴보는 가장 좋은 방법은 거기에 담긴 함의들을 펼쳐보는 일일 것이다. 먼저, 배반포에서 줄기세포를 확보하는 것이 아기의 몸에서 장기를 떼어내는 것과 마찬가지의 행위라면, 단순히 배아줄기세포 연구에 대한 정부지원에 반대하는 데서 그치는 것이 아니라 도덕적으로 책임 있는 정책을 통해 줄기세포 추출 자체를 금지해야 할 것이다. 만일 일부 의사들이 일상적으로 아이들을 죽여서 이식용 장기를 빼낸다면, 그러한 유아 살해를 놓고 정부지원의 대상이 되어서는 안 되지만 민간 영역에서는 허용되어야 한다고 주장할 사람은 아무도 없을 것이다. 우리가 배아줄기세포 추출이 유아 살해와 똑같다고 믿게 된다면, 우리는 배아줄기세포 추출을 금지할 뿐만 아니라 그것을 끔찍한 살인 행위로 간주하고, 그것을 행하는 과학자들을 형사처벌해야 할 것이다.

둘째, 배아를 인격체로 간주하는 관점은 줄기세포 연구만 불가능하게 하는 것이 아니라, 많은 배아의 생성과 폐기가 수반되는 모든 불임치료 및 관련 시술도 불가능하게 만든다. 임신 성공률을 높이고 반복되는 시도로 인한 여성의 고통을 줄이기 위해 체외수정을 실시하는 대부분의 병원에서는 최종적으로 자궁벽에 착상되는 것보다 훨씬 많은 수의 난자를 수정시킨다. 남은 배아들은 대개 무기한 냉동보관되거나 폐기된다(줄기세포 연구를 위해 기증되는 수는 매우 적다). 그러나 끔찍한 질병들의 치료를 위해 배아를 희생시키는 것이 비도덕적이라면, 불임을 치료하기 위해 배아를 희생시키는 것 역시 비도덕적인 일이 될 것이다.

셋째, 체외수정 지지자들은 체외수정 과정에서의 배아 손실이 자연 임신 과정에서의 배아 손실보다 더 적다는 점을 지적한다. 자연 임신 과정에서 수정되는 모든 수정란의 절반 이상이 착상되지 못하거나 여타의 이유로 손실되기 때문이다. 이러한 사실은 배아를 인격체로 여기는 견해를 더욱 옹호하기 어렵게 만든다. 자연적인 생식 과정에서 성공적으로 태어나는 아기 한 명당 여러 개의 배아가 손실된다고 한다면, 그에 비해 체외수정이나 줄기세포 연구에서 발생하는 배아 손실은 걱정거리가 못된다. 배아를 인격체로 여기는 사람들은 높은 유아 사망률이 유아 살해를 정당화하지는 못한다는 근거를 대며 응수할지도 모른다. 그러나 배아의 자연적인 손실에 관한 사람들의 태도를 보면, 일반적으로 우리가 그런 배아의 손실을 도덕적 또는 종교적 차원에서 유아의 죽음과 동일하게 간주하지는 않는다는 사실을 알 수 있다. 인간 생명의 발생에 관해 가장 엄격하고 신성한 입장을 취하는 종교에서조차 배아의 손실에 대해서 어린아이가 죽었을 때와 똑같은 매장 의식이나 장례 절차를 규정해두지 않는다. 게다가 자연 생식에 동반되는 배아의 손실이 도덕적 차원에서 유아의 죽음과 동등한 것이라면, 임신은 공공 보건 분야의 중대한 위기 사태로 간주되어야 할 것이다. 자연적인 배아 손실을 줄이는 일이 낙태, 체외수정, 줄기세포 연구를 모두 합친 것보다 더 시급한 도덕적 과제가 된다.

줄기세포 연구 반대자들조차도 배아 이용에 대한 전면적인 반대를 채택하는 것에는 주저한다. 조지 W. 부시 대통령은 2001년 8월 배아 줄기세포 연구에 대한 연방재정의 지원을 금지하는 조치를 취했다. 하지만 그 연구 자체를 금지하거나 과학자들에게 그러한 연구를 중단하라고 촉구하지는 않았다. 그리고 줄기세포 연구를 둘러싸고 의회에서 격렬한 논쟁이 벌어졌을 때, 적극적인 반대자들도 체외수정을 금지하거나 불임치료 의료기관들이 과도하게 많은 배아를 만들거나 폐기하지 못하게 금지하는 전국적인 운동을 벌이지는 않았다. 이는 그들의 입장이 흔들렸음을 의미하는 것이 아니라, 배아는 침해할 수 없다는 원리에 그들이 의지할 수 없다는 사실을 보여준다.

그렇다면 다른 어떤 근거가 줄기세포 연구에 대한 정부지원 규제를 정당화할 수 있을까? 줄기세포 연구가 착취와 오용으로 이어지는 미끄러운 비탈길로 들어서게 될 것이라는 우려가 그 근거가 될 수 있을지도 모른다. 이러한 반대론이 제기하는 우려는 합당하지만, 줄기세포 연구를 금지하는 것이 그런 우려에 대처하는 적절한 방법은 아니다. 의회는 인간 복제 금지와 같은 합리적이고 적절한 규제들을 시행하여 그러한 미끄러운 비탈길을 피할 수 있다. 또는 영국의 선례를 따라 연구용 배아를 생성 이후 14일 이상 성장시키지 못하도록 규정하거나, 배아 및 생식세포의 상품화를 금지하거나, 특정 주체가 줄기세포 연구를 독점하지 못하도록 줄기세포 은행을 만드는 등의 조치를 취할 수도 있다. 이와 같은 규제들이 우리가 생물의학이 제시하는 전망과 약속들을 추구하는 과정에서 멋들어진 신세계로 향하지 않도록 막아줄 것이다.

21

낙태와 동성애, 사생활 보호권의 의미

　낙태나 동성애 금지법을 옹호하는 사람들이 제시하는 논리에는 두 가지가 있다. 어떤 이들은 낙태와 동성애가 도덕적으로 비난 받을 일이므로 금지해야 한다고 말한다. 한편 다른 이들은 낙태와 동성애에 대한 도덕적 판단은 피하는 대신, 민주주의 사회에서는 정치적 다수가 그들의 도덕적 신념을 법으로 구체화할 수 있는 권리를 지닌다고 주장한다.

　이와 유사하게, 낙태나 동성애 금지법에 반대하는 사람들 역시 두 가지 논리를 제시한다. 어떤 이들은 낙태와 동성애가 도덕적으로 허용할 수 있는 일이며, 때로는 바람직하기도 하므로 그것을 금하는 법이 부당하다고 말한다. 한편 다른 이들은 낙태와 동성애의 도덕적 지위와 관계없이 이와 같은 법에 반대하면서, 각 개인에게는 그런 행동을 할지 여부를 스스로 선택할 권리가 있다고 주장한다.

　이와 같은 두 가지 유형의 논리는 각각 "단순한 논리"와 "세련된 논리"라고 부를 수 있을 것이다. 단순한 논리에서는 법의 공정성 여부가 그것이 금지하거나 지지하는 행동의 도덕적 가치에 달려 있다고 본다.

세련된 논리에서는 법적 정의가 해당 행동에 대한 실질적인 도덕적 판단에 달려 있는 것이 아니라, 정치적 다수의 지배(민주주의) 또는 개인의 권리(자유)를 말하는 이들 각각의 주장에 관한 보다 일반적인 이론에 달려 있다고 본다.

이 글에서 나는 단순한 논리에 담긴 진리를 살펴볼 것이다. 그 진리란 바로 낙태나 동성애를 금지하는 법적 정의(또는 부정의)가 적어도 부분적으로는, 해당 행위의 도덕성(또는 부도덕성)에 좌우된다는 것이다.[1] 세련된 논리에서는 이러한 견해에 반대한다. 다수주의를 옹호하는 경우든 자유주의를 옹호하는 경우든, 세련된 논리에서는 정의의 목적에 관해 논란이 되는 도덕적·종교적 관념을 배제하려고 한다. 이 논리에 따르면, 법의 정당성 논의를 할 때 무엇이 좋은 삶인지에 대한 대립적 논쟁들 사이에서 중립을 지켜야 한다고 주장한다.

물론 현실적으로는 이와 같은 두 논리를 명확히 구분하기 어려울 때도 있다. 로 대 웨이드 Roe v. Wade 재판(기존의 낙태 금지법을 뒤집은 미국 대법원의 중요한 판례 가운데 하나로, 여성이 임신 6개월까지는 임신중절을 선택할 헌법상의 권리를 가진다고 판결했다 – 옮긴이)[2]이나 바워스 대 하드윅 Bowers v. Hardwick 재판(동성 혹은 이성 간의 구강 섹스나 항문 섹스를 금지한 조지아 주법에 따른 재판 – 옮긴이)[3]을 둘러싼 논쟁을 살펴보면, 서로 대립하는 양 진영 모두 단순한 논리를 펴고 있으면서 겉으로는 세련된 논리를 내세우는 경향이 있다. (세련된 논리가 갖는 위상이 그렇게 높다.) 예를 들어, 혐오감 때문에 낙태와 동성애를 금지하려는 사람들도 민주주의와 사법소극주의(법 해석과 판결에 있어서 다른 국가기관의 의사결정을 존중하여 위헌 판단, 가치 판단 등의 사법심사를 자제하는 사법부의 태도 – 옮긴이)를 존중해야 함을 근거로 들며 주장할 때가 많다. 마찬가지로, 낙태와 동성애에 찬성하기 때문에 관대한 법을 원하는 사람들도 자유주의적 관용을 근거로 내세우는 경우가 많다.

모든 세련된 논리가 사실은 실질적인 도덕적 신념을 설득시키기 위한 부정직한 시도라는 의미는 아니다. 무엇이 좋은 삶인가와 관련해 법이 중립을 지켜야 한다고 주장하는 측에서는 논지를 뒷받침하기 위해 다양한 근거들을 제시한다. 그 가운데 대표적인 두 가지 근거는 아래와 같다.

① 주의주의自願主義 관점 – 좋은 삶을 스스로 선택할 수 있는 자유로운 시민 또는 자율적 행위자로서의 개인의 자격을 존중하기 위해서 정부가 무엇이 좋은 삶인가에 대해 중립을 지켜야 한다고 주장한다.

② 최소주의 또는 실용주의 관점 – 사람들은 도덕성과 종교에 관해 저마다 의견이 다를 수밖에 없으므로 정치적 합의나 사회적 협력이 도출되도록 정부는 그러한 논쟁들에 간섭하지 말아야 한다고 주장한다.

단순한 논리 안에 담긴 진리를 살펴보기 위하여, 나는 낙태와 동성애를 다룬 사건들에서 판사와 학자들이 펼친 실제 주장들을 검토할 것이다. 세련된 논리를 펼치는 그들의 주장은 법의 목적을 위해 도덕적 판단을 배제하는 일이 어렵다는 사실을 보여준다. 나의 논지의 상당 부분에서는 주로 자유주의적 관용 이론을 비판할 것이지만, 그렇다고 해서 나는 다수주의가 상대적으로 유리한 고지를 점한다고 생각하지는 않는다. 자유주의에 대한 교정 방책은 다수주의가 아니라, 정치적·헌법적 논쟁에서 실질적인 도덕적 담론의 역할을 더욱 명확하게 인식하는 일이다.

사생활 보호권: 자율적 관점과 사회적 관점

사생활 보호권에 대한 합헌 논의에서는 종종 개인에 대한 주의주의 개념과 중립적 국가가 결합된다. 예를 들어, 낙태의 경우 그 어떤 국가도 "생명에 관한 특정한 견해를 채택"[4]하여 "자신의 임신 상태를 끝낼지 여부에 대해"[5] 결정할 여성의 권리를 무시해서는 안 된다. 국가는 특정한 도덕적 관점을 강요해서는 안 된다(그 관점을 지지하는 사람이 많다 할지라도). 왜냐하면 "어떤 개인도 단순히 그가 '선호하는 가치'가 다수의 그것과 일치하지 않는다는 이유로, 그 스스로 결정을 내릴 자유를 포기하도록 강요 당해서는 안 되기 때문"이다.[6]

종교의 자유나 언론의 자유에서처럼, 사생활의 자유에 있어서도 중립성이라는 이상은 종종 인간 행위자에 대한 주의주의 관념을 반영한다. 스스로 가치와 관계를 선택할 수 있는 개인의 자격을 존중해주기 위해서 국가는 무엇이 좋은 삶인가에 대해 중립을 지켜야 한다. 사생활 보호권과 주의주의적 자아 개념이 이렇게 밀접하게 연결되다 보니 학자들은 사생활과 자율권의 가치를 일치시킬 때가 많다. 그들은 사생활 보호권이 "개인의 자율권이라는 개념을 기초로" 해야 한다고 말한다. "사람들이 자신의 독특함과 개별성을 표현할 수 있는 생활방식을 자유롭게 선택할 수 없다면 헌법에 의해 보호 받는 인간의 존엄성이 심각하게 손상될 것이기 때문"이다.[7] "헌법적인 사생활 보호권을 인정"할 때 연방대법원은 "사람은 누구나 자율적으로 삶을 살 자격이 있으며 그 자격을 행사할 권리를 지닌다"[8]는 관점을 채택했다. 피임용품 판매 금지법이 위헌이라는 연방대법원의 결정은 "아이를 낳지 않기로 선택한 개인의 권리뿐만 아니라 남녀관계의 자율권을 보호한 것"이다.[9] 법원의 그러한 결정은 원하지 않는 자녀를 낳는다는 "선택하지 않은 행동으로부터" 그리고 "부모라는 사회적 역할을 강요 받는 것으로부터"[10] 개인들을 보호한다.

연방대법원의 최종 판결에서든 그에 대한 반대의견에서든, 대법관들은 사생활 보호권을 주의주의 개념과 종종 연결했다. 법원은 피임용품 사용 금지법이 "임신과 관련된 개인의 자율권에 대한 헌법적 보호"를 침해한다고 규정했다.[11] 법원은 "개인의 존엄성 및 자율권과 관련하여, 자신의 임신을 끝낼지 여부에 대한 여성 자신의 결정보다 더 적절하거나 더 근본적인 결정은 거의 없다"[12]는 이유로 낙태 권리를 지지했다. 더글러스Douglas 대법관은 낙태 관련 재판에서 동의의견을 피력하면서, 사생활 보호권은 "개인의 지성, 관심사, 취향, 개성의 형성 및 표현을 자율적으로 통제할 수 있는" 자유, 그리고 "결혼, 이혼, 출산, 피임, 자녀의 교육 및 양육과 관련된 기본적 결정을 내릴 때 개인이 선택할 수 있는 자유"를 보호한다고 강조했다.[13] 그리고 네 명의 대법관들은 "인간관계의 다양함과 풍성함의 상당 부분은 지극히 개인적인 관계의 형태와 성격을 선택할 개인의 자유에서 비롯된다"[14]는 이유로 사생활 보호권을 동성 간 성행위에까지 확장했다.

이제는 사생활 보호와 자율권을 연결하는 것이 당연하게 느껴질 만큼 우리에게 익숙하지만, 사생활 보호권이 반드시 개인에 대한 주의주의 개념을 전제할 필요는 없다. 사실 미국법의 역사상 대부분의 시기에서 사생활 보호권은 중립적인 국가라는 이념이나 자신의 목표를 자유롭게 선택하는 자아라는 이념을 내포하지 않았다.

오늘날의 사생활 보호권이 국가의 구속 없이 개인이 특정한 행동을 취할 수 있는 권리라면, 전통적인 의미의 사생활 보호권은 개인의 특정한 정보가 대중에게 공개되는 것으로부터 보호 받을 권리를 말한다. 현대의 사생활 보호권이 "특정한 종류의 중대한 결정을 내릴 때 개인의 독립성"을 보호한다면, 과거의 사생활 보호권은 "사적인 문제들의 노출 회피라는 개인의 이해관계"를 보호한다.[15]

사생활 보호권을 자율권과 동일시하는 경향은 사생활 보호에 관한 이 같은 개념 변화를 인식하지 못하게 할 뿐만 아니라, 그 권리를 보호할 이유가 될 만한 근거들의 범위를 제한한다. 일반적으로 오늘날의 사생활 보호권은 주의주의 개념에 의존하지만, 다른 방식으로 그것을 정당화할 수도 있다. 예를 들어, 결혼 문제에서 정부의 간섭을 받지 않을 개인의 권리를 주장할 때 개인의 선택이라는 근거뿐만 아니라 그러한 권리가 보호하는 행동의 본연적 가치나 사회적 중요성을 근거로 주장을 펼 수도 있는 것이다.

사생활 보호권에 대한 관점의 변천사

처음 미국에서 사생활 보호권은 헌법이 아닌 민사 관련 불법행위법의 원칙(사회에서 정한 일정 기준 이상의 손해를 유발하는 불법행위에 관한 법률로, 개인적인 손해나 신체적인 상해에 대해 손해배상을 청구할 근거가 되는 법 - 옮긴이)으로서 법적 인정을 받았다. 1890년에 발표한 영향력 있는 글에서 당시 보스턴 변호사였던 루이스 D. 브랜다이스와 그의 예전 동료인 새뮤얼 워런Samuel Warren은 미국 민법이 "사생활 보호권"을 보호해야 한다고 주장했다.[16] 때로 성적인 자유와 관련되는 후대의 사생활 보호권과 비교하면 브랜다이스와 워런이 말하는 사생활 보호권은 우리에게 다소 낯설어 보인다. 당시의 사생활 보호권은 선정적인 언론이 상류사회의 가십을 유포하는 것, 또는 특정한 사람의 초상화를 허가 없이 광고에 사용하는 것 등과 관련되어 있었기 때문이다.[17] 그러다 차츰, 그리고 1930년대에는 빈번하게, 이와 같은 사생활 보호권은 대부분 주의 민법에서 인정받게 되었다.[18] 그러나 1960년대 전까지 헌법에서는 사생활 보호권에 크게 관심을 기울이지 않았다.

연방대법원은 1961년에 처음으로 사생활 보호권 문제를 다루었다. 당시 포 대 울먼Poe v. Ullman 사건에서 코네티컷 주의 한 제약업자가 피임용품 사용을 금지하는 주법에 이의를 제기했다.[19] 대법관들 다수가 법 해석의 문제로 여기고 이 소송을 기각했지만[20], 더글러스 대법관과 할런Harlan 대법관은 반대의견을 제시하면서 해당 법이 사생활 보호권을 침해한다고 주장했다. 그들이 옹호한 권리는 전통적인 의미에서의 사생활 보호권이었다. 초점이 되는 권리는 피임용품을 사용할 권리가 아니라 해당 법의 집행이 요구하는 감시로부터 자유로울 권리였기 때문이다. 더글러스 대법관은 말했다. "만일 우리가 이 법을 엄격하게 집행한다면, 수색영장이 발부되고 경찰들이 침실에 들어가 거기서 벌어지는 일을 조사하는 수준에까지 이를 것이다. (…) 법이 만들어지면 집행이 되는 것은 당연한 수순이 아닌가? 이 법의 위반을 입증하는 데는 필연적으로 부부관계에 대한 심문이 수반된다."[21] 더글러스 대법관은 피임용품 판매를 금지하는 것과 그 사용을 금지하는 것은 다른 것이라고 말했다. 판매 금지는 피임용품에 대한 접근을 제한하지만 부부의 은밀한 생활을 공적 조사 대상으로 만들지는 않는다. 판매 금지법은 경찰을 침실이 아니라 약국으로 향하게 만든다. 따라서 전통적인 의미의 사생활 보호권을 침해하지는 않을 것이라는 의미다.[22]

할런 대법관이 피임용품 사용 금지법에 반대한 근거에도 과거의 사생활 보호권과 현대의 사생활 보호권에 대한 구별이 나타난다. 그는 피임용품 사용 금지법이 도덕적 중립을 지키지 못했다는 이유로 반대의견을 제시하지는 않았다. 그는 해당 법이 피임 자체가 비도덕적 행위라는 믿음을 토대로 하고 있고, "끔찍한 결과"를 최소화함으로써 간통 같은 "타락한 행위"들을 장려한다는 점을 인정했지만[23], 해당 법이 이처럼 중립성을 확보하지 못했다는 사실에 대해 헌법에 위배된다고 보지는 않았다. 중립성의 구속에 명백한 반대를 주장하면서, 할런 대법관은 정부가 도덕성에 관심을 기울이는 것이 타당하다고 주장했다.

> 사회는 구성원들의 육체적 안녕에만 목적을 두어야 하는 것이 아니라, 전통적으로 구성원들의 도덕적 건전성에도 관심을 가져왔다. 공적인 행동과 순전히 쌍방합의에 의하거나 독단적인 행동 사이에 선을 그으려는 시도는, 문명사회에서 마땅히 다뤄야 한다고 여겨온 많은 문제들을 공동체의 관심사에서 제외하는 결과를 낳을 것이다.[24]

할런 대법관은 중립적인 국가라는 이념에 반대했지만 코네티컷 주가 결혼한 부부의 피임용품 사용을 금지할 수 있다고 결론 내리지는 않았다. 더글러스 대법관과 마찬가지로, 할런 대법관 역시 그런 법을 시행하면 결혼이라는 중요한 사회적 제도에 필수적인 사생활을 침해하게 된다고 생각했다. 그는 전통적인 의미에서의 사생활 보호권의 침해에 반대했다. 그는 "형사법이 결혼이라는 사생활의 중심에 침입하여, 남편과 아내에게 법정에서 그들의 은밀한 사생활을 위해 사용한 물건에 대해 해명하라고 요구하게 되는 셈"[25]이라고 말했다. 할런 대법관은 코네티컷 주정부가 피임이 비도덕적이라는 신념을 법으로 구체화할 권리는 있지만, "그 법을 시행하기 위해 불쾌할 만큼 간섭적인 수단을 실행할" 권리는 없다고 말했다.[26]

그로부터 4년 후 그리스월드 대 코네티컷 Griswold v. Connecticut 재판에서는[27] 피임용품 사용 금지법에 대한 반대의견이 우위를 점했다. 당시 연방대법원은 피임용품 사용을 금지하는 코네티컷 주법을 위헌이라고 판결하고 처음으로 사생활의 헌법적 권리를 명시적으로 인정했다. 법원은 이 권리를 민사 관련 불법행위법이 아닌 헌법상의 기본권으로 인정했지만, 여전히 사생활 보호권은 사적인 생활을 타인에게 노출시키지 않는다는 전통적인 개념과 연결되어 있었다. 사생활 침해란 법 집행을 위한 침범을 말하는 것이지, 피임용품을 사용할 자유를 제한하는 것으로 보지 않았다는 것이다. 더글러스 대법관은 의견서에 다음과 같이 썼다. "피임용품을 사용했음을 나타내는 증거를 찾기 위해 부부의 침실이라는 신성한 구역을 경찰이 수색하도록 할 것인가? 그런 생각은 부부관계와 관련된 사생활을 정면으로 침해하는 것이다."[28]

당시 사생활 보호권의 정당화는 주의주의가 아니라 실질적인 도덕적 판단에 근거를 두고 있었다. 연방대법원이 인정한 사생활 보호권은 각 개인이 원하는 성생활을 선택하도록 하기 위해서가 아니라, 결혼이라는 사회적 제도를 인정하고 보호하기 위한 것이었다.

> 결혼이란 좋을 때나 궂을 때나 충실한 마음으로 함께하겠다는 신성한 약속이다. 결혼은 삶의 질과 조화로움, 양측의 충성을 증진시키는 두 사람의 결합이다. (…) 우리의 결정에 담기는 다른 그 어떤 목적보다도 더 고귀한 목적을 이루기 위한 결합이다.[29]

일부 학자들과 판사들은 그리스월드 대 코네티컷 판결이 헌법 정신을 위반했다고 보지만, 이 판결이 인정한 사생활 보호권은 사생활에 대해 20세기 초로 되돌아가는 전통적인 관점에 부합하는 것이었다. 사생활 보호권 개념의 변화라는 관점에서 보면, 보다 결정적인 전환이 되는 지점은 7년 후의 아이젠스타트 대 베어드 Eisenstadt v. Baird 사건[30]이다. 그리스월드 판결 때와 마찬가지로, 이 사건 역시 피임용품을 제한하는 주법이 쟁점의 대상이었다. 그러나 이때 문제가 된 법은 피임용품의 사용이 아니라 배포를 금지하는 법이었다. 따라서 이 법은 피임용품에 대한 접근에 제한을 가하기는 했지만, 은밀한 사생활에 대한 정부의 감시를 요구한다고 말할 수는 없었다. 즉, 이 법은 전통적 의미의 사생활 권리를 침해하지 않았다.[31] 더욱이 이 법은 미혼자에게만 피임용품의 배포를 금지했으며, 따라서 코네티컷 주법의 경우와 달리 결혼이라는 사회적 제도를 방해하지도 않았다.

이러한 차이점에도 불구하고, 연방대법원은 해당 법이 위헌이라고 판결했으며 당시 이에 반대의견을 낸 판사는 단 한 명뿐이었다. 이 판결에는 두 가지 혁신이 담겨 있다. 하나는 명백한 것이고 다른 하나는 함축적인 것이다. 명백한 혁신은, 사생활 보호권의 소유자를 결혼이라는 사회적 제도에 참여자에서 사회적 역할과는 독립적으로 존재하는 개인으로 재기술했다는 점이다. 연방대법원은 이렇게 설명했다. "그리스월드 사건에서는 사생활 보호권이 결혼관계에 귀속되어 있었다. 그러나 부부는 그들의 정신과 마음으로 이루어진 하나의 독립적 존재가 아니라, 각각 구별되는 지적·감정적 모습을 가진 두 개인의 연합이다."[32]

아이젠스타트 대 베어드 판결에서, 이보다 함축적이고 미묘하지만 결코 중요성이 떨어지지는 않는 또 다른 혁신은, 과거의 사생활 보호권 개념이 아닌 새로운 의미의 사생활 보호권으로 관점이 전환됐다는 점이다. 이 사건에서 법원은 사생활 보호권을 은밀한 사생활의 노출이나 감시로부터 자유로울 권리로 보기보다는, 정부의 간섭이나 제한 없이 특정한 행동을 할 수 있는 자유로 보았다. 그리스월드 판결에서의 사생활 보호권은 "부부의 침실이라는 신성한 구역"[33]으로의 침입을 막았지만, 아이젠스타트 판결에서의 사생활 보호권은 특정한 종류의 결정을 내리는 데 대한 간섭을 막았다. 그리고 사생활 보호권의 의미가 바뀌면서 그것을 정당화하는 이유 또한 변화했다. 아이젠스타트 판결에서 법원은 사회적 관습이 아니라 개인의 선택을 위해서 사생활 보호권을 지지했다. "사생활 보호권이란, 해당 개인의 기혼 또는 미혼인지 여부를 떠나 임신이나 출산 여부를 결정하는 것과 같이 개인의 삶에 커다란 영향을 미치는 문제들과 관련해 원치 않는 정부의 간섭으로부터 자유로울 모든 개인의 권리를 의미한다."[34]

그로부터 1년 뒤, 로 대 웨이드 사건에서[35] 연방대법원은 낙태를 금지하는 텍사스 주법을 위헌으로 판결하면서 새로운 사생활 보호권을 제시했다. 법원은 사생활 보호권을 "임신을 끝낼지 여부를 스스로 선택할 수 있는 여성의 결정권"[36]으로까지 확장했다. 처음에는 피임과 관련하여, 그다음에는 낙태와 관련하여, 사생활 보호권이 국가의 개입 없이 특정한 종류의 선택을 내릴 수 있는 권리가 된 것이다.

새로운 의미의 사생활 보호권에 대한 주의주의적 근거는, 16세 이하에 대한 피임용품 판매를 금지하는 뉴욕 주법을 위헌으로 판결한 1977년 재판에서 명백하게 드러났다.[37] 이때 연방대법원은 처음으로 사생활 보호권이 보호하는 내용을 설명하면서 자율권이라는 표현을 사용하여, 과거의 사생활 보호권 개념에서 새로운 사생활 보호권 개념으로의 이동을 공개적으로 천명했다. 케리 대 국제인구서비스 Carey v. Population Services International 판결에서, 그리스월드 판결이, 피임용품 사용 금지법이 부부의 침실에 공권력을 침입시킬 수 있다는 사실에 초점을 맞췄다고 브레넌 Brennan 대법관은 인정했다.[38] 그리고 이렇게 말했다. "하지만 이후 이루어진 판결들은 임신 문제에서 개인의 자율권에 대한 헌법적 보호 여부가 그러한 요소에 의존하지 않는다는 점을 확실히 보여주었다."[39] 이전의 판례들을 언급하면서, 브레넌 대법관은 아이젠스타트 판결이 "아이를 임신하거나 낳을지 여부에 대한 개인의 결정권"[40]을 보호했으며, 로 판결은 "자신의 임신을 끝낼지 여부에 관한 여성의 결정권"[41]을 보호했다고 강조했다. 그는 "그리스월드 사건의 교훈은, 국가의 정당하지 않은 간섭에서 자유로운 채로 개인이 임신 및 출산 문제를 결정할 수

있는 권리를 헌법이 보호해야 한다는 것"이라고 결론 내렸다.[42]

사생활 보호권에 관한 주의주의 관점에서 보면, 피임용품의 판매를 금지하는 일은 그 사용을 금지하는 일과 마찬가지로 심각하게 사생활 보호권을 침해한다. 전자도 후자와 똑같이 개인의 선택을 제한한다. 브레넌 대법관은 말했다. "피임용품에 대한 제한 없는 판매를 금하는 어떤 법이든, 집행이 상대적으로 쉽고 거부감도 덜 유발하므로 피임을 선택할 개인의 자유에 오히려 훨씬 더 끔찍한 영향을 미칠 수 있다."[43] 모순적이게도, 피임용품 판매에 대한 제한적 금지가 과거의 사생활 보호권 개념을 위협하지 않는다는 바로 그 사실로 인해 새로운 사생활 보호권 개념이 더 크게 위협 받을 수도 있다는 의미였다.

낙태 권리를 지지한 판결들 역시 쟁점이 되는 사생활 보호를 논하면서 자율권이라는 용어를 사용했다. 낙태와 관련한 한 판결에서 대법원은 말했다. "개인의 존엄성 및 자율권과 관련하여, 자신의 임신을 끝낼지 여부에 대한 여성 자신의 결정보다 더 적절하거나 더 근본적인 결정은 거의 없다. 그런 결정을 자유롭게 내릴 여성의 권리는 대단히 근본적인 것이다."[44] 사생활 보호권을 자율권과 연결시키는 관점이 가장 극명하게 드러난 예는 아마도 낙태 권리에 관해 산드라 데이 오코너Sandra Day O'Connor, 앤서니 케네디Anthony Kennedy, 데이비드 수터David Souter, 이렇게 세 대법관이 1992년에 표명한 의견일 것이다. 그들은 말했다. "사생활 보호권은 개인이 일생 동안 내릴 수 있는 가장 개인적인 선택들, 개인의 존엄성과 자율권 수호에 대단히 중요한 선택들을 보호한다." 나아가 세 법관은 자율권으로서의 사생활 보호권과 주의주의 개념을 분명하게 연결 지었다. "자유의 중심에는 실존과 의미, 우주 그리고 인간 생명의 신비로움에 관한 개념을 스스로 정의할 수 있는 권리가 존재한다. 만일 국가의 강제하에 이러한 문제들에 관한 신념이 형성된다면, 그 신념은 개인의 속성을 정의할 수 없을 것이다."⁴⁵

사생활 보호권을 자율권과 동일시하는 경향이 강해지고 있음에도 불구하고, 연방대법원은 사생활 보호권을 동성애에까지 확장하는 것은 5대 4의 결정으로 거부했다. 화이트^{White} 대법관은 법정의 다수의견을 밝히면서, 사생활 보호권과 관련된 이전 판례들은 자녀 양육 및 교육, 가족관계, 출산, 결혼, 피임, 낙태와 관련된 선택만을 보호한 것이라고 강조했다. 그는 말했다. "이들 판례에서 지지된 권리들 중 어느 것도 이번 사건(바워스 대 하드윅 사건을 일컫는다 - 옮긴이)에서 주장되는 동성애 권리와 유사하지 않다는 점이 명백하다."⁴⁶ 또한 조지아 주민들이 "동성애는 부도덕하며 용인할 수 없는 행위"⁴⁷라는 그들의 신념을 법으로 구체화할 수 없다는 이 사건의 주장은 옳지 않다고 화이트 대법관은 선언했다. 중립성과는 반대로 "법은 항상 도덕성이라는 개념에 기초한다. 만일 정당한 법의 절차를 규정한 헌법 조항하에서 본질적으로 도덕적인 선택을 대변하는 모든 법들이 위헌으로 판정된다면, 미국의 법원들은 눈코 뜰 새 없이 바빠질 것이다."⁴⁸

반대의견을 낸 네 명의 대법관들 가운데 하나인 블랙먼^{Blackmun} 대법관은, 사생활 보호권과 관련된 대법원의 이전 판결들은 그것들이 지지하는 행동들의 미덕에 의존하는 것이 아니라, 사적인 문제에 관한 개인의 자유로운 선택의 원리에 의존한다고 주장하며 이렇게 말했다. "우리는 이러한 권리가 보편적인 공공복지에 기여하기 때문이 아니라 개인의 삶에서 대단히 중요한 부분이기 때문에 보호하는 것이다. 사생활 보호권 개념은 개인이 타인이나 사회에 속하는 존재가 아니라 자기 자신에게 속하는 존재라는 도덕적 사실을 구현하는 것이다."[49]

블랙먼 대법관은 동성애와 관련된 판결을 내릴 때 과거의 사생활 보호권 개념을 적용해야 한다고 주장하면서, 전통적인 가족관계에 대한 대법원의 관심을 개인주의적인 용어로 표현했다. "우리가 아이를 가질지 여부에 대한 개인의 결정권을 보호하는 이유는 부모가 된다는 것이 개인의 자기정의를 매우 크게 변화시키기 때문이다. (…) 또한 우리가 가족을 보호하는 이유는, 가정에 대한 틀에 박힌 개념을 선호하기 때문이 아니라 가족이 개인의 행복에 대단히 크게 기여하기 때문이다."[50] 성생활에 있어서의 사생활 보호권은 "그러한 지극히 개인적인 관계들의 종류와 성질을 선택할 수 있는 개인의 자유"[51]를 보호하므로, 여타의 사적인 선택들만큼이나 동성애 역시 보호해야 하는 것이다.

중립적 국가라는 개념을 옹호하면서, 블랙먼 대법관은 전통적으로 동성애가 종교적 측면에서 비난을 받았다고 해서 "국가가 자신의 판단을 전체 국민에게 강요할 수 있는 권리를 갖는 것은 아니"[52]라고 덧붙였다. 오히려 국가가 동성애에 반대하는 종교적 가르침에 호소하는 것은 "법이란 종교와 관계없이 강제력을 합법적으로 사용하는 것"[53]이라는 국가의 주장을 손상시킨다는 논리다.

사생활 보호권을 동성애까지 확장하지 않으려고 한 대법원의 판결에도 불구하고, 사생활 보호권과 관련된 지난 25년간의 판례들은 개인에 대한 자유주의적 관점에서 비롯된 가정들을 풍부하게 보여준다. 아울러 이들 판례는 거기에 반영된 자유주의에 관한 두 가지 질문을 제기한다. 하나는 논쟁적인 도덕적 주제들을 배제하는 것이 과연 가능한가 하는 질문이고, 또 하나는 사생활 보호권에 대한 주의주의 관점이 그 권리를 보호하는 이유들의 범위를 제한하는가 하는 질문이다.

관용을 옹호하는 최소주의 주장: 낙태

중립적 국가를 지지하는 주의주의에서와 달리, 최소주의 자유주의에서는 철학적이 아니라 정치적인 정의 개념, 개인에 대한 특정한 관점(자율적 개인과 같은)을 전제하지 않는 정의 개념을 추구한다. 최소주의 자유주의에서는, 목표에 대해 의견이 일치하지 않을 때, 자율성이나 개인의 인격 같은 "포괄적인" 자유주의적 이상을 위해서가 아니라 사회적 협력을 확보하기 위해서 논쟁적인 도덕적·종교적 주제를 배제할 것을 제안한다.[54] 최소주의 자유주의를 반박하는 사람들은, 특정한 도덕적·종교적 주제를 배제하자는 주장이 실제로는 그것이 배제하려는 논쟁에 대한 어떤 암묵적인 대답에 부분적으로 의존할 수 있다(즉, 특정한 답을 전제로 할 수 있다 – 옮긴이)는 점을 지적한다. 예를 들어, 낙태의 경우 적절한 도덕적 의미에서 태아가 아기와 다르다고 강하게 확신할수록 정치적 목적을 위해 태아의 도덕적 지위에 관한 물음을 배제하는 것에 더욱 강한 확신이 생길 수 있다.

로 대 웨이드 사건[55]에 대한 대법원의 논지는 도덕적·종교적 주제를 배제하고 헌법적 판결을 내리는 것이 어렵다는 사실을 잘 보여준다. 대법원은 생명이 시작되는 순간이 언제냐는 문제에 대해 중립을 취한다고 주장했지만, 대법원의 논지는 그 문제에 대한 특정한 답을 전제하고 있다. 대법원은 텍사스 주의 낙태 금지법이 생명 시작의 시점에 관한 특정한 견해에 의존한다는 사실에 주목하면서 시작한다. "텍사스 주는 생명이 임신 순간부터 시작되어 임신 기간 내내 지속된다고 주장하며, 따라서 주정부가 임신 이후의 생명을 보호하는 데 관심을 갖는 것은 당연한 일이라고 주장한다."[56]

그리고 대법원은 해당 문제에 대하여 중립적이라고 주장했다. "우리는 생명 시작의 시점이 언제냐는 어려운 질문을 해결할 필요가 없다. 의학, 철학, 신학에 수준 높은 학식을 가진 사람들도 그 문제에 관해 합의에 도달하지 못하는 현 상황에서 사법부가 그 답을 밝혀낼 입장은 아니다."[57] 그리고 대법원은 서구 사회의 전통과 미국 여러 주의 법에서 "이와 같은 가장 민감하고 어려운 문제에 대해 매우 다양한 의견 차이가 존재한다"는 점을 지적했다.[58]

이와 같은 관점에서 대법원은 "태아가 법적으로 온전한 의미의 인격체로 인정된 적은 없다"[59]고 결론 내렸다. 따라서 대법원은 텍사스 주가 생명에 관한 특정한 관점을 법으로 구체화하는 것은 잘못이라고 주장했다. 생명에 관한 어떤 확정적인 이론도 존재하지 않으므로, 대법원은 "생명에 관한 특정한 견해를 채택하여 임신 여성의 권리를 무시한"[60] 텍사스 주가 틀렸다고 말했다.

그러나 중립성을 공언한 것과는 반대로, 대법원의 판결은 다음과 같이 자신이 배제하겠다고 주장한 질문에 대해서 특정한 답을 전제하고 있다.

잠재적 생명체에 대해 국가가 갖는 중요하고도 합당한 관심과 관련하여 "중요한" 핵심은 생존 능력에 있다. 왜냐하면 생존 능력을 지닌 태아는 어머니의 자궁 밖에서 의미 있는 삶을 살 능력을 지닌 존재로 가정할 수 있기 때문이다. 생존 능력을 가진 이후의 태아 보호를 표명하는 주법은 논리적·생물학적 정당성을 가진다.[61]

(이 판례에서 대법원은 출산 전 3개월 동안은 낙태가 금지될 수 있다고 판결했다. ─옮긴이)

여기서 로 대 웨이드 사건에 대한 대법원의 판결이 그것이 배제한다고 말한 문제에 대한 특정한 답을 전제로 한다는 의미는, 대법원이 내린 결정에 대한 반론이 아니다. 다만 생명 시작의 시점이 언제냐는 논쟁적 문제를 배제했다는 주장에 대한 반론이다. 대법원은 생명에 관한 텍사스 주의 견해를 중립적인 견해로 대체한 것이 아니라 대법원만의 또 다른 견해로 대체한 것이다.

중립성을 옹호하는 최소주의 주장은 더 큰 어려움에 봉착하게 된다. 사회적 협력을 위해 도덕적·종교적 주제를 배제하자는 합의가 이루어진다 하더라도, 어떤 식의 배제가 옳은가 하는 문제가 논쟁의 대상이 될 수 있기 때문이다. 그리고 이 문제를 해결하려면, 논의의 중심에 있는 주제들에 대한 실질적인 평가 혹은 자율적인 행위 주체라는 개념(최소주의 자유주의에서 피하고자 하는 개념)이 필요해질 수 있다. 로 대 웨이드 판결을 지지한 1986년의 손버그 대 미국산부인과학회 Thornburgh v. American College of Obstetricians & Gynecologists 재판[62]은 바로 그와 같은 어려움을 잘 보여주는 사례다.

이 재판에 대한 반대의견에서 화이트 대법관은 대법원이 로 대 웨이드 판결을 번복하여 "해당 문제를 국민들에게 맡겨야"⁶³ 한다고 주장했다. 화이트는 대법관은 낙태가 논쟁의 여지가 있는 도덕적 주제라는 점에 동의했지만, 법원이 이 논쟁적 주제를 다루지 않기 위한 최선의 방법은 각 주가 스스로 해당 문제를 결정하도록 맡기는 것이라고 주장했다. 그는 사실상, 스티븐 더글러스Stephen Douglas(1860년 민주당의 대통령 후보로 나섰지만, 에이브러햄 링컨에 패배했다. 그는 연방정부 대신에 지역 주민들이 스스로 노예제에 대해 결정을 내려야 한다고 주장했다—옮긴이)가 노예제라는 다루기 힘든 논쟁거리를 배제하자고 제안한 것과 유사하게, 낙태라는 다루기 힘든 논쟁거리를 배제하자고 제안한 셈이다. 즉, 나라 전체에 하나의 답을 강요하기를 거부한 것이다. 화이트 대법관은 말했다. "낙태는 뜨거운 논란 대상인 도덕적·정치적 주제다. 우리 사회에서 그런 문제는 국민들의 의지에 의해 해결되어야 한다. 입법을 통해서든 또는 그들이 채택한 헌법에 이미 구현되어 있는 일반적 원칙을 통해서든 말이다."⁶⁴ 대법원이 그런 식의 해결을 지향하지 않는 것은 중립성을 잃고 "법원이 선택한 가치를 국민들에게 강요하는 것"이다.⁶⁵

이에 비해 스티븐스Stevens 대법관은 다른 방식의 배제를 주장했다. 스티븐스는 논쟁적인 도덕적 주제가 걸려 있다는 점을 감안할 때, 입법부가 아니라 여성 개인이 해당 문제를 스스로 결정해야 한다고 주장했다. 여성이 스스로 자유롭게 선택할 수 있어야 한다고 법원이 주장하는 것은, 법원의 가치관을 강요하는 것이 아니라 지역의 다수가 그들의 가치관을 개인에게 강요하지 못하도록 막는 것이다. "어떤 개인도 단순히 그가 '선호하는 가치'가 다수의 그것과 일치하지 않는다는 이유로, 그 스스로 결정을 내릴 자유를 포기하도록 강요 당해서는 안 된다."⁶⁶ 스티븐스가 생각한 근본적인 질문은 생명에 관한 어떤 견해가 옳으냐가 아니라, "낙태 결정을 개인이 내려야 하느냐, 아니면 헌법 외적인 선호 가치를 제멋대로 부과하는 식으로 다수가 내려야 하느냐"이다.⁶⁷

여기서 흥미로운 점은, 위의 두 방식의 배제 논리 모두 원칙적으로는 최소주의 자유주의에 부합한다는 사실이다. 무엇이 좋은 것인가에 대한 의견 불일치가 존재하는 상황에서 사회적 협력에 실제적 관심을 갖는다고 해서 특정한 방침을 택할 수 있는 근거가 생기는 것은 아니다. 사회적 협력을 위해 까다로운 도덕적·종교적 주제를 배제하자는 합의가 이루어진다 해도, 어떤 식의 배제가 옳은가 하는 문제에 대한 답은 여전히 명확하지 않을 수 있다. 게다가 이 문제를 해결하려면(즉, 화이트 대법관의 입장과 스티븐스 대법관의 입장 중에 하나를 선택하려면), 해당 도덕적·종교적 문제들에 대한 실질적인 평가 또는 (주의주의에서 지지하는) 자율적인 개인이라는 개념이 필요해진다. 그러나 두 가지 해결책 모두 최소주의 자유주의에서 최소주의를 부정하는 결과를 낳는다. 두 가지 모두 정의와 관련해 최소주의가 지향하는 것으로 알려진 정치적 개념을 정확히 도덕적·철학적 배경(최소주의에서 피하려고 하는 배경)에 관련시키기 때문이다.

관용을 옹호하는 주의주의 주장: 동성애

바워스 대 하드윅 재판⁶⁸ 판결의 반대의견 측 주장은, 관용을 오로지 자율권하고만 연결시키는 자유주의 논거가 지니는 난점을 보여준다. 이 재판의 다수의견 측은 사생활 보호권을 동성애까지 확장하는 것을 거부하면서, 동성애자가 추구하는 권리가 사생활 보호와 관련된 이전 판례들에서 지지된 권리들 중 어느 것과도 유사한 측면이 없다고 판결했다. "가족, 결혼, 출산 등과 동성애 사이의 연결점은 찾아볼 수 없다."[69] 이 같은 대법원의 입장에 반대되는 변호를 하기 위해서는 사생활 보호권을 인정받은 관습들과 아직 보호 받지 못하는 동성애 사이의 연결점을 제시해야만 할 것이다. 그렇다면 이성애와 동성애 사이의 유사점은 무엇일까? 서로 동등하게 사생활 보호권으로 인정받을 수 있을 정도의 유사점 말이다.

이 질문에는 적어도 두 가지 방식으로 대답할 수 있을 것이다. 하나는 주의주의 관점이고, 다른 하나는 실질적인 관점이다. 전자에서는 자율권을 내세우는 반면, 후자에서는 동성애나 이성애가 실현하는 인간적 선(좋음)에 호소한다. 주의주의 논리에서는, 타인에게 해를 끼치지 않는 한, 해당 행동의 미덕이나 해당 행동이 얼마나 인기가 있는가와 상관없이 누구나 자신의 지극히 사적인 인간관계를 자유롭게 선택할 수 있어야 한다고 주장한다. 이 관점에서는, 동성애가 자율적인 개인의 선택을 반영한다는 점에서 대법원이 보호하는 이성애 관계와 크게 다르지 않다고 본다.

반면 실질적인 관점에서는, 전통적인 이성 간 결혼의 가치 있는 많은 측면들이 동성 간 결혼에도 존재한다고 주장한다. 이성애와 동성애를 똑같이 인정해야 하는 이유는 둘 다 개인의 선택에서 기인한 행동이기 때문이 아니라, 둘 다 중요한 인간적 선을 실현하기 때문이다. 이 관점은 자율권에만 의지하지 않고, 동성애만의 미덕과 더불어 이성애와 마찬가지로 동성애에도 존재하는 미덕을 설명한다. 이 논리에서는 그리스월드 대 코네티컷 재판에서 결혼생활의 사생활 보호권을 옹호한 것과 같은 맥락으로 동성애자의 사생활 보호권을 옹호한다. 결혼과 마찬가지로, 동성애도 "충실한 마음으로 함께하겠다는 신성한 약속이자 삶의 조화로움과 양측의 충성을 증진시키는 결합이며 고귀한 목적을 이루기 위한 결합"이 될 수 있기 때문이다.[70]

이 두 가지 논리 가운데, 바워스 대 하드윅 판결의 반대의견에서는 전적으로 첫 번째 논리에만 의지했다. 블랙먼 대법관은, 동성애가 실현할 수 있는 인간적 선을 옹호하는 대신, 대법원의 이전 판례 내용을 개인주의적 용어로 표현하면서 이전 판례의 견해들이 동성애에도 똑같이 적용된다고 말했다. 그는 그 이유를 이렇게 들었다. "인간관계의 다양함과 풍성함의 상당 부분은 지극히 개인적인 관계의 형태와 성격을 선택할 개인의 자유에서 비롯된다."[71] 논점은 동성애 자체가 아니라, 삶의 방식을 결정할 때 "각기 다른 개인은 저마다 다른 선택을 내린다"[72]는 사실을 존중하는 것이었다.

역시 별도의 반대의견을 냈던 스티븐스 대법관도 이성애와 마찬가지로 동성애에 수반되는 가치들을 언급하지는 않았다. 대신 그는 "중요한 특정 결정들을 내릴 개인의 권리"와 "개인의 선택의 존엄성을 존중하는 것"[73]에 대해 광범위하게 의견을 피력하면서, 그러한 자유가 이성애에만 허용되어야 한다는 생각을 거부했다. "개인이라는 관점에서 볼 때, 동성애자와 이성애자 모두 자신의 삶을 어떻게 살 것인지, 보다 좁게는 상대방과의 개인적이고 자발적인 결합에서 어떻게 행동할 것인지 결정하는 문제에 똑같은 관심을 갖는다."[74]

바워스 대 하드윅 사건에서 주의주의 논리가 너무나 지배적이기 때문에, 대법관들이 실질적인 관점을 표현하는 경우는 좀처럼 상상하기 힘들어 보인다. 그러나 동일한 사건의 (대법원 판결 이전에 있었던) 항소법원 의견에서는 실질적인 관점을 엿볼 수 있다.[75] 연방항소법원은 동성애자인 하드윅의 손을 들어주어, 동성애 금지법이 위헌이라고 판결했다. 블랙먼과 스티븐스 대법관처럼, 항소법원 역시 이성 간 결혼의 사생활 보호권과 동성애의 사생활 보호권의 유사성을 언급했다. 그러나 대법원의 반대의견 측과 달리, 항소법원에서는 주의주의 논리에만 의지하지는 않았다. 대신 이성애와 동성애 모두 중요한 인간적 선을 실현할 수 있다고 주장했다.

항소법원 판사는, 결혼관계가 중요한 이유는 단지 출산의 목적 때문만이 아니라 "상호지지와 자기표현을 위한 훌륭한 기회가 되기 때문"[76]이기도 하다고 말했다. 판사는 그리스월드 판결에서 연방대법원이 나타냈던 "결혼이란 좋을 때나 궂을 때나 충실한 마음으로 함께하겠다는 신성한 약속"[77]이라는 견해를 언급했다. 그리고 그리스월드 판결에서 대법원이 중요하게 여겼던 특성들이 동성혼에도 역시 존재할 수 있다고 말했다. "어떤 사람들에게는, 현재 논의되는 이러한 성행위가 이성 간 결혼에서와 똑같은 목적에 기여한다."[78]

역설적이게도, 이와 같은 근거로 사생활 보호권을 동성애에까지 확장하는 것은 결혼에서 실현되는 인간적 선을 보호한다는, 그리스월드 판결의 "구식" 견해에 의존하는 것이다. 이는 대법원이 개인주의적 견해를 택하면서 오래전에 폐기한 견해였다.[79] 동성애 사생활 보호권을 옹호하는 실질적인 관점은 특정한 가치와 목적을 지지한 그리스월드 판결의 내용에 의지하므로, 중립성을 주장하는 자유주의와 상충한다. 이 관점은 사생활 보호권의 근거로서 해당 행위가 실현하는 선을 내세우며, 따라서 무엇이 좋은 삶인가에 대해 중립적이지 않은 것이다.

동성애 권리와 관련하여 그리스월드 판결보다 더 자주 인용되는 판례는 스탠리 대 조지아Stanley v. Georgia 재판이다.[80] 이 재판에서는 개인이 사적인 공간에서 음란물을 소지할 권리를 인정했다. 이 판결은 피고의 집에서 발견된 음란물이 "고귀한 목적"에 기여한다고 판단한 것이 아니라, 피고가 그것을 자신만의 사적인 공간에서 즐길 권리가 있음을 인정한 것일 뿐이다. 이 판결에서 나타난 관용은 그 관용의 대상이 지닌 가치나 중요성과는 전적으로 별개였다.[81]

1980년 뉴욕 대 오노프레New York v. Onofre 사건[82]에서도 뉴욕항소법원은 이와 동일한 근거로 동성애자의 사생활 보호권을 인정했다. 법원은 "음란하다고 비난 받는 자료를 이용하여 성적 욕구를 만족시킬" 권리가 존재한다면(스탠리 대 조지아 판결을 감안하여), 해당 행동이 사적인 것이며 쌍방의 합의에 기초하는 한 "흔히 '비상식적인' 행위로 여겨지는 행동에서 성적인 만족을 추구할" 권리 역시 존재한다고 말했다.[83] 법원은 이 판결이 지지하는 행동에 대한 법원의 중립성을 다음과 같이 강조했다. "우리는 동성애에 관한 그 어떤 신학적·도덕적·심리적 판단에 대해서도 견해를 표명하지 않는다. 충분한 지식과 능력을 지닌 기관이나 개인들도 그런 측면에 대해서는 의견이 다를 수 있으며 실제로도 이견을 보인다."[84] 법원의 역할은 특정한 도덕적 관점을 법으로 구체화하는 것이 아니라 단지 각 주가 이 대립적인 도덕적 관점들을 배제하도

록 하는 것이었다.[85]

동성애의 도덕성을 다루지 않고 배제한다는 관용 논리는 상당한 장점을 지닌다. 가치에 대해 심각한 의견 불일치가 발생하는 경우, 이 논리를 적용하면 대립하는 양측에게 희생을 거의 요구하지 않는다. 이 논리를 따르면 도덕적 견해를 바꿀 필요 없이 사회적 평화와 권리 존중의 실현에 기여할 수 있다. 동성애를 죄악으로 보는 사람들도 그들의 가치관을 바꾸도록 설득 당할 필요가 없으며, 그저 사적인 공간에서 동성애를 즐기는 이들을 관용하기만 하면 된다. 스스로 선택한 삶을 살 타인의 자유를 모든 이들이 존중할 것을 주장하는 이와 같은 관용 논리는, 도덕성에 관해 일치된 견해가 불필요한 정치적 합의를 이룰 수 있는 토대를 제공한다.

그러나 그러한 장점에도 불구하고 중립적인 관용 논리는 두 가지 난점에 부딪힐 수밖에 없다. 첫째, 현실적으로 볼 때 해당 행위들의 도덕적 허용성에 관한 모종의 합의가 전혀 없이 오로지 자율권의 장점만을 토대로 사회적 협력이 확보될 수 있을지 묘연하다. 초반에 사생활 보호권과 관련된 행위들 가운데 헌법상 보호를 받을 수 있는 것으로 인정한 판례들이 결혼 및 출산의 신성함을 말하는 것들이었다는 사실은 우연이 아닐지도 모른다. 그 이후에야 대법원은 이들 판례들에서 사생활 보호권을 끌어내어, 인간적 선(한때 사생활 보호권에 의해 그 실현이 가능해진다고 여겨졌던)과 관계없이 그 권리를 옹호했다. 이는 사생활 보호권에 대한 주의주의 논리가 해당 행위들이 도덕적으로 허용할 만하다는 모종의 합의에 의존한다는(철학적으로뿐만 아니라 정치적으로도) 사실을 암시한다.

중립적인 관용 논리에 수반되는 두 번째 난점은 그것이 인정하는 권리 존중의 질과 관련된다. 위의 뉴욕항소법원 판례가 보여주듯, 스탠리 대 조지아 사건과의 유사성을 들어 동성애를 허용하려면 동성애를 천박한 것으로 폄하할 수밖에 없다. 동성애를 음란물과 동등하게 여기는 것이란 의미다. 사적인 공간에서 이루어지는 한, 천박함에도 불구하고 허용해야 하는 그런 행위로 말이다. 그리스월드 사건보다 스탠리 사건이 더 적절한 유사성을 띤다면, 관건이 되는 초점은 "성적인 만족"이 될 수밖에 없다. (스탠리 사건에서 문제가 된 은밀한 관계는 개인과 음란물 사이의 관계뿐이었다.)

바워스 대 하드윅 판결의 다수의견에서는 이러한 가정을 이용하여 "동성애 행위를 할 근본적인 권리"[86]라는 개념을 조롱했다. 주의주의 관용 논리를 펴는 사람들은 필경, 그리스월드 판결이 이성 간 성행위 권리에 관한 것이 아니었던 것처럼 바워스 판결도 동성 간 성행위 권리에 관한 것이 아니었다고 응수할 것이다. 그러나 주의주의 관용 논리는 이성애와 마찬가지로 동성애로도 실현할 수 있는 인간적 선을 설명하지 않으므로, 그리스월드 판결과의 유사성을 내세울 수 없으며 자신에게 쏟아지는 조소를 논박하기 어렵다.

중립적인 관용 논리가 지니는 문제점은 그것이 지닌 호소력의 이면에 존재한다. 이 논리는 동성애 자체에 대한 반대의견이 전혀 공격 받지 않도록 만들기 때문이다. 동성애 반대의견이 적절하게 다루어질 수 없다면, 동성애에 찬성하는 대법원의 판결조차도 동성애자들에게 빈약한 관용 이상의 것을 부여하기 힘들 가능성이 높다. 이보다 충분한 존중이 이루어지려면, 동성애자의 삶에 대해 (존경은 아니더라도) 적어도 어느 정도의 긍정적 평가가 필요할 것이다. 그러나 오로지 자율권의 측면에서만 이루어지는 법적·정치적 담론에 의해서는 그러한 긍정적 평가가 이루어지기 힘들다.

자유주의자들은 이에 대해 법정에서의 자율권 주장이 반드시 다른 곳에서 펼치는 더 실질적이고 적극적인 주장의 효력까지 상실케 하는 것은 아니라고 응수할지도 모른다. 헌법적 목적을 위해 도덕적 주제를 배제한다는 것이 (모든 경우에) 완전히 도덕적 주제를 배제하는 것을 의미하지는 않는다고 말이다. 원하는 성생활을 선택할 수 있는 자유가 인정되면, 동성애자들은 논거와 실례를 통해 자율권이 제공하는 것보다 더욱 커다란 존중을 다른 국민들로부터 얻기 위해 노력할 수 있을 것이라는 논리다.

그러나 자유주의자들의 이러한 견해는, 헌법적 담론이 오늘날 미국의 공공생활에서 정치적 담론의 주제들에 영향을 미치는 정도를 과소평가하는 것이다. 대개 헌법이라는 범위 안에서이긴 하지만, 오늘날 자유주의에 나타나는 주요 테마들(으뜸패로서의 권리, 중립적 국가, 무연고적 자아 등)은 우리의 도덕적·정치적 문화에서 갈수록 두드러지게 부각되고 있다. 헌법적 담론에서 나온 가정들이 점점 더 일반적인 정치적 논쟁의 용어들을 규정하고 있다는 의미다.

분명히 실질적인 도덕적 질문들을 배제하려는 경향은 선이라는 이름으로 관용을 주장하기 어렵게 만든다. 또한 해당 행동들을 옹호함으로써 사생활 보호권을 정의하려는 시도는 무모하거나 또는 기이해 보인다. 무모해 보이는 이유는 매우 많은 부분을 도덕적 주장에 의존할 수밖에 없기 때문이고, 기이해 보이는 이유는 해당 행동이 지닌 미덕에 근거하여 사생활 보호권을 주장하는 전통적인 관점을 상기시키기 때문이다. 어쨌든 낙태와 동성애 판결들이 보여주듯이, 도덕적 주제를 배제하려는 시도는 그 자체의 몇 가지 난점에 부딪힌다. 그리고 이는 단순한 논리 안에 담긴 진리, 즉 낙태나 동성애를 금지하는 법의 정의 혹은 부정의가 이들 행동의 도덕성이나 부도덕성과 관련이 있을 수도 있다는 사실을 보여준다.

에필로그

이 글이 쓰인 이후(이 평론은 1989년에 「캘리포니아로리뷰 California Law Review」에 처음 실렸고, 이후 샌델의 저서 『민주주의의 불만 Democracy's Discontent, 1996』에 재수록되었다 – 옮긴이), 미국 연방대법원은 로렌스 대 텍사스[87] 사건에서 바워스 대 하드윅 판결을 뒤집고, 동성 간의 이른바 "비정상적인 성행위"를 금지하는 법이 위헌이라고 판결했다. 앤서니 케네디 대법관은 대법원의 최종 입장을 밝히면서, 어느 정도 자율권에 근거하며 개인적인 도덕 판단을 피하는 논리(내가 비판했던)를 다음과 같이 제시했다. "자유란 생각, 믿음, 표현, 특정한 사적인 행동에 대한 자유를 포함하는 자율적인 자아 개념을 가정한다."[88] 그리고 법원은 가족계획협회 대 케이시 재판에서 등장했던, 주의주의 개념을 담은 진술서 내용을 다음과 같이 인용했다. "존재와 의미, 우주와 인간 생명의 신비로움에 관한 개념을 스스로 정의할 수 있는 권리가 자유의 핵심이다. 만일 국가의 강제하에 이러한 문제들에 관한 신념이 형성된다면, 그 신념은 개인의 속성을 정의할 수 없을 것이다."[89]

그러나 이처럼 자율권과 선택에 관한 수사를 동원했음에도 불구하고, 케네디 대법관의 의견에는 텍사스의 동성애 금지법을 위헌으로 판결하는 데 있어 또 다른 더 실질적인 이유가 내포되어 있다. 그 이유란 바로 도덕적으로 적법한 삶의 방식을 그릇되게 비하했다는 것이다. 먼저, 케네디 대법관은 그리스월드 판결이 이성 간 성행위 권리에 관한 것이 아니었던 것처럼 바워스 판결도 동성 간 성행위 권리에 관한 것이 아니었다고 말했다. "바워스 재판의 쟁점이 단순히 특정한 성행위를 할 권리였다고 말하는 것은 특정 개인이 제시한 주장을 비하하는 것과 마찬가지다. 이는 결혼이 단순히 성행위 권리에 관한 것이라고 말하면 결혼한 부부를 비하하는 셈이 되는 것과 마찬가지다." 사생활 보호권은 동성애자와 이성애자 모두의 성생활을 보호해야 하는 바, 이는 성생활이 자율권과 선택을 반영하기 때문이 아니라, 성생활이 중요한 인간적 선을 구현하기 때문이라는 것이었다. "성적 욕구가 타인과의 은밀한 행동을 통해 표현될 때, 그 행동은 더 지속적인 인간관계를 구성하는 한 요소에 불과할 수 있다."[90]

둘째, 대법원은 보다 좁은 의미의 판결을 내려서 평등 원칙을 근거로 텍사스 주법을 무효화할 수도 있었지만 바워스 판결을 뒤집으려고 애썼다. (바워스 재판 시 쟁점이 됐던 법과 달리, 로렌스 재판 시의 텍사스 주법은 동성 간 항문 섹스는 금지했지만 이성 간 항문 섹스는 금지하지 않았다.) "특정 행동이 범죄로 규정되고 그것을 범죄로 규정한 법에 대한 실질적 타당성이 검토되지 않은 채 남아 있다면, 평등 원칙을 근거로 해당 법을 집행할 수 없게 하더라도 그 낙인은 남을 수 있다." 동성애 금지법이 동성 간 성행위에 부여하는 낙인을 제거하기 위해, 대법원은 자유주의적 관용을 넘어서 동성애의 도덕적 적법성을 확증하기에 이르렀다. 대법원은 바워스 판결을 판례로 남도록 허용하는 것은 "동성애자들의 삶을 비하하는 것이 된다"[91]는 입장을 밝혔다.

안토닌 스칼리아 Antonin Scalia 대법관은 이 판결에 숨어 있는 도덕적 측면을 간파했다. 그는 날카로운 반대의견을 제시하면서, 대법원이 "동성애에 전통적으로 따라붙는 도덕적 오명을 씻어내려는 일부 동성애 운동가들이 주창하는 어젠다에 편승했으며 문화전쟁에서 특정한 측의 편을 들고 있다"[92]고 비난했다. 그는 로렌스 재판에 담긴 도덕적 논리에 주목하면서, 법원이 주의 합당한 관심사인 "동성애 행위에 대한 도덕적 반대를 형법의 목적을 위해 거부하면 동성 간 결혼의 금지를 정당화하기도 힘들어질 것"이라고 우려했다.[93]

스칼리아 대법관은 동성애에 대한 도덕적 측면에서의 반대를 유지해야 함을 노골적으로 주장하지는 않았다. 그는 자신은 문화전쟁에서 어느 편도 들지 않는다고 주장했다. 그는 미덕을 근거로 하여 동성애 금지법을 옹호하기보다는 다수주의라는 이름으로 해당 법을 지지했다. "다수주의적인 성 도덕을 장려하는 것은 주의 적법한 관심사이며, 대법원의 역할은 그저 '중립적인 관찰자로서 민주주의적인 원칙이 수호되도록 이끄는 것'이다.[94] 그러나 동성애에 대한 낙인 찍기가 주의 적법한 관심사라는 스칼리아의 주장은, 다수주의에 대한 가치 중립적인 헌신 그 이상의 무언가에 의존하는 듯하다. (그가 텍사스의 동성애 금지법과 수간이나 근친상간 금지법들을 유사하다고 비유한 것에서 그의 도덕적 관점을 엿볼 수 있다.) 적어도 다수주의에 근거해 동성애를 금지하자는 주장은, 동성애가 도덕적으로 허용할 만한 행위인 경우보다 동성애가 비도덕적인 행위인 경우에 훨씬 강력한 호소력을 갖는다.

모순적이게도, 로렌스 재판에서 자유주의자들이 해당 행위의 도덕적 지위와 관계없이 사생활 보호권을 판단할 수 있다는 가정에서 벗어나고 있었던 만큼, 보수주의자들은 그러한 가정을 수용하고 있었다. 그러나 자유주의적 관용이나 다수주의에 대한 존중 모두 실질적인 도덕적 논의에 대한 필요성을 피해갈 수는 없다. 로렌스 재판에서 스칼리아가 제시한 반대의견과 로 대 웨이드 재판에서의 블랙먼 대법관의 의견은 다음과 같은 공통점을 지닌다. 개인의 선택을 존중한다는 명목에서든 다수의 정서에 따르는 경우에서든 두 의견 모두 도덕적 판단을 배제하는 일이 어렵다는 사실을 보여준다.

PART
03

공동체와 좋은 삶:
자유주의의 한계를 넘어

PUBLIC
PHILOSOPHY

MICHAEL J. SANDEL

3부의 평론들은 현대 정치철학에서 두드러지는 여러 가지 자유주의, 그리고 자유주의자와 그 비판가들 사이의 충돌을 탐구한다. 자유주의에 대한 비판가들이 내놓는 비판은 크게 두 가지다. 첫째, 자유주의는 개인의 선택을 강조하므로 공동체와 연대, 구성원 자격 등을 충분히 고려하지 않는다는 것이다. 둘째, 자유주의는 다원주의 사회의 사람들이 종종 좋은 삶에 대해 서로 상충하는 시각을 갖고 있다는 점을 강조하며, 따라서 시민들이 그들의 도덕적·종교적 신념을 사적인 영역으로 분류해야 한다고, 적어도 정치적 목적에는 개입시키지 말아야 한다고 주장하는데, 이는 잘못된 생각이라는 것이다.

22장 〈자유주의 이상과 공동체주의의 충고〉와 23장 〈절차적 공화정과 무연고적 자아〉에서 나는 이마누엘 칸트와 존 롤스의 자유주의가 그들이 거부하는 공리주의보다 더 설득력 있다는 주장을 펼칠 것이다. 인간을 자유롭게 선택하는 독립적인 자아로 보는 그들의 관점은 우리들이 그저 기호와 욕구의 합체에 불과하다는 공리주의적 생각을 바로잡아주는 강력한 대안이 될 수 있다. 그러나 칸트 철학에서의 자아와 롤스가 주장하는 자아는 그 자체의 문제점을 드러낸다. 이 세상 안에 우리가 자리 잡도록 해주고, 또한 우리의 삶에 도덕적 특성을 부여하는 전통과 충성심이라는 개념을 희생하지 않고서는, 그들이 주장하는 것처럼 우리 자신을 "무연고적 자아"로 생각할 수 없기 때문이다.

 24에서 26장까지는 비非칸트적 자유주의들을 다룬다. 24장 〈공동체 구성원 자격과 분배 정의〉에서는 이른바 자유주의에 대한 공동체주의적 비판에 중요하게 기여한 마이클 왈저Michael Walzer의 『정의의 영역Spheres of Justice』에 대해 논한다. 25장 〈핵과 멸종에 대한 개인주의 관점 비판〉에서는 핵전쟁의 도덕적 위험은 그것이 개인의 권리를 위협한다는 데 있다고 주장한 조지 케이텁George Kateb의 열렬한 개인주의에 반론을 펼친다. 26장 〈우리가 듀이의 자유주의를 되새겨야 하는 이유〉에서는 20세기 초반의 주요 공공철학가인 존 듀이John Dewey의 자유주의를 되짚어본다. 리처드 로티Richard Rorty는 옳음이 좋음(선)에 우선한다고 주장하는 자유주의를 위해 듀이를 그 배경으로 이용하려고 시도한 바 있다. 그러나 듀이는 칸트적 자유주의자도, 권리 기반 자유주의자도 아니었다. 오히려 시민들의 도덕적·영적 에너지에 의존하는 공공 영역을 계발하는 데 관심을 쏟았던 점을 감안하면 오늘날의 공동체주의자에 좀 더 자연스럽게 부합한다.

자유주의자들은 종교를 편협과 연관 지어 종종 정치에 종교가 개입되는 것을 염려한다. 이런 점에서 종교전쟁을 피하겠다는 결의가 자유주의 정치사상을 상당 부분 모양 지었다. 최근 수년 사이 기독교와 유대교, 이슬람교 신학자들은 그들 신앙의 전통과 교의에서 발견되는 편협의 원천들과 씨름을 벌이고 있다. 27장 〈인간이 신의 역할을 하는 것은 잘못인가?〉는 유대교 전통을 토대로 하여 다원주의적 윤리를 도출해내고자 하는 우리 시대 최고의 유대교 사상가 랍비 데이비드 하트만David Hartman의 탐구를 조망한다. 이 평론을 실은 것은 종교적·신학적 숙고가 그 원천이 되는 신앙을 공유하지 않는 사람들에게도 현대의 도덕적·정치적 문제들을 조명해줄 수 있다고 입증할 수 있을 것이라는 바람에서다.

1990년대에 이르자 공리주의자들과 칸트적 자유주의자들 간의 논쟁은 상당 부분 "자유주의·공동체주의" 논쟁으로 바뀌었다. 1993년 존 롤스는 그의 고전 『정의론A Theory of Justice, 1971』에서 제안한 자유주의를 수정하여 『정치적 자유주의Political Liberalism』를 출간했다. 28장 〈롤스의 정치적 자유주의〉에서는 새로이 개정된 롤스의 관점을 탐구한다. 29장 〈롤스를 기억하며〉는 2002년에 사망한 롤스의 죽음을 추모하는 글이며, 30장 〈공동체주의자라는 오해에 대한 해명〉은 자유주의·공동체주의 논쟁을 돌아보고 (나를 포함하여) "공동체주의자"라는 꼬리표가 붙은 사람들 가운데 일부가 그러한 꼬리표를 선뜻 받아들이지 못하는 이유를 설명한다.

22

자유주의의 이상과
공동체주의의 충고

　자유주의자들은 종종 자신들이 반대하는 것도, 예를 들면, 포르노나 대중적이지 않은 견해 등도 보호한다고 으쓱해하곤 한다. 그들은 국가가 시민들에게 특정한 삶의 방식을 강요할 수는 없으며 다른 이들과 똑같은 자유를 갖고 스스로 나름의 가치들과 목적들을 선택하도록 최대한의 자유를 허용해야 한다고 말한다. 이렇게 선택의 자유를 중시하다 보니 자유주의자들은 끊임없이 허용과 칭찬, 즉 어떤 관행을 허용하는 것과 그것을 지지하는 것을 구분해야 한다. 그들은 포르노를 허용하는 것과 긍정하는 것은 전적으로 다르다고 주장한다.

　보수주의자들은 이따금씩 이러한 구분을 무시함으로써 그것을 역이용한다. 그들은 낙태를 허용하는 것은 낙태를 지지하는 것이고, 공립학교의 기도시간을 반대하는 것은 기도 자체를 반대하는 것이며, 공산주의자들의 권리를 옹호하는 것은 공산주의에 동조하는 것이라고 주장한다. 그리고 우리 정치의 논쟁 양상이 늘 그러하듯, 자유주의자들은 더 고귀한 원칙들을 동원하여 이에 대응한다. 이를 테면, 자신들이 포르노를 허용하는 것은 포르노를 덜 싫어해서가 아니라 관용이나 선택의 자유 혹은 공정한 절차를 더 중요시하기 때문이라고 말이다.

그러나 현대의 논쟁에서 이러한 자유주의자들의 대응은 그 도덕적 기반이 점점 불분명해지면서 점차 취약해지는 듯 보인다. 다른 중요한 가치들도 위기에 처해 있는데, 왜 굳이 관용과 선택의 자유를 우선시해야 하는가? 그에 대한 대답은, 모든 도덕은 주관적일 수밖에 없으므로 "도덕을 법률화"하는 것은 옳지 않다는 일종의 도덕적 상대주의를 내포하는 경우가 너무도 많다. "어떤 것이 문학이고 어떤 것이 쓰레기인지는 누가 구분할 수 있는가? 그것은 일종의 가치 판단이다. 그렇다면 누구의 가치관을 판단의 기준으로 삼아야 하는가?"

대개의 경우 상대주의는 주장이라기보다는 질문처럼 보인다. "누가 판단해야 하는가?"라는 질문 말이다. 그러나 이 질문은 자유주의자들이 옹호하는 가치들에 대해서도 던질 수 있는 질문이다. 관용과 자유와 공정성도 일종의 가치이므로, 어떠한 가치도 옹호해선 안 된다는 주장으로는 이를 옹호하기가 힘들다. 따라서 모든 가치들이 주관적이라고 주장함으로써 자유주의적 가치들을 지지하는 것은 잘못이다. 자유주의에 대한 상대주의적 옹호는 결코 옹호라고 할 수 없다.

그렇다면 자유주의자들이 동원하는 좀 더 고귀한 원칙들의 도덕적 토대가 될 수 있는 것은 무엇인가? 최근의 정치철학은 두 가지 주요 대안을 제시했다. 공리주의와 칸트 철학이 그것이다. 존 스튜어트 밀 John Stuart Mill의 뒤를 잇는 공리주의적 관점은 "전반적인 복지의 극대화"라는 이름으로 자유주의 원칙들을 옹호한다. 국가는 설사 시민들에게 이익이 된다고 해도 그들에게 특정한 삶의 방식을 강요해선 안 된다. 그럴 경우 적어도 장기적으로 인간의 행복 총합이 감소하게 되기 때문이다. 사람들은 이따금씩 잘못된 선택을 한다고 해도 스스로 선택하는 것이 더 나은 법이다. 밀은 『자유론 On Liberty』에서 이렇게 말한다. "자유라고 부를 수 있는 자유는 다른 이들의 이익을 빼앗으려 하거나 이익을 얻으려는 다른 이들의 노력을 방해하지 않는 한도 내에서 자기 나름의 방식으로 자기 나름의 이익을 추구하는 자유뿐이다." 그는 자신의 주장이 결코 추상적인 권리 개념에 의존하지 않으며, 오직 최대 다수의 최대 행복이라는 원칙만을 토대로 한다고 덧붙인다. "나는 모든 윤리적 문제들이 궁극적으로 호소하는 바가 공리라고 생각한다. 그러나 그것은 진보하는 존재인 인간의 영속적인 이익을 전제로 하는, 가장 넓은 의미의 공리여야 한다."

일반적인 도덕철학 사상으로서의 공리주의는 수많은 반대에 부딪혀 왔다. 공리라는 개념과, 모든 인간의 이익이 원칙적으로 통약通約 가능하다는 가정에 의문이 제기되기도 했고, 공리주의자들은 모든 가치를 선호와 욕구로 격하시킴으로써 가치의 질적 차이를 인정하지 못한다는, 즉 고귀한 욕구와 기본적인 욕구를 구분하지 못한다는 이의가 제기되기도 했다. 그러나 가장 최근의 논쟁은 공리주의가 개인의 권리에 대한 존중을 포함하여 자유주의 원칙들에 설득력 있는 토대를 제공하는지 여부에 초점이 맞춰져왔다.

어떤 면에서 공리주의는 자유주의의 취지에 적절하게 부합하는 것처럼 보일 수도 있다. 행복의 총합을 극대화하기 위해서는 사람들의 가치들을 평가 없이 합산하기만 하면 된다. 그리고 선호도를 아무런 평가 없이 합산하는 것은 관대한 태도, 심지어는 민주적인 태도이다. 민주주의 선거에서는 유권자들이 어떤 사람이건 그들의 표를 모두 동등하게 계산하니까 말이다.

그러나 공리주의적인 계산법이 얼핏 보기에는 자유주의와 일맥상통하는 것처럼 보이지만 꼭 그런 것은 아니다. 기독교인들이 사자에게 잡아먹히는 광경을 구경하기 위해서 로마인들이 콜로세움에 몰려드는 상황을 생각해보자. 환호하는 로마인들의 수가 충분히 많다면, 기독교인들의 고통의 정도가 아무리 크다고 해도 로마인들의 쾌락의 총합이 틀림없이 기독교인들의 고통의 총합을 넘어설 것이다. 절대 다수가 소수의 종교를 혐오하여 그것이 금지되길 바라는 경우, 선호도의 평균을 내보면 관용이 아닌 억압이 정답이라는 결론이 나올 것이다. 공리주의자들은 이따금씩, 지금 개인의 권리를 존중하는 것이 장기적으로 공리에 이바지할 것이라는 이유로 개인의 권리를 옹호한다. 그러나 이러한 계산은 근거가 불확실하며 항상 적용되는 것도 아니다. 그것은 일부 사람들에게 다른 이들의 가치를 강요하지 않겠다는 자유주의자들의 약속을 보장하지 못한다. 다수의 뜻은 그 자체로 개인의 권리를 보장하지 못한다는 점에서 자유주의 정치에 적합한 도구가 아니다. 이와 마찬가지로 공리주의 철학은 자유주의 원칙에 적절한 토대가 되지 못한다.

공리주의에 반대하는 주장들 가운데 가장 강력한 것은 이마누엘 칸트의 주장이었다. 그는 공리주의와 같은 경험주의empirical 원칙들은 도덕법칙의 근거가 되기에는 부적절하다고 주장했다. 전적으로 도구적인 관점에서 자유와 권리를 옹호할 경우 권리를 확실하게 보장할 수 없을 뿐 아니라, 인간의 고유한 존엄성을 존중할 수도 없다. 공리주의 계산법은 사람들을 그 자체로 존중할 가치가 있는 목적으로 간주하기보다는 다른 이들의 행복을 위한 수단으로 간주한다.

현대 자유주의자들은 공리주의가 사람들 간의 차이를 진지하게 고려하지 못한다는 주장으로 칸트의 주장을 부연한다. 공리주의는 무엇보다도 전반적인 복지를 극대화하고자 하는 과정에서 사회를 그 자체로 하나의 인간처럼 취급한다. 공리주의는 우리의 갖가지 다양한 욕구들을 하나의 욕구 체계로 융합하며, 개개인에게 만족을 분배하는 일에는 무관심하다. 그것이 총합에 영향을 미치기만 하면 상관없다는 식이다. 그러나 이것은 우리의 복수성과 독특성을 간과하는 셈이다. 공리주의는 일부 사람들을 모두의 행복을 위한 수단으로 사용한다는 점에서 개개인 자체를 목적으로 존중하지 못한다.

현대 칸트 철학의 관점에서 보면, 특정한 권리들은 전반적인 복지를 감안해도 무시할 수 없을 만큼 매우 기본적이다. 존 롤스는 그의 중요한 저서 『정의론』에서 이렇게 말한다. "사람들은 제각기 사회 전체의 복지로도 짓밟을 수 없는, 정의에 근거한 불가침성을 갖고 있다. (…) 정의가 보장하는 권리는 정치적인 타협이나 사회적인 이익의 계산법에 영향 받지 못한다."

그렇다면 칸트적 자유주의자들은 권리에 대해 공리주의에 의존하지 않는 설명이 필요할 것이다. 더 나아가 결코 특정한 선 관념에 의존하지 않는 설명, 특정한 삶의 방식이 다른 삶의 방식들보다 우월하다고 전제하지 않는 설명이 필요할 것이다. 오직 목적 중립적인 정당화만이 결코 특정 목적을 편애하지 않겠다는, 혹은 시민들에게 특정한 삶의 방식을 강요하지 않겠다는 자유주의자들의 결의를 보호할 수 있을 것이다. 그러나 이렇게 할 수 있는 정당화가 과연 존재한단 말인가? 특정한 목적을 지지하지 않고도, 좋은 삶에 대해 어떤 특정한 관점을 포용하지 않고도, 특정한 자유와 권리들이 기본적인 것이라고 주장하는 일이 어떻게 가능하단 말인가? 이는 상대주의자들의 딜레마와 다를 바가 없어 보인다. 특정한 목적을 포용하지 않고도 자유주의 원칙들을 지지해야 하는 딜레마 말이다.

칸트적 자유주의자들이 제안하는 해법은 "옳음(권리)"과 "좋음(선, 가치)"을 구분하는 것이다. 기본적인 권리 및 자유의 틀과, 사람들이 그 틀 안에서 선택하여 추구할 만한 선 관념을 구분해야 한다는 것이다. 그들은 국가가 공정한 틀을 유지하는 것과 특정한 목적을 지지하는 것은 전적으로 다르다고 주장한다. 예를 들어, 사람들이 자유롭게 의견을 표현하고 나름의 목적을 선택할 수 있도록 언론의 자유에 대한 권리를 옹호하는 것과, 정치적 토론에 참여하는 삶이 본질적으로 사회 문제와는 무관하게 사는 삶보다 더 가치 있다는 이유로, 혹은 언론의 자유가 전반적인 복지를 증대해줄 것이라는 이유로 그런 권리를 지지하는 것은 전적으로 다르다는 얘기다. 칸트 철학의 관점에서는 전자의 옹호만이 가능하다. 그것은 중립적인 틀이라는 이상을 토대로 하기 때문이다.

목적을 존중하는 중립적 틀에 헌신하는 것은 일종의 가치로 비칠 수 있다. 그렇게 보면 칸트적 자유주의는 상대주의와는 다르다. 그러나 그것의 가치는 정확히 특정한 삶의 방식이나 선 관념을 지지하지 않는 데 있다. 그렇다면 칸트적 자유주의자들에게는 옳음이 좋음에 우선한다. 두 가지 면에서 그렇다. 첫째, 개인의 권리가 전반적인 선을 위해 희생될 수 없다. 둘째, 개인의 권리를 조건으로 하는 정의 원칙들은 결코 좋은 삶에 대한 특정한 관점을 전제로 해선 안 된다. 권리가 정당화되는 것은 그것이 전체 복지를 극대화하거나 선을 증진하기 때문이 아니라, 그것이 개인 또는 집단이 다른 개인 또는 집단과 동등한 자유를 갖고 나름의 가치와 목적을 선택할 수 있는 적절한 틀을 구성하기 때문이다.

물론, 권리 기반 윤리를 주장하는 사람들이 어떤 권리가 기본적인 것인가, 그리고 중립적인 틀이라는 이상이 어떤 정치제도를 필요로 하는가에 대해 의견 일치를 보지 못한다는 것은 악명 높은 사실이다. 평등주의적 자유주의자들은 복지국가를 지지하므로 시민적 자유에 대한 기본적인 인권 계획이 특정한 사회적·경제적 권리(이를 테면 복지, 교육, 보건 등에 대한 권리)를 통합해야 한다고 생각한다. 자유지상주의적 자유주의자들은 시장경제를 옹호하고, 재분배 정책은 사람들의 권리를 침해하는 것이라고 주장한다. 그들은 시민적 자유의 틀이 엄격한 사유재산 체제와 결합하기를 바란다. 그러나 평등주의 자유주의든 자유지상주의 자유주의든 권리 기반 자유주의는 우리 인간들이 제각기 나름의 목적과 이해관계, 선 관념을 가진 독립적인 개인이라는 주장에서 출발하며, 우리로 하여금 다른 이들과 동등한 자유를 갖고 자유로운 도덕적 행위자로서의 능력을 실현시킬 수 있게 해줄 권리의 틀을 모색한다.

학문 철학의 영역에서 지난 10여 년 동안(이 평론은 1984년에 쓰였다 – 옮긴이)은 권리 기반 윤리가 공리주의 윤리보다 우세했다. 여기에는 롤스의 『정의론』이 큰 영향을 미쳤다. 법철학자 H. L. A. 하트H. L. A. Hart는 최근에 "어떤 형태의 공리주의는 정치적 도덕의 본질을 포착해야만 한다"는 옛 신념에서 "진리는 개인의 특정한 기본적 자유와 이익을 보호하는 인간의 기본권과 더불어 펼쳐져야 한다"는 새로운 신념으로의 전환에 대해 설명했다. 그는 이렇게 덧붙인다. "얼마 전만 해도 수많은 철학자들의 막대한 에너지와 엄청난 독창력이 특정 형태의 공리주의를 연구하는 데 집중되었지만, 최근에는 그러한 에너지와 독창력이 기본권 이론을 표현하는 데 집중되고 있다."

그러나 삶에서 그러하듯 철학에서도 새로운 신념은 머지않아 낡은 통설이 되기 마련이다. 권리 기반 윤리는 경쟁상대인 공리주의를 이기고 널리 확산되긴 했지만 최근에 다른 쪽에서, 즉 시민들과 공동체의 요구를 자유주의 관점이 허용하는 것보다 더 온전하게 표현하는 관점으로부터 도전을 받고 있다. 또한 이러한 도전은 점점 강해지고 있다. 공동체주의 비평가들은 현대 자유주의자들과는 달리 공동선의 정치를 옹호한다. 그들은 칸트에 대한 헤겔Hegel의 반론들을 상기시키며 권리가 선에 우선한다는 자유주의자들의 주장과 그것이 구현하는, 자유롭게 선택하는 개인의 이미지에 의문을 제기한다. 아리스토텔레스를 추종하는 그들은 공동의 목표와 목적을 배제하고는 정치제도를 정당화할 수 없으며, 공동의 삶을 살아가는 시민으로서의 역할을 배제하고는 우리 자신을 생각할 수 없다고 주장한다.

이러한 논쟁은 두 개의 상반되는 자아상을 반영한다. 권리 기반 윤리와 그것이 구현하는 인간상은 상당 부분 공리주의와의 대립 속에서 형성된 것이다. 공리주의자들은 우리의 다양한 욕구들을 단일한 욕구 체계로 융합하지만 칸트주의자는 개인의 분리를 주장한다. 공리주의자들이 주장하는 자아는 단순히 욕구의 총합으로 정의되지만, 칸트주의자들이 주장하는 자아는 그것이 특정 순간에 갖고 있는 욕구와 목적과는 별개의 존재로서, 선택하는 자아이다. 롤스는 이렇게 말한다. "자아는 그것이 지지하는 목적에 우선한다. 지배적인 목적조차도 수많은 가능성들 가운데서 선택된 것이다."

자아가 목적에 우선한다는 것은 내가 나의 목적들과 부속물들에 의해 정의되지 않고 언제나 뒤로 물러서서 나의 목적들과 부속물들을 바라보고 평가하며 심지어는 변경하는 능력을 갖고 있음을 의미한다. 이것이 바로 자유롭고 독립적인 자아, 선택 능력을 가진 자아이다. 그리고 이것이 바로 국가가 중립적인 틀이 되어야 한다는 이상에 부합하는 자아상이다. 권리 기반 윤리에서 우리가 중립적인 틀, 즉 서로 경쟁하는 갖가지 목표와 목적들 가운데서 사전에 특정한 것들을 선택해놓지 않은 중립적인 권리의 틀을 필요로 하는 것은, 바로 우리가 본질적으로 제각기 독립적인 자아이기 때문이다. 자아가 목적에 우선한다면 옳음(권리)은 선(좋은)에 우선해야 한다.

권리 기반 자유주의를 비판하는 공동체주의 비평가들은 우리가 우리들 자신을 이렇게 독립적인 존재로, 우리의 목적과 부속물과는 완전히 분리된 자아를 가진 존재로 생각해선 안 된다고 말한다. 그들은 우리의 역할들 가운데에는 우리의 정체성(이를테면, 한 국가의 시민, 어떤 운동의 참가자, 어떤 대의의 지지자로서의 정체성)이 그 일부를 차지하는 것들이 있다고 말한다. 그러나 만약 우리들 자신이 우리가 몸담고 있는 공동체에 의해 일부 정의된다면 우리는 또한 그러한 공동체들을 특징 짓는 목표와 목적에 밀접하게 결합되어야 한다. 앨러스데어 매킨타이어 Alasdair MacIntyre는 저서 『덕의 상실 After Virtue』에서 "나에게 이로운 것은 이러한 역할과 연관된 사람들에게도 이로워야 한다"고 말한다. 아직 결말이 나진 않았지만 내 인생의 이야기는 항상 내 정체성을 결정해주는 공동체들의 이야기가 그 바탕을 이룬다. 그 공동체는 가족이 될 수도 있고, 도시가 될 수도 있고, 민족 또는 국가가 될 수도 있으며, 특정 모임이나 운동이 될 수도 있다. 공동체주의적 관점에서 이러한 이야기들은 개인의 심리뿐 아니라 도덕에도 영향을 미친다. 그것들은 이 세상에서 우리의 자리를 마련해주고 우리의 삶에 도덕을 부과한다.

무연고적 자아와 연고적 자아에 대한 이 같은 논쟁이 정치와는 어떻게 연관되는가? 권리를 중시하는 정치와 공동선을 중시하는 정치 사이의 실질적인 차이는 무엇인가? 몇 가지 쟁점과 관련하여 이 두 이론은 흡사한 정책에 대해 서로 다른 주장을 펼칠 수 있다. 예를 들어, 1960년대의 민권운동에 대해 자유주의자들은 인간의 존엄성과 인간에 대한 존중을 위한 것이었다고 정당화할 수 있을 테고, 공동체주의자들은 국가라는 공동의 삶에서 부당하게 제외된, 같은 시민들의 시민 자격을 완전히 인정해주는 것이었다고 정당화할 수 있을 것이다. 또한 공교육의 경우, 자유주의자들은 학생들이 스스로 자신의 목적을 선택하고 그것을 효과적으로 추구할 수 있는 자율적인 개인으로 성장하게 하겠다는 바람에서 공교육을 지지하는 반면, 공동체주의자들은 학생들이 공적인 부분에 대한 숙고 및 연구에 의미 있게 기여할 수 있는 바람직한 시민이 되게 하겠다는 바람에서 공교육을 지지할 수도 있을 것이다.

여타의 쟁점들과 관련해보면, 이 두 가지 윤리는 서로 다른 정책들로 이어질 수도 있다. 자유주의자들과 비교할 때 공동체주의자들은 포르노가 시민들의 삶의 방식과 그것을 뒷받침하는 가치들을 해친다는 이유로 특정 도시에 포르노 서점이 들어오는 것을 금지하도록 허용할 가능성이 더 높을 것이다. 그러나 시민적 덕성의 정치라고 해서 항상 보수적인 정책들을 지지하고 항상 자유주의자들과 의견을 달리하는 것은 아니다. 예를 들어, 공동체주의자들은 권리를 중시하는 일부 자유주의자들에 비해 국가가 공장 폐쇄 규제법을 제정해야 한다는 데 찬성할 의향이 더 많을 수도 있다. 그들의 공동체를 자본의 이동 및 갑작스런 산업의 변화가 가져오는 파괴적인 영향으로부터 보호하기 위해서 말이다. 좀 더 일반적으로 말해서, 자유주의자들은 개인의 권리와 자격의 확대를 무조건적인 도덕적·정치적 진보로 간주하는 반면, 공동체주의자들은 자유주의 프로그램들이 비교적 작은 형태의 연합에서 더욱 포괄적인 연합으로 정치를 바꾸어놓는 경향이 있다는 점을 못마땅하게 여긴다. 자유지상주의 자유주의자들은 사적 경제를 옹호하고 평등주의 자유주의자들은 복지국가를 옹호하지만, 공동체주의자들은 기업경제와 관료국가에서 발생하는 힘의 집중에 대해 우려하고 더욱 활발한 공공생활을 지속 가능하게 했던 중간 단계의 공동체들이 부식될 것을 걱정한다.

자유주의자들은 특정한 충성과 의무, 전통에 의존할 수밖에 없는 공동선의 정치가 선입견과 편협한 태도로 이어진다고 주장하는 경향이 있다. 현대의 국민국가는 아테네의 도시국가와는 다르다고 그들은 지적한다. 현대 생활의 다양성과 규모를 감안하면 아리스토텔레스의 정치윤리는 기껏해야 향수를 불러일으키는 유물에 불과하고, 최악의 경우에는 위험할 수 있다는 것이다. 선을 기반으로 통치를 하려는 시도는 전체주의적 유혹의 길로 들어설 가능성이 높다는 것이다.

이에 대해 공동체주의자들은 편협한 태도란 삶의 형태가 혼란스럽고 근원이 불안정하며 전통이 완성되지 않은 곳에서 가장 융성한다고 대응한다. 나 역시 이러한 견해가 옳다고 생각한다. 우리 시대에 전체주의적인 충동의 원천이 된 것은 확고한 연고적 자아라는 신념보다는 공동의 의미가 그 힘을 잃은 세상에서 어쩔 줄 몰라 하는, 설 자리를 잃고 좌절하며 원자화된 자아의 혼란이었다. 한나 아렌트Hannah Arendt는 이렇게 썼다. "대중사회를 견디기 힘들게 만드는 것은 그 구성원들의 수가 아니다. 적어도 그것이 주요 이유는 아니다. 그보다는 그들 사이에 형성된 세계가 그들을 결집시키고 관계시키고 분리시키는 힘을 잃었다는 사실이다." 우리의 공공생활이 약해지고 공통적으로 연계되어 있다는 느낌이 희미해진 이상, 우리는 전체주의적인 해법을 제시하는 대중정치에 빠질 위험을 지닐 수밖에 없다. 공공선을 주장하는 사람들은 권리를 주장하는 사람들을 향해 그런 위험성을 지적한다. 공동선을 주장하는 사람들이 옳다면 우리에게 가장 시급한 도덕적·정치적 프로젝트는 바로 우리의 전통에 내재되어 있지만 우리 시대에는 빛을 잃어가고 있는 이러한 시민적 공화주의의 가능성을 소생시키는 것이다.

23
절차적 공화정과 무연고적 자아

정치철학은 종종 세상과 동떨어진 듯 보인다. 원칙과 실제 정치는 완전히 별개이며 우리의 이상을 "추구하며 살기 위해" 최선을 다해 노력해도 대개는 이론과 실제의 격차 때문에 그 노력이 허물어지고 만다.[1]

그러나 정치철학은 어떤 점에서 실현 불가능한 것이지만, 또 어떤 점에서는 불가피한 것이다. 바로 철학이 애당초 이 세계와 연관되어 있다는 점에서 그러하다. 우리의 관행들과 제도들은 이론의 구현이다. 따라서 정치 관행에 관여하는 것 자체가 이미 이론과 연관되는 것이다.[2] 정치철학의 궁극적인 문제들, 즉 정의와 가치 그리고 좋은 삶의 본질과 관련한 문제들에 대해서 불확실하지만 단 한 가지 우리가 확실하게 아는 것이 있다. 바로 우리가 항상 모종의 답에 따라 살아간다는 점이다.

이 평론에서는 현대 미국에서 우리가 실천하며 살아가는 답에 대해 탐구할 것이다. 우리의 관행과 제도에 내재된 정치철학은 무엇인가? 그것이 어떻게 철학으로서 유지되고 있는가? 그리고 현재 우리의 정치 상황에서 그러한 정치철학 내부의 긴장들이 어떻게 나타나는가?

오직 하나의 철학을 모색하는 것은 잘못된 것이라는 생각, 우리는 "하나의 답"이 아니라 여러 가지 답에 따라 살아간다는 생각에 이의를 제기하는 사람들도 있을 것이다. 그러나 복수의 대답이 존재한다는 사실은 그 자체로 일종의 답이 될 수 있다. 그리고 이러한 복수성을 허용하는 정치이론이 바로 내가 탐구하고자 하는 이론이다.

옳음과 좋음

특정한 도덕적·정치적 관점에 대한 숙고에서 출발해보겠다. 내가 말하는 특정한 관점은 자유주의 관점의 일종으로서, 대부분의 자유주의 관점이 그러하듯 정의와 공정성, 개인의 권리를 가장 중요시한다. 그 핵심 논제는 다음과 같다. 정의로운 사회는 결코 특정한 목적을 강요하려 들지 않으며 시민들이 모두 동등한 자유를 갖고 각자의 목적을 추구할 수 있도록 허용한다. 그렇다면 이러한 사회는 선에 대해 특정한 관념을 전제로 삼지 않는다는 원칙에 따라 통치되어야 한다. 이러한 규제적 원리를 정당화해주는 것은 무엇보다도 그것이 전반적인 복지를 극대화하거나 덕성을 장려하거나 선(좋음)을 증진시킨다는 점이 아니라, 선에 우선하며 선과는 별개의 도덕적 범주인 옳음이라는 개념을 따른다는 점이다.

다시 말해 이 자유주의는, 정의로운 사회를 정의롭게 만들어주는 것은 그것이 추구하는 텔로스^{telos}(목표, 목적, 본질—옮긴이)나 목표, 목적이 아니라, 서로 경쟁하는 갖가지 목표와 목적들 가운데서 특정한 목표와 목적을 미리 정해놓지 않는 것이라고 주장한다. 정의로운 사회는 그 헌법과 법률 체계 안에서 시민들이 모두 동등한 자유를 갖고 자신만의 가치와 목적을 추구할 수 있는 틀을 제공하고자 한다는 것이다.

지금까지 내가 묘사한 이상은 옳음이 좋음에 우선한다는 주장으로 요약할 수 있을 것이다. 이는 다음의 두 가지 의미를 갖는다. 옳음을 우선시한다는 것은 첫째, 개인의 권리가 전체의 선을 위해 희생될 수 없다는 의미이고(이런 점에서 공리주의와 대립된다), 둘째, 이러한 권리를 상술하는 정의 원칙들은 결코 좋은 삶에 대한 특정한 관점을 전제로 삼을 수 없다는 의미다(이런 점에서 전반적으로 목적론적 관념과 대립된다).

이것은 현대 도덕철학 및 정치철학에 상당 부분 녹아 있는 자유주의로서, 롤스에 의해 가장 완벽하게 다듬어졌고 칸트의 의해 그 철학적 토대가 마련되었다.³ 그러나 내가 여기서 다루고자 하는 것은 이 같은 관점의 계통이 아니라, 그와 관련하여 내가 인상적이라고 생각하는 세 가지 사실이다.

그 첫 번째는 그것이 강력하고 깊은 철학적 호소력을 갖고 있다는 점이고, 두 번째는 옳음이 선에 우선한다는 주장은 이러한 철학적인 힘에도 불구하고 궁극적으로 실패한다는 점이다. 그리고 세 번째는, 이 자유주의 관점은 철학적으로 실패했음에도 불구하고 우리가 실천하는 관점이라는 사실이다. 그것은 20세기 후반의 미국을 살아가는 우리들의 관점이며(이 평론은 1984년에 쓰였다 – 옮긴이), 우리의 공공생활의 중심이 되는 제도 및 관행들에 가장 철저하게 구현되어 있는 이론이다. 따라서 우리는 그것이 철학으로서 어떻게 잘못되었는지를 살펴봄으로써 우리의 현재 정치 상황을 진단할 수 있을 것이다. 요컨대, 첫 번째는 그 철학적 힘이고, 두 번째는 그 철학적 실패이며, 마지막 세 번째는 그것이 오래되진 않았지만 어쨌든 이 세상에 불안정하게 구현되어 있다는 사실이다.

그러나 이 세 가지 주장을 살펴보기 전에 이들을 서로 연결해주는 한 가지 중심된 주제를 짚어볼 필요가 있다. 그것은 특정한 인간관, 즉 도덕적 행위자로서의 인간이 어떤 것인가에 대한 특정 관점이다. 모든 정치이론이 그러하듯 내가 묘사한 자유주의 이론도 그저 일련의 규제적 원리에 불과한 것이 아니다. 그것은 세상이 어떻게 존재하는지, 그리고 우리들이 그 안에서 어떻게 움직이는지에 대한 하나의 관점이기도 하다. 이러한 윤리의 중심에는 그것을 독려하는 동시에 혼란스럽게 만드는 특정한 인간관이 놓여 있다. 이제부터 나는, 이 윤리를 그토록 흡인력 있게 만드는, 그러나 결국에는 취약하게 만드는 것이 무연고적 자아의 약속과 그 실패라는 주장을 펼치고자 한다.

칸트적 토대와 모호함

자유주의 윤리는 권리가 모든 것에 우선한다고 주장하며, 특정한 선관념을 전제로 삼지 않는 정의 원칙들을 모색한다.[4] 바로 이것이 칸트가 말하는 도덕법의 우월성이며, "정의는 사회제도 제일의 미덕"이라는 롤스의 말의 의미이기도 하다.[5] 정의는 그저 수많은 가치들 가운데 하나에 불과한 것이 아니다. 정의는 서로 앞을 다투는 가치 및 목적들의 경쟁을 규제하는 틀을 제공한다. 따라서 정의는 그러한 목적들과는 별개의 규제력을 가져야 마땅하다. 그러나 그러한 규제력을 어디서 찾을 수 있는지는 분명하지 않다.

정의에 대한 이론들은 (그 점에 대해서는 윤리에 대한 이론들도) 주로 인간의 목표와 목적에 대한 한두 가지 특정한 관점들을 그 토대로 삼아왔다. 아리스토텔레스는 특정 도시국가를 평가하는 기준은 그 도시국가가 지향하는 선이라고 말했고, 19세기에 "정의는 가장 중요한 부분이며 모든 도덕을 통틀어 무엇과도 비교할 수 없을 정도로 가장 구속력 있는 부분"이라고 말한 존 스튜어트 밀조차도 정의를 공리주의 목적의 도구로 만들었다.[6]

칸트의 윤리는 이러한 해법을 거부한다. 대개의 경우 사람들은 제각기 다른 욕구와 목적을 갖고 있으며 따라서 거기에서 도출해낸 원칙들은 모두 우연적인 성격을 가질 수밖에 없다. 그러나 도덕법은 우연적인 토대가 아니라 무조건인 토대를 필요로 한다. 행복처럼 보편적인 욕구조차도 그러한 역할을 수행하지는 못할 것이다. 사람들은 행복이 무엇이냐에 대해서도 저마다 다른 생각을 갖고 있으므로 특정 관념을 규제 관념으로 정하는 것은 일부 사람들에게는 다른 이들의 관념을 강요하는 셈이 될 것이고, 그렇게 되면 적어도 일부 사람들에게는 자신만의 관념을 선택하는 자유를 허용하지 않는 셈이 될 것이다. 어쨌거나 본성적인 것이든 상황에 의한 것이든 욕구와 기호에 따라 자신을 통치하는 것은 결코 진정한 자기 통치가 될 수 없다. 그것은 자유를 거부하는 것이요, 외부에서 내려진 결정들에 항복하는 것이다.

칸트에 따르면 옳음은 "전적으로 인간들의 외적 관계와 연관된 자유의 개념에서 파생되는 것으로서, 모든 인간들이 본성적으로 갖고 있는 목적(즉, 행복을 이루겠다는 목적) 또는 이 목적을 달성해주는 공인된 수단들과는 아무 상관이 없다."[7] 옳음은 그 자체로 모든 경험적 목적에 우선하는 근거를 가져야 한다. 나는 특정 목적을 전제로 삼지 않는 원칙들에 의해 통치를 받을 때에만 다른 이들과 동등한 자유를 갖고 내 나름의 목적을 자유롭게 추구할 수 있다.

그러나 옳음의 근거가 무엇이 될 수 있는가 하는 문제가 여전히 남는다. 그것이 칸트가 말하는 "인간 본성이라는 특별한 상황들"에도 구애받지 않고 모든 목표와 목적에 우선하는 근거라야 한다면,[8] 그러한 근거는 대체 어디에서 찾을 수 있단 말인가? 칸트 윤리의 까다로운 요구를 감안하면 도덕법의 토대는 어디에서도 찾을 수 없을 듯 보인다. 경험적 전제조건이 붙을 경우, 도덕법이 모든 것에 우선한다는 논리가 성립할 수 없을 테니까 말이다. 칸트는 기껏해야 이렇게 물을 뿐이다. "의무여! 당신에게 합당한 가치를 지닌 원천은 무엇이며, 경향성(칸트의 개념으로, 자유로운 행동에 방해가 되는 감각적 욕구의 끌어당기는 힘을 말한다. "끌림"이라고 번역하기도 한다 – 옮긴이)과의 모든 유사성을 당당하게 거부하는 당신의 고귀한 혈통의 뿌리는 어디에서 찾을 수 있단 말인가?"[9]

그의 대답은 도덕법의 근거는 실천 이성(칸트의 개념으로, 도덕적인 실천의 의지를 규정하는 이성 – 옮긴이)의 객체가 아니라 주체, 즉 자율의지를 가진 주체에서 찾을 수 있다는 것이다. 경험적 목적이 아니라 "목적의 주체, 즉 그 자체로 이성적인 존재가 모든 행위 준칙의 근거가 되어야 한다."[10] 칸트가 말하는 "가능한 모든 목적의 주체"만이 옳음의 근원이 될 수 있는 것은 오직 이 주체만이 자율의지의 주체가 될 수 있기 때문이다. 오직 이 주체만이 "인간을 감각적 세계의 일부보다 더 높은 존재로 격상시켜주고" 그 사람으로 하여금 우리의 사회적·심리적 경향성과는 완전히 독립적인, 이상적이고 무조건적인 영역에 참여할 수 있게 해준다. 그리고 이처럼 철저한 독립성만이 상황의 변화에 구애 받지 않고 스스로 자유롭게 선택할 수 있는 초연함을 부여할 수 있다.[11]

이러한 주체는 정확히 누구인가? 혹은 무엇인가? 어떤 면에서 그것은 우리 자신이다. 어쨌든 도덕법은 우리가 우리 자신에게 부과하는 법이다. 그것은 찾는 것이 아니라, 의욕하는 것이다. 이것이 바로 그 주체가 (그리고 우리가) 자연과 상황 그리고 단순한 경험적 목적들의 지배에서 벗어나는 방법이다. 그러나 여기서 중요한 것은 의지를 갖고 실천하는 "우리"는 개별적인 인격체, 즉 당신과 나, 우리들 개개인이 아니라 (도덕법은 개인인 우리에게 달려 있는 것이 아니다) 칸트가 말하는 "순수 실천 이성"에 참여하는 존재로서의 "우리", 초월적 주체에 참여하는 존재로서의 "우리"라는 점이다.

그렇다면 내가 순수 실천 이성을 실천할 수 있는 주체라는 것은 무엇이 보장하는가? 엄밀히 말하면 그런 보장은 존재하지 않는다. 초월적 주체는 그저 가능성일 뿐이다. 그러나 내가 나 자신을 자유로운 도덕적 행위자로 생각하기 위해서는 그러한 가능성을 전제해야 한다. 내가 전적으로 경험적인 존재라면 모든 의지 행사가 특정 목적에 대한 욕구에 좌우되므로 나는 자유를 행사할 수 없게 된다. 모든 선택은 특정한 목적의 추구가 지배하는 타율他律의 선택이 될 것이다. 내 의지는 결코 일차적인 원인이 될 수 없으며 그에 우선하는 어떤 원인의 결과, 즉 어떤 충동이나 끌림의 도구로 전락할 것이다. 칸트는 이렇게 쓴다. "우리 자신을 자유로운 존재로 생각할 때 우리는 자신을 지성적 세계의 일원으로 바꾸고 의지의 자율성을 인정한다."[12] 그렇다면 칸트의 윤리가 요구하는, 경험에 우선하며 경험과는 독립적인 주체의 개념은 가능할 뿐 아니라 필수적인 듯 보인다. 자유를 가능하게 하기 위해 반드시 필요한 전제라는 것이다.

이 모든 것이 정치와는 어떻게 연관되는가? 주체가 목적에 우선하듯, 옳음은 선에 우선한다. 사회는 특정한 선 관념을 전제로 삼지 않는 원리들에 의해 통치될 때 가장 적절하게 조정된다. 그렇지 않으면 개인을 선택 능력을 가진 존재로 존중하지 못하고, 개인을 주체가 아닌 객체로, 그 자체로 목적이 아닌 수단으로 취급할 것이다.

이런 식으로 생각하면 칸트가 말하는 주체의 개념이 옳음의 우선성 주장과 연관된다는 점을 알 수 있다. 그러나 앵글로아메리칸 전통을 가진 사람들에게 초월적 주체라는 토대는 오히려 익숙한 윤리에 생소한 개념의 토대를 갖다 붙이는 셈이 되는 듯하다. 순수 이성 비판을 받아들이지 않고도 권리를 진지하게 받아들이고 정의의 우월성을 지지할 수 있지 않느냐고 생각하는 사람도 분명히 있을 것이다. 어쨌든 그것이 바로 롤스의 프로젝트다.

롤스는 옳음의 우선성을 모호한 초월적 주체의 개념으로부터 구출하고자 한다. 칸트의 관념론적 형이상학은 도덕적·정치적 이점을 갖고 있긴 하지만, 지나치게 초월적인 것에 치중하며 정의가 인간적인 상황과 연관된다는 점을 부정함으로써만 정의의 우선성에 도달한다. "칸트에게서 실행 가능한 정의관을 도출하기 위해서는 칸트가 주장한 원칙의 힘과 내용이 초월적 관념론이라는 배경에서 분리되어야 하며, 적합한 경험론의 규준 내에서 개조해야 한다"고 롤스는 주장한다.[13] 따라서 롤스의 프로젝트는 독일적인 모호성을 좀 더 앵글로아메리칸들의 기질에 맞도록 길들인 형이상학으로 대체함으로써 칸트의 도덕적·정치적 가르침을 보존하는 것이다. 이것이 바로 원초적 입장 original position 의 역할이다.

초월적 주체에서 무연고적 자아로

원초적 입장은 칸트의 초월적 논변이 제공하지 못한 것을 제공하고자 시도한다. 선에 우선하되 여전히 이 세계 안에 자리 잡은 권리의 토대가 바로 그것이다. 불필요한 것들을 모두 제하고 요점만 짚어보면, 원초적 입장은 다음과 같이 작용한다. 우리 자신이 어떤 사람인지(부자인지 가난한 사람인지, 강한 사람인지 약한 사람인지, 운 좋은 사람인지 운 나쁜 사람인지) 모르는 상태에서, 심지어는 우리의 이해관계나 목적 또는 선에 대해 갖고 있는 관점조차도 모르는 상태에서 우리 사회를 지배할 원칙들을 선택해야 할 경우 우리가 어떤 원칙들을 선택할 것인지 상상해보는 것이다. 이러한 원칙들, 즉 상상의 상황에서 선택할 만한 원칙들이 바로 정의의 원칙들이다. 게다가 제대로 작용할 경우, 그것들은 특정 목적을 전제로 삼지 않는 원칙들이다.

그러한 원칙들이 실제로 전제로 삼는 것은 특정한 인간상이다. 즉, 정의를 제일의 미덕으로 삼는 인간이라면 어떠해야 하는가를 전제로 삼는다는 의미다. 이것이 바로 무연고적 자아상, 그 목표와 목적에 우선하며 그것들과는 독립적인 존재로 이해되는 자아상이다.

그렇다면 무연고적 자아는 무엇보다도 우리가 가진 것들, 또는 원하는 것들, 또는 모색하는 것들에 대해 우리가 취하는 태도를 묘사한다. 그것은 내가 보유한 가치들과 나 자신은 항상 구분된다는 의미다. 모든 특질들을 나의 목적, 야망, 욕구 등으로 간주하는 것은 항상 그것들 뒤에 어느 정도 거리를 두고 주체인 "내"가 서 있음을 암시한다. 이 "나"의 형상은 내가 가진 모든 목적 또는 특성들보다 우선하여 주어져야 한다. 이렇게 거리를 두면 자아 자체가 그 경험의 영역을 넘어서 존재하며, 그 정체성이 확실하게 보장된다는 결과가 도출된다. 바꿔 말하면, 그것은 이른바 구성적constitutive 목적의 가능성을 제거한다. 어떤 역할이나 책임도 그것 없이는 나 자신을 이해할 수 없을 정도로, 완벽하게 나를 정의하는 것은 없다. 어떠한 프로젝트도 그것으로부터 고개를 돌리면 나의 정체성을 의심하게 될 만큼 필수적인 것은 없는 것이다.

무연고적 자아에게 무엇보다도 중요한 것, 즉 우리의 인간성에 가장 필수적인 것은 우리가 선택하는 목적이 아니라 그것을 선택할 수 있는 능력이다. 원초적 입장은 우리에 대한 이 주요한 단언을 요약해주는 셈이다. 롤스는 이렇게 쓴다. "무엇보다도 우리의 본질을 드러내주는 것은 우리의 목적이 아니라, 우리가 이러한 목적들이 형성되는 배경 조건을 지배한다고 인정하는 원칙들이다. (…) 따라서 우리는 목적론이 제안하는 좋음과 옳음의 관계를 뒤집어 옳음이 좋음에 앞선다고 간주하는 것이 마땅하다."[14]

자아가 목적에 우선해야만 옳음이 좋음에 우선할 수 있다. 나의 정체성이 내가 어떤 특정한 순간에 갖게 되는 목적과 이익에 얽매이지 않아야만 나는 나 자신을 선택 능력을 지닌 자유롭고 독립적인 행위자로 생각할 수 있다.

　이러한 독립성의 개념은 우리가 어떤 공동체를 가질 수 있는가에 영향을 미친다. 무연고적 자아로서 우리는 당연히 다른 사람들과의 자발적인 교제에 자유롭게 참여할 수 있으며, 따라서 협동의 의미에서 공동체를 이룰 수 있다. 무연고적 자아에게 거부되는 것은 선택보다는 도덕적 의무에 의해 이뤄진 공동체의 일원이 될 수 있다는 전제이다. 무연고적 자아는 자아 자체가 위태로워질 수 있는 공동체에는 소속될 수 없다. 그러한 공동체(단순히 협동적인 공동체와 대립되는 의미에서 구성적 공동체)는 참여자들의 이해관계뿐 아니라 정체성에도 관여할 것이며, 따라서 무연고적 자아가 알 수 있는 것보다 더 철저하게 그 구성원들을 시민의 일원이 되게 강요할 것이다.

　정의가 최우선이 되려면 우리는 특정한 방식으로 인간적 환경과 연관되는 특정 부류의 존재가 되어야 한다. 칸트가 말하는 초월적 주체로서든 롤스가 말하는 무연고적 자아로서든, 언제나 우리의 환경과 어느 정도 거리를 유지해야 한다. 그래야만 자신을 자신이 추구하는 목적의 도구가 아닌 경험의 객체이자 주체로, 하나의 행위자로 볼 수 있다.

　무연고적 자아와 그것이 독려하는 윤리가 합쳐지면 해방적인 관점이 도출된다. 인간 주체는 자연의 명령과 사회적 역할의 구속력에서 해방되어 주권자의 자리를 차지하며, 존재하는 유일한 도덕적 의미의 창조자가 된다. 순수 실천 이성에 참여하는 존재로서 또는 원초적 입장의 당사자로서 우리는 미리 정해진 가치 체제에 구속 받지 않는 정의 원칙들을 자유롭게 구성할 수 있다. 그리고 실질적인 한 사람의 개인으로서 우리는 그러한 체제나 관습, 전통, 계승 받은 지위 등에 얽매이지 않고 우리의 목표와 목적을 자유롭게 선택할 수 있다. 우리의 선 관념은 부당하지만 않으면 우리가 선택했다는 이유만으로 영향력을 행사한다. 롤스의 표현을 빌리면 우리는 "합당한 주장의 자기 발원적 원천"이 된다.[15]

이는 신나는 전망이 아닐 수 없다. 그리고 그것이 독려하는 자유주의는 어쩌면 스스로 자신을 정의하는 주체를 찾는 계몽적 탐구를 가장 완벽하게 구현하는 것일 수도 있다. 하지만 정말로 그럴까? 우리의 도덕적·정치적 삶을 그것이 요구하는 이러한 자아상에 비춰 설명하는 것이 가능할까? 나는 그럴 수 없다고 생각한다. 먼저 자유주의 프로젝트의 영역 내에서, 그다음에는 그것을 넘어서 논의함으로써 그럴 수 없는 이유에 대해 논해보겠다.

무연고적 자아의 운명

우리는 지금까지 자유주의 관점의 근거, 즉 자유주의 관점이 그 옹호 원칙들을 이끌어내는 방식에 초점을 맞춰왔다. 이제 잠시 롤스를 예로 들어 그러한 원칙들의 실체를 살펴보자. 또 한번 불필요한 것들을 모두 제하고 요점만 짚어보면, 롤스가 주장하는 정의 원칙 두 가지는 다음과 같다. 첫째, 모두에게 평등한 기본적 자유, 둘째, 가장 불리한 사회구성원들에게 혜택을 주는 사회적·경제적 불평등(차등 원칙).

롤스는 이 두 가지 원칙을 주장하면서 두 가지 익숙한 대안, 즉 공리주의와 자유지상주의를 반박한다. 공리주의를 반대하는 것은 개인 간의 차이를 중요하게 생각하지 않는다는 점 때문이다. 공리주의는 무엇보다도 전반적인 복지를 극대화하고자 하는 과정에서 사회를 그 자체로 하나의 인간처럼 취급한다. 공리주의는 우리의 갖가지 다양한 욕구들을 하나의 욕구 체계로 융합하며, 개개인에게 만족을 분배하는 일에는 무관심하다. 그것이 총합에 영향을 미치기만 하면 상관없다는 식이다. 그러나 이것은 우리의 다원성과 독특성을 간과하는 셈이다. 공리주의는 일부 사람들을 모두의 행복을 위한 수단으로 사용한다는 점에서 개개인 자체를 목적으로 존중하지 못한다. 공리주의자들도 가끔 개인의 권리를 옹호할 수는 있지만, 그러한 옹호는 개인의 권리 존중이 장기적으로 공리에 기여할 것이라는 계산을 토대로 해야만 한다. 그러나 이러한 계산은 불확실하며 항상 성립하는 것도 아니다. 밀이 말한 것처럼 "모든 윤리적 문제들이 궁극적으로 호소하는 바"가 공리라면,[16] 개인의 권리는 결코 보장될 수 없다. 삶의 전망이 언젠가 다른 이들의 더 큰 선을 위해 희생되는 위험을 피하기 위해서 원초적 입장의 당사자들은 모두에게 어느 정도의 기본적 자유를 허용할 것을 주장하고, 그러한 자유를 우선시한다.

공리주의자들이 개인 간의 차이를 중요하게 생각하지 않는다면, 자유지상주의자들은 행운의 임의성을 인정하지 못한다는 점에서 옳지 못하다. 그들은 효율적인 시장경제에 기인하는 분배는 무조건 정당한 것으로 규정한다. 사람들이 무엇을 가졌든 그것이 사기나 절도 또는 누군가의 권리를 침해하는 여타의 행위를 통해 얻은 것이 아니라면 그것을 가질 자격이 있다는 이유를 들어서 모든 재분배에 반대한다. 롤스는 재능과 자산의 분배, 심지어 누군가에게는 더 많은 것을 안겨주고 또 누군가에게는 더 적은 것을 안겨준 노력의 분배조차도 도덕적인 관점에서 보면 임의적인 것, 즉 행운의 문제라는 이유로 이러한 방식에 반대한다. 이러한 차이를 토대로 삶의 행운을 분배하는 것은 공평한 처사가 아니라 사회적이고 태생적인 우연한 임의성을 그저 인간적인 합의로 떠넘기는 셈이라는 논리다. 개인으로서 우리는 행운에 의한 재능과 거기에서 얻게 되는 혜택들을 가질 자격이 없다. 따라서 우리는 이러한 재능을 공동자산으로 간주하고, 서로를 그것이 가져오는 보상의 공동 수혜자로 간주해야 한다. "태생적으로 혜택을 받은 사람들은 어떤 사람이건 간에 오직 그렇지 못한 사람들의 상황을 개선시킬 수 있어야만 자신의 행운으로부터 혜택을 얻을 수 있다. (…) 공정으로서의 정의 안에서 사람들은 서로의 운명을 공유하기로 합의한다."[17]

이러한 추론이 바로 차등 원칙으로 이어지는 것이다. 그것은 다른 옷을 입고 있을 뿐 사실은 무연고적 자아의 논리와 다르지 않다는 점에 주목하기 바란다. 나는 체격이 건장하고 얼굴이 잘생겼다는 이유로 혜택을 얻을 자격이 없다. 그것들은 나에 관한 본질적인 사실이 아니라 부수적이고 우연적인 사실이니까 말이다. 그것은 내가 가진 속성을 묘사하는 것이지 나 자체를 설명하는 것은 아니며, 따라서 포상을 받을 만한 가치라고 주장할 수가 없다. 무연고적 자아의 경우, 나에 관한 모든 것이 그러하다. 그렇다면 개인으로서 나는 어떠한 것도 받을 자격이 없는 셈이다.

이러한 주장은 우리의 일반적인 이해와 상충하지만 그 그림은 지금까지 손상되지 않고 남아 있다. 옳음의 우선성, 자격의 부정 그리고 무연고적 자아가 모두 인상적으로 연결되어 있다.

그러나 차등 원칙은 그 이상을 요구한다. 그리고 바로 이 부분에서 차등 원칙은 실패한다. 차등 원칙은 무연고적 자아와 마찬가지로 내가 가진 자산들은 오직 우연에 의해 나의 것이 되었다는 생각에서 출발한다. 이러한 자산은 따라서 공동의 자산이며 사회는 그것을 활용해서 얻어낸 결과물에 대해 우선적으로 소유권을 주장할 수 있다는 가정으로 끝을 맺는다. 그러나 이러한 가정은 근거가 없는 것이다. 그저 내가 한 사람의 개인으로서 우연히 "여기"에 놓여 있는 자산에 대해 우선적으로 소유권을 주장할 수 없다고 해서, 그것이 자연적으로 이 세상 모든 사람들이 집합적으로 그 소유권을 주장할 수 있다는 의미가 되는 것은 아니다. 사회의 영역에서, 또는 인류의 영역에서 그것들이 그곳에 놓여 있는 것이 도덕적 관점에서 조금이라도 덜 임의적이라고 생각할 이유가 없기 때문이다. 그리고 그것들이 임의적으로 나의 안에 존재한다고 해서 나의 목적에 이바지할 자격이 없다면, 특정 사회에 임의적으로 존재한다고 해도 그 사회의 목적에 이바지할 자격이 없어야 마땅하다.

다시 말해 차등 원칙은 공리주의와 마찬가지로 일종의 공유 원칙이다. 그 자체로 차등 원칙은 사람들의 자산을 배치할 때, 그리고 공동의 노력에 사람들을 참여시킬 때, 그 사람들 사이에 우선시되는 모종의 도덕적 연대가 존재한다는 전제가 있어야 한다. 그렇지 않으면 그것은 일부 사람들을 다른 사람들의 목적을 위한 수단으로 사용하는 공식, 즉 이 자유주의가 명백하게 거부하는 공식이 되어 버리니까 말이다.

그러나 협동적인 공동체의 관점만으로는 이러한 공유의 도덕적 기반을 확실하게 설명할 수 없다. 구성적 개념을 배제할 경우, 공동선을 위해 개인의 자산을 사용하는 것은 이 자유주의가 가장 중요하게 보장하고자 하는 점, 즉 "개인의 복수성과 독특성"을 위반하는 듯 보이니까 말이다.

만약 내가 운명을 공유해야 하는 사람들이 도덕적으로 말해서 나의 정체성과 결부된 삶의 방식의 같은 참여자가 아니라 진짜 타인들이라면 차등 원칙은 공리주의와 똑같은 반론에 부딪칠 수밖에 없다. 즉, 내가 애착을 갖고 있는 구성적 공동체에 소속되어 있는 것이 아니라 구성원들이 서로 뒤얽혀 있는 연쇄적 집합체에 소속되어 있는 것이 아니냐 하는 반론 말이다.

차등 원칙이 절실히 요구하면서도 제공하지 못하는 것이 있는데, 그것은 바로 내가 가진 자산을 누구와의 공동의 자산으로 간주해야 적절한가를 파악하는 방법, 즉 어떻게 하면 우리들 자신을 처음부터 상호 간에 빚을 졌으며 도덕적으로 연관되어 있는 존재로 볼 수 있는가를 파악하는 방법이다. 그러나 이미 봤듯이 구성적 목적과 애착이 차등 원칙을 구제하고 그 올바른 위치를 찾아줄 수는 있지만, 이것들은 정확히 자유주의 자아가 부인하는 것들이다. 그것들이 내포하고 있는 도덕적 채무와 그것이 전제하는 옳음의 우선성을 해칠 수 있다.

도덕적 채무가 어쨌단 말인가? 바로 앞에서 논의한 바를 정리하면, 우리는 정의를 가장 우선시하는 사람이 될 수 없으며, 차등 원칙을 정의 원칙으로 생각하는 사람도 될 수 없다는 얘기다. 그렇다면 어느 쪽이 양보해야 하는가? 우리는 우리 자신을 독립적인 자아로, 우리의 정체성이 우리의 목적과 애착에 얽매여 결정되지 않는 완전히 독립적인 자아로 볼 수 있는가?

나는 그럴 수 없다고 생각한다. 충직과 확신에 따라 살아가는 것은 우리 자신을 특정한 인간으로, 즉 이 가족, 이 공동체, 이 국가, 이 민족의 구성원이자 그 역사를 떠안은 사람으로, 이 공화국의 시민으로 간주하는 것과 분리하여 생각할 수 없다. 충직과 확신의 도덕적 힘은 어느 정도는 이런 사실에 기인하는데, 적어도 이 두 가지를 희생시키지 않고서는 우리 자신을 완전히 독립적인 자아로 볼 수 없다는 의미다. 이러한 충직은 그저 내가 보유하고 있고 어느 정도 거리를 두고 있는 가치들과는 다르다. 자발적 책무나 모든 인간에게 따르는 "자연적 의무" 이상의 그 무엇이다. 그러한 충직과 확신은 내가 했던 합의 때문이 아니라, 부분적으로는 나의 정체성을 정의해주는 꽤 지속적인 애착과 책임감 때문에 빚을 지고 있음을 시사한다. 어떤 사람들에게는 정의가 요구하는, 아니 정의가 허용하는 것 이상의 빚을 말이다.

이러한 구성적 애착을 허용하지 않는 인간을 상상해보면, 더할 나위 없이 자유로운 이성적 행위자가 아니라 성격도 도덕적 깊이도 전혀 없는 사람이 그려진다. 성격을 갖는다는 것은 나 자신이 요구하거나 지휘하지 않는 역사, 나의 선택이나 행위와는 상관없이 모종의 결과를 내는 역사 속에 내가 배치되어 있음을 자각한다는 의미다. 성격을 갖게 되면 나는 어떤 사람들과는 좀 더 가깝게 지내고 또 어떤 사람들과는 좀 더 거리를 두며, 어떤 목적들은 좀 더 적절하다고 느끼고 또 어떤 목적들은 비교적 부적절하다고 느끼게 된다. 스스로 해석하는 존재로서 나는 나의 역사를 숙고해볼 수 있으며, 이런 점에서 나 자신을 나의 역사와 분리할 수도 있지만 그러한 분리는 늘 불확실하고 일시적이다. 또한 항상 그 역사 밖에서 숙고할 수 있는 것도 아니다. 그러나 자유주의 윤리는 자아를 그 경험의 영역, 심의와 숙고의 영역 너머에 놓는다. 공동의 삶을 모양 지을 수 있는 포괄적인 자기이해를 거부 당한 자유주의 자아는 계속해서 분리와 연루 사이에서 방황할 수밖에 없다. 그것이 무연고적 자아의 운명이요, 해방의 약속이 처하게 되는 운명이다.

절차적 공화정

그러나 나의 주장을 마무리 지으려면 한 가지 강력한 대응을 생각해 보지 않을 수 없다. 출처는 자유주의 쪽이지만 철학적인 대응이 아니라 실제적인 대응이다. 간단히 말하면, 내가 너무 많은 것을 요구한다는 것이다. 우리의 사적 생활에서 구성적 애착을 모색하는 것은 별개의 문제다. 사적 생활에서는 가족이나 친구 집단을 비롯하여 단단하게 결속된 집단 속에서 정의와 권리에 대한 압박을 덜어주는 모종의 공동선을 찾을 수 있을 것이다. 그러나 공공생활에서라면 얘기가 달라진다. (적어도 오늘날은 그렇다. 그리고 십중팔구 언제나 그럴 것이다.) 국민국가가 주요 정치연합의 형태인 경우, 구성적 공동체라는 말은 비교적 밝은 정치가 아니라 어두운 정치를 암시할 가능성이 높다. 도덕적 다수파들의 반향 속에서 옳음의 우선성 논리는 그 철학적 결함들에도 불구하고 여전히 비교적 안전한 희망으로 자리하고 있는 듯 보인다.

이것은 까다로운 대응이며, 20세기 정치 공동체를 설명하려면 결코 진지하게 다루지 않을 수 없는 문제다. 그것은 특히 정치철학의 위신과 세상과의 연관성에 의문을 제기한다는 점에서 까다로운 대응이 된다. 만약 나의 주장이 옳다면, 즉 우리가 살펴본 자유주의 전망이 도덕적으로 자기 충족적인 것이 아니라 오히려 그것이 공식적으로 거부하는 공동체의 개념에 기생하는 것이라면, 이러한 전망을 구현하는 정치 관행 역시 실제적으로 자기충족적인 것이 아니라는 점, 그것이 충족할 수 없고 심지어는 손상시킬 수도 있는 공동체의 의미에 의존해야 한다는 점이 드러나야 하기 때문이다. 그러나 이것이 오늘날 우리가 직면한 상황과 크게 다르다고 볼 수 있는가? 원초적 입장을 지나 무지의 장막 저편에 어렴풋이 우리의 딜레마가, 우리의 굴절된 모습이 보이진 않을까?

자유주의 전망이 (그리고 그 실패가) 우리의 공공생활과 그 곤경을 어떻게 설명해줄 수 있을까? 먼저 현대 복지국가와 시민들과의 관계에서 나타나는 다음의 패러독스를 생각해보자. 여러 가지 면에서 우리는 뉴딜에서부터 위대한 사회를 거쳐 현재까지 이어져온 자유주의 프로젝트의 완성을 목전에 두고 있다. 그러나 최근 몇 십 년 동안 개인의 권리와 자격이 확대되고 참정권이 확장되었음에도 불구하고 개인적으로 그리고 집단적으로 우리의 삶을 지배하는 여러 가지 힘에 대한 우리의 통제력은 증대되기는커녕 오히려 감소하고 있다는 느낌이 널리 퍼져 있다. 국민국가의 영향력인 동시에 국민국가의 무력함으로도 비쳐지는 그 무엇이 이러한 느낌을 더욱 강화하고 있다. 한편에서는 국가를 과도하게 참견하는 존재, 시민들의 목적을 진척시키기보다는 좌절시킬 가능성이 더 높은 존재로 보는 시민들이 점점 늘고 있다. 현대 국가가 경제와 사회적인 면에서 전례 없는 역할을 하고 있음에도 불구하고 그 자체로 영향력을 잃어가는 듯 보인다. 국내 경제를 효과적으로 통제하지도, 고질적인 사회악에 대응하지도, 세계에서 국가가 원하는 바를 이루지도 못하는 것처럼 보인다는 의미다.

이것은 (카터와 레이건을 포함한) 최근의 정치가들의 호소에 힘을 실어준 동시에 그들의 통치 시도를 좌절시킨 모순이다. 이를 이해하기 위해서는 우리의 정치 관행에 내재된 정치철학을 규명하고 그 출현을 재현해볼 필요가 있다. 우리는 절차적 공화정의 출현을 되짚어보아야 한다. 여기서 말하는 절차적 공화정은 우리가 살펴본 자유주의 전망과 자유주의 자아상에 의해 움직이는 공공생활을 의미한다.

절차적 공화정의 이야기는 몇 가지 측면에서 공화국의 창건으로 거슬러 올라가지만, 극적인 중심 사건들이 펼쳐지기 시작한 것은 19세기에서 20세기로 넘어갈 무렵부터다. 전국 규모의 시장과 대기업들이 분권경제를 대신하면서 초창기 공화국의 분권정치 형태도 구식이 되었다. 민주주의가 살아남기 위해서는 경제권력의 집중이 그와 유사한 정치권력의 집중과 만나야 했다. 그러나 적어도 일부 진보주의자들은 민주주의가 성공하려면 정부의 중앙집권화 이상의 무언가가 필요하다는 점을 알고 있었다. 바로 정치적 전국화였다. 주된 정치 공동체의 형태가 국가적인 규모로 바뀌어야 했다는 얘기다. 1909년 자신의 저술에서 허버트 크롤리는 "미국의 정치적·경제적·사회적 삶의 전국화는 본질적으로 형성적이고 계몽적인 정치적 변형이었다"고 말했다. 우리는 "사상과 제도 면에서 그리고 정신적인 면에서 보다 전국화되어야만" 민주주의를 더욱 발전시킬 수 있다고 그는 생각했다.[18]

이 전국화 프로젝트는 뉴딜에서 극에 달하게 되지만 미국의 민주주의 전통에 비춰볼 때 이처럼 국가를 포용한 것은 매우 과단성 있는 출발이었다. 제퍼슨에서부터 인민당에 이르기까지 미국의 정치 논쟁에서 민주주의 정당은 대략적으로 말해 지역 중심, 힘의 분권화, 작은 도시,

작은 정부를 지향하는 당이었다. 이에 대항하는 국가 중심의 당(처음에는 연방당, 이후 휘그당, 그다음에는 링컨의 공화당)은 연방국가의 통합을 주장하는 당이었다. 따라서 새뮤얼 비어Samuel Beer가 말한 "자유주의와 국가이념"을 하나의 당과 정치 프로그램으로 통합한 것은 뉴딜의 역사적인 업적이었다.[19]

여기서 우리의 목적을 위해 눈여겨봐야 할 것은, 20세기에 자유주의가 권력의 집중화와 손을 잡았다는 사실이다. 그러나 현대 산업 질서의 관여 범위의 확대를 도덕적으로 그리고 정치적으로 승인하기 위해 이 같은 결합에 강력한 국가 공동체 의식이 필요하다는 것은 애당초 주지의 사실이었다. 작은 규모의 민주적 공동체들로 이뤄진 고결한 공화국이 가능하지 않다면 민주주의의 그다음 희망은 하나의 국가 공화국을 만드는 것인 듯했다. 그것은 적어도 원칙적으로는 공동선을 지향하는 정치였다. 국가 공화국이 생각하는 국가의 역할은 서로 경쟁하는 이해관계들을 위해 중립적인 틀이 되어주는 존재가 아니라, 현대의 사회적·경제적 형태에 부합하는 공동의 삶을 모양 지어주는 형성적인 공동체였다.

그러나 이 프로젝트는 실패했다. 20세기 중후반에 이르자 국가 공화국은 소멸했다. 전쟁처럼 지극히 예외적인 순간을 제외하면 국가는 그 전반에 걸쳐 형성적 또는 구성적 공동체에 필수적인 공통적 자기이해를 배양하기에 너무 광대한 규모인 것으로 드러났다. 그리하여 우리의 관행과 제도에서는 공동의 목적을 지향하는 공공철학에서 공정한 절차를 지향하는 공공철학으로, 선의 정치에서 권리의 정치로, 국가 공화국에서 절차적 공화국으로 옮아가는 점진적 변이가 일어났다.

지금 우리가 처한 곤경

이러한 변천을 완벽하게 설명하려면 정치제도와 헌법 해석, 정치 담론 용어 등의 변화 형태를 매우 광범위한 측면에서 상세히 살펴봐야 한다. 그러나 절차적 공화정의 관행에서 그 철학이 예시한 광범위한 경향 두 가지를 찾을 수 있다. 첫 번째는 민주주의의 가능성을 밀어내는 경향이고, 두 번째는 그것이 의존하는 특정 공동체 형태의 토대를 약화시키는 경향이다.

초창기 공화국에서는 자유가 민주주의 제도와 권력을 분산하는 한 가지 작용으로 간주된 반면,[20] 절차적 공화정에서의 자유는 민주주의의 반대 의미로, 즉 개인이 다수의 뜻에 반대하는 것을 보증하는 의미로 정의된다. 권리가 으뜸인 곳에서 내가 권리를 갖고 있다면 나는 자유롭다.[21] 초창기 공화국의 자유와 달리, 현대 공화국의 자유는 권력의 집중을 허용한다(사실상, 심지어 요구하기까지 한다). 이는 권리의 보편화 논리 때문이다. 내가 언론의 자유에 대해서든 최저임금에 대해서든 권리를 갖고 있다면, 그에 대한 규정은 지역별 선호에 맡겨질 수 없으며 가장 포괄적인 정치 연합의 수준에서 보장되어야 한다. 뉴욕 주와 앨라배마 주가 각기 다른 규정을 적용할 수 없다는 의미다. 권리와 자격이 확대되면서 정치는 비교적 작은 형태의 연합에서 가장 보편적인 형태로 (우리의 경우 국가로) 바뀌고 있다. 그리고 정치는 국가를 향해 흘러가고 있지만 권력은 민주주의 제도들(이를 테면 주의회나 정당들)을 떠나 민주주의적 압력을 분리하기 위해 고안된, 그래서 개인의 권리를 분배하고 옹호하는 데 더 적합한 제도들(특히 사법제도와 관료제)로 흘러가고 있다.

이러한 제도적 발전은 복지국가가 해소하지 못할 뿐 아니라, 어떤 면에서는 확실히 심화시키고 있는 무력감에 대해 설명하는 출발점이 될 수 있다. 그러나 내가 보기에는 우리의 상황에 대한 또 하나의 단서가 무연고적 자아의 곤경, 즉 앞에서 말한 분리와 연루 사이의 방황이라는 곤경을 훨씬 더 직접적으로 상기시키는 듯하다. 개인의 권리에 대해 강력한 약속을 제공하는 동시에 시민들에게 상호연대를 강력하게 요구하는 것은 복지국가의 두드러진 특징이기 때문이다. 그러나 권리를 중시하는 자아상은 그러한 연루를 견디지 못한다.

권리가 으뜸인 사회에서 권리를 가진 우리는 자신을 권리 또는 합의보다 앞서는 의무에 구속되지 않는, 자유롭게 선택하는 개별적 자아로 생각한다. 그러나 이러한 권리를 보장하는 절차적 공화국의 시민으로서 우리는 자신이 선택하지 않았을 뿐 아니라 점차 거부하고 있는 수많은 기대와 의존들 속에서 무질서하게 뒤얽혀 있는 존재다.

공공생활에서 우리는 그 어느 때보다도 서로 많이 연루되어 있는 동시에 그 어느 때보다도 서로 분리되어 있다. 마치 자유주의 윤리가 전제하는 무연고적 자아가 실현되기 시작한 듯하다. 자유롭다기보다는 무력하고, 의지의 행동과는 전적으로 무관한 관계와 의무의 그물에 뒤얽혀 있으며, 그러면서도 그런 것들을 허용 가능한 것으로 만들어주는 관대한 자기정의나 공통의 귀속 의식에 구애 받지 않는 무연고적 자아 말이다. 사회적·정치적 조직의 규모가 보다 광범위해지면서 우리의 집합적인 정체성의 조건들은 좀 더 파편화되었고, 정치적 삶의 형식들은 그것들을 유지하는 데 필요한 공동의 목적을 넘어섰다.

내가 보기에는 여기까지가 지난 반세기 동안 미국에서 펼쳐진 일들이다. 그 모든 것을 설명하려면 좀 더 상세한 이야기가 필요하겠지만, 나의 설명만으로도 개략적인 틀을 잡기에 충분했기를 바란다. 아울러 정치와 철학 그리고 그 둘 사이의 관계에 대한 특정 관점, 즉 우리의 관행 및 제도는 그 자체로 이론의 구현이며 따라서 그 곤경을 해결하는 길이 부분적으로나마 이 시대의 자아상을 모색하는 것이라는 관점이 적절히 전달되었기를 바란다.

24

공동체 구성원 자격과 분배 정의

 돈으로 살 수 없는 것이 있는가 하면, 돈으로 사려는 시도는 가능하되 그렇게 해서는 안 되는 것도 있다. 후자의 경우 유권자 표와 (과거에 사고판 적이 있는) 신의 구원이 그 대표적인 예다. 유권자 표를 판매하는 것은 면죄부를 판매하는 것과 마찬가지로 대개 개혁에 대한 요구를 불러일으킨다. 그렇다면 이러한 것들을 사고파는 것에는 어떤 문제가 있는가? 또 돈이라는 집행영장이 좌우해서는 안 되는 영역에는 어떤 것들이 있는가? 정치철학자 마이클 왈저 교수의 저서 『정의의 영역』은 세상의 좋은 것들에 대한 분배 방법을 주제로 삼으며, 분배 정의에 관한 계속되는 논쟁에 창의적인 대안을 제시한다.
 이 논쟁의 한편에는 자유지상주의자가, 다른 한편에는 평등주의자가 서 있는 것이 보통이다. 자유지상주의자들은 자유 교환의 매개체인 돈을 가진 사람은 그것으로 무엇이든 자신이 원하는 것을 살 수 있어야 한다고 주장한다. 사람들에게는 자신이 선택하는 대로 자신의 돈을 사용할 수 있는 자유가 주어져야 한다는 것이다. 평등주의자들은 모두가 같은 양의 돈을 가지고 있는 경우에만 돈이 분배의 공정한 수단이 될 수 있다고 응수한다. 누구는 많이 가지고 누구는 적게 가지는 한 어떤 이는 강자의 입장에서 거래를 할 것이고 어떤 이는 약자의 입장에서 거래를 할 것이며, 따라서 소위 자유시장이라는 것은 거의 공정해질 수 없다는 논리다. 하지만 평등주의자의 접근방식을 비판하는 사람들은 모든 부가 평등하게 분배되어 있는 경우라도 거래가 시작됨과 동시에 평등은 끝나게 될 것이라고 말한다. 운이 좋은 혹은 환경적인 영향에 의해 상대적으로 나은 재능을 가진 사람들은 거래를 잘 할 것이고, 그렇지 못한 사람들은 그만큼 못할 것이기 때문이다. 사람들의 능력과 욕구가 서로 다른 한 완벽한 평등의 지배는 결코 오래갈 수 없다는 뜻이다.

왈저는 자유지상주의자와 평등주의자 간 논쟁의 기반을 변경함으로써 비평가와 옹호자 모두로부터 평등의 문제를 구제해낸다. 그가 제시하는 해법의 열쇠는 돈의 분배 문제보다는 돈으로 살 수 있는 것을 제한하는 문제에 초점을 맞추는 데 있다. 이것이 정의의 영역에 대한 논의에서 핵심이 되는 것이다. 그는 재화마다 나름의 원칙들이 적절히 지배하는 그만의 영역이 있어야 한다고 주장한다. 복지는 궁핍한 사람들에게 돌아가야 하고, 명예는 그만 한 자격이 있는 사람들에게, 정치권력은 설득력을 가진 사람들에게, 직책은 적임자들에게, 사치품은 그에 대한 대가를 지불할 능력과 의향이 있는 사람들에게, 신의 은총은 독실한 사람들에게 주어져야 한다는 것이다.

왈저는 불평등한 부가 불의라는 것은 돈이 마음대로 할 수 있는 요트나 고급 음식에 기인하는 것이 아니라, 자신이 속하지 않은 영역을 지배하려는 돈의 힘에서 기인하는 것으로 본다. 돈으로 정치적인 영향력을 사려는 경우처럼 말이다. 그리고 돈이 최악의 위반자가 될 수 있기는 하지만 자신의 영역을 뛰어넘어 잘못된 지배력을 발휘하는 유일한 통용 수단은 아니다. 예를 들어, 어떤 자리가 능력이 아닌 혈연관계에 의해 획득된다면 그것은 족벌주의다. 족벌주의와 뇌물이 쉽게 비난 받는 이유는 특정 재화가 해당 영역에서 벗어난 원칙에 의해 분배되기 때문이다.

하지만 왈저 역시 인정하고 있다시피, 영역이라는 아이디어만으로 이런저런 재화를 분배하는 방법까지 알 수는 없다. 우리의 정치적 논의 대부분은 어떤 재화가 정확히 어느 영역에 속하는가 하는 문제를 놓고 벌어진다. 예컨대 어떤 종류의 재화를 보건 분야에 속하는 것으로 봐야 하는지, 또 어떤 종류의 재화를 주택 혹은 교육 분야에 속하는 것으로 봐야 하는지 등과 같은 문제 말이다. 그것들을 요구에 따라 대중에게 제공되는 기본적인 필요_need_로 보아야 하는가, 아니면 시장에서 판매되는 재화와 용역으로 보아야 하는가? 또 다른 종류의 예를 생각해보자면, 섹스는 과연 어떤 영역에 속하는가? 성적인 즐거움은 오직 사랑과 헌신이라는 원리에 근거해서만 "분배"되어야 하는가, 아니면 현금이나 여타의 재화와 교환한다는 명목으로도 "분배"될 수 있는가?

사회복지에 대해 논하든 성생활 관습에 대해 이야기하든 우리는 어떤 재화가 어떤 분배 원칙에 적합한지 결정하는 모종의 방법이 필요하다. 아마도 가장 친숙한 결정 방법 중 하나는 자연발생의 보편적 권리 혹은 인간의 보편적 권리를 밝히고 그것들을 토대로 어떤 특별한 권리가 뒤따를 수 있는지 추론하는 것이다. 다시 말해서, 주택이나 보건에 대한 권리이든 혹은 매춘에 종사할 수 있는 권리와 같은 특정한 권리든 어떤 보편적 권리에서 도출될 수 있는지 추론해 분배 원칙을 결정한다는 의미다.

왈저는 권리에 호소하는 것을 거부하고 그 대신에 특정 공동체 내의 구성원 자격이라는 개념, 즉 권리를 우선시하는 정치이론에 강력히 도전하는 개념을 채택한다. 그는 분배 정의가 반드시 그러한 구성원 자격과 함께 시작되어야 한다고 생각한다. 우리 모두는 권리의 보유자이기 이전에 정치 공동체의 구성원이기 때문이라는 것이다. 우리가 특정 선에 대해서 권리를 가지는지 여부는 해당 선이 우리의 공동체 생활에서 수행하는 역할과 구성원인 우리에게 미치는 중요성에 의존한다는 논리다.

왈저는 의료보험에 대한 공공지원 확대 찬성론으로 이 요점을 설명한다. "치료 받을 권리"가 보편적 권리가 아닌 현대 미국의 삶의 성격과 그것을 정의하는 공동의 이해understandings에 호소하는 논증으로 말이다. 그는 영혼의 치료가 중세 그리스도인들에게 의미했던 바와 신체의 치료가 현재의 우리에게 의미하는 바가 같다고 주장한다. 중세 기독교인들에게는 영혼이라는 개념이 사회적으로 인정되는 필요였다. "그에 따라 모든 교구에 교회가 자리하고 정기적인 예배, 젊은 세대를 위한 교리문답, 의무적인 성찬식이 존재"해야 했던 것이다. 현대의 우리에게는 건강하게 오래 사는 것이 사회적으로 인정되는 필요다. "따라서 모든 구역마다 의사와 병원이 있어야 하고 정기적인 건강검진과 젊은 세대를 위한 건강 교육, 의무적인 예방접종 등이 존재"해야 한다. 의료보험은 이제 사회 내 구성원 자격과 관련된 문제가 되었다. 따라서 거기에서 소외시키는 것은 "위험할 뿐 아니라 불명예스러운" 일종의 파문 선고와 같다는 주장이다.

결국 왈저의 개념에서 평등의 문제는 구성원 자격의 문제와 결부된다. 각각의 공동체는 각각의 재화에 서로 다른 의미와 가치를 부여하고, 이는 다시 구성원 자격에 대한 서로 다른 이해를 야기한다. 예를 들어, 왈저는 다양한 시대와 지역에서 빵이 "생명의 양식이요, 그리스도의 몸이자 안식일의 상징, 환대의 수단 등"이었음을 우리에게 상기시킨다. 중요한 것은 각 공동체는 그 공동체가 공유하는 이해에 충실해야 하며, 그러한 이해가 요구하는 바에 관한 정치적 논쟁에 개방적이어야 한다는 점이다.

이것은 인도적이고 희망적인 관점이다. 왈저는 엉뚱하면서도 부드러운 세련미로 이러한 관점을 전달한다. 그의 책은 우리의 사회적 재화(지위와 명예, 안전과 복지, 일과 여가, 학교 교육과 데이트, 재산과 권력 등)에 대한 우리 자신의 이해를 도출할 수 있도록 고안된 독특한 예증과 역사적 사례들을 충분히 소개하며, 또 종종 그것을 다른 문화나 전통과 대조해 보여줌으로써 이해를 돕는다. 그의 접근방식이 때로 체계적이라기보다는 연상적인 것은 철학의 보편화 충동에 저항하고 우리의 도덕적 삶의 풍성한 특이성을 지지하려는 그의 의도와 일치하는 것으로 봐야 한다.

어떤 이들은 이러한 의도가 본질적으로 보수적일 뿐 아니라 비판력이 결여된 것이라는 논거를 내세우며 이의를 제기할지도 모른다. 구성원 공동의 이해에 충실한 사회라고 해서 반드시 정의로운 사회가 되는 것은 아니며, 단지 일관성 있는 사회가 되는 것뿐 아니겠냐는 것이 그들이 펼칠 수 있는 논리다. 또 나아가 만약 정의의 개념이 어떤 비판적인 힘을 갖는 것이라면 그것은 반드시 어느 특정한 사회와도 관계없는 기준에 기초해야 한다고 주장할 수도 있다. 그렇지 않은 경우 정의가 그것이 판단해야 하는 바로 그 가치의 볼모로 남게 되니까 말이다. 왈저는 때때로 이러한 도전에 취약한 면모를 드러낸다. 우리가 자신이 속한 공동체가 아닌 다른 공동체의 의미를 판단할 수 있다는 것을 의심할 때 보면 그렇다.

하지만 나는 그의 다원주의가 그러한 종류의 도덕적 상대주의를 필요로 하지 않는다고 생각한다. 왈저의 상대주의적 목소리는 그의 논거에 도덕적인 힘을 실어주는 확언적인 목소리와 팽팽한 긴장을 이룬다. 그의 주장에는 공동체에 대한 특별한 관점, 우리가 구성원으로서 공동의 삶을 배양하고자 공유하는 공동체에 대한 특유의 관점이 암시되어 있다.

왈저가 염두에 둔 그러한 종류의 공동체를 느낄 수 있는 표현 한 가지가 바로 공휴일 제도 public holiday 다. 그는 현대적인 휴가와 대조해 공휴일 제도를 살펴보았다. 휴가가 개인적인 행사로서 책무를 떨쳐내고 일상적인 장소에서 "벗어나는" 시간인 반면, 공휴일은 우리가 함께 축하하거나 기념하는 시적인(때로는 종교적이고 때로는 공민적인) 행사다.

그는 "휴가 vacation"라는 말의 역사를 되새기며 우리가 공동의 생활로부터 얼마나 멀어졌는지 보여준다. "고대 로마에서는 종교적인 제전이나 주요한 경기가 없는 날을 디에스 바칸테스 dies vacantes, 즉 '비어 있는 날'이라고 불렀다. 이와 대조적으로 공휴일은 충만한 날이었다. 책무와 축하가 충만한 날로서, 음식과 가무를 즐기고 의식과 연극을 준비하는 등 할 일이 많았다. 당시는 장엄한 의식과 흥청거림을 공유한다는 사회적 재화를 생산할 정도로 무르익은 시대였다. 누가 그러한 시절을 저버리려 하겠는가? 하지만 우리는 그러한 충만감을 상실했다. 이제 우리가 갈망하는 시간은 우리가 원하는 대로 스스로 채울 수 있는 비어 있는 날일 뿐이다."

왈저는 어떤 형태의 휴식이 더 풍성한 공동의 삶에 도움이 되는가에 대해 거의 의심하지 않았다. 하지만 그럼에도 불구하고 그는 (상대주의자적 목소리로) 정의는 공휴일과 휴가 사이에서 어느 편도 들지 않으며, 그저 어떤 형태든 우세한 것에 대한 공공지원을 요구할 뿐이라고 결론짓는다. 하지만 이것은 공휴일보다 휴가에 가치를 두는 공동체는 모종의 충만이 부족할 뿐 아니라, 공동체가 그러한 공휴일을 제공하는 데 필요한 소속감을 유지하지 않기 마련이라는 그의 설명에 함축된 보다 깊이 있는 제언과 대립되고 있다.

공동체에 공적인 축하나 기념을 하는 데 드는 비용의 공유를 기대하는 것과 사적인 휴가에 보조금 지급을 요구하는 것은 완전히 별개의 문제다. 휴가에 의한 공휴일의 쇠퇴는 공공지원을 요구하는 모든 주장의 필수적 전제인 도덕적 유대가 약화됨을 암시한다. 내게는 이것이 왈저의 주장에 담긴 더 큰 힘으로 보인다. 정의가 구성원 자격에서 시작되는 사회에서는 분배만 염려해서는 안 된다. 구성원 자격을 배양하는 도덕적 상황에도 주의를 기울여야 한다는 의미다.

25
핵과 멸종에 관한 개인주의 관점 비판

사람들을 죽이는 일은 여러 면에서 잘못된 일이다. 목숨을 앗아갈 뿐 아니라 괴로움과 고통을 수반하고 미래를 말살하는 일이기 때문이다. 그런 면에서 종족을 보전하기 위한 전쟁 역시도 끔찍한 잘못이다. 그렇다면 핵전쟁이라는 악몽이 여타의 전쟁과 특히 다르게 느껴지는 이유는 무엇인가? 그것은 단순히 고통과 인명 살상의 규모가 막대하기 때문만이 아니라, 인간의 역사가 종말에 이를 가능성까지 내포하기 때문이다. 다른 파괴 도구와는 달리 핵전쟁은 멸종의 가능성을 도입하며, 이러한 가능성이 도덕적 차이를 만든다. 그러면 과연 그 차이는 어떤 사실에 기초하는가? 인간의 목숨을 앗아가는 것과 인류의 삶을 종말에 이르게 하는 것 사이의 도덕적 차이란 구체적으로 무엇을 말하는 것인가?

이러한 고찰은 섬뜩하면서도 한편으로 한가로워 보이기도 한다. 하지만 자유주의자 조지 케이텝은 어떤 정책이든 철학에 부합해야 하기 때문에 그러한 고찰이 필요하다고 역설한다. 핵 억지력처럼 군사적·기술적 필요에 의해 강력하게 지배되는 정책조차 말이다. 난해한 것은 그의 기획이 아니라 그의 대답이다. 케이텝에 따르면, 핵 위험의 도덕적 핵심은 핵전쟁이 개인의 권리를 침해한다는 사실에 기초해야 한다. 그토록 치명적인 사건에 대한 불평치고는 너무 하찮아 보이지만, 케이텝은 그럼에도 개인주의라는 교의가 핵 시대에 대한 "가장 적절한 이상주의이며 핵 문제를 올바르게 보고 그 영구화에 항의하고 저항하는 데 가장 잘 어울리는 도덕철학"이라고 주장한다.¹

케이텝은 개인주의적 원칙들이 "규모나 목적을 막론하고 그 어떤 국가의 그 어떤 핵무기든" 그 사용을 배제한다고 믿는다. 그는 이것을 "비사용주의no-use doctrine"라고 부른다. 정통성 있는 정치체제의 유일한 존재 이유는 개인 권리의 보호에 있으며, 핵전쟁이 이러한 권리를 침해하기 때문에 핵무기의 비사용만이 도덕적으로 허용될 수 있다. 핵무기를 사용하는 정치체제는 통치권을 보유할 자격을 상실하는 것이며, 따라서 자국민이나 다른 나라에 의한 그들의 전복은, 필요하다면 폭력에 의한 전복까지 정당화될 수 있다. 핵 억지력이라는 정책에 은연중 내재된 핵무기 사용 위협마저도 확실히 정통성 있는 정치체제와는 상충하는 행태이며, 그래서 저항권의 근원이 된다는 논리다.

핵전쟁에 대한 케이텝의 강경 노선은 해당 위험에 적합한 확고 부동성을 보여주는 듯하다. 그리고 케이텝이 우리에게 일깨우듯이 핵이 있는 세상을 "완전히 다른" 곳으로 만드는 것은 멸종의 위험이다. 그렇지만 개인주의적 견지에서 왜 인류의 멸망은 사람들이 목숨을 잃는 것 이상의 손실이라는 것일까? 우리는 왜 세상을 구성하는 수백만 사람들의 생존에 대해 걱정해야 하는 이유와 별개로 세상의 생존을 염려해야 하는 것일까? 케이텝은 개인주의적 윤리체계에 맞춰 주장을 펼침으로써 그가 봉착하게 되는 위험의 차별성을 모호하게 만들고 있다. 어떻게 멸종이 죽음보다 더 끔찍한 운명이 될 수 있는지 이해하기 힘들게 만들고 있다는 의미다.

멸종이라는 특별한 손실에 대해 설명하는 데는 적어도 두 가지 방식이 있다. 그 두 가지 중 어느 것도 케이텝이 옹호하는 개인주의와는 맞지 않는다. 첫 번째 방식은 우리가 인간으로서 공유하는 공동세계에 호소하는 것이다. 한나 아렌트는 이렇게 적고 있다.

> 공동세계는 우리가 태어날 때 들어가 죽으며 떠나는 곳이다. 이곳은 현재 우리가 함께하는 사람들뿐 아니라 전에 있었던 사람들, 그리고 우리 이후에 올 사람들과 공동으로 소유하는 것이다.

아렌트에 따르면 인간이 존재의 의미를 가지기 위해서는 공동세계의 영속성이 필수적이다. 죽음을 면할 수 없는 인간은 오로지 의미 있는 행위action에 참여함으로써 "지상에서의 불멸earthly immortality"을 열망할 수 있다. 하지만 시간이 지나면서 사라지지 않게 하려면 그러한 행위는 반드시 기억되어야 한다. 의미는 기억에 좌우되는 것이니까. 공동세계는 기억의 전달자이기 때문에 인간이 의미를 가질 수 있는 가능성도 공동세계의 생존에 좌우되는 것이다. 조너선 쉘Jonathan Schell이 핵 문제를 "공동세계에서의 삶의 위기"라고 묘사한 것도 이 관점에서 나온 것이다.

멸종에 대한 두 번째 논거는 국민과 국가, 문화, 공동체에 의해 정의되는 특정한 공동사회에 호소하는 것이다. 그 구성원들이 가지는 기억들은 그 지방 특유의 기준과 전통에 대한 반향에서 나온다. 그들이 상기하는 사건들은 그 구성원들에게 의미를 가진다. 그러한 기억에 보편적인 의미가 결여된 경우라도 말이다. 공동체의 운명에 관심을 갖는 것은 인류 전반에 대한 관심보다는 다소 축소된 것이긴 하지만, 개인의 삶보다는 영속적인 삶의 방식에 신경을 쓰는 것이다.

이것은 왜 인종 말살이나 민족 말살이 그에 수반되는 많은 살인 이상으로 극악한 범죄인지를 설명한다. 사람들만이 아니라 민족을 말살하는 것은 언어와 문화, 특유의 존재방식을 절멸시키는 것이다. 이런 식의 집단 학살은 세계(인류라는 세계보다 한정된 하나의 특정 세계일지라도)를 파괴함으로써 궁극적인 멸종의 위험을 암시한다. 이는 각기 다른 고유의 표현방식 중 한 가지를 삭제함으로써 우리의 인간성을 훼손시키는 행위다.

우리가 살고 있는 공동세계를 중시해야 한다는 이러한 생각을 케이텝은 단호히 힐책한다. "민족을 그러한 방식으로 이해하는 것은 미국적인 경험에 해법을 주지 않는다." 그것은 이질적이고 "구세계적"이며 "민간비법" 혹은 일종의 미신과 같다. 문화와 민족이 보존할 만한 가치가 있다는 확신은 절멸에 반하는 논거이기는커녕 오히려 "멸종의 가능성의 풍부한 원천"을 만들어낸다. 특정 순간에 민족을 구성하는 개인보다 민족이 오래 남는다는 것을 믿게 되면 우리는 자신의 민족을 더 좋아하게 되고 추상적인 관념을 위해 싸우며 거대한 파멸의 길을 걷게 된다. "민족이라는 관념은 격세유전이 되는 치명적인 관념이다." 현대적 개인주의가 치유하려 하는 것이 바로 그것이다.

공동의 유대를 중시하는 사람들은 그에 대한 자부심이 맹목적 배타

주의로 변질되지 않도록 경계해야 한다. 공동체가 (때때로 그렇듯이) 국가의 권력을 지배하는 경우에는 특히 그렇다. 그렇지만 그러한 연대성이 국가 통제주의로 가는 미끄러운 비탈길이라는 제언은 지나친 과장이다. 케이텝 역시 사회계약을 넘어서는 공동체 의식에 호소하지 않으면서 권리의 개요를 유지하는 것과 같은 그런 익숙한 난제를, 그의 개인주의적 대안이 극복할 수 있는지에 대해서는 충분히 이야기하지 않고 있다. 하지만 정치이론의 이러한 광범위한 질문들은 차치하더라도, 케이텝이 멸종을 특수한 종류의 위험으로 투영하면서 어떻게 그와 동시에 보존할 가치가 있는 공동세계의 개념을 모두 부정할 수 있는지 여전히 의문이 남는다. 개인주의가 우리에게 모든 결속을 벗어나는 수준이 되라고 가르친다면 과연 세상을 사랑할 이유가 남겠는가? 그리고 우리에게 어떤 이유도 없다면 왜 멸종을 그렇게 걱정해야 하는가?

핵 위험이 다른 위험과 차별화되는 것은 그것이 우리 전체를 위협하기 때문이다. 세계 속에 우리를 존재하게 만드는 연속성을 위협한다는 의미다. 개인주의적인 관점에서 보면 종족의 멸망은 살인과는 다른, 그보다 훨씬 큰 문제가 될 뿐이다. 케이텝도 다음과 같이 적은 것을 보면 이를 인정하는 것처럼 보인다. "중요한 것은 수백만 개인의 죽음이다." 하지만 이는 세계 상실이 인명 상실을 뛰어넘는 상실이라는 우리의 느낌과 상충한다. 개인의 권리를 내세우는 언어는 핵전쟁이 무엇이 문제인지를 말하는 데 도움이 되지 않는다. 결국 공동사회에 대한 모종의 언어에 의존하지 않으면 핵 시대의 차별성을 설명할 수 없게 될 것이다.

26

우리가 듀이의 자유주의를
되새겨야 하는 이유

1.

존 듀이는 20세기 초반 미국에서 가장 유명한 철학가였을 뿐 아니라, 학계를 넘어 일반 대중들을 대상으로 정치와 교육, 과학과 종교 등에 대해 글을 쓴 공공 지성인이었다. 듀이가 1952년 93세의 나이로 유명을 달리했을 때, 미국의 역사학자인 헨리 커머저^{Henry Commager}는 이렇게 말했다. "그는 미국 국민의 안내인이자, 멘토, 양심이다. 지난 한 세대 동안 듀이가 말하기 전까지는 어떤 논쟁도 명쾌히 해결되지 않았다고 해도 과언이 아니다."

그렇지만 그가 죽은 후 수십 년 동안 듀이의 업적은 대부분 무시되었다. 학계의 철학은 점차 기술적^{technical}이 되었고, 듀이의 폭넓은 성찰을 모호하고 시대에 뒤떨어진 것으로 간주하기 시작했다. 도덕철학자와 정치철학자들조차 공리주의적 윤리와 칸트적 윤리 간의 논쟁에 휩쓸려 듀이에게 관심을 기울일 이유를 찾지 못했다. 그의 영향력이 존속되던 교육의 현장을 제외하면 그의 책을 읽는 학생들도 거의 없었다. 한편 당시의 주요한 정치적 논쟁들, 가령 권리와 자격의 영역에 관한 논쟁이나 정부와 경제의 관계에 관한 논쟁 등 역시 듀이의 정치적인 가르침과 거의 관계가 없거나, 혹은 그렇게 보였다.

그런데 최근 들어서 듀이가 다시 화려하게 부활하고 있다. 왜 이러한 현상이 일어나는가? 또 듀이의 부활은 진정 현대의 철학과 정치학에 희망을 안겨주는가? 앨런 라이언 Alan Ryan은 저서 『존 듀이와 미국 자유주의의 절정 John Dewey and the High Tide of American Liberalism, 1995』에서 이러한 질문들을 제기하고 있다. 이 책은 그보다 몇 년 전 출간된 로버트 웨스트브룩 Robert Westbrook의 탁월한 전기 『존 듀이와 미국 민주주의 John Dewey and American Democracy』의 뒤를 이으며, 듀이 사상의 여러 측면에 대한 여타의 책이나 논문들과 때를 같이하는 것이다.[1] 옥스퍼드에서 교편을 잡고 있는 정치 이론가인 라이언은 듀이의 삶과 사상에 열렬히 공감하는 안내인이다. 그는 자신의 책을 전면적인 전기라기보다는 "당시 교양 있는 미국 대중에게 놀라운 지배력을 발휘했던 듀이의 사상에 대한 우호적이지만 비판적인 탐구 여행"이라고 표현한다. 이러한 목적을 달성하는 데 있어서 라이언은 감탄할 정도로 성공을 거두었다.

이 책의 서술이 때때로 시들해지는 것은 저자에게 문제가 있어서라기보다는 그가 선택한 주제에 문제가 있기 때문이다. 듀이와 같이 특색 없는 인물이 이처럼 다사다난한 일생을 영위하는 경우는 좀처럼 보기 힘들다. 그의 시대이든 우리 시대이든 그처럼 공적인 참여의 삶을 산 철학가는 흔치 않다. 그는 진보 시대 개혁의 주역으로서 시카고에 실험적인 학교를 설립했으며, 사회개혁 운동가 제인 애덤스가 세운 헐 하우스 Hull House(북미 최초로 만들어진 이민자 생활 향상을 위한 기관 – 옮긴이)에서 그녀와 함께 일했고, 여성 참정권 운동과 마거릿 생어 Margaret Sanger의 산아제한 운동을 지원했다. 그는 훗날 진보주의적 교육이라고 불리는 것의 선두에 선 주창자이자, 미국 교사들의 영웅이었다. 그는 또한 전미 대학교수 협회 American Association of University Professors, 뉴스쿨 New School for Social Research, 전미 시민자유 연맹 American Civil Liberties Union의 창설을 도왔다. 그러는 한편 일본과 중국, 터키, 멕시코, 소비에트 연방을 여행하면서 강연을 하고 교육개혁에 대한 상담을 했으며, 비록 실패로 돌아가기는 했지만 사회민주주의적 원리에 입각한 새로운 정당의 창립을 주도하기도 했다. 78세 때인 1936년에는 스탈린의 고발로 모스크바에서 열린 재판에서 레온 트로츠키 Leon Trotsky의 무죄를 주장하는 심리위원회를 이끌었다. 소비에트 정권에 대항해 사보타주와 반역을 주도했다는 트로츠키의 혐의를 벗기려는 것이었다. 이 엄청나게 다양한 활동들 와중에도 듀이는 도합 1000편이 넘는 논문과 책을 저술했다. 이 중 대부분은 일반 대중을 대상으로 하는 것으로 최근에 37권의 전집으로 출간되었다.[2]

그렇지만 듀이 자신은 그의 행동주의와 영향력이 암시하는 것만큼 인상적인 사람이 아니었다. 그는 수줍음이 많고 침착했으며, 글을 쓰거나 대중 앞에서 연설을 하는 데 서툴렀다. 일반 대중을 상대로 글을 쓸 때도 복잡한 사상을 이해하기 쉽게 만드는 재주는 보여주지 못했다. 듀이의 열성적인 숭배자 중 한 명인 시드니 후크 Sidney Hook 역시 미국에서 가장 위대한 교육 철학자인 듀이가 교실에서 학생을 가르치는 일반 교사들만큼도 인상적이지 않았다고 인정한다.

그는 청중의 관심을 불러일으키거나 동기를 부여하는 시도를 하지 않았고, 청중의 일반적인 경험에 문제를 관련시키는 시도, 추상적이고 난해한 의견의 요점을 밝히기 위해 도해를 사용하거나 구체적인 예증을 제시하는 시도도 전혀 하지 않았다. 그는 좀처럼 학생들로부터 활발한 참여나 반응을 일깨우는 법이 없었다. (…) 듀이는 거친 목소리로 단조롭게 이야기했다. (…) 그의 강연은 유창한 것과는 거리가 멀었다. 그가 창밖이나 청중의 머리 위를 응시하면서 이야기가 끊기거나 때로는 긴 시간이 지나는 경우도 있었다.

작가로서, 연설가로서 혹은 저명인사로서의 존재감 부족은 대중에게 호소했던 그의 매력을 불가사의한 것으로 만든다. 게다가 그가 지지하는 정치적 입장이 전반적인 여론과 불일치했던 경우가 종종 있었다는 사실은 이 수수께끼를 더욱 난해하게 만든다. 자본주의에 대한 비#마르크스주의 비평가였던 그는 1912년 대선에서 민주당 후보 우드로 윌슨이 아닌 사회당 후보 유진 뎁스Eugene Debs에게 표를 던졌고, 뉴딜에 대해서는 산업자본주의의 위기에 대한 지나치게 미온적인 대처라며 반대했으며, 항상 프랭클린 루스벨트가 아닌 노먼 토머스Norman Thomas를 지지했다. 그렇다면 듀이가 반세기에 걸쳐 그토록 폭넓은 청중의 지지를 얻은 이유는 무엇일까?

라이언은 그에 대해 설득력 있는 해답을 내놓는다. 듀이의 철학이 미국인들로 하여금 현대 사회와 화해하도록(즉, 안심하고 받아들이도록 – 옮긴이) 도왔기 때문이라는 것이다. 듀이의 철학은 20세기 초 미국인들이 당면한 엄격한 양자택일의 문제, 즉 과학과 종교, 개인주의와 공동체,

민주주의와 전문가 정치 사이의 융통성 없어 보이는 양자택일의 문제를 완화시켜주었다. 사람들에게 익숙한 이러한 구별을 흐릿하게 만들어준 것이다. 그는 과학이 우리가 경험해 나가면서 세계를 이해하는 또 하나의 방식일 뿐 꼭 신앙과 대립각을 세우는 것은 아니라고 했다. 제대로 이해한다면 개인주의는 마구잡이로 사적 이익을 도모하는 것이 아니라 개인이 가진 특유의 역량을 그것을 끌어내는 "공동생활" 속에서 펼치는 것이라고 했다. 민주주의는 단순히 합리와 불합리를 불문하고서 다수결을 따르는 것의 문제가 아니라 시민들이 "지적인 행위"를 할 수 있도록(즉, 전문가답게 판단할 수 있도록 – 옮긴이) 교육시키는 하나의 생활방식이라고 했다.

간단히 말해, 듀이는 미국인들이 가장 소중히 간직해오던 충의의 일부를 저버리지 않고도 현대 사회를 포용할 수 있다고 주장했던 것이다. 버몬트에서 회중교회 신자로 성장해 성직자가 아닌 철학 교수의 제1세대 구성원으로 활동했지만, 듀이는 공격적으로 세속적 성향을 드러내진 않았다. 그는 신앙과 도덕적 향상 및 종교적 앙양의 어휘를 가졌고, 그것을 민주주의와 교육에 적용했다. 라이언이 주장하듯이, 이러한 입장은 도덕적 이상과 종교적 이상을 찾던 사람들, 자신들을 세속적 사회라는 전제와 양립할 수 있는 사람으로 표현하는 방식을 찾던 이들에게 호소력 있게 다가갔다. 전쟁이 잇따르고, 방대한 사회적·경제적 변화가 출현하고, 그것들에 대한 우려가 널리 퍼지는 동안 듀이는 고무적일 뿐 아니라 위안까지 주는 메시지를 제공한 것이다.

듀이의 비평가들이 가장 골칫거리로 여기는 주제인, 명확한 구별을 피하는 그의 경향은 단순히 독자들의 불안을 진정시키려는 욕구에서 나온 것이 아니었다. 이 경향은 그의 철학에 있어 중요한 두 가지 입장, 실용주의와 자유주의를 반영하는 것이었다. 듀이의 업적에 대한 최근의 논쟁은 이 두 가지 원칙과 그 둘 사이의 관계에 집중하고 있다. 하지만 우리가 알고 있는 실용주의와 자유주의는 듀이가 의미한 바와 다른 방식으로 사용되는 경우가 많다. 따라서 그가 그것들을 어떻게 이해하고 있었는지 파악하는 것이 중요하다.

실용주의는 일반적으로 도덕적 원칙에 의해 지배되지 않는, 일에 대한 단순히 편의주의적인 접근법을 말하는 데 사용된다. 하지만 이것은 듀이가 실용주의라는 표현으로 의미한 바와 다르다. 그에게 있어 실용주의란, 철학자들이 진리 탐구에 관해 이해하던 방식에 대한 도전을 의미한다. 그리스 시대 이래로 철학자들은, 진리의 추구란 우리의 인식이나 믿음과는 관계없이 궁극적 실재 혹은 형이상학적 질서에 관한 지식을 추구하는 것이라고 이해했다. 철학자들은 이 궁극적 현실의 의미를 놓고, 그것이 우리가 제공하는 대상인지 우리가 발견하는 대상인지 서로 의견 일치를 보지 못했다. 그들은 정신과 육체, 주체와 객체, 이상과 현실 간의 관계의 본질에 대해서도 의견이 달랐다. 하지만 진리의 척도가 세상에 대한 우리의 생각과 있는 그대로의 세상 사이의 일치라는 가설만큼은 공유하고 있었다. 듀이는 이 가설을 거부했다. 그의 실용주의에서 중심이 되는 것은, 특정 진술이나 믿음의 진리 여부가 경험을 이해하거나 행위를 인도하는 데 있어서의 유용성에 달려 있다는 개념이었다. 듀이는 이렇게 말했다. "철학은 궁극적 실재와 특별히 관계가 있다는 모든 허식을 버리고, 실재에 대한 그 어떤 일반이론도 가능하지도, 필요하지도 않다는 실용주의적 개념을 받아들여야 한다."[3]

듀이가 옳다면 철학자들에게는 심각한 결과가 빚어진다. 만약 철학에서 그 특유의 주체가 빠진다면, 믿음의 정당성이 경험을 통한 시험에 의해서만 결정될 수 있다면, 사유와 행위, 인식과 실천의 전통적인 구별이 재고되어야만 하기 때문이다. 듀이에 따르면, 인식의 과정은 외부로부터 동떨어진 채 무엇인가를 정확하게 파악하는 데 있는 것이 아니라, 목적을 가지고 지성적으로 사전에 참여하는 것을 수반한다. 그렇다면 철학자들은 보편적인 인식 조건에 대한 탐구를 포기하고 일상에서 일어나는 특정 문제들을 사유와 행위의 대상으로 다루어야 한다. 듀이는 "철학은 철학자들의 문제를 다루는 도구가 되는 것을 멈추고 사람들의 문제를 다루는 방법이 되어, 그것이 다시 철학자들에 의해 계발될 때 비로소 회복될 것"이라고 적고 있다.[4]

철학을 실천적이며 실험적일 수밖에 없는 것으로 보는 생각은 철학자들이 관련 시민으로서뿐 아니라 철학자로서 그 시대의 사건에 반응해야만 한다는 것을 시사한다. 이는 곧 철학과 민주주의 사이의 관계 역시 대부분의 철학사들이 받아들이는 것보다 밀접하다는 것을 암시한다. 라이언이 말했듯이 "듀이는 철학의 모든 각각의 측면이 곧 현대 민주주의 사회에 대한 이해의 한 측면이라고 생각하게 되었다." 철학과 민주주의 간의 이토록 밀접한 연계는, 철학은 진리의 추구로 이해하고 민주주의는 견해와 이해관계를 대표하는 방식으로 이해해서 대조하던, 우리에게 익숙한 입장과 반대된다. 듀이는 철학을 이 익숙한 대조가 상정하는 것보다 덜 고립적이고 덜 초연한 것으로 보았고, 그에 반해 민주주의는 더 숭고한 것으로 보았다. 듀이에게 민주주의는 다수결의 원칙을 따르는 체계를 넘어서는 삶의 방식, 즉 시민들 사이에 커뮤니케이션과 숙의를 촉진시켜서 지성적인 집단행동을 위한 협의를 이끌어내는 삶의 방식이었다.

듀이는 열렬한 민주당원이었지만 민주주의를 합의나 일반의지에 기초한 것으로 옹호하지는 않았다. 대신 그는 민주주의를 사회에 대한 실험적이고 실용적인 태도가 정치적으로 표현된 것으로 보았다. 듀이의 실용주의는 그로 하여금 그가 과학을 찬미하는 것과 같은 이유로 민주주의를 찬미하게 이끌었다. 라이언은 듀이 사상에 나타나는 민주주의와 과학 사이의 유사성을 다음과 같이 설명한다.

> 과학자들의 관찰과 실험을 정당화한 것으로 만들어주는 진리란 없으며, 민주적인 의사결정을 정당화한 것으로 만들어주는 의지도 존재하지 않는다. (…) 듀이는 "민주주의"가 특히 정통성이 있는 것으로 인정받는 것은 일반의지에 의한 정부이기 때문이라거나 진리 발견에 독특한 재능이 있기 때문이라는 식의 암시를 의도적으로 피했다. 그가 언급한 내용 중에서 민주주의의 미덕에 대해 말한 것으로 볼 수 있는 유일한 것은, 그것이 과학의 미덕과 유사하다고 말한 것뿐이었다. 가능성 있는 대안은 거의 대부분 고려해보고, 모든 아이디어에 공정한 시도의 기회를 주며, 진보를 촉진하고 권위에 의지하지 않는 면이 서로 닮았다는 뜻이었다.

듀이의 실용주의는 그의 자유주의에 독특하고 어떤 면에서는 생소한 특질을 제공한다. 대부분의 자유주의 정치이론은 듀이의 실용주의와 상충하는 도덕적·형이상학적 가정에 기초를 둔다. 존 로크는 정통성이 있는 정부는 천부적이고 양도 불가능한 권리를 통해 제한된다는 생각을 가지고 있었다. 이마누엘 칸트는 그 어떤 정책이든 그것이 아무리 인기 있고 유용성에 공헌한다 해도 경험에서 도출되는 것이 아닌, 경험에 우선하는 정의와 권리의 원칙을 위반할 수 없다고 주장했다. 정의와 권리의 기초를 "공리"에 둔 존 스튜어트 밀조차 전반적으로는 행위의 공적인 영역과 사적인 영역을 뚜렷이 구분했던 것으로 볼 수 있다.

듀이는 이러한 성격을 지니는 자유주의의 모든 형태를 거부했다. 그들 모두가 도덕적·형이상학적 토대에 기초를 두고, 그것이 정치와 경험에 우선한다고 주장했기 때문이다. 이러한 고전적 자유주의자들이나 동시대의 많은 자유주의 이론가들과 달리, 듀이는 그의 정치이론의 기반을 근본적인 권리나 사회계약의 존재에 두지 않았다. 그는 시민적 자유를 선호했지만 다수결의 원칙을 제한하는 권리를 정의하는 데 우선적인 관심을 두지 않았고, 사회의 기본적 구조를 지배하는 정의 원칙을 도출하거나 정부의 침해로부터 자유로운 사적 영역을 밝히기 위해 노력하시도 않았다.

듀이의 자유주의에서 중심이 되는 것은, 자유란 개인들 저마다의 역량을 실현하게 하는 공동생활에 참여하는 데 존재한다는 사상이다. 자유의 문제는 개인의 권리와 공동체의 요구 사이의 균형을 어떻게 찾는가의 문제가 아니라 그가 표현했듯이 "개인의 내적 삶은 물론 외적 삶까지 양육하고 지도하는 정신적 권위를 보유한 전체적인 사회질서를 어떻게 확립하는가의 문제"다.[5] 시민적 자유는 그러한 사회에 필수불가결하다. 그것이 개인으로 하여금 나름의 존재 이유를 추구하도록 해주기 때문이 아니라 민주적인 삶이 필요로 하는 사회적 커뮤니케이션, 즉 자유로운 탐구와 토론을 가능하게 해주기 때문이다.

　듀이에게 있어서 민주주의의 최우선적인 중요성은 그것이 모든 사람의 우선권을 동등하게 평가하는 메커니즘을 제공하는 데 있는 것이 아니다. 대신 "삶의 모든 영역과 방식으로 확장되는 사회적 조직의 형태를 제공해" 개인이 가진 최대한의 힘이 "길러지고 유지되고 관리될"[6] 수 있게 하는 데 있다. 듀이가 생각한 "부활하는 자유주의의 첫 번째 목표"는 정의나 권리가 아니라 교육이었다. 함께 공유하는 공공생활의 상호적 책임에 시민들이 적합해지도록 "마음과 성격의 습관 및 지적·도덕적 유형"을 생산하는 과제 말이다.[7] 그는 이러한 종류의 민주주의 교육이 학교 교육의 문제일 뿐 아니라 자유주의적 사회기관 및 정치기관의 필수적인 책무이기도 하다고 강조했다. 학교는 민주적인 공공생활에 참여하도록 어린이들을 준비시키는 작은 공동체가 되어야 하며, 민주적인 공공생활은 다시 공동선을 증진시키도록 시민들을 교육해야 한다는 의미다.

2.
　듀이의 삶과 사상이 "미국 자유주의의 절정"을 보여준다는 라이언의 주장은 오늘날 듀이 사상의 적실성에 대한 질문을 제기한다. 논거와 주안점에 있어서 듀이의 자유주의와 우리 시대의 자유주의 사이에 나타나는 명료한 차이는 그의 자유주의의 진부함을 나타내는 것인가, 아니면 우리 시대의 자유주의의 불완전함을 나타내는 것인가? 라이언 자신도 이 문제에 관해 생각이 나뉘는 것으로 보인다. 한편으로 라이언은 자유가 공동체의 구성원 자격과 밀접한 관련이 있다는 듀이의 견해(듀이가 헤겔로부터 영향을 받았음을 반영하는 견해)를 경계한다. 라이언은 이렇게 적고 있다. "우리가 우리 자신을 위해 갈망하는 것과 다른 사람들을 위해 원하는 것의 격차를 좁히려는 듀이의 욕구는 다소 철학적 이론에 어울리지 않는 희망적 사고를 담고 있다." 그러는 한편, 라이언은 듀이의 자유주의가 오늘날의 아주 자유주의적인 정치이론과 관례의 특징이 되는 권리의 집착에 대한 바람직한 개선 방법이라고 묘사한다. "권리에 집착하는 자유주의는 단지 하나의 자유주의일 뿐이지 가장 설득력 있는 자유주의는 아니다."

마침내 라이언은 권리에 기반을 두는 자유주의와 듀이의 보다 공동체주의적인 자유주의가 이론에서만큼이나 실천적으로 그렇게 크게 다르지 않을 수 있다고 주장한다. 예컨대, 듀이는 자연적 권리들을 부정하면서도 다른 기반을 토대로 한 전통적 자유주의 권리들은 인정했다. 커뮤니케이션과 지성적인 행위, 인간 역량의 최대 실현을 장려하는 민주주의 공동체의 필요조건이라면서 말이다. 이를 놓고 라이언은 이렇게 말한다. 듀이의 자유주의 안에는 "전통적인 정치적 자유들 역시 확고한 위치를 점하고 있다." 라이언의 얘기를 더 들어보자.

> 듀이의 자유주의 안에 전통적인 정치적 자유가 확고한 위치를 점한 것은, 그것이 "자연적 권리들"이어서가 아니라(자연적 권리란 존재하지 않는다), 민주주의 체제에는 다수의 잠재적 악의로부터 각 개인을 보호해야 하는 만성적 문제가 있기 때문이다. 전통적인 정치적 자유는

진정으로 민주적인 대중이 형성될 수 있게 하는 기계의 부품으로서 자리를 지킨다. (…) 권리에 집착하는 완고한 자유주의자는 이를 납득하지 않겠지만 듀이 역시 그런 이에게 설득 당하지 않을 것이다. 이 문제는 보이는 것만큼 중요하지도 않다. 듀이는 자유주의자들이 전통적으로 요구하는 일련의 법적 권리가 민주주의 공동체의 기본 규칙을 제도화하는 데 긴요한 수단이라는 논거에 동의할 준비가 되어 있었다.

듀이의 자유주의와 존 롤스 및 로널드 드워킨 등의 이론가들이 관련된 현대판 자유주의가 모두 익숙한 범위의 권리를 긍정하고 있지만, 그렇다고 해서 둘 사이에 차이가 없는 것은 아니다. 그리고 그 차이는 정치에 중요한 영향을 미치지 않을 수 없다. 이는 정치적인 논쟁은 도덕적·종교적인 논쟁과 분리되어야 한다고 주장하는 그 자신의 현대판 자유주의에 듀이의 실용주의를 배경으로 이용하려는 리처드 로티의 시도를 보면 알 수 있다. 로티는 영향력 있는 다수의 작품을 통해 인식론을 유보하고 철학이 지식의 기반을 제공할 수 있다는 생각을 버린 듀이의 시도를 높이 평가해왔다.[8]

로티는 「철학에 대한 민주주의의 우위The Priority of Democracy to Philosophy, 1988」라는 제목의 논문에서 듀이의 실용주의가 자신이 선호하는 종류의 자유주의에 지원을 제공할 수 있음을 보여주려 했다. 로티는 철학이 경험을 넘어서는 궁극적 실재에 대한 지식의 탐구를 고려하지 말아야 하는 것과 마찬가지로, 정치도 도덕과 종교의 경쟁적인 관점을 제쳐놓아야 한다고 주장한다. 정치는 좋은 삶에 대한 특정한 관념을 목표로 삼아서는 안 되며, 사람들이 공적으로는 서로를 관용하고 사적으로는 자신의 도덕적·종교적 이상을 추구하는 사회에 만족해야 한다는 것이다. 로티는 계속해서 자유주의적 민주주의는 도덕을 법률로 만들어 통제하는 것을 피해야 할 뿐 아니라 정치적 담화에서 도덕적·종교적 논쟁을 쫓아내야 한다고 말한다. "그러한 사회는 사회정책이 개인들 간의 성공적 조정이 필요하지 않은 것과 마찬가지로 권위 역시 필요하지 않다는 생각에 익숙해질 것이다."

로티는 시민들로 하여금 정치적 목적을 위해 자신들의 도덕적 신념을 제쳐놓으라고 장려하는 것이 그들을 철학적으로 "가볍게 생각"하게 만들고 공공생활에 대한 정신적인 "환상에서 벗어나게" 할 수도 있다는 것을 인정한다. 사람들은 점차 정치를 도덕적·종교적 이상의 표현에 적절한 수단으로 보는 경향을 버리게 될 것이다. 하지만 로티는 그러한 결과가 바로 그가 지지하고 (그의 주장에 따르면) 듀이도 지지하는 실용주의적 자유주의의 지혜라고 주장했다. "듀이에게 있어서, 공통적이고 공공의 것이라는 환상에서 벗어나는 것은 우리가 개별적이고 사적인 정신적 해방을 위해 지불해야 하는 대가다."

로티가 듀이의 실용주의에서 듀이 자신이 단언한 것과 극명하게 대립하는 정치이론을 도출한 것은 어느 정도 로티의 철학적 독창성이 발휘된 결과이다. 듀이는 정부가 좋은 삶에 대한 관념들 사이에서 중립을 유지해야 한다는 견해를 거부했다. 그는 공공생활에 대한 도덕적·정신적 환상에서 벗어나기를 찬미하기보다는 오히려 안타까워하는 입장이었다. 듀이는 공공생활과 사적 생활의 선명한 구분을 거부했다. 그리고 그는, 개인의 자유가 시민의 도덕적 품성과 시민적 품성을 계발하고 공동선에 대한 헌신을 고무하는 사회적 삶의 일부로서만 실현될 수 있다고 한 헤겔과 영국의 이상주의 철학자 T. H. 그린^T. H. Green의 견해를 옹호했다.

로티는 듀이의 사상에 담긴 공동체 측면을 제쳐놓고 있다. 대신 듀이의 실용주의에만 의지하며 도덕적·철학적 토대를 거부하는 자유주의를 구성하고 있는 것이다. "실용주의는 우리에게 철학이 지식의 기반을 제공한다는 생각을 버리라고 가르치며, 그와 마찬가지로 자유주의는 도덕적·종교적 이상이 정치적 조정에 정당성을 제공한다는 생각을 버리라고 가르친다." 이것이 로티의 주장이다. 로티의 자유주의는 민주주의가 철학보다 우선한다고 단언한다. (철학과 달리) 민주주의를 위한 정당한 논거는 좋은 삶에 대한 어떤 특정한 관점이든 전제로 할 필요가 없다는 면에서 그렇다고 말이다. 듀이의 자유주의에 대한 로티의 창의적인 개작(혹자는 탈취라고도 말한다)은 듀이의 공동체주의적 자유주의와 우리 시대에 익숙한 권리 기반의 자유주의를 비교할 때 무엇이 중요한지를 명확히 하는 데 도움을 준다.

듀이는 당시 미국 민주주의의 주요한 문제를 정의와 권리를 덜 강조하는 데 있는 것이 아니라, 공공생활의 피폐성이라고 보았다. 이러한 피폐성의 근원은 근대 경제생활의 비인격적이고 조직화된 성격과 미국인들이 스스로에 대해 인식하는 방식 사이의 모순에 있었다. 20세기 초반의 미국인들은 점차 스스로를 자유롭게 선택하는 개인으로 생각하게 되었다. 대기업들이 지배하는 거대한 규모의 경제생활이 자신의 삶을 관리하는 그들의 역량을 침식하기 시작했는데도 말이다. 듀이는 "사회적 사안을 관리하는 일에서 개인의 중요성이 줄어들고 있던 시기, 기계력과 거대한 비인격적 조직들이 상황의 골격을 결정하고 있던 바로 그 시기에"[10] 역설적으로 사람들이 개인주의적 철학에 매달리는 것을 목도했다.

당시 기계력의 중심이 되는 것은 증기와 전기, 철도였다. 그것들은 19세기 미국인의 삶에서 쉽게 찾아볼 수 있었던 공동체의 지역적 형태들을 해체시켰다. 새로운 형태의 정치 공동체로 대체하는 일도 없이 말이다. 듀이가 썼듯이 "위대한 사회의 발생에 이바지하던 기계 시대는 위대한 공동체Great Community를 발생시키지도 않은 채 이전 시대의 작은 공동체들을 침략하고 부분적으로 붕괴시켰다."[11] 상업과 산업의 영향으로 전통적인 형태의 공동체와 권위가 붕괴되었는데, 이것이 처음에는 개인 해방의 근원으로 보였다. 하지만 미국인들은 곧 공동체의 상실이 그와는 사뭇 다른 결과를 낸다는 사실을 발견했다. 새로운 형태의 커뮤니케이션과 기술은 새롭고 더욱 광범위한 상호의존을 초래했지만, 공통의 목적과 추구에 대한 연대감까지 불러일으키지는 못했다. 듀이는 이렇게 적었다. "사람들을 불러 모으는 거대한 흐름이 이어지고 있다. 하지만 이 흐름은 새로운 종류의 정치적 공동체를 성립하는 데는 아무런 역할도 하지 않고 있다." 듀이가 상술했던 대로 "집단행위의 단순한 집적은 그 양이 아무리 많을지라도 공동체를 형성하지는 못한다." 철도와 유선전신을 이용하고, 노동의 복잡한 분화가 증가했음에도 불구하고, 아니 어쩌면 그 때문이었는지 "대중은 길을 잃고 방황하는 것처럼" 보였다.[12] 새로운 국가경제는 "그에 합당한 정치적 행위자"를 가지지 못했고, 결국 민주적 대중을 원자화되고 불완전하며 비조직적인 상태로 남겨 두었다.[13] 듀이에 따르면 민주주의의 부흥은 공동의 공공생활이 회복되기를 기다리고 있었다. 이는 다시 시민들에게 근대 경제 안에서 효과적으로 행위할 수 있는 능력을 길러주는 새로운 공동체주의 기관, 특히 학교의 창설에 의존했다. "위대한 사회가 위대한 공동체로 전환될 때까지 대중은 영향력을 잃은 채로 남게 될 것이다."14

그의 시대와 그 이후의 많은 자유주의자와 같이 듀이는 위대한 공동체가 국가적 공동체의 형태를 띨 것이라고 생각했다. 전체로서의 국가에 대한 상호책임의식과 충성심을 고취하는 한, 미국적 민주주의는 어떻게든 번성할 것이라고 본 것이다. 경제가 이제 국가적 규모가 되었기 때문에 그에 보조를 맞추기 위해서라도 정치기관들 역시 국가적인 수준이 되어야 했다. 전국적인 시장들은 거대정부를 이끌어냈고, 이런 거대정부는 다시 그것을 지탱해줄 국가적 공동체의 강력한 감각을 필요로 했다.

진보 시대에서 뉴딜, 위대한 사회에 이르기까지 미국적 자유주의는 국가적 공동체와 시민 참여에 대한 더 깊은 의식을 고취하기 위해서 노력했다. 하지만 성패는 엇갈렸다. 전쟁기간과 같은 특수한 시기를 제외하면 국가는 위대한 공동체를 닮은 어떤 것이 형성되기에는 너무 방대했고, 공공의 숙고(듀이가 올바르게 높이 평가한)를 위한 광장의 역할을 하기에는 지나치게 이질적이었다. 그 부분적인 결과로 전후 시대 미국의 자유주의자들은 점차 그들의 관심을 공공생활의 특성으로부터 정부에 맞서는 권리와 정부의 후원을 받는 자격을 확대하는 쪽으로 돌렸다. 그렇지만 1980년대와 1990년대 무렵, 권리와 자격을 옹호하는 자유주의는 도덕적인 에너지와 정치적인 호소력의 많은 부분을 잃고 쇠퇴의 길로 접어들었다.

듀이의 시대와 마찬가지로 오늘날에도 시민들이 자신의 삶을 지배하는 힘에 대한 통제력을 잃고 있다는 두려움, 사람들이 공적인 책임을 외면하고 있다는 두려움, 정치가들과 정당들에게는 이에 대응할 도덕적 혹은 시민적 상상력이 결여되어 있다는 두려움이 만연하고 있다. "대중(듀이가 생각했던 의미의 대중)"이 영향력을 잃고 있다는 걱정이 다시 나오기에 충분한 상황이다.

그런 가운데 한편에서는 강력한 이해집단의 활동과 귀에 거슬리는 잡음이 합리적인 공적 토론의 여지를 거의 모두 없애 버리고 있다. 듀이의 표현을 빌리자면, 그 당시처럼 지금도 "인간의 존재를 구성하는 정치적 요소들, 시민의식과 관련이 있는 정치적 요소들은 한편으로 치우쳐 있다"고 말할 수 있다.[15] 그렇지만 이제는 자유주의자들보다 보수주의자들이 시민의식과 공동체, 그리고 공동의 공공생활에 대한 도덕적 전제조건 등을 노골적으로 거론한다. 보수주의자들이 가진 공동체에 대한 개념은 종종 편협하고 인색함에도, 자유주의자들에게는 이를 설득력 있게 반박할 도덕적 자원이 부족한 경우가 많다. 라이언이 말한 "권리에 집착하는 자유주의"는 우리 시대에 익숙한 것으로, 정부는 좋은 삶과 관련된 문제들에 대해 중립을 지켜야 하고 도덕적·종교적 논쟁에서 편을 들지 말아야 한다고 주장한다. 라이언의 책이 지닌 가장 큰 효용은 우리에게 자유주의가 언제나 도덕이나 공동체, 종교에 대한 이야기를 꺼렸던 것은 아니라는 사실을 상기시킨다는 점이다. 그는 이렇게 적고 있다.

듀이의 자유주의는 다르다. 그것은 명백히 인간의 품위와 필요, 이익을 확대하고 진보시키는 데 전념하는 진정한 자유주의다. (…) 그럼에도 불구하고 논쟁의 여지가 있는 세계관, 좋은 삶의 구성요소에 대한 논쟁의 여지가 있는 견해 등을 두루 갖추고 있으며, 종교적 논쟁에서 편을 들고 권리의 옹호에 집착하지 않는다. (…) 듀이의 자유주의가 찬양하는 개인은 자신의 일과 가족, 지역 공동체, 그 공동체의 정치에 철저하게 관여하고, 강요나 위협, 타의에 의해 공동체 활동을 하지 않으며, 당면한 책무에 몰두하는 것과 조화를 이루는 자기표현의 장으로 공동체를 보는 사람이다.

권리와 자격의 자유주의가 쇠퇴기에 접어든 이 시기에, 우리는 듀이가 대변한 좀 더 확고한 시민 자유주의를 상기하는 편이 현명할지도 모르겠다.

27

인간이 신의 역할을 하는 것은 잘못인가?

데이비드 하트만은 우리 시대의 선두적인 종교 사상가 중 한 명이며 가장 영향력 있는 유대인 철학자. 그는 여러 저술과 가르침을 통해 유대교의 전통과 현대의 도덕철학 및 정치철학의 풍부한 만남을 촉진해왔다. 마이모니데스Maimonides(12세기의 유대교 철학자이자 의학자 – 옮긴이)가 모세나 랍비 아키바Akiva와의 대화에 아리스토텔레스를 끌어들였듯이, 하트만은 탈무드 논법에 칸트와 밀의 자유주의적 감수성을 끌어들임으로써 유대교 사상을 쇄신했다.

활발한 연구와 저술 활동을 통해 그는 할라카(유대인의 도덕법칙과 법률, 관습 혹은 그 총체 – 옮긴이) 유대교와 현대의 다원주의를 조화시킬 수 있다는 사실을 보여주었다.[1] 그가 지지하는 다원주의는 단순히 오늘날 사회에 많이 존재하는 도덕적·종교적 이견들에 대한 실용주의적 대안 또는 평화를 위한 타협안이 아니다. 반대로 하트만의 다원주의는 그의 신학, 언약적 유대주의covenantal Judaism에 대한 그의 독특한 관점에 근거를 두고 있다.

해석적 다원주의와 윤리적 다원주의

하트만 신학의 중심이 되는 것은 인간에게 자유와 책임의 여지를 주기 위해서 스스로를 제한하는, 자기제한적인 존재로서의 신^{God} 개념이다. 신의 자기제한이라는 개념은 성서의 천지창조 이야기에 처음 암시되어 있다. 신은 자신의 모습대로 인간을 창조하지만, 자신과는 구별되는 자유롭고 독립적인 피조물로 만든다. 신의 명령을 어길 수 있고(아담이 선악과나무 열매를 먹었듯이), 신과 언쟁을 벌일 수도 있는(소돔[구약성서에 나오는 도시의 이름, 흔히 "죄악의 도시"라는 비유로 사용되고 있다 — 옮긴이]에 대한 심판을 놓고 아브라함이 그랬듯이) 존재로 말이다.

그러나 하트만은 신의 자기제한이 가장 잘 나타난 것이 시나이 언약(계약 가운데 신의 혹은 신앙을 전제로 이루어지는 계약을 "언약"이라고 일컫는다 — 옮긴이)이라고 본다. 신은 시나이 산에서 유대인들에게 율법을 내리면서, 역사에 대한 자신의 계획에 인류를 파트너로서 참여시킨다. 신이 기적을 통해 개입하거나 예언적 계시를 통해 자신의 목적을 직접 성취하지 않고, 신의 계율에 따라 살기로 약속한 공동체에 자신의 희망을 연결하는 것이다. 그런데 신이 시나이 산에서 내린 율법은 명쾌하지도 자기해석적이지도 않다. 신은 그 율법에 담긴 의미를 규정하고 판단하는 일을 인간, 즉 학자와 랍비들에게 맡겼다. 신이 자신의 역할을 제한하고 인간이 주도권을 발휘할 여지를 남긴 데는 심오한 의미가 담겨 있다. "인간에 대한 신의 자기제한적 사랑은 그가 율법의 정교한 해석과 확장을 랍비들에게 맡긴 것에서 드러난다."[2] 『탈무드』와 『미드라시^{Midrash}』(성서 구절을 개별 상황에 적용시켜 해석시키려는 유대교 성서 주석 간

행물 – 옮긴이)를 통해 구현된 정교한 해석들은 시나이 산에서 내려진 율법을 토대로 한다. "구전 전승의 발전으로 이스라엘 민족은 계시의 발전에 있어 신의 파트너가 되었다. 계시는 시나이 산에서 완결된 상태로 주어진 신의 말씀이 아니라 수많은 세대의 학자들에 의해 창의적으로 연구되는, 다양한 해석이 가능한 말씀이 되었다."[3]

하트만은 두 가지 형태의 다원주의를 주장한다. 하나는 해석적 다원주의이고 다른 하나는 윤리적 다원주의다. 해석적 다원주의는 그의 언약적 신학에서 직접 나온 것으로서, 탈무드 논법의 개방적 성격을 반영한다. 해석적 다원주의는 얼마나 박학다식한지에 관계없이 각각의 랍비들이 다른 결론에 이를 수 있다고 보는 관점이다. 『미드라시』 문헌의 유명한 구절("그것은 하늘의 영역에 속하지 않는다.")이 보여주듯, 신조차도 탈무드 논쟁을 해결하기 위해 개입할 수 없다. 소수의 의견이라도 이단으로 비난 받지 않으며 타당하게 인정받고 보호 받는다. 해석에 대한 개방적인 입장은 할라카 유대교 안에 다원주의가 자리할 여지를 만들어준다.

그러나 하트만은 더 광범위한 윤리적 다원주의도 지지하는 바, 이는 타종교들의 윤리체계와 세속적 도덕의 윤리체계를 진지하게 받아들이려는 관점이다. 하트만은, 신이 유대민족과 언약을 맺었다는 사실이 오로지 유대교만이 신을 숭배하는 진정한 방법이라는 것을 의미하진 않는다고 말한다. 또 반드시 신의 계시를 기반으로 윤리체계를 확립해야 하는 것도 아니다.[4] 하트만은 신의 계시 없이는 윤리적 규범을 위한 합리적 토대를 마련할 수 없다는 생각을 거부한다. "인류의 역사는 인간이 신의 권위에 기초하지 않은 윤리체계를 세울 수 있다는 사실을 보여주었다. 윤리에 대한 신의 계시는 윤리체계를 확립할 수 없다고 여겨지는 인간 이성의 능력을 보완하기 위해서 존재하는 것이 아니다."[5] 많은 종교 사상가들과 달리 하트만은 "비종교적 인본주의도 실행 가능하며 도덕적으로 일관성을 지니는 입장"[6]이라고 주장한다.

하트만은 윤리적 다원주의가 성서적 유대주의나 탈무드적 유대교의 지배를 받는 것이 아니며, 하나의 가능한 해석방식일 뿐이라고 말한다. 그는 유대교 전통의 어떤 측면들은 다원주의와 상충한다는 사실을 인정한다. 혹자는 하트만의 견해를 듣고 이런 질문을 할지도 모른다. 그렇다면 어떤 해석방식이 유대교 전통에 가장 부합하는 것인가? 다원주의적 견해인가, 아니면 배타적인 견해인가? 그러나 하트만은 이러한 문제에 집중하지 않으므로 나 역시 여기서 그 점에 대해서는 다루지 않을 것이다. 대신 나는 하트만의 윤리적 다원주의에 의해 제기되는 다음과 같은 다른 문제를 생각해볼 것이다. 인간이 신의 계시 없이도 이성을 통해 도덕적 체계를 세울 수 있다면 종교가 존재하는 이유는 무엇인가? 이 질문은 다른 방식으로도 표현할 수 있다. 세속적 도덕체계secular morality를 세울 수 있다는 사실이 할라카 유대교에 위협이 되지 않는 이유는 무엇이라고 생각하는가? 그는 세속적 윤리를 합당한 것으로 받아들이는 자신의 관점을 지지하기 위해, 아리스토텔레스의 윤리관에 자주 의지했던 마이모니데스를 인용한다. "마이모니데스는, 계시와는 무관한 근거를 가진 윤리적 규범의 유효성을 인정한다 해도 언약적인 할라카 영성이 전혀 위협 받거나 손상되지 않는다는 것을 보여주었다."[7]

강한 종교적 신념을 가진 많은 사람들은 자신이 세속적 도덕체계를 부정해야 하는 입장이라고 생각한다. 할라카 유대인인 하트만이 그와 반대되는 관점을 갖고 있다는 사실은, 타인의 종교에 관한 관용적 입장 그 이상의 무언가를 반영한다. 또 종교가 도덕적 원칙의 근거를 세우는 것을 넘어서는 문제라는 그의 확고한 신념을 보여준다. 하트만은 유대교의 윤리적 계율의 중요성은 인정하지만, 오로지 유대인만이 가졌다고 여겨지는 특정한 윤리적 계율들과 유대교를 동일시하는 사람들에 대해서는 비판적인 입장을 취한다. "유대교가 윤리적 계율을 진지하게 다룬다는 점을 보여주기 위해서, 유대인의 특별한 윤리의식을 강조하거나 유대인 선지자들의 도덕적 천재성을 인용할 필요는 없다."[8] 유대교를 윤리적인 것과 동일시하는 태도는 많은 다른 문화권의 유사한 윤리적 규범을 인식하지 못하게 만든다. 또 그러한 태도는 유대인의 종교적·영적 삶을 피상적으로만 이해하고 있음을 반영한다.

하트만의 종교인류학

하트만에게 종교란 윤리적인 계율이나 전례, 의식 그 이상의 무언가다. 종교는 인간과 신의 관계, 인간과 자연, 인간과 우주의 관계를 이해하는 하나의 방식이자, 그 관계를 적절히 맺기 위한 방법이기도 하다. 하트만의 언약적 신학의 중심에는 종교인류학의 근본적인 질문들이 놓여 있다. 인간이 신의 존재와 더불어 살아간다는 것은 무엇을 의미하는가? 종교적 인간은 어떠한 성향과 감성을 지니며 세상에 대해 어떤 태도를 취하는가? 종교적 인간은 겸손하고 순종적인가, 아니면 독단적이고 대담한가? 할라카 유대교는 어떤 종류의 종교적 기질과 품성을 지지하고 계발하는가? 인간의 능력에 가해지는 어떠한 제한^{limit}을 우리가 인정하고 받아들여야 하는가?

이 질문들이 암시하듯 종교인류학은 형이상학적인 동시에 규범적이다. 우주에 대해 그리고 그 안에서 인간이 살아가는 영역에 대해 설명하려 한다는 점에서 형이상학적이며, 신 또는 자연과 인간의 관계를 설명하기 위해서는 우리가 어떤 방식으로 존재하고 삶을 살아야 하는가에 대한 고찰이 수반된다는 점에서 규범적이다. 율법에 대해 순수하게 형식적인 또는 실증적인 견해를 고수하는 사람들은 그러한 설명이 규범적인 의미를 지닌다는 사실을 부정할지도 모른다. 율법이 금지하는 것은 무엇이든 행해서는 안 되고 율법이 금지하지 않는 것은 무엇이든 허용할 수 있다고 믿으니까 말이다. 그러나 할라카에 대해 여러 가지 다양한 해석이 가능하다는 하트만의 관점이 옳다면, 최선의 해석은 더 커다란 신학적 그림과 조화를 이루는 해석일지도 모른다. 이와 같은 방식으로 하트만의 종교인류학은 그가 윤리와 율법을 어떻게 이해하고 있는지 보여준다.

하트만의 종교인류학이 지닌 중요한 의미를 보여주기 위해, 나는 오늘날 공공 담론에서 갈수록 부각되고 있는 일련의 도덕적·정치적 문제들을 고찰해보고자 한다. 이들 문제는 우리에게 익숙한 도덕적 원칙이나 윤리적 훈시에 호소하는 방식만으로는 해결되지 않는 것들이다. 하트만은 이들 문제를 직접적으로 다루지 않았지만, 그의 종교인류학은 그러한 문제들을 고찰하기 위한 효과적인 방식과 유용한 언어를 제공한다.

생명공학, 신격화 논란

현대 사회에서는 인간의 본질적 특성과 자연을 개조하기 위한 기술이 날로 발전하고 있으며, 우리가 직면한 어려운 이슈들 가운데 다수는 그러한 기술을 적절히 이용하는 문제와 관련되어 있다. 자연에 대한 인간 지배력의 한계를 둘러싼 논쟁은 환경정책에 대한 논란에서 특히 두드러지게 나타난다. 최근 생명공학의 발전으로 이 문제는 더욱 첨예한 관심 대상이 되었으며, 이는 유전자 변형 식품, 동물 생체공학, 인간 복제, 새로운 생식 기술, 자녀의(또는 자기 자신의) 유전적 특성을 선택하거나 바꿀 수 있게 해주는 기술과 관련된 논쟁들을 보면 알 수 있다. 복제양 돌리에 반대하는 사람은 별로 없지만, 유전공학 기술을 이용해 아기의 성별, 키, 눈 색깔, 운동 능력, 음악적 재능, IQ 등을 미리 검사하여 "맞춤 아기"를 만든다거나 인간을 복제하는 아이디어에 대해서는 많은 사람들이 우려를 표한다.

이러한 시나리오는 염려스럽기는 하지만, 정확히 무엇이 잘못되었는지 말하기는 쉽지가 않다. 물론 확실한 반박 논리 한 가지는 있다. 그와 같은 시도들이 유전적 기형이나 뜻밖의 의학적 부작용을 초래할 심각한 위험을 내포한다는 것이다. 하지만 의학적 위험들이 결국엔 극복될 수 있다고 가정한다 할지라도 불편한 마음은 좀처럼 사라지지 않는다. 윤리적 원칙과 관련해 흔히 등장하는 어휘들(공리, 권리, 고지에 입각한 동의)은 유전공학에서 사람들의 마음을 아주 불편하게 만드는 측면들을 포착해내지 못한다. 따라서 위와 같은 시도들을 걱정하는 이들(세속적인 도덕의 틀 안에서 우려의 근거를 찾는 이들을 포함하여)은 인간이 "신의 행세"를 해서는 안 된다는 것을 근거로 내세운다. 자연에 대한 인간의 어떤 개입들은 일종의 "오만한" 도전이자 적절한 인간 활동의 한계를 넘어서는 지배욕의 발현이라는 것이다. "신의 행세"를 한다는 것을 근거로 하는 유전공학 반대 논리가 결정적인 타당성을 갖느냐의 여부를 떠나, 이러한 주장은 우리로 하여금 인간과, 신이나 자연 사이의 적절한 관계가 무엇인지에 대해 생각해보게 만든다. 다시 말해, 종교인류학의 영역으로 우리를 들여보내는 것이다.

유대교는 자연에 대한 인간의 지배에 대하여 다른 종교에 비해 관대한 입장이다. 하트만도 지적하듯이 유대교에서 창조주는 범신론적 개념에서처럼 자연과 하나인 것도 아니고, 다신교적 우주론에서와 같이 자연 속에 구현되어 있는 것도 아니다. 창조주는 자연 이전에 존재하는 초월적인 존재다. 따라서 자연에 대한 인간의 개입이 일정한 제한을 받아야 한다면, 그것은 극단적인 환경론자들이 믿는 것처럼 자연이 그 자체로서 매혹적이고 신성한 존재이기 때문은 아니다. 자연에 대한 인간 지배력의 행사가 제한을 받는 것은 자연 그 자체 때문이 아니라, 인간과 신의 관계라는 문제 때문이다. 불멸의 생을 추구하기 위해 인간을 복제하는 일이나 우리의 기대와 욕구에 부응하도록 자녀의 유전자를 변경시키는 일이 잘못이라면, 그 죄는 자연의 신성함을 모독하는 데 있는 것이 아니라 우리 스스로를 신격화하는 데 있다.

그렇다면 과학이나 기술의 힘을 행사하는 것이 인간 신격화에 해당하는 행위가 되는, 즉 신의 역할을 빼앗는 오만한 도전이 되는 지점은 어디인가? 과거 랍비의 시대에는 의사의 치료 행위를 치유자로서의 신의 역할을 침범하는, 용인할 수 없는 행위로 보는 사람들도 있었다. 하지만 탈무드는 이러한 견해를 거부하고 "의사에게는 치료의 권한이 허락되어 있다"고 가르친다(베라코트 60a).

『미드라시』 문헌에 나오는 다음의 이야기는 의사에게 주어진 치료의 권한을, 밭을 경작하여 자연에 변화를 가할 수 있도록 농부에게 주어진 권한에 비유하여 설명한다.

> 랍비 이스마엘과 랍비 아키바가 어떤 사람과 함께 예루살렘 거리를 걷다가 한 병자를 만났다. 병자가 말했다. "랍비님들, 어떻게 하면 내가 나을 수 있을지 말씀해주십시오." 그들이 말했다. "이러저러하게 하면 병을 고칠 수 있을 것이오." 병자가 물었다. "그런데 누가 나를 병들어 아프게 만든 것입니까?" "하나님이시오. 주여, 축복 받을지니." "그렇다면 당신들은 당신들 것이 아닌 영역을 침범하고 있소. 하나님께서 병을 내렸는데 당신들이 고친다니! 당신들은 신의 의지를 거역하고 있는 게 아니오?"
>
> 랍비들이 병자에게 물었다. "당신의 직업이 무엇이오?" "나는 땅을 일구는 농부요. 여기 내 손에 낫이 있지 않소." "밭과 과수원을 만든 이가 누구요?" "하나님이오. 주여, 축복 받을지니." "그렇다면 당신도 당신 것이 아닌 영역을 침범하고 있소. 하나님이 그것들을 만들었는데 당신이 그 과실을 베어가지 않소!" "이 손에 들려 있는 낫이 보이지 않소? 내가 쟁기질을 하고 씨를 뿌리고 거름을 주고 잡초를 솎아내지 않으면 아무것도 자라지 않소." "어리석은 자여! 당신의 일이 이것을 가르치지 않았단 말인가? 성서에 이르기를, 인생은 그 날이 풀과 같으며 그 영화가 들의 꽃과 같도다 하나니(시편 103:15). 잡초를 솎아내고 거

름을 주고 쟁기질을 하지 않으면 나무가 자라지 않고, 설령 나무가 자라다 하여도 물을 대고 거름을 주지 않으면 살지 못하고 죽게 마련이듯이, 우리의 몸도 마찬가지라오. 약과 치료는 우리 몸에 거름과 같으며, 의사는 땅을 일구는 농부와 같소."[9]

의사에게 병자를 치료할 수 있는 권한이 주어진다는 사실은, 특정한 형태의 유전공학이 신의 영역을 그릇되게 침범하는 것인가 여부의 문제를 해결해주지 못한다. 여자아기 대신 남자아기를 선택하거나, 특정한 약물을 이용하거나, 유전자 조작을 통해 운동선수의 경쟁력을 높이는 등과 같은 대부분의 생명공학 활용 방식은 환자를 치료하는 일과 아무런 관련이 없다. 내가 1마일을 3분에 주파하거나 70개의 홈런을 치지 못하는 것은 실망스러운 일일 수는 있으나 병은 아니다. 따라서 내 주치의가 그런 능력을 가능케 하는 치료책을 내게 제공할 의무는 없다. 하지만 그러한 능력을 갖기 위해서 과학과 기술을 이용하는 것이 잘못인지 여부는 더욱 깊이 생각해봐야 할 문제다.

프로메테우스적 정신에 대한 반대

하트만의 스승인 랍비 조지프 솔로베이치크Joseph Soloveitchik는 인간의 힘을 행사할 수 있는 거의 무제한적인 범위를 인정한다. 솔로베이치크는, 인간이 신의 형상대로 창조되었다는 사실은 곧 인간이 창조 행위에 참여할 임무를 신으로부터 부여 받았음을 의미한다고 본다. 그는 인간이 적극적인 권한을 갖고 세계를 개선하도록 만들기 위해서 신이 일부러 불완전한 세계를 창조했다고 주장한다. 그는 이렇게 썼다. "할라카적 인간의 가장 열렬한 소망은 창조에서 결핍된 부분을 보충하는 것이다. 창조라는 꿈은 할라카적 의식의 중심 관념이다. 창조 행위에 있어서 전능자의 파트너인 인간, 세상들을 창조하는 주체로서의 인간의 중요성 말이다."[10]

솔로베이치크에 따르면, 불완전한 세계를 창조한 데는 인간에 대한 신의 사랑이 담겨 있다. "창조주인 신은 인간에게 할 일을 남겨놓기 위해서, 인간에게 창조자와 제작자의 왕관을 씌워주기 위해서 애초에 세상의 형상과 발달 수준을 낮게 잡았다." 솔로베이치크는 자기창조의 프로젝트도 창조의 임무에 포함시킨다. "창조와 우주의 재정비에 참여할 의무라는 전반적인 임무가 인간에게 주어져 있다. 그 무엇보다도 근본적인 원칙은 인간이 자기 자신을 창조해야 한다는 것이다. 유대교가 세상에 소개하는 것이 바로 이와 같은 사상이다."[11]

솔로베이치크의 종교인류학에 담긴 프로메테우스적 정신은 인간의 무제한적인 자연 지배를 인정하는 것으로 보인다. 그가 과학 연구를 오만한 도전이라고 비난하는 일은 상상하기 어렵다. 솔로베이치크라면 현대 과학자들이 신의 행세를 하려 든다고 비난하는 사람들을 향해 제임스 왓슨James Watson이 했던 말에도 공감할지 모른다. 왓슨은 이렇게 말했다고 알려져 있다. "인간인 우리가 신의 행세를 하지 않는다면 그 누가 한단 말인가?" 하트만이 말했듯이, 유대교 영성에 대한 솔로베이치크의 관점에서는 "종종 종교적 추구에 대한 위협으로 간주되곤 하는 현대 과학기술의 정신 전체를 지지한다."[12]

그렇다면 종교적인 겸손이라는 문제는 어떻게 되는가? 그토록 큰 권한을 부여 받은 자주적인 인간이 자기 자신을 신으로 착각하지 않게 만드는 것은 무엇인가? 솔로베이치크는 할라카적 인간에게 주어진 두 번째 임무를 통해 이 문제를 해결한다. 그 두 번째 임무란, 인간이 신의 창조 능력만 모방하는 데 그치는 것이 아니라 세상으로부터 물러나는 태도, 패배를 받아들이는 모습까지 모방하는 것이다. "따라서 유대교 윤리에서는 인간이 어떤 특정한 상황에서는 뒤로 물러날 것을 요구한다. 인간이 언제나 정복자가 되어야 하는 것은 아니다."[13] 인간의 지배 권리는, 궁극적으로는 헤아릴 수 없는 신의 의지에 복종할 의무와 희생할 의무에 의해 억제되는 바, 이러한 복종과 희생은 아브라함이 자신의 아들을 기꺼이 제물로 바치고자 했던 것에서 엿볼 수 있다. 솔로베이치크가 보기에, 대립되는 성향들에 의해 갈라진 종교적 인간은 극단적으로 다른 다음 두 가지 영적 감수성 사이를 오갈 수밖에 없다. 자연과 마주할 때, 인간은 강렬한 지배 욕구를 나타낸다. 한편 신과 마주할 때, 주체적인 자아 인식 대신 아브라함과 같은 절대적인 희생과 복종이 나타난다.

하트만은 두 가지 근거에서 솔로베이치크의 종교인류학을 거부한다. 첫째, 하트만은 독단적 자기확신과 순종이라는 양극단 사이를 오가는 것이 영적으로나 심리적으로 인간적 경험과 맞지 않는다고 생각한다. 둘째, 그의 언약적 신학에서는 처음부터 그 양극단을 조정해놓는다. 인간의 지배에 대해 프로메테우스적인 전망만 갖지 않는다면, 오만한 도전을 시도하려는 유혹은 그가 일컫는 "권위주의적 종교의 궁극적 원칙"이라는 것에 의지하지 않고도 통제될 수 있다. 여기서 궁극적 원칙

이란 곧 즉 신의 의지는 헤아릴 수 없다는 주장을 말한다.[14]

(솔로베이치크의 관점에 따르면) 할라카적 인간이 위엄 있는 태도로 자연을 정복하기 위해 자신의 창조력을 행사할 때 느끼는 커다란 자만심은, 아브라함과 같은 희생적 순종에 의해 중화되어야만 한다. 그러나 나는 그러한 극단적인 치료책이 불필요하다고 생각한다. 애초에 병이 생겨날 일이 없기 때문이다. 유대교는 그 자체의 내부적인 교정 메커니즘을 갖고 있으며, 그 메커니즘이 오만한 도전으로 향하는 인간의 경향을 막을 수 있다.[15]

오만함의 억제 1: 유한성에 대한 인정

나는 하트만의 종교인류학이 가진 특성들 가운데 인간 능력의 타당성과 존엄은 인정하면서도 오만한 도전에 대한 유혹을 저지하도록 이끄는 요소들을 살펴보고자 한다. 하트만은 유대교 전통 속에서 늘 나타나왔던 긴장, 즉 인간의 자기주장과 순종 사이에 존재하는 긴장을 인정한다. 그의 주요 목표는 할라카 유대교와 현대 사상을 조화시키는 것이므로(적어도 그의 저서 『살아 있는 언약 A Living Covenant』에서는 그렇다), 먼저 그는 유대교가 인간의 주도권과 창의성, 자유에 대해 개방적인 입장을 취한다는 점을 강조한다. 그는 과거의 권위적이고 위압적인 가르침에 맞춘 계율의 굴레에 묶여 있는 수동적이고 복종적인 할라카 유대인의 이미지에 주목한다. 이러한 이미지와는 반대로, 하트만은 인간 능력의 타당성과 존엄성을 위한 여지를 만드는 언약적 인류학을 제시한다. 이러한 목표하에서 그는 랍비 유대교의 창의적이고 자주적인 정신을 강조한다. 하지만 시나이 언약이 인간의 주도권을 인정하는 의미를 담고 있다고 보는 그의 견해에는 인간의 지배욕을 억제하는 특정한 요소들 역시 담겨 있다. 유전공학을 둘러싼 현대의 논쟁들에 적용할 경우, 이들 억제력은 "오만한 도전에 대한 반대"를 설명하는 데 도움이 될 뿐만 아니라, 인간의 신격화로 흘러가는 것을 막는 구제책을 제공할지도 모른다.

이러한 억제력의 근원은 하트만 종교인류학의 세 가지 주제를 통해 엿볼 수 있다. 그것은 바로 ①인간의 유한성 ②안식일 ③우상 숭배이다. 하트만은 인간의 유한성을 기꺼이 인정하면 종교적 삶을 통해 세상의 한계와 불완전성을 인정하고 받아들일 수 있다고 본다. 유대교 전통을 관류하는 메시아에 대한 갈망에도 불구하고, "언약의 생명력은 메시아의 구원, 영혼의 불사 또는 죽은 자의 부활에 대한 믿음을 전제로 하지 않는다."[16] 하트만은 죽음과 고통을 죄악에 대한 처벌로 보는 유대교 관점을 인정한다. 그러한 관점에서는 유대교 규율인 미츠바를 지키고 할라카에 따라 생활하는 것이 고통과 괴로움으로부터 구원 받을 수 있는 길을 준비하는 것이다. "질병에 대한 신체의 취약성도 결국 없어질 것이다."[17]

하트만은 메시아 구원의 가능성을 배제하지는 않는다. 하지만 그는 언약적 유대교가 메시아의 구원을 필요로 하지 않는다고 주장한다. 그리고 그는 인간의 유한성을 신과 세상 사이의 확실한 차이에 대한 표현으로 인정할 수 있다고 말한다. "유한한 인간은 자신의 피조성을 받아들임으로써 자신이 창조주와 구별되는 다른 존재라는 것을 인식하게 된다." 인간의 지성은 "자신이 유한성에서 벗어날 수 있고 신처럼 생각할 수 있다"고 믿고 싶은 유혹에 빠질 수도 있지만, 이것이야말로 인류를 진리의 미명하에 벌인 전쟁과 독단주의에 이르게 했던 환상이다. 유한성에 대한 인식은 이러한 충동을 제지하며 우리에게 인간으로서의 상황을 환기시킨다. "육체를 갖고 있는 우리는 언제나 유한한 인간으로서 지니는 제한적이고 나약한, 하지만 존귀한 특성을 상기해야 한다."[18] "언약적 삶의 영구적인 특성으로서 유한성과 피조성을 인정하는 것"[19]은, 오만해지려는 경향을 저지하는 하트만 종교인류학에 내포된 억제력 가운데 하나다.

오만함의 억제 2: 안식일과 수면

하트만 종교인류학에서 억제력과 관련된 두 번째 주제는 안식일이다. 인간의 유한성에 대한 인정과 마찬가지로, 안식일을 지켜야 하는 의무 역시 인간의 지배욕을 저지하는 데 기여한다. "안식일에 유대인들은 창조주 하느님을 찬양한다. 하루 동안 세상에 대한 지배와 통제 활동을 모두 멈춤으로써 외경, 경이로움, 겸손이 표현된다. 자연은 우리의 완벽한 소유물이 아니다."[20] 안식일을 준수하는 것은 일주일의 나머지 날들을 채우는 지배와 통제 활동들로부터 우리를 떨어뜨려놓음으로써 인간의 자기 신격화 경향을 억제한다. "안식일에는 프로메테우스적 존재로서 자연을 감독하고 세상과 맞서는 일에서 멀어지게 된다.

(…) 안식일의 신성함에 대한 할라카적 개념은, 자연에 대한 인간 지배에 한계를 설정함으로써 인간의 지배 충동을 통제하는 것을 목표로 한다."[21] 해가 지고 안식일이 되면 자연은 더 이상 인간의 목적을 위해 이용되는 단순한 도구가 아니다.

> 할라카는 정원의 꽃을 꺾는 일이나, 그것을 내 마음대로 처분하는 행동을 금한다. 해가 지고 안식일이 되면 꽃은 나를 위한 도구적 가치와 관계없이 자신만의 존재 권리를 지닌 "너"라는 존재가 된다. 나는 나의 지배를 받는 대상이 아닌 같은 피조물로서의 자연 앞에 조용히 선다. 안식일의 목표는 인간으로 하여금 피조물의 의미를 경험하게 함으로써 과학기술을 통한 오만함을 뽐내는 인간의 태도를 치유하는 것이다.[22]

유전공학과 여타의 생명공학 기술들과 관련해 안식일은 어떤 의미를 가질 수 있는가? 하트만의 말은 두 가지 방식으로 해석할 수 있다. 하나는 관대한 해석이고, 다른 하나는 제한적인 해석이다. 관대한 해석에서는, 자연이 7일 중 하루만 "너"라는 존재가 되고 나머지 날들에는 인간의 욕망을 실현하기 위한 도구로 이용된다고 보는 것이다. 반면 제한적인 해석에서는, 안식일의 의미를 자연에 대한 인간의 일상적인 태도에 끌어들여 인간의 지배 욕구에 일정한 한계를 부과한다.

두 가지 해석 중에서 두 번째 것이 더 타당하고, 할라카가 종교적 인간을 규정하는 방식에 대한 하트만의 관점에 더 부합하는 듯이 보인다. 안식일의 주안점이 신의 창조에 대한 인간의 겸손함을 기르는 데 있다면, 그러한 겸손함이 안식일 이외의 날들에 인간이 세상에 대해 갖는 태도를 특징 지어야 하지 않겠는가? 하트만은 자연과 인간 지배에 관한 윤리체계를 세우지는 않았지만, 그의 관점은 안식일 경험이 다른 날들에도 인간의 행동에 영향을 미치고 인간의 오만함을 견제하는 데 기여해야 한다는 사실을 분명히 함축하고 있다. "안식일은 감사의 마음과 삶이 선물이라는 생각을 길러주고 절대적 권력에 대한 갈망을 버려야 할 필요성을 일깨운다."[23]

안식일에 대한 하트만의 가르침이 자연을 대하는 인간의 태도에 대한 억제력과 관련된 윤리를 내포하고 있다는 나의 생각이 옳다 하더라도, 세상에 어떤 식의 변경을 가하는 것이 인간의 자기 신격화 위험을 동반하는 것인지 판단하는 것은 여전히 어려운 일이다. 이 문제를 생각해보는 한 가지 방식은, 커다란 규모로 수행되는 생명공학의 시도들 가운데 어떤 것이 삶을 선물로 바라보는 인식을 손상시킬 것인가를 생각해보는 것이다.

간단하지만 흥미로운 예를 하나 들어보자. 수면의 경우다. 수면은 생물학적으로 인간에게 반드시 필요한 행위이며 치료가 필요한 병은 아니다. 하지만 우리가 수면을 없애는 방법, 또는 수면 욕구를 급격히 줄일 수 있는 방식을 고안했다고 치자. 이는 완전히 상상 속에서만 가능한 가정은 아니다. 기면발작(의지와 상관없이 수시로 잠에 빠져드는 것)을 치료하기 위해 개발된 신약이 조금이라도 더 오랜 시간 깨어 있기를 바라는 사람들 사이에서 점점 더 인기를 얻고 있다. 카페인이나 다른 각성제가 주는 부작용에 대한 염려 없이도, 사람들이 잠을 자지 않고 효과적으로 일하고 생각할 수 있게 해준다. 이러한 약은 군대에서도 사용되어 군인들이 40시간 동안 활동하고 나서 8시간 동안 잠을 잔 다음 또 다시 40시간을 휴식 없이 전투에 임할 수 있게 해주었다.[24] 이 약이 안전하다고 가정하고, 이 약이 더 훌륭하게 개량되어 사람들이 일주일 혹은 한 달, 심지어 일 년 동안 잠자지 않고 지낼 수 있게 된다고 상상해보라. 과연 어느 시점부터 이 약의 사용이 윤리적으로 문제가 될까? 또 그 근거는 무엇일까? 유용성의 관점에서 본다면 이 약은 엄청난 생산성과 부의 증가로 이어질 것이 틀림없다. 약을 누구나 이용할 수 있게 만든다면 최소한 이론적으로는 불공정성에 대한 우려도 불식시킬 수 있다. 사용이 자발적으로 이루어진다면 누구도 그것이 인간의 권리를 해친다고 주장할 수 없다. 그런데 우리가 아직도 그 약의 사용에 문제가 있다고 느낀다면, 필시 그것은 "오만한 도전에 대한 반대"와 연관된 이유 때문일 것이다. 이는 우리로 하여금 안식일이나 인간의 유한성에 대한 하트만의 주제로 눈을 돌리게 만든다.

안식일의 의미를 설명하면서 하트만은 인간의 자기 신격화 위험과 관련된 다음과 같은 『미드라시』 문헌 내용을 인용한다. 하느님이 아담을 창조했을 때 천사들이 아담을 신으로 착각했다. "창조주께서 무슨 일을 하였는가? 창조주께서는 아담을 잠들게 하시었고, 이에 모두가 아담이 인간이라는 사실을 알게 되었다."[25] 하트만은 이 구절이 신과 인간 사이의 경계선을 지우려는, 인간의 지배욕구 경향에 대한 답을 암시한다고 본다. 신학적 문제에 수면이 그 답을 제공하는 것이다. "수면은 전능함에 대한 인간의 착각을 무너뜨리고 우리로 하여금 인간임을 깨닫게 만든다. 수면은 인간이 지배력과 통제력을 포기하는 의식 상태를 상징한다." 하트만은 『미드라시』 문헌에 나온 아담의 잠을 "안식일 수면'이 주는 편안한 기쁨의 상태"에 비유한다.[26] 안식일과 마찬가지로 수면 역시 우리의 통제력을 넘어서는 휴식의 리듬에 따라 우리 삶을 규제함으로써 인간의 한계를 상기시킨다. 기술적인 방법으로 잠에 대한 욕구를 제거하는 것은 곧 인간의 지배욕구를 제어하는 데 기여하는 특성들을 우리에게서 제거하는 것이다.

오만함의 억제 3: 우상 숭배 거부

하트만 종교인류학에서 오만함의 억제력과 관련된 세 번째 주제는 우상 숭배의 거부이다. 그는 우상 숭배 거부가 할라카 유대교의 중심 요소라고 보는 마이모니데스의 견해를 인용한다. 마이모니데스는 『미쉬네 토라 Mishneh Torah(『토라 재고』라고도 불리는 마이모니데스의 저술 – 옮긴이)』에서 "우상 숭배를 거부하는 사람은 누구든지 유대교 율법 전체에 대한 믿음, 아담 시대로부터 모든 시대에 이르기까지 모든 선지자들에 대한 믿음을 표현하는 것이다. 이것은 모든 계명 중에 가상 기본적인 원칙"[27]이리고 썼다.

하트만은 우상 숭배 금지가 이교도들이 숭배했던 고대의 우상들에만 적용되는 것은 아니라고 말한다. 우상 숭배가 그보다 더 넓은 의미를 갖지 않는다면, 우상 숭배는 현대 사회에 그 어떤 위협도 제기하지 않을 것이며, 따라서 우상 숭배를 배격하는 일은 단순히 고고학 연구자들의 관심사에 그칠 것이다. 우상 숭배의 거부란 그 규범적 중요성에 있어서는, 잘못된 숭배와 충성을 야기할 만큼 충분히 매혹적인 매력을 발산하는 거짓된 신이나 대상물이 지속적으로 존재하는 것과 관련되어 있다.

우상 숭배는 현대 사회에서 어떤 모습을 취하고 있는가? 탈무드 시대에 랍비들이 가장 우려한 것은 황제나 왕에 대한 숭배였다. 황제나 왕이 가진 통치권과 권력은 종교적 헌신에 맞서는 가장 강력한 라이벌이었다. 하트만은 절대 권력을 우상처럼 숭배하는 일이 오늘날도 "정치체제에 대한 완전하고 무비판적인 충성을 요구하는 행태"[28] 속에 잔존한다고 말한다. 히틀러의 독일이나 스탈린의 소비에트 연방과 같은 20세기의 악명 높은 독재정치 사례에서는 분명히 그러했다. 하지만 공산주의의 몰락으로 우상 숭배의 중심에 변화가 일어났다. 여러 지역에서 아직도 전제정치와 카리스마적 통치자가 세력을 떨치고 있긴 하지만, 오늘날은 정치적 지배자가 신에 범접하는 라이벌이 될 만큼 관심을 집중시키거나 사람들의 에너지를 빼앗거나 충성을 고취하지는 못한다. 자유민주주의가 전 세계적으로 완전한 승리를 거두었다는 의미가 아니다. 다만 자유주의 사회에서든 그렇지 않은 사회에서든, 정치적인 것이 사람들을 끌어당기는 힘과 매력이 과거보다 더 약해졌으며, 따라서 우상 숭배의 열정을 불러일으키기에는 역부족이라는 것이다.

현대 사회에서 우상 숭배는 정치가 아닌 다른 영역으로 옮겨갔다. 소비주의, 엔터테인먼트, 과학기술 등의 영역으로 말이다. 오늘날 풍요로운 시장 사회에서는 소비주의에 대한 집착으로 인해 모든 것이 상품화되면서 신성한 것의 힘이 잠식 당하고 있다. 세계적인 영향력을 발휘하는 엔터테인먼트 산업은 유명인이라는 우상을 만들어, 로마 황제도 부러워할 만한 엄청난 수준의 숭배를 조장하고 있다. 또 게놈 시대의 생명공학은 치명적인 질병의 치료뿐 아니라 우리 자신과 자손의 유전적 특성을 선택할 수 있는 가능성까지 약속하고 있다. 이는 매우 흥분되는 전망인 동시에 인간의 겸손함과 지배욕구 억제에 대한 어려운 시험이기도 하다. 우상 숭배가 궁극적인 죄악이라면, 오만과 거만함이 종교적인 인간과 결코 어울릴 수 없는 성향이라고 한다면, 인간이 자기 신격화에 맞섰던 과거의 투쟁은 우리 시대에 다시 새롭게 재현될 가능성이 있다.

28

롤스의 정치적 자유주의

정치철학을 다룬 저서 중에 지속적인 논쟁을 불러일으킨 작품은 그리 많지 않다. 그러니 존 롤스의 『정의론』[1]이 한 가지도 아니고 세 가지 논쟁을 불러일으켰다는 사실은 그 저작이 얼마나 훌륭한지 알 수 있는 방증이 된다.

도덕철학과 정치철학을 배우는 학생들에게 출발점이 되기도 하는 첫 번째 논쟁은 공리주의자들과 권리 지향적인 자유주의자들 간의 논쟁이다. 제레미 벤담Jeremy Bentham과 존 스튜어트 밀의 주장대로 정의는 공리에 기반을 두어야 하는가, 아니면 칸트와 롤스가 주장하는 대로 개개인의 권리를 존중하려면 공리주의적 고려 사항과는 별개인 정의의 근거가 필요한가? 롤스가 『정의론』을 발표하기 전에는 공리주의가 영미의 도덕 및 정치철학계에서 지배적인 의견이었고, 『정의론』 이후에는 권리 지향적인 자유주의가 우세해졌다.[2]

롤스의 저서가 불을 지핀 두 번째 논쟁은 권리 지향적인 자유주의 내에서 발생한 논쟁이다. 만약 개인의 특정한 권리가 너무나도 중요하기

3부 | 공동체와 좋은 삶   307

때문에 일반적 복지를 고려하더라도 그러한 권리를 무시할 수 없다면, 그 권리는 대체 어떤 권리인지 묻는 일이 남는다. 로버트 노직이나 프리드리히 하이에크Friedrich Hayek와 같은 자유지상주의적 자유주의자들은 정부가 기본적인 시민적·정치적 자유를 비롯하여 시장경제가 부여한 노동의 결실에 대한 권리 또한 존중해야 한다고 주장한다. 따라서 부자들에게 세금을 매겨 가난한 사람들을 돕는 재분배 정책은 우리의 권리를 침해하는 것이다.[3] 그러나 롤스와 같은 평등주의적 자유주의자들은 의견을 달리한다. 그들은 기본적인 사회적·경제적 욕구가 충족되지 않으면 시민적·정치적 자유를 유효하게 행사할 수 없다고 주장한다. 따라서 정부는 모든 사람에게 교육, 소득, 주택, 의료 등에서 제대로 된 혜택을 권리로 보장해야 한다. 1970년대에 학계를 달군 자유지상주의자와 평등주의적 자유주의자들 간의 논쟁은 미국 정치학계에서 뉴딜 정책 이래로 친숙해진, 시장경제 옹호자들과 복지국가 지지자들 간의 논쟁과 대략적으로 일치한다.

롤스의『정의론』이 유발한 세 번째 논쟁은 자유지상주의자들과 평등주의적 자유주의자들 모두가 가졌던 가정을 중심으로 한다. 이 가정은 좋은 삶에 대한 여러 관념들 사이에서 정부가 중립을 지켜야 한다는 생각이다. 권리 지향적 자유주의자들은 우리에게 어떤 권리가 있는지에 대해 다양한 설명을 제시하면서도, 인간의 권리를 구체적으로 명시하는 정의 원칙이 정당성을 갖추려면 좋은 삶에 대한 어떤 특정한 관념에도 의존하지 말아야 한다는 데 동의한다.[4] 칸트, 롤스 그리고 오늘날 자유주의자들의 이론에서 중심이 되는 이러한 생각은 옳음(권리)이 좋음(선)에 우선한다는 주장으로 요약된다.[5]

좋음에 대한 옳음의 우선성 주장에 대한 논쟁

칸트처럼 롤스의 경우에도 옳음은 두 가지 의미에서 좋음에 우선하며, 그 두 가지를 구분하는 일은 중요하다. 첫째, 개인의 특정한 권리가 공동선에 대한 고려보다 중요하다는 의미에서 옳음이 좋음에 우선한다. 둘째, 인간의 권리를 명시하는 정의 원칙들은 좋은 삶에 대한 특정한 관념에 의존하지 않는다는 점에서 옳음은 좋음에 우선한다. 가장 최근에 롤스의 자유주의에 대한 논쟁을 촉발시킨 것은 바로 두 번째 주장인데, 이 논쟁은 "자유주의·공동체주의 논쟁"이라는, 다소 오해의 소지가 있는 이름으로 지난 10년 동안 가열되어왔다.

1980년대의 많은 정치철학자들은 정의에서 선을 고려하지 않아도 된다는 생각에 이의를 제기했다. 오늘날 권리 지향적 자유주의에 대한 이의 제기는 앨러스데어 매킨타이어[6]나 찰스 테일러Charles Taylor[7], 마이클 왈저[8]의 저서와 나의 저서[9]에서도 나타나는 바, 이러한 입장은 때때로 자유주의에 대한 "공동체주의적" 비판이라고 표현된다. 그러나 "공동체주의"라는 용어는, 그 말이 권리가 어떤 특정한 시대나 특정한 사회에서 우세한 가치나 선호도에 근거해야 한다는 사실을 함축하는 한, 오해를 불러일으키기 쉽다. 옳음이 우선한다는 주장에 이의를 제기하는 사람들 중에 이런 의미에서의 공동체주의자는 거의 없다.[10] 문제는, 권리가 존중되어야 하는지 여부가 아니라, 좋은 삶에 대한 특정한 관념을 전제로 하지 않으면서 권리를 확인해내고 정당화할 수 있느냐 하는 것이다. 롤스의 자유주의에 대한 세 번째 논쟁에서는 개인의 요구와 공동체의 요구 간의 상대적인 중요성이 아니라, 옳음과 좋음의 관계가 논쟁거리다.[11] 옳음이 우선한다는 주장에 반론을 제기하는 사람들은 정의가 선과 동떨어진 것이 아니라 선에 상대적이라고 주장한다. 철학적 문제로서 접근해보면, 정의는 좋은 삶과 인간의 가장 고귀한 목적의 본질에 대한 숙고와 분리될 수 없다는 것이다. 또한 정치적 문제의 관점에서 보면, 다수의 문화와 전통 내에서 나타나는 선의 관념과 관련 없이는 정의와 권리에 대해 깊이 논의할 수 없다.

옳음이 우선한다는 주장을 둘러싼 논쟁의 많은 부분은, 개인이라는 존재에 대한 다양한 관념들, 그리고 개인이 자신과 목적과의 관계를 어떻게 이해하느냐에 대한 여러 의견들에 초점을 맞춰왔다. 도덕적 행위자인 우리는 스스로 선택하는 역할과 목적에 의해서만 제한을 받는가, 아니면 가끔 자신이 선택하지 않은 특정한 목적, 즉 자연이나 신, 가족, 민족, 문화, 전통의 구성원으로서의 정체성에 의해 주어진 목적을 이행해야 하는가? 옳음이 우선함을 비판해온 사람들은 인간이 자신의 도덕적·정치적 의무를 순전히 주의주의적 또는 계약적 관점에서 이해할 수 있다는 생각에 대해서 여러 가지 방식으로 저항해왔다.

롤스는 『정의론』에서 옳음이 우선한다는 생각을 개인에 대한 주의주의 관념과 (넓게는 개인에 대한 칸트식 관념과) 결부시켰다. 이 관념에 따르면, 우리는 공리주의자들이 생각하는 것처럼 단순히 자기가 가진 욕구의 총합으로 정의되지 않으며, 아리스토텔레스의 주장처럼 자연이 부여한 특정한 목적이나 목표를 실현할 때 완벽해지는 인간 또한 아니다. 오히려 인간은 자유롭고 독립된 자아로서, 자신의 목적을 스스로 선택할 수 있고, 이전의 도덕적 의무에 구속 받지 않는다. 이는 중립적인 체계로서의 국가라는 이상에서 나타나는 개인에 대한 관념이다. 인간이 목적들 사이에서 중립적인 권리체계를 필요로 하는 것은, 인간이 자신의 목적을 선택할 수 있는 자유롭고 독립적인 자아이기 때문이다. 권리의 근거를 선에 관한 특정한 관념에 둔다면, 다른 사람의 가치관을 누군가에게 강요하게 되며, 결국 각자의 목적을 선택하는 개개인의 능력을 존중하지 못하게 된다.

이러한 개인 관념과 함께, 이 개념이 옳음이 우선한다는 주장과 연관되어 있다는 내용은 『정의론』 전반에 걸쳐 표현되어 있다. 가장 명쾌한 설명은 책의 종반부의 "정의의 좋은 점"에 관한 롤스의 설명에서 나온다. 롤스는 칸트의 뒤를 이어, 목적론적 이론은 옳음과 좋음을 잘못된 방향으로 연관 짓기 때문에 "근본적으로 잘못된 생각"이라고 주장한다.

> 우리는 먼저 독립적으로 규정된 선에 주목함으로써 우리의 삶을 구성하고자 해서는 안 된다. 일차적으로 인간의 본성을 드러내는 것은 목적이 아니라, 이러한 목적이 형성되는 배경 조건과 그 목적을 추구하는 방식을 규제해줄 것이라고 우리가 인정한 원칙들이다. 왜냐하면 자아는 그 자아가 지지하는 목적에 우선하며, 지배적인 목적까지도 수많은 가능성 가운데서 선택되어야만 하기 때문이다. (…) 따라서 우리는 목적론이 제시하는 옳음과 좋음의 관계를 뒤집어서 옳음이 우선한다고 봐야 한다.[12]

『정의론』에서 자아가 목적에 우선한다는 주장은 옳음이 좋음에 우선한다는 주장을 뒷받침해준다. "도덕적인 인간은 자신이 선택한 목적의 주체이며, 상황이 허락하는 한 최대한으로 자유롭고 평등한 이성적인 인간으로서, 자신의 본성을 표현하는 생활양식을 구성할 수 있게 해주는 조건을 근본적으로 선호한다."[13] 인간이 이전의 도덕적 의무에 의해 구속 받지 않는, 자유롭고 독립적인 자아라는 생각은 정의에 대한 고려가 늘 다른 특별한 목표보다 중요할 것임을 보장해준다. 롤스는 칸트의 자유주의를 설득력 있게 표현하면서 옳음이 우선한다는 점이 도덕적으로 어떻게 중요한지 아래와 같이 설명했다.

> 자유롭고 평등한 합리적인 존재로서 인간의 본성을 표현하려는 욕구는 옳음과 정의의 원칙들을 최우선으로 삼고 행동으로 옮길 때에만 충족될 수 있다. (…) 우리에게 우연성이나 우발성에 속박 당하지 않을 자유가 있음을 보여주는 것이 바로 이러한 우선성에 따른 행위다. 따라서 인간의 본성을 실현하기 위해서는, 다른 목적들을 규제하는 정의감을 보존하도록 계획하는 일 외에 다른 대안이 없다. 이러한 정의감은 나머지 욕구들 중의 하나에 불과한 것으로 간주하여 다른 목적들과 조정하거나 비교해서는 충족될 수 없다. (…) 우리가 자신의 본성을 실현하는 데 어느 정도까지 성공하느냐는, 최종적인 규제자로서의 정의감에 따라 우리가 얼마나 일관되게 행동하는지에 달려 있다. 정의감을 다른 욕구들과 견주어 비교해야 하는 하나의 욕구에 불과한 것으로 간주한다면, 우리는 우리의 본성을 제대로 나타낼 수 없다. 왜냐하면 이러한 정의감은 인간의 본질을 나타내는 것인 바, 그것을 다른 것과 절충하게 되면 자신에 대한 자유로운 규제력을 달성하는 것이 아니라 세상의 우연한 일에 굴복하는 것이기 때문이다.[14]

옳음이 우선함을 논박하는 사람들은, 개인을 도덕적 의무에 연고되어 있지 않은 자유롭고 독립적인 자아로 본 롤스의 관념에 여러 방식으로 이의를 제기했다.[15] 그들은 목적과 애착보다 우선시된 자아라는 관념으로는 인간의 도덕적·정치적 경험의 중요한 측면들을 이해할 수 없다고 주장했다. 우리가 일반적으로 인정하는 특정한 도덕적·정치적 의무, 예를 들면 연대의 의무나 종교적 의무와 같은 것이 선택과는 무관하다는 이유 때문에 우리에게 그 이행을 촉구할 수도 있다. 그런 의무는 단순히 혼란스럽다는 이유만으로 무시하기는 어렵지만, 인간이 스스로를 자신이 선택하지 않은 도덕적 의무에 의해 제한 받지 않는 자유롭고 독립적인 자아라고 생각한다면 설명하기 어려운 의무이기도 하다.[16]

좋음에 대한 옳음의 우선성 주장 옹호

롤스는 자신의 저서 『정치적 자유주의』에서 옳음이 좋음에 우선한다는 주장을 유지했다. 그는 책 전반에 걸쳐 처음 두 논쟁의 문제들, 즉 공리 대 권리의 문제 그리고 분배 정의에 대한 자유지상주의적 견해 대 평등주의 견해의 문제는 제쳐두었다. 대신 이 책은 세 번째 논쟁, 즉 옳음의 우선성을 둘러싼 논쟁에서 제기된 문제들에 초점을 맞추었다.

옳음의 우선성을 뒷받침해주는 칸트의 인간관을 놓고 벌어진 논쟁을 고려하면, 적어도 두 가지 응수가 가능하다. 첫 번째는 칸트의 인간관을 지지함으로써 자유주의를 옹호하는 것이며, 두 번째는 칸트의 관념으로부터 자유주의를 분리시킴으로써 자유주의를 옹호하는 것이다. 롤스는『정치적 자유주의』에서 두 번째 과정을 택했다. 개인을 도덕적 이상으로 보는 칸트의 관념을 지지하지 않고, 그는 자신이 생각한 자유주의가 결국엔 개인에 대한 관념에 의존하지 않는다고 주장했다. 옳음이 좋음에 우선한다는 주장은 개인에 대한 특정한 관념을 전제로 삼지 않으며, 심지어는『정의론』제3부에서 제시된 관념조차도 전제하지 않는 것이었다.

정치적 자유주의 대 포괄적 자유주의

이제 롤스는 자유주의의 논거가 철학적이거나 형이상학적이 아니라 정치적이며, 따라서 자아의 본성을 다룬 논쟁적인 주장들에 의존하지 않는다고 주장한다(pp.29-35). 옳음이 좋음에 우선한다는 것은 칸트의 도덕철학을 정치에 적용한 것이 아니라 현대 민주사회에 사는 사람들이 대체로 선에 대해 의견을 달리한다는 익숙한 사실에 대한 실질적인 대응인 것이다. 사람들의 도덕·종교적 신념이 하나가 될 가능성이 적기 때문에 그러한 논쟁과 관련해 중립적인 정의 원칙에 대한 합의를 추구하는 것이 더욱 합당하다(pp.xvi-xvii).

롤스의 수정된 견해는 정치적 자유주의와 포괄적인 도덕적 교의의 일부로서의 자유주의를 구분 짓는 일에 중심을 둔다(pp.154-158). 포괄적 자유주의는 자율성이나 개성, 자기의존과 같은 특정한 도덕적 이상의 이름으로 자유주의 정치제도를 지지한다. 포괄적 도덕적 교의로서의 자유주의의 예를 들면 칸트, 존 스튜어트 밀의 자유주의 관점이 포함된다.[17] 롤스가 인정하듯이,『정의론』에 제시된 자유주의 역시 포괄적 자유주의의 예이기도 하다. "공정함으로서의 정의와 연관된 질서정연한 사회의 본질적인 특징은, 그 사회의 모든 시민이 내가 포괄적인 철학적 교의라고 부르는 내용을 근거로 이 개념을 지지한다는 것이다(p.xvi)." 롤스가 자신의 이론을 "정치적 정의관(p.xvi)"으로 고쳐 쓰며 손을 댄 부분은 바로 이 특징이다.

포괄적 자유주의와 달리, 정치적 자유주의는 포괄적인 교의로부터 생긴 도덕적·종교적 논쟁들(자아관에 대한 논쟁을 포함하여)에서 어느 쪽 편도 들지 않는다. "모든 상황을 고려했을 때, 어떤 도덕적 판단이 옳은가는 정치적 자유주의의 문제가 아니다(p.xx).", "포괄적인 교의 사이에서 어느 쪽에도 치우치지 않기 위해서 (정치적 자유주의는) 그 교의들이 갈라지게 된 도덕적 주제를 구체적으로 다루지 않는다(p.xxviii)." 어떠한 포괄적인 관념에서도 합의를 확보하기 어렵다는 점을 고려하면, 아무리 질서정연한 사회라고 해도 모든 사람이 동일한 이유로 자유주의적 제도를 지지할 것이라고 기대하는 것은 비합리적이다. 예를 들어, 사회 구성원 모두가 자아가 목적에 우선함을 나타내려는 똑같은 동기를 갖고 자유주의적 제도를 지지하지는 않을 것이다. 정치적 자유주의에서는 이러한 기대를 포기한다. 이러한 기대가 다양한 도덕적·종교적 관념의 지지자들이 받아들일 수 있는 원칙들에 정의의 논거를 둔다는 목적에 상반될 뿐 아니라 비현실적이라고 여기기 때문이다. 정치적 자유주의는 정의 원칙에 대한 철학적 근거를 찾기보다는 "중첩적 합의 overlapping consensus (p.134)"를 추구한다. 이는 모두 이유는 다를지언정, 서로 다른 사람들이 자유주의 정치제도(예를 들면, 평등한 기본적 자유)를 찬성하도록 설득할 수 있다는 의미로, 사람들이 옹호하는 포괄적인 도덕적·종교적 관념들이 다양함을 반영한다. 정치적 자유주의는 그 정당성을 도덕적 혹은 종교적 관념 중에 그 어느 것에도 의존하지 않기 때문에 그것은 "그 자체로 독립된" 견해로 제시되며 "철학 자체에 관용의 원칙을 적용하는 것이다(p.10)."

정치적 자유주의에서는 칸트의 인간관에 의지하지 않는다고 주장하지만, 인간관이 완전히 없어도 되는 것은 아니다. 롤스도 인정하듯이, 어떤 인간관은 원초적 입장이라는 관념에 필요하다. 원초적 입장은 정의 원칙을 발생시키는 가설적인 사회계약이다. 『정의론』에서 롤스는 자신의 인종과 계급, 종교, 성별, 목적과 애착을 일시적으로 모른 채로 최초의 상황에 처한 평등한 사람들에게 어떤 원칙들에 동의할 것인지 묻는 것이 정의에 대해 생각할 수 있는 방법이라고 말했다.[18] 그러나 정의에 대한 이러한 사고방식이 설득력을 가지려면, 원초적 입장이라는 계획이 실제로 존재하는 인간의 유형을 반영하거나 정의로운 사회 속에 존재해야 한다.

원초적 입장이라는 계획을 정당화하는 한 가지 방법은 롤스가 『정의론』 3부에서 제시한 칸트의 인간관에 호소하는 것이다. 만약 자신의 목적을 선택하는 능력이 우리가 선택하는 특정한 목적보다도 도덕적 개인으로서의 본성에 더 중요하다면, 만약 "목적이 인간의 본성을 근본적으로 드러내는 것이 아니라, 그러한 목적이 형성되는 배경 조건을 규제하기 위해 우리가 인정하는 원칙들이 인간의 본성을 근본적으로 드러낸다면,"[19] 만약 "자아가 그것이 지지하는 목적보다 우선한다면,"[20] 자신이 추구하게 될 목적을 알기 전에 심사숙고하는 개인의 관점에서 정의를 생각하는 것이 이치에 맞는다. 만약 "도덕적 개인이 자신이 선택한 목적의 주체이며, 상황이 허락하는 한 최대한으로 자유롭고 평등한 합리적인 인간으로서 자신의 본성을 표현하는 생활양식을 구성할 수 있게 해주는 조건을 근본적으로 선호한다면,"²¹ 원초적 입장은 인간의 도덕적 특성과 그로부터 발생하는 "근본적인 선호"의 표현으로서 정당화될 수 있다.

롤스가 칸트의 인간관에 의지하지 않는다고 밝힌 이상, 원초적 입장을 정당화하는 이 방법은 더 이상 이용할 수 없다. 그러나 이는 어려운 문제를 제기한다. 목적에 구애 받지 않고 정의를 심사숙고해야 한다고 주장하는 이유는 무엇인가? 왜 우리는 도덕적·종교적 신념, 좋은 삶에 대한 생각을 고려 대상에서 제외해야 하는가? 왜 사회의 기본 구조를 규제하는 정의 원칙의 논거를 인간의 가장 고귀한 목적에 대한 최상의 이해에 두어서는 안 되는가?

정치적 인간관

정치적 자유주의는 다음과 같이 대답한다. 목적을 뺀 개인의 관점에서 정의에 대해 생각해야 하는 이유는, 이러한 절차가 목적에 우선하는 자유롭고 독립적인 자아로서 인간의 본성을 나타내기 때문이 아니다. 도리어 정의에 대해 이런 식으로 생각하는 것은, 정치적인 목적을 위해 (반드시 모든 도덕적 목적을 위해서는 아니더라도) 우리가 스스로를 이미 존재하는 의무나 책임에 구속 받지 않는 자유롭고 독립적인 시민으로 생각해야 한다는 사실에 의해 정당화된다(pp.29-35). 정치적 자유주의에서 원초적 입장이라는 구상을 정당화하는 것은 "정치적 인간관(p.29)"이다. 원초적 입장에서 구체적으로 표현된 정치적 인간관은 칸트의 인간관과 매우 유사하면서도 정치적 개념의 범위가 시민으로서의 정체성, 즉 공적 정체성에 제한된다는 중요한 차이가 있다. 따라서 이를 테면, 시민으로서의 자유는 우리의 공적 정체성이 우리가 특정한 시기에 지지하는 목적에 의해 규정되거나 주장되지 않음을 의미한다. 자유로운 개인으로서 시민은 스스로를 "최종 목적을 계획하는 어떤 특정한 관념과 동일시되지 않으면서 독립되어 있는 존재로 간주한다(p.30)." 인간의 공적 정체성은 선의 관념이 시간이 지나면서 겪는 변화에 영향을 받지 않는다.

롤스는 개인적, 즉 비非공공적 정체성에서는 우리가 "자신의 목적과 애착을 정치적 관념이 가정하는 방식과는 매우 다르게 생각할 수도 있음(p.31)"을 인정한다. 개인적 정체성이라는 영역에서, 개인은 "자신이 스스로에게서 떨어뜨려놓거나 객관적으로 평가하지 않을 것이며" 또 그렇게 할 수도 없고 해서도 안 되는 충성과 헌신에 구속된 자신을 발견할 수도 있다. "사람들은 특정한 종교적·철학적·도덕적 신념이나 특정한 지속적 믿음과 애착으로부터의 분리를 생각조차 할 수 없는 일이라고 간주할 수도 있다(p.31)." 그러나 아무리 개인적 정체성이 도덕이나 종교적 신념에 의해 제한 받는다고 해도, 우리는 공공 영역에서의 연고성을 배제하고 공적 자아로서의 자기 자신을 어떤 특정한 충성이나 애착, 선의 개념으로부터 독립된 것으로 간주해야 한다(p.31).

정치적 인간관의 특징은 우리 자신이 "합당성 주장의 자기증명적 원천 self-authenticating sources of valid claims"이라는 것이다(p.32). 우리가 시민으로서 하는 요구는 그것이 무엇이든 간에 (그 요구가 부당하지 않은 한) 단순히 우리가 그 요구를 한다는 사실 때문에 영향력을 지닌다. 어떤 요구들은 고결한 도덕적·종교적 이상, 애국심과 공동선의 개념을 반영하고 다른 요구들은 단순한 관심이나 선호를 나타낸다고 말하는 것은, 정치적 자유주의의 관점에서 보면 타당하지 않다. 정치적 관점에서 보면 시민의 의무와 책임, 연대성이나 종교적 신념에 근거한 요구는 단순히 사람들이 원하는 것에 불과하며, 그 이상도 그 이하도 아니다. 그러한 주장이 정치적 요구로서 갖는 타당성은 그것들이 지지하는 선의 도덕적 중요성과는 아무런 관계가 없으며, 누군가 그것들을 주장한다는 사실에만 존재한다. 정치적으로 말하면, 신의 율법과 양심의 명령조차도 "자기증명적 요구"로 간주된다.[22] 이는 자기 자신이 도덕이나 종교, 공동체의 의무에 의해 제약을 받는다고 간주하는 사람들도 정치적 목적에서 보면 무연고적 자아임을 확인해준다.

 이러한 정치적 인간관은, 정치적 자유주의를 따르면 왜 우리가 원초적 입장이 유도하는 대로 목적을 제거한 정의에 대해 생각해야 하는지를 설명해준다. 그러나 이는 또 다른 문제를 제기한다. 왜 우리는 먼저 정치적 인간관의 관점을 채택해야 하는가? 왜 우리의 정치적 정체성은 개개인의 삶에서 지지하는 도덕적·종교적·공동체적 신념을 나타내지 말아야 하는가? 왜 시민으로서의 정체성과, 더욱 광범위하게 생각되는 도덕적 개인으로서의 정체성을 구분해야 한다고 고집하는가? 정의에 대해 숙고할 때, 왜 우리는 나머지 삶에 활기를 채워주는 도덕적 판단을 제쳐두어야 하는가?

 롤스는 시민으로서의 정체성과 개인으로서의 정체성을 이렇게 구분하는 "이원론"이 "민주적 정치문화의 특수한 특징에서 비롯된다(p.xxi)"고 대답한다. 전통적인 사회에 살던 사람들은 포괄적인 도덕적·종교적 이상의 이미지 속에서 정치생활을 형성하려고 했다. 그러나 우리가 살고 있는 사회처럼 도덕적·종교적 견해의 다원성을 특징으로 하는 현대의 민주사회에서는 사람들이 대체로 공적 정체성과 사적 정체성을 구분한다. 내가 지지하는 도덕적·종교적 이상이 진실하다고 확신해도, 나는 이러한 이상이 사회의 기본 구조에 반영되어야 한다고 주장하지 못한다. 자유롭고 독립적인 자아라는 개인에 대한 정치적 관념은 정치적 자유주의의 다른 특징들과 마찬가지로 "민주사회의 공적인 정치문화에 내재되어 있다(p.13)."

그러나 만일 롤스의 생각이 옳아서, 그가 우리에게 부여한 자유주의적 자아상이 우리의 정치문화에 내재되어 있다고 치자. 이것이 그 자아상을 지지하고, 그것이 지지하는 정의 개념을 채택할 충분한 근거를 제공하는가? 일부 학자들은 롤스가 최근에 쓴 글을 읽고, 공정으로서의 정의는 정치적인 정의 관념이므로 우리 정치문화에 함축되어 있는 공동의 이해에 호소하는 것과는 별개로 도덕적·철학적 정당화를 필요로 하지 않는다는 주장으로 이해했다. 롤스는 『정의론』이 출간된 이후지만 아직 『정치적 자유주의』는 나오지 않았을 때 발표된 논문에서 다음과 같은 글을 썼는데, 이러한 해석을 자초한 듯 보였다

> 정의관을 정당화하는 것은 그 개념이 우리 이전의 체제이자 우리에게 주어진 체제에 정확히 들어맞아서가 아니라, 우리 자신과 열망에 대한 깊은 이해와 공공생활에 깊이 새겨진 역사 및 전통을 고려할 때, 그것이 우리에게 가장 합당한 교의라는 깨달음과 그 개념이 일치하기 때문이다.[23]

리처드 로티는 통찰력 깊은 논문에서 롤스의 수정된 견해가 "철저히 역사주의적이고 반보편주의적"이라고 해석했다(그리고 환영했다).[24] 로티는 『정의론』이 칸트의 인간관에 정의의 논거를 둔 듯 보였지만, 롤스의 자유주의는 "더 이상 인간의 자아에 대한 철학적 설명에 전념하는 게 아니라 지금 우리가 살고 있는 방식에 대한 역사·사회주의적 설명에만 전념한 듯 보인다"고 지적했다.[25] 이 시각에서 보면, 롤스는 "민주제도의 철학적 근거를 제공하고 있는 것이 아니라 단순히 미국 자유주의의 대표적인 원칙과 제도를 체계화하려고 애쓰고 있는 것"이다.[26] 로티는 자유주의적 정치제도가 철학적 정당성, 즉 인간 주체에 대한 이론의 "탈정치적 근거 extrapolitical grounding"를 필요로 한다는 견해를 멀리한 롤스의 실용주의적 전환을 지지했다. 로티는 다음과 같이 지적했다. "정의가 사회의 첫 번째 덕목이 되는 한, 그러한 정당성에 대한 필요가 점점 덜 느껴지게 될 것이다. 그러한 사회는 사회정책이 개인이 갖는 성공적 조정이 필요치 않은 것과 마찬가지로 권위 역시 필요치 않다는 생각에 익숙해질 것이다."[27]

『정치적 자유주의』에서 롤스는 아주 실용적이었던 이러한 설명으로부터 물러난다. 공정으로서의 정의가 공공문화를 "암묵적으로 인정된 기본적인 관념과 원칙들로 이루어진 공유된 자산으로 간주하는 것(p.8)"에서 시작됨에도 불구하고, 그러한 관념과 원칙들이 널리 공유되어 있다는 근거만으로는 이러한 원칙을 지지해주지 못한다. 롤스는 자신의 정의 원칙이 중첩적 합의의 지원을 얻을 수 있다고 주장하지만, 그가 추구하는 중첩적 합의는 "단순한 잠정적인 협정(p.147)"이나 상충되는 견해의 타협이 아니다. 상이한 도덕적·종교적 관념의 지지자들은 자신의 관념 내부로부터 도출된 이유 때문에 정의 원칙을 지지하는 일로 시작한다. 하지만 모든 일이 잘된다면, 그들은 그 원칙들이 중요한 정치적 가치를 표현하는 것으로서 지지하게 된다. 자유주의적 제도에 의해 지배되는 다원주의적 사회에 사는 법을 알아감에 따라 사람들은 자유주의 원칙에 대한 헌신을 강화하는 덕목을 몸에 익히게 된다.

> 합헌적 정권을 가능하게 하는 정치적 협력의 덕목은 (…) 아주 위대한 덕목이다. 이를 테면, 관용의 덕목이나 상대의 요구를 어느 정도 들어주려는 용의, 그리고 합당성의 덕목과 공평성의 감각을 중시하는 덕목 말이다. 이러한 덕목이 사회에 널리 퍼지고 그것들이 정치적 정의관을 지탱한다면, 아주 훌륭한 공공선을 구성할 것이다(p.157).

롤스는 자유주의적 덕목을 훌륭한 공공선으로 지지하고 그런 덕목의 함양을 격려하는 것이, 포괄적인 도덕적 개념에 기초한 완전주의적 국가(국가가 완전체이므로 사회 내 다양한 가치들 중에 무엇이 더 우월한 가치인지를 결정할 수 있다고 보는 관점 – 옮긴이)를 찬성하는 것과 같지 않다고 강조한다. 그것은 옳음이 좋음에 대한 우선성과 모순되지 않는데, 그 이유는 정치적 자유주의가 오직 정치적인 목적, 즉 사람들의 권리를 보호하는 합헌적 정권을 지지하는 역할을 위해서만 자유주의적 덕목을 인정하기 때문이다. 이러한 덕목이 일반적으로 사람들의 도덕적 삶에서 중요한지, 그리고 어느 정도까지 중요한지는 정치적 자유주의가 대답하지 않는 질문이다(pp.194-195).

정치적 자유주의에 대한 평가

 만약 『정치적 자유주의』가 칸트의 인간관을 멀리함으로써 옳음의 우선함을 옹호했다면, 그 옹호는 얼마나 설득력이 있는가? 앞으로 내가 설명하겠지만, 『정치적 자유주의』는 자아의 본질에 대한 논쟁으로부터 옳음이 우선한다는 주장을 구해내긴 했지만 다른 이유로 인해 그 주장을 취약하게 만드는 희생 속에서 얻은 결과일 뿐이었다. 나는 구체적으로 정치적 정의관으로서 이해되는 자유주의가 세 가지 반대에 부딪칠 수 있음을 증명할 것이다.

 먼저, 롤스가 호소한 "정치적 가치"의 중요성에도 불구하고, 정치적 목적을 위해서 포괄적인 도덕적·종교적 교의로부터 발생하는 주장을 고려의 대상에서 제외하는 것이 늘 합당한 것은 아니다. 중대한 도덕적 문제가 관련되어 있을 경우, 정치적 합의를 위해 도덕적·종교적 논쟁을 고려하지 않는 것이 합당한지 여부는 부분적으로 그 경쟁하는 도덕적·종교적 교의들 중에 어느 것이 사실인가에 좌우된다.

 둘째, 정치적 자유주의에서 옳음이 좋음에 우선한다는 주장은 현대 민주사회가 선에 대해 "합당한 다원주의의 사실fact of reasonable pluralism(선에 대해 합당하지만 서로 화해 불가능한 의견이 다수 존재함을 말한다 – 옮긴이)(p.xvii)"을 특징으로 한다는 주장에 의존한다. 현대 민주사회의 사람들이 서로 충돌하는, 다양한 도덕적·종교적 견해를 갖고 있는 것은 사실이지만, 도덕성과 종교에 대한 "합당한 다원주의의 사실"이 정의의 문제에 적용할 수도 없을 정도라고는 말할 수 없다.

 셋째, 정치적 자유주의가 제시한 공적 이성의 이상에 따르면, 시민들은 도덕적·종교적 이상과 관련된 근본적인 정치적·헌법적 문제를 합법적으로 논의하지 못할 수도 있다. 그러나 이는 정치 담론을 메마르게 만들고 중요한 차원의 공적 숙의를 배제시키는, 부당하게 가혹한 제한이다.

중대한 도덕적 문제를 고려 대상에서 제외하기

정치적 자유주의는 정치적 목적을 위해 포괄적인 도덕적·종교적 이상을 고려 대상에서 제외시키고, 인간의 정치적 정체성을 개인적 정체성과 구분 지어야 한다고 주장한다. 그 이유는 다음과 같다. 우리가 살고 있는 사회와 같은 현대 민주사회에서는 사람들이 대체로 좋은 삶에 대해 의견을 달리한다. 따라서 상호존중을 기초로 사회적 협력을 확보하고자 한다면, 도덕적·종교적 신념을 고려하지 않아야 한다는 것이다. 그러나 이러한 이유는 정치적 자유주의가 그 자체의 용어로 해답을 제시할 수 없다는 문제를 야기한다. 상호존중을 기초로 한 사회적 협력을 확보하는 일의 중요성을 인정한다고 해도, 이러한 이익이 늘 포괄적인 도덕적·종교적 견해 내에서 발생할 수 있는 경쟁으로부터의 이익을 능가할 정도로 중요하다고 보장할 수 있는가?

정치적 정의관의 우선성(옳음의 우선성도)을 보장하는 한 가지 방법은 정치적 자유주의가 배제하는 도덕적·종교적 개념이 참일 수 있음을 부인하는 것이다.[28] 그러나 이는 정치적 자유주의가 피하려고 하는 바로 그 철학적 주장에 본인이 휘말리는 결과를 초래할 수 있다. 롤스는 정치적 자유주의가 포괄적인 도덕적·종교적 교의에 대한 불신에 의존하지 않는다고 재차 강조했다. 따라서 정치적 자유주의가 그런 교의 중 일부가 사실일 수 있다고 인정한다면, 그러한 배제를 못하게 할 정도로 강력한 가치, 그리고 관용, 공정성, 상호존중에 기초한 사회적 협력 등의 정치적 가치를 능가할 도덕적 가치를 그 어느 누구도 창출할 수 없다는 점을 무엇으로 보장할 수 있겠는가?

포괄적인 도덕적·종교적 교의 내에서 발생하는 가치와 정치적 가치가 서로 다른 주제를 다룬다고 대답할 수도 있다. 정치적 가치는 사회의 기본 구조와 입헌제의 본질적인 요소에 적용되는 반면, 도덕적·종교적 가치는 개인의 삶과 자발적인 연합체에 적용된다고 말할 수도 있다. 그러나 그것이 단순히 주제의 차이라면, 정치적 가치와 도덕 및 종교적 가치 간의 갈등은 발생할 수 없으며, 롤스가 계속해서 주장하듯이, 정치적 자유주의가 지배하는 입헌민주제에서는 "정상적으로는 정치적 가치가, 그것과 경쟁하는 그 어떤 비정치적 가치보다도 우월하다는 것(p.143)"을 강조할 필요가 없어지게 될 것이다.

도덕성과 종교의 주장에 관계없이 "정치적 가치"가 우선한다고 주장하기가 어렵다는 사실은 중대한 도덕적·종교적 문제와 관계 있는 두 가지 정치적 논쟁을 고려해보면 알 수 있다. 첫 번째 논쟁은 낙태 권리에 관한 현대의 논쟁이고, 다른 하나는 에이브러햄 링컨과 스티븐 더글러스의 국민주권과 노예제에 관한 유명한 논쟁이다.

낙태를 도덕적으로 허용할 수 있는가에 대한 논쟁이 격렬한 점을 고려해보자. 그러면 논쟁 중인 도덕적·종교적 이슈를 고려 대상에서 제외하는 정치적 해결책이 필요하다는 주장, 다시 말하면 그러한 이슈에 중립적인 입장을 취해야 한다는 주장은 특히 설득력 있게 보일 수 있다. 그러나 정치적인 목적을 위해 문제가 되는 포괄적인 도덕적·종교적 교의를 고려하지 않는 것이 합당한지 여부는 대개 그 교의 중 어떤 것이 참인지에 달려 있다. 만약 가톨릭교회의 교의가 맞다면, 그리고 도덕적 의미에서 인간 생명이 태아에서 시작된다면, 인간 생명의 시작에 대해서 도덕적·신학적 문제를 고려하지 않는 행위는 다양한 도덕적·종교적 가정들을 고려하는 경우보다 합당하지 않다. 적절한 도덕적 의미에서 태아와 아기가 다르다고 자신할수록, 태아의 도덕적 지위에 관한 논쟁을 배제하는 정치적 정의관을 지지하는 데 더욱 확신을 가질 수 있다.

정치적 자유주의자는 관용의 정치적 가치와 여성의 동등한 시민권이야말로 여성들이 낙태 여부를 스스로 자유롭게 선택할 수 있다는 결론의 충분한 근거라고 대답할 수도 있다. 즉, 정부는 인간 생명의 시작 시점에 대한 도덕적·종교적 논쟁에서 누구의 편도 들지 말아야 하는 것이다.[29] 그러나 만약 태아의 도덕적 지위에 대한 가톨릭교회의 입장이 옳다면, 즉 낙태가 도덕적으로는 살인이나 마찬가지라면 관용과 여성의 평등이라는 정치적 가치가 중요하더라도 그것이 논쟁에서 우세한 근거가 되는 이유는 불분명해진다. 만약 가톨릭교회의 교의가 맞는다면, 정치적 가치가 우선한다는 정치적 자유주의자의 주장은 정의로운 전쟁론just-war theory의 예가 되고 만다. 즉, 그 정치적 자유주의자는 매년 150만 명의 목숨을 희생시킴에도 불구하고 이러한 가치가 우세한 이유를 설명해야 할 것이다.

물론 인간 생명의 시작 시점에 관한 도덕적·신학적 문제를 고려 대상에서 제외할 수 없다는 주장이 곧 낙태 권리를 반대하는 주장은 아니다. 그것은 단순히 낙태 권리에 찬성하는 주장이 도덕적·종교적 논쟁에 관련하여 중립적일 수 없음을 지적하는 것이다. 낙태 권리에 찬성하는 주장은 문제가 되는 포괄적인 도덕적·종교적 교의를 피하기보다는 직접 다루어야 한다. 종종 자유주의자들은 그런 행동이 좋음에 대한 옳음의 우선성에 위배되기 때문에 직접 다루지 않으려고 한다. 그러나 낙태에 관한 논쟁은 옳음이 좋음에 우선한다는 사실이 입증될 수 없음을 보여준다. 낙태를 할 것인지 스스로 결정하는 여성의 권리를 보호해야 한다는 주장은, 상대적으로 발달 초기에 있는 태아를 지우는 행위와 아이를 살인하는 행위 간의 합당한 도덕적 차이가 있음을 증명할 수 있는가에 달려 있기 때문이다.

논쟁이 되는 도덕적 문제를 고려 대상에서 제외하는 데 정치적 정의관이 지닌 어려움을 보여주는 두 번째 사례는 1858년 에이브러햄 링컨과 스티븐 더글러스 간에 벌어진 논쟁이다. 아마도 국민주권에 대한 더글러스의 논거는 논쟁이 되는 도덕적 문제를 정치적 합의를 위해 고려하지 말아야 한다는 주장으로서는 미국 역사상 가장 유명한 예일 것이다. 더글러스는 사람들이 노예제의 도덕성에 대해 의견을 달리할 수밖에 없기 때문에 국가정책은 그 문제에 관해 중립적인 태도를 가져야 한다고 주장했다. 그가 옹호한 국민주권론은 노예제의 옳고 그름을 판단하는 것이 아니라, 각 지역의 국민들이 자유롭게 자신의 판단을 내릴 수 있게 놔두자는 것이었다. "연방권력의 영향력으로 자유국가든 노예국가든 한쪽을 유리하게 하는 것"은 헌법의 기본적인 원칙에 위배되며 내전을 일으킬 위험이 있다는 것이다. 그는 미국을 하나로 뭉치게 하는 유일한 희망은 의견을 달리하는 데 동의하는, 즉 노예제에 관한 도덕적 논쟁을 고려 대상에서 제외시키고 "각 주와 각 지역에 이러한 문제를

스스로 결정할 수 있는 권리"를 존중해주는 것이었다.³⁰

링컨은 정치적 정의관에 관한 더글러스의 논거에 반대의 주장을 폈다. 정책은 노예제에 대한 실질적인 도덕적 판단을 피하기보다는 표현해야 한다는 것이었다. 링컨은 노예제 폐지론자는 아니었지만, 정부가 노예제를 도덕적으로 잘못된 것으로 취급하여 노예제의 확대를 금지해야 한다고 생각했다. "이 논쟁에서 실제 문제, 즉 모두에게 긴급한 문제는 노예제를 잘못된 것으로 보는 계층과 그렇지 않다고 보는 계층의 정서다."³¹ 노예제를 잘못된 제도로 생각한 링컨과 공화당은 그 제도를 "잘못된 제도로 다루어야 하며, 잘못된 제도를 다루는 방법 중의 하나는 그것이 더 이상 확대되지 못하게 만드는 조항을 신설하는 것"이라고 주장했다.³²

더글러스 개인의 도덕적 견해가 어떻든 간에, 그는 적어도 정치적 목적을 위해서는 노예제 문제에 대해 불가지론적 입장을 취한다고 주장했다. 그는 노예제가 수용되든 수용되지 않든 상관이 없었다.³³ 링컨은 노예제가 자신이 생각하는 도덕적 악이 아님을 전제로 하는 경우에만 도덕성의 문제를 고려 대상에서 제외하는 게 합당하다고 응수했다. 그런 경우라면 어느 누구도 정치적 중립성을 주장할 수 있다.

> 노예제에서 잘못된 점을 전혀 보지 못하는 사람은 누구든 정치적 중립을 주장할 수 있지만, 노예제에서 잘못된 점을 본 사람이라면 누구도 논리적으로 그렇게 말할 수 없다. 왜냐하면 어느 누구도 잘못된 것이 투표를 통해 수용되건 말건 신경 쓰지 않는다고 논리적으로 말할 수는 없기 때문이다. 그는 무관심한 일이 수용되든 아니든 상관하

지 않는다고 말할 수는 있지만, 옳은 것과 잘못된 것에 대해서는 논리적으로 선택해야만 한다. 그는 노예를 원하는 공동체라면 어떤 공동체든 노예를 가질 수 있는 권리가 있다고 주장한다. 따라서 그들은 노예제가 잘못되지 않은 경우에 노예를 가질 수 있다. 하지만 그것이 잘못된 것이라면, 그는 사람들이 잘못된 일을 할 권리가 있다고 말하지 못한다.[34]

처음에 링컨과 더글러스 간의 논쟁은 노예제의 도덕성에 관한 것이 아니라, 정치적 합의를 위해 도덕적 논쟁을 고려하지 말아야 하느냐에 관한 것이었다. 이 점에서 국민주권에 관한 그들의 논쟁은 낙태 권리에 관한 현대의 논쟁과 흡사하다. 현대의 일부 자유주의자들이 정부는 낙태의 도덕성에 관해 누구 편도 들지 말아야 하는 것이 아니라 각 여성이 스스로 그 문제를 결정하도록 놔둬야 한다고 주장하는 것처럼, 더글러스도 국가정책이 노예제의 도덕성에 관해 한쪽 편을 들지 말아야 하는 것이 아니라 각 지역이 스스로 그 문제를 결정하도록 놔두어야 한다고 주장했다. 물론 두 논쟁에 차이는 있다. 낙태 권리의 경우, 대개 실질적인 도덕적 문제를 고려하지 않으려는 사람들은 개인에게 선택을 맡기는 반면, 노예제의 경우 더글러스는 각 지역에 선택권을 맡기려 했다.

그러나 더글러스에 대해 링컨은 적어도 중대한 도덕적 문제인 경우, 그것을 고려하지 않는 행위에 반대하는 논거를 제시했다. 링컨의 주장에 따르면, 더글러스가 옹호하는 정치적 정의관의 개연성은, 그것이 고려 대상에서 빼야 한다고 요구하는 실질적인 도덕적 문제에 대한 특정한 해답에 달려 있었다. 이는 태아의 도덕적 지위에 관한 논쟁에서 누구 편도 들지 말라고 요구하는 낙태 권리 찬성 주장에도 똑같이 적용된다. 내전이 터져 사회 협력에 위협이 될 수도 있는 급박한 상황임에도 불구하고, 링컨은 당시에 가장 큰 분열을 일으키던 도덕적 논쟁을 고려 대상에서 제외하는 것은 도덕적으로도, 정치적으로도 의미가 없다고 주장했다.

> 우리가 더 이상 논의할 수 없으며 대중이 그 논쟁에 대해 관심을 갖지 말아야 한다는 전제를 갖고 있는 (…) 철학이나 정치적 견지는 어디에 있는가? 그런데 우리가 전혀 신경을 쓰지 말아야 한다는 것이 바로 더글러스가 지지하는 정책이다. 나는 묻는다. 그것은 잘못된 철학이 아닌가? 모두가 가장 신경 쓰고 있는 바로 그 일에 대해 전혀 신경 쓰지 말아야 한다는 전제 위에 정책제도를 마련하는 일은 잘못된 정치적 태도가 아닌가?[35]

현대의 자유주의자들은 분명 더글러스와 같은 부류의 사람들에게 저항할 것이다. 그들은 아마도 노예제가 인간의 권리를 침해한다는 이유를 들어 노예제에 반대하는 국가정책을 요구할 것이다. 문제는 정치적 정의관으로 이해되는 자유주의가 포괄적인 도덕적 이상에 대한 호소를 반대해야 한다는 주장과, 위와 같은 주장이 양립할 수 있느냐다. 예를 들어, 칸트적 자유주의자는 노예제가 인간을 목적 그 자체로 대하지 않는다고 노예제를 반대할 수 있다. 그러나 이 논거는 칸트의 인간관에 근거하고 있기 때문에 정치적 자유주의에 이용할 수 없다. 노예제를 반대하는, 역사적으로 중요한 다른 논거들도 비슷한 이유로 정치적 자유주의에 이용할 수 없다. 일례로, 1830년대와 1840년대의 미국 내 노예폐지론자들은 대체로 정치적 자유주의가 인용할 수 없는 논거, 즉 종교적 용어로 자신들의 논거를 제시했다.

그렇다면 정치적 자유주의는 어떻게 해야 더글러스 같은 사람들을 피하고, 포괄적인 도덕적 견해를 전제로 하지 않으면서도 노예제에 반대할 수 있을까? 더글러스가 어떤 희생을 치르고라도 사회적 평화를 추구하려던 게 잘못이었다고 대답할 수도 있다. 사실 어떤 정치적 합의도 그렇게 하지 못할 것이다. 정치적 개념으로서는 이해되더라도, 공정으로서의 정의는 단순한 잠정 협정이 아니다. 우리의 정치문화에 내재된 원칙과 자기이해를 고려하면 인간을 공정하게, 즉 자유롭고 동등한 시민으로 대우하는 조건을 가진 협정만이 사회적 협력의 합당한 기초를 제공해줄 수 있다. 적어도 현재 미국인들에게는 노예제 반대가 이미 결론이 난 문제다. 정치적 합의가 당연히 이루어져야 한다는 더글러스의 주장이 역사적으로 생명을 다했다는 점은 이제 미국 정치 전통의 사실이 되었다.

우리의 정치문화에 내재된 시민의식 관념에 호소하면, 오늘날 정치적 자유주의가 어떻게 노예제에 반대할 수 있는지 알 수 있을지도 모른다. 어쨌든 중요하게도 지금의 정치문화는 남북전쟁, 재건시기, 수정헌법 13조, 14조 채택, 브라운 대 교육위원회 판결[36], 민권운동, 투표권법[37] 등에 의해 형성되었기 때문이다. 이러한 경험을 비롯하여 인종평등이나 평등한 시민권에 대한 이해는 노예제가 지난 한 세기 동안 발전해온 미국의 정치적·입헌적 관행과 어울리지 않는다는 주장에 풍부한 근거를 제공해준다.

그렇지만 1858년의 정치적 자유주의가 노예제를 어떻게 반대할 수 있었는지는 설명되지 않는다. 이론의 여지가 있지만, 19세기 중반 미국의 정치문화에 내재되어 있던 동등한 시민권의 개념은 노예제를 흔쾌히 받아들이고 있었다. 독립선언문은 모든 사람이 평등하게 태어났으며 창조주가 양도할 수 없는 권리를 부여했다고 선언했지만, 더글러스는 선언문의 서명자들이 평등한 시민권을 누릴 수 있는 흑인 노예들의 권리가 아니라 영국의 지배로부터 자유로울 수 있는 식민지 사람들의 권리를 주장하고 있었다고 지적했다.[38] 미국 헌법 자체는 노예제를 금지한 것이 아니었다. 오히려 선거인단 수를 정할 때 노예 한 사람을 5분의 3인으로 계산하도록 하고[39], 의회가 1808년까지 노예무역을 금지할 수 없다고 규정하고[40], 도망노예를 도로 보내줄 것을 요구하는 등[41] 노예제 유지에 도움을 주었다. 그리고 악명 높은 드레드 스콧Dred Scott 사건[42]에서 연방대법원은 노예 주인들의 노예에 대한 재산권을 인정해주었고 아프리카계 미국 흑인들은 미국 국민이 아니라고 판결했다.[43] 정치적 자유주의가 포괄적인 도덕적 이상에 호소하기를 거부하고 대신 정치 문화에 내재된 시민권의 개념에 의존하는 한, 정치적 자유주의는 링컨이 옳고 더글러스가 틀린 이유를 설명하는 데 어려움을 겪을 것이다.

합당한 다원주의의 사실

오늘날의 낙태 논쟁과 1858년의 링컨 대 더글러스 논쟁은 적어도 중대한 도덕적 문제가 관련될 경우, 정치적 정의관이 고려 대상에서 제외하겠다고 주장한 그 도덕적 문제에 대한 답변이 전제가 되어야 하는 과정을 구체적으로 보여준다. 이들 사례에서 좋음에 대한 옳음의 우선성은 입증될 수 없다. 정치적 자유주의가 겪는 또 다른 어려움은 먼저 좋음에 대한 옳음의 우선성을 주장하기 위해 제시하는 이유와 관련이 있다. 칸트적 자유주의에서 옳음과 좋음의 불균형은 인간에 관한 특정한 관념으로부터 발생한다. 우리가 자기 자신을 목적과 애착에 우선하는 도덕적 주체로 생각하기 때문에 우리는 자신이 옹호하는 특정한 목적을 옳음이 규정한다고 간주해야 한다. 즉, 자아가 그 목적에 우선하기 때문에 옳음이 좋음에 우선한다는 것이다.

정치적 자유주의의 경우, 옳음과 좋음의 불균형은 칸트의 인간관이 아니라 현대 민주사회의 어떤 특징 때문에 발생한다. 롤스는 이 특징을 "합당한 다원주의의 사실(p.xvii)"로서 설명했다. "현대 민주사회는 단순히 포괄적인 종교적·철학적·도덕적 교의의 다원주의만이 아니라, 양립할 수는 없지만 합당한 포괄적인 교의의 다원주의의 특징을 띤다. 대체로 이러한 교의들 중 어느 것도 시민들의 일반적인 지지를 받지 않고 있다(p.xvi)." 또한 예측 가능한 미래에 이러한 다원주의가 사라질 가능성도 없다. 도덕적·종교적 문제에 대한 이견은 일시적인 상황이 아니라 자유로운 제도하에서 "인간의 이성이 활동할 때 나타나는 정상적인 결과(p.xvi)"다.

이 "합당한 다원주의의 사실"을 고려하면, 문제는 자유롭고 평등한 시민들이 도덕적·철학적·종교적 차이에도 불구하고 지지할 수 있는 정의 원칙을 찾는 것이다. "이는 최고선에 관한 문제가 아니라 정치적 정의의 문제다(p.xxv)." 어떤 원칙이 만들어지든, 이 문제에 대한 해답은 옳음이 좋음에 우선함을 확인해주는 것이어야 한다. 그렇지 않으면 양립할 수는 없지만 합당한 도덕적·종교적 신념을 지지하는 사람들의 사회적 협력의 기초가 마련되지 않는다.

그러나 여기에서도 어려움은 생긴다. 합당한 다원주의의 사실이 맞아도, 옳음과 좋음의 불균형은 또 다른 가정에 의존하기 때문이다. 이 가정은 사람들이 도덕성과 종교에 관해서는 다른 견해를 갖고 있음에도 불구하고 그들이 정의에 대해서는 이견을 갖지 않으며, 혹여 이견이 있더라도 적정한 숙고를 거친 뒤에 이견이 사라질 것이라는 생각이다. 정치적 자유주의는 자유로운 조건하에서 인간의 이성이 작동할 경우, 좋은 삶에 대해 이견이 나올 수 있다고 가정하는 동시에 자유로운 조건하에서 인간의 이성이 작동할 경우, 정의에 관해서는 이견이 발생하지 않을 것이라고도 가정해야 한다. 도덕성과 종교에 대한 "합당한 다원주의 사실"이 정의에 관해서는 그에 비교되는 "합당한 다원주의의 사실"이 존재하지 않는다는 또 다른 가정과 결합될 때, 옳음과 좋음의 불균형이 만들어진다.

그러나 이 가정의 정당성이 증명되는지는 분명하지 않다. 우리 주변을 둘러봐도 현대 민주사회에 정의에 관한 이견이 넘쳐나는 것을 알 수 있다. 아주 일부만 예를 들어봐도, 소수집단우대정책, 소득 분배, 세금의 공평성, 의료, 이민, 동성애자 권리, 언론의 자유 대 혐오발언 hate speech (인종, 민족, 국적, 종교, 사상, 성별 등을 이유로 폄하하거나 폭력, 차별적 행위를 선동하는 발언 – 옮긴이) 처벌, 사형제도 등을 들 수 있다. 또는 종교의 자유, 언론의 자유, 사생활 보호권, 투표권, 피고인 권리 등 대법원 판결에서 나오는 분리된 표결과 서로 다른 의견을 생각해보자. 이러한 논쟁은 정의에 관한 "합당한 다원주의의 사실"을 보여주는 것이 아닌가?

만약 그렇다면 현대 민주사회에 지배적인, 정의에 관한 다원주의가 도덕성과 종교에 관한 다원주의와 어떻게 다른가? 예측 가능한 미래의 언젠가, 도덕성과 종교에 관한 이견은 지속되더라도 정의에 관한 이견만은 사라질 것이라고 생각할 근거가 있는가?

정치적 자유주의자는 정의에 관한 이견에는 두 가지 종류가 있다며, 그것들을 구분하며 대답할지도 모른다. 즉 정의 원칙에 대해 의견이 다를 수 있고, 이러한 원칙을 적용하는 방법에 대해 의견이 다를 수 있다는 것이다. 정치적 자유주의자는 정의에 관한 이견 중 다수의 이견이 후자에 해당한다고 주장할지도 모른다. 예를 들어, 언론의 자유가 기본적인 권리와 자유에 속한다는 사실에 대다수 사람들이 동의하지만, 자유로운 발언권이 인종차별적인 별명이나 폭력적이고 음란한 묘사, 상업광고, 무제한적인 정치 캠페인을 보호해야 하는지에 대해서는 의견이 다르다. 이러한 이견들은 강력하고 다루기 힘들지만, 정의로운 사회가 언론의 자유에 대한 기본적인 권리를 포함시킨다는 원칙에 대해 다들 동의한다는 사실에 모순되지는 않는다.

대조적으로, 도덕성과 종교에 관한 이견은 더욱 중요하게 여겨질 수도 있다. 그러한 이견들은 폭넓은 동의를 얻어내거나 심사숙고를 통해 동의를 얻어낼 수 있는, 좋은 삶의 관념을 실행에 옮기는 방법에 관한 이견이 아니라, 좋은 삶에 대한 양립할 수 없는 관념들을 의미한다고 주장할 수도 있다. 만약 도덕성과 종교에 관한 논쟁은 심각한 데 반해, 정의에 관한 논쟁은 우리가 공유하거나 심사숙고 끝에 공유하게 될 원칙을 적용하는 문제와 관련이 있다면, 정치적 자유주의가 제시한 옳음과 좋음의 불균형은 정당함이 입증될 것이다.

그러나 이러한 비교는 어떤 자신감에서 할 수 있는 것인가? 정의에 관한 모든 이견이 원칙 그 자체와 관련되었다기보다는 우리가 공유하거나 적정한 숙고 끝에 공유하게 될 원칙의 적용에 관련되었는가? 분배 정의에 관한 논쟁은 어떠한가? 분명 여기서 사람들의 이견은 원칙의 적용이 아니라 원칙 그 자체의 문제인 것처럼 보인다. 어떤 이들은 롤스의 차등 원칙을 견지하면서, 사회 내의 가장 못사는 구성원의 처지를 향상시키는 사회적·경제적 불평등만이 정당하다고 주장한다. 예를 들어, 그들은 모든 시민이 자신의 기본적인 자유를 의미 있게 행사할 수 있도록 정부가 소득, 교육, 의료, 주택과 같은 기본적인 요구를 보장해주어야 한다고 주장한다. 이와는 달리, 차등 원칙을 거부하는 사람들이 있는데 일례로, 자유지상주의자들은 사람들이 자기보다 잘살지 못하는 사람들을 돕는 것은 좋은 일이지만, 이는 권리가 아니라 자선의 문제여야 한다고 주장한다. 정부는 강제력을 동원하여 소득과 부를 재분배해서는 안 되며, 사람들이 각자 선택한 재능을 행사하고 시장경제가 규정한 대로 보상을 거둬들이는 권리를 존중해야 한다는 것이다.[44]

롤스와 같은 자유주의적 평등주의자와 로버트 노직, 밀턴 프리드먼 같은 자유지상주의자들 간의 논쟁은 현대 민주사회에서 벌어지는 정치적 논쟁의 두드러진 특징이다. 이 논쟁은 차등 원칙을 어떻게 적용하느냐에 대한 이견이 아니라 분배 정의의 올바른 원칙이 무엇이냐에 관한 이견을 반영한다. 그러나 이 논쟁은 민주사회에 도덕성과 종교뿐 아니라 정의에 관해서도 "합당한 다원주의의 사실"이 존재한다는 것을 보여주는 것이라고 주장할 수도 있다. 그리고 만약 그렇다면, 옳음과 좋음의 불균형은 유지되지 않는다.

정치적 자유주의가 이러한 반론에 대해 대답을 못하는 것은 아니다. 그러나 정치적 자유주의가 해야 하는 대답은 대답을 못할 경우에 호소해야 할 관용의 정신으로부터 벗어나 있다. 롤스는 분배 정의에 관해 다원주의의 사실이 존재함에도 불구하고, 합당한 다원주의의 사실은 존재하지 않는다고 대답해야 한다.[45] 차등 원칙의 합당성에 관한 이견은 도덕성과 종교에 관한 이견과는 달리, 합당하지 않다. 즉, 자유지상주의자들의 분배 정의 이론은 적정한 숙고로 입증되지 않을 것이다. 분배 정의에 대한 이견은 도덕성과 종교에 대한 이견과는 달리, 자유로운 상태에서 인간의 이성이 작동한 자연스런 결과가 아니다.

얼핏 보면, 분배 정의에 관한 이견들이 합당하지 않다는 주장은 "관용의 원칙을 철학에 적용하겠다는(p.10)" 정치적 자유주의의 약속과 어긋나는, 독단적인 주장처럼 보일 수도 있다. 그것은 겉으로 보기에 도덕성과 종교의 이견에 관대해 보이는 롤스의 모습과는 날카롭게 대조된다. 롤스는 이러한 차이가 정상적이며, 실제로 현대 생활의 바람직한 특징이자 인간의 다양성의 표시로서 국가권력을 강제적으로 사용할 경우에만 그 차이가 극복될 수 있다고 반복해서 지적했다(pp.303-304). 그리고 그는 포괄적인 도덕성에 관한 문제의 경우에는 "자유로운 토론을 거친 뒤에도 충분한 이성 능력을 지닌 양심적인 사람들이 모두 같은 결론에 도달하리라고 기대할 수 없다(p.158)"고 주장했다. 인간이 이성을 발휘하면 합당한 도덕적·종교적 교의가 여럿 탄생하기 때문에 "국가권력의 강제력을 동원하여 자신과 의견을 달리하는 사람들의 잘못을 지적하거나 처벌하는 것은 합당하지 않거나 더 나쁜 짓이다(p.138)." 그러나 이러한 관용의 정신은 정의에 관한 이견까지는 확대되지 않는다. 예를 들어, 자유지상주의자들과 차등 원칙을 지지하는 사람들 간의 이견은 합당한 다원주의를 반영하지 않기 때문에, 국가의 권력을 동원하여 차등 원칙을 실행에 옮기는 데 반대할 수 없다.

잠깐 보아서는 편협한 것처럼 보이지만, 차등 원칙에 어긋나는 분배 정의의 이론이 합당하지 않다거나 자유지상주의자들의 정의론이 적정한 숙고를 거치면 살아남지 못한다는 견해는 결코 독단적인 주장은 아니다. 반대로, 『정의론』에서 롤스는 차등 원칙을 위한 논거와 자유지상주의자들의 관념에 반대하는 강력한 논거들을 다수 제공했다. 시장경제에서 누군가는 더 많이 벌고, 누군가는 덜 벌게 만드는 재능과 능력의 분배는 도덕적 관점에서 보면 독단적이다. 그리고 시장이 어떤 시점에 누군가가 풍부하게 가진 재능을 우연히도 높이 평가하고 보상한다는 사실 또한 독단적이다. 자유지상주의자들도 분배의 몫이 사회적 지위나 태생의 우연(귀족사회나 카스트 사회에서처럼)을 근거로 정해져서는 안 된다는 사실에 동의하겠지만, 자연이 준 재능의 분배는 확실히 독단적이다. 또한 자유지상주의자들이 인용하는 자유의 관념은 개인의 기본적인 사회적·경제적 욕구가 충족될 경우에만 의미 있게 행사될 수 있다. 그리고 사람들이 각자의 이해관계에 구애 받지 않거나 자신의 재능과 그 재능이 시장경제에서 갖는 가치를 사전에 알지 못하고 분배 정의에 대해 숙고할 경우, 그들은 자연에 의한 재능의 분배가 배분한 몫의 기초가 되어서는 안 된다는 점에 동의할 것이다.[46]

나는 차등 원칙에 대한 롤스의 논거를 되풀이하는 것이 아니라 단지 그가 제공한 이유들을 상기시키려할 뿐이다. "반성적 평형 상태 reflective equilibrium"(의견 불일치가 생길 경우, 논의를 통해 숙고하고 상호 수정하여 의견

일치를 끌어낸 상태 – 옮긴이)⁴⁷를 목표로 하는, 숙의를 거친 판단과 원칙 사이의 상호조정의 과정이 정당성을 입증하는 과정이라고 생각한 롤스는 차등 원칙이 자유지상주의자들이 제시한 대안보다 더 합당하다는 점을 증명하려고 했다. 나도 그럴 것이라고 믿지만, 그의 논거가 설득력 있고 민주사회의 시민에게도 설득력 있게 들릴 수 있을 정도로, 그들이 지지하는 원칙들은 공공정책과 법률에 적절히 구체적으로 나타나 있다. 틀림없이 이견은 계속 생길 것이다. 자유지상주의자들은 침묵을 지키거나 사라지지 않을 것이다. 하지만 그들의 이견은 정부가 중립을 지켜야 하는 "합당한 다원주의의 사실"로 간주될 필요는 없다.

그러나 이는 옳음이 좋음에 우선한다는 정치적 자유주의 주장의 핵심까지 이어지는 문제를 야기한다. 서로 일치하지 않는 견해들이 계속 존재함에도 불구하고, 롤스가 제시한 도덕적 논거나 숙고 덕분에 우리가 정의의 일부 원칙들이 다른 원칙보다 더 합당하다는 결론을 내릴 수 있다면, 유사한 유형의 숙고가 도덕적·종교적 논쟁에서는 가능하지 않다고 어떻게 장담할 수 있는가? 우리가 반성적 평형 상태를 추구함으로써 분배 정의의 논쟁적인 원칙에 대해 판단을 내릴 수 있다면, 선의 관념에 대해서도 같은 방식으로 판단을 내릴 수 없는 이유는 무엇인가? 선의 일부 관념이 다른 관념보다 더 합당하다는 사실이 입증될 수 있다면, 계속되는 이견은 정부에게 중립의 입장을 지키도록 요구하는 "합당한 다원주의의 사실"에 반드시 해당되지 않을 수도 있다.

예를 들어, 포괄적인 도덕적·종교적 교의에 근거한 논쟁인 동성애의 도덕적 지위에 대한 우리 대중문화의 논쟁을 생각해보자. 동성애가 죄가 되거나 적어도 도덕적으로는 허용할 수 없다고 주장하는 사람들이 있는가 하면, 동성애는 도덕적으로 허용할 수 있고 경우에 따라서는 중요한 인간적 선을 나타낸다고 주장하는 사람들도 있다. 정치적 자유주의는 동성애의 도덕성에 관한 이러한 견해 모두, 정의나 권리에 대한 공적 토론에서 나서서는 안 된다고 주장한다. 정부는 그 견해들에 대해 중립적인 입장을 취해야 한다. 이는 동성애를 혐오하는 사람들이 자신들의 견해를 법률로 표현하려고 해서는 안 되며, 동성애 권리를 지지하는 사람들도 동성애는 도덕적으로 옹호 받을 수 있다는 견해를 논거의 기초로 삼아서는 안 된다는 의미다. 정치적 자유주의의 관점에서 보면, 두 방식 모두 정의를 일부 선 관념에 잘못 근거한 것이며 포괄적인 도덕성에 관한 "합당한 다원주의의 사실"을 존중하지 않았다.

하지만 동성애의 도덕적 지위에 관한 사회 내의 이견이 "합당한 다원주의의 사실"을 구성하지 못하는 것처럼 분배 정의에 관한 이견도 "합당한 다원주의의 사실"을 구성하지 못하는 것은 아닌가? 정치적 자유주의에 따르면, 차등 원칙에 대한 자유지상주의자들의 반대는 정부의 중립이 요구되는 "합당한 다원주의의 사실"을 구성하지 않는다. 왜냐하면 적정한 숙고를 하면 차등 원칙의 논거가 자유지상주의를 지지하는 논거보다 설득력을 지녔다고 결론 내릴 만한 충분한 이유가 있기 때문이다. 그러니 적정한 숙고에 의하면 동성애를 도덕적으로 허용할 수 있다는 주장의 논거가 허용할 수 없다는 주장의 논거보다 설득력을 지녔다고 똑같이 자신 있게 혹은 더 자신 있게 결론 내리는 것도 가능하지 않은가? 원칙과 숙고된 판단 사이에서 끊임없이 반성적 평형 상태를 이루려고 할 때, 그러한 적정한 숙고는 동성애자가 이성애자보다 도덕적으로 열등하다고 주장하는 사람들이 제시하는 이유들을 평가함으로써 진행될 수도 있다.

일례로, 동성애자가 부도덕하다고 생각하는 사람들은 종종 동성애가 인간의 성(性)이 갖는 최고의 목적, 즉 출산이라는 선을 충족시키지 못한다고 주장한다.[48] 이러한 주장에 대해서는 많은 이성애 관계 역시, 이 목적을 충족시키지 못한다는 대답이 제시될 수 있다. 피임을 한 성관계나 불임 부부의 성관계, 또는 생식 연령이 넘은 배우자 간의 관계가 대표적인 예다. 이는 출산이라는 선이 중요하긴 하지만, 그것이 인간의 성관계의 도덕적 가치에서 필수적인 것은 아님을 의미할 수도 있다. 성의 도덕적 가치는 사랑과 그 사랑이 나타내는 책임감에 존재할 수도 있으며, 이러한 선은 이성애 관계만이 아니라 동성애 관계에서도 가능하다. 동성애 반대자들은 동성애자들이 종종 성적으로 문란하기 때문에 사랑과 책임의 선을 실현할 가능성이 떨어진다고 대답할 수도 있다. 이러한 주장에 대해서는 그 반대를 증명하는 경험상의 증거를 보여주거나 문란함의 존재는 동성애 자체의 도덕적 가치가 아니라 특정한 사례에서만 반대의 논거가 된다는 의견을 제시함으로써 응수할 수 있다.[49] 이성애자도 성관계에 도덕적 가치를 부여하는 선과 어울리지 않는 관행이나 문란한 관계에 빠지지만, 이 사실 때문에 사람들이 이성애 자체를 혐오하게 되지는 않는다. 이런 식으로 논쟁은 계속 이어질 수 있다.

나는 동성애의 도덕적 허용 가능성에 대한 논쟁 전체를 소개하려는 것이 아니라, 단지 그러한 논쟁이 진행될 수 있는 과정을 알려주려고 한 것이다. 차등 원칙에 대한 롤스의 논증처럼, 동성애의 도덕적 허용 가능성에 대한 논증도 우리의 원칙과 심사숙고를 거친 판단 사이에서 반성적 평형 상태를 추구하고 각각을 상대의 관점에서 조정하며 진행될 수 있다. 동성애의 도덕성에 대한 논거가 차등 원칙에 대한 논거와는 달리, 인간의 목적과 선의 관념에 대한 주장을 명확하게 다루고 있다는 사실은 동일한 도덕적 추론의 방법이 진행될 수 없음을 의미하지 않는다. 물론 그러한 도덕적 추론이 도덕적·종교적 논쟁에 결정적이거나 반박할 수 없는 해답을 제시할 가능성은 크지 않다. 그러나 롤스가 인정하듯이, 그러한 추론은 정의의 문제에 대해서도 반박할 수 없는 해답을 제시하지 못한다. 조금 더 온건한 정당화의 개념이 적합한 것이다. 롤스는 정의에 관한 논쟁을 언급하면서 다음과 같은 글을 남겼다. "철학에서 가장 근본적인 차원의 문제들은 대개 결정적인 논쟁에 의해 해결되지 않는다. 어떤 사람에게 분명하고 기본적인 생각으로 받아들여지는 내용이 다른 사람들에게는 이해되지 않는 경우가 있다. 문제를 해결하는 방법은 어떤 견해가 가장 일관되고 설득력 있는 설명을 제공하는지 제대로 생각해본 뒤에 고려하는 것이다(p.53)." 이와 같은 이야기를 포괄적인 도덕성에 관한 논쟁에서도 할 수 있다.

옳음뿐 아니라 좋음에 대해서도 추론하여 판단을 내리는 것이 가능하다면, 옳음과 좋음이 불균형을 이룬다는 정치적 자유주의의 주장은 타격을 입는다. 정치적 자유주의에서 이 불균형은 도덕적·종교적 이견이 정의에 관한 이견과는 달리, "합당한 다원주의의 사실"을 반영한다는 가정을 근거로 한다. 분배 정의에 관한 이견이 "합당한 다원주의의 사실"에 해당하지 않는다고 롤스가 주장할 수 있는 이유는 그가 차등 원칙을 위해, 그리고 자유지상주의에 반대해 제시한 강력한 논거 때문이다. 하지만 같은 이야기를 일부 도덕적·종교적 논쟁이 포함된 다른 논쟁에 대해서도 할 수 있다. 민주사회의 공공문화에는 정의와 포괄적 도덕성에 관한 논쟁 모두가 포함되어 있다. 만약 정부가 자유지상주의자들의 이견에도 불구하고 재분배정책의 정의를 지지할 수 있다면, 동성애를 죄로 보는 사람들의 이견에도 불구하고 동성애의 도덕적 정당성을 법으로 확인시켜주지 못할 이유가 어디 있는가?[50] 재분배정책에 대한 밀턴 프리드먼의 반대는 동성애 권리에 대한 팻 로버트슨Pat Robertson(보수적인 기독교 우파 지도자 – 옮긴이)의 반대보다 덜 "합당한 다원주의"를 반영하는가?

정의의 경우와 마찬가지로 도덕성의 경우도 단순히 이견이 존재한다는 사실은 정부의 중립이 요구되는 "합당한 다원주의"의 증거가 결코 아니다. 원칙적으로, 어떤 특정한 경우라도 적정한 숙고 뒤에 어떤 도덕적 혹은 종교적 교의가 다른 교의보다 더 그럴듯하다고 결론 내리지 못할 이유는 없다. 그런 경우, 우리는 모든 이견이 사라질 것이라고 기대하지도 못하고, 추가적인 숙의 끝에 언젠가는 자신의 견해를 수정할 가능성을 배제하지도 못한다. 그러나 우리는 정의와 권리에 대한 숙의에서 도덕적·종교적 이상을 참조해서는 안 된다고 주장할 근거 또한 없다.

자유주의의 공적 이성의 한계

어떤 특정한 도덕적·정치적 논쟁에 관해 추론을 통해 합의에 이르기가 가능한지 여부는 실제로 시도해볼 때까지 알 수 없는 일이다. 이 때문에 포괄적인 도덕성에 관한 논쟁이 정의에 관한 논쟁과는 달리, "합당한 다원주의의 사실"을 반영한다고 미리 말할 수 없다. 도덕적 논쟁이나 정치적 논쟁이 합당하지만 양립할 수 없는 선 관념을 반영하는지,

적정한 숙고와 숙의를 통해 논쟁이 해결될 수 있는지 여부는 실제로 숙고와 숙의를 통해서만 단정할 수 있다. 그러나 이는 정치적 자유주의에 또 다른 어려움을 안겨준다. 왜냐하면 정치적 자유주의가 서술하는 정치생활에는 서로 경쟁하는 포괄적인 도덕성의 개연성을 시험하는 데 필요한 공적 숙의가 이루어질 여지가 거의 없기 때문이다. 즉, 자신의 도덕적 이상의 장점을 다른 사람들에게 설득하고, 상대가 가진 이상의 장점으로 설득 당할 가능성이 거의 없다는 의미다.

정치적 자유주의는 자유로운 언론의 권리를 지지하지만, 정치적 토론, 특히 헌법의 본질적인 요소와 기본적인 정의에 대한 토론에 적법하게 기여하는 부류의 논쟁은 엄격히 제한하며,[51] 이러한 제한은 옳음이 좋음에 우선함을 반영한다. 정부는 이런저런 선 관념을 지지하지 않을 수 있을 뿐만 아니라 시민들은 적어도 정의와 권리의 문제를 토론할 때, 자신의 포괄적인 도덕적 신념이나 종교적 신념을 정치적 담론에 제시할 수도 없다(pp.15-16).[52] 롤스는 이러한 제한이 "공적 이성의 이상(p.218)"에 의해 요구된다고 주장한다. 이 이상에 따르면, 정치 담론은 모든 시민들이 받아들일 것으로 기대할 수 있는 "정치적 가치"에 관해서만 이루어질 수 있다. 민주사회의 시민들은 포괄적인 도덕적·종교적 관념을 공유하지 않기 때문에 공적 이성은 그러한 관념을 참고로 해서는 안 된다(pp.216-220).

공적 이성의 제한은 정치 문제에 대한 개인의 숙의나 교회, 대학과 같은 조직의 구성원으로서 갖는 토론, 다시 말하면 "종교적·철학적·도덕적 고려점들(p.215)"이 적절히 제 역할을 할 수 있는 토론에는 적용되지 않는다고 롤스는 인정한다.

그러나 공적 이성의 이상은 시민들이 공개 토론회에서 정치적 주장에 참가할 때에는 적용된다. 따라서 정당의 당원과 정당 유세의 후보자들, 그리고 그들을 지지하는 집단에는 적용된다. 그리고 헌법상의 중요한 요소와 기본적인 정의의 문제가 걸려 있어서 시민들이 투표를 하는 경우에도 똑같이 해당된다. 그 결과, 공적 이성의 이상은 근본적인 문제가 관련되어 있는 한, 선거의 공적 담론을 지배할 뿐 아니라 시민들이 이러한 문제에 대해 어떻게 투표권을 행사하는가도 지배한다(p.215).

우리는 도덕적 신념이나 종교적 신념에 의지할 수 없는 상황에서 자신의 정치적 논쟁이 공적 이성의 조건을 충족하는지 여부를 어떻게 알 수 있을까? 롤스는 신기한 테스트를 제시한다. "자신이 공적 이성을 따르고 있는지 점검하려면, 다음과 같이 물으면 된다. '자신의 논쟁이 대법원 의견의 형태로 제시되면 어떤 느낌이 들까?(p.254)'" 민주 시민이 근본적인 문제에 대한 정치 담론에 도덕적·종교적 관념이 끼어들게 놔두는 것이 적법하지 않은 것은 판사가 헌법을 자신의 도덕적·종교적 신념으로 해석하는 것이 적법하지 않는 것과 같다고 롤스는 주장한다.

공적 이성의 제한적인 특징은 그것이 배제할 정치적 논쟁의 부류를 생각해보면 알 수 있다. 낙태 권리에 관한 논쟁에서 태아가 임신되는 순간부터 사람이기 때문에 낙태가 살인이라고 생각하는 사람들은 공개된 정치 토론에서 다른 시민들에게 이러한 견해를 설득하려고 할 수 없다. 그들은 이러한 도덕적·종교적 신념을 근거로 하여 낙태 금지법에 찬성표를 던질 수도 없다. 낙태에 관한 가톨릭의 가르침을 신봉하는 사람들은 교회 내에서 종교적인 용어로 낙태 문제를 토론할 수는 있지만, 정치 유세 중에나 주의회에서 혹은 하원에서 그렇게 할 수는 없다. 또한 낙태에 관한 가톨릭의 가르침에 반대하는 사람들도 자신의 주장을 정치 영역에서 피력할 수 없다. 가톨릭의 도덕적 교의가 낙태 권리의 문제에 관련된 것은 분명하지만, 정치적 자유주의가 규정한 정치 영역에서는 토론될 수 없다.

자유주의의 공적 이성이 갖는 제한적 성격은 동성애 권리에 대한 논쟁에서도 알아볼 수 있다. 얼핏 보면, 이러한 제한은 관용에 도움이 되는 것처럼 보일 수도 있다. 동성애자를 부도덕하다고 보기 때문에 그들에게는 이성애 관계에 부여되는 사생활 보호권을 보장할 수 없다고 생각하는 사람들은 공적 토론 중에 자신의 견해를 적법하게 밝힐 수 없다. 그들은 또한 동성애자들을 차별로부터 보호하는 법률에 반대하는 표를 던짐으로써 자신의 믿음을 행동으로 옮길 수도 없다. 이러한 신념은 포괄적인 도덕적·종교적 신념을 반영하기 때문에 정의에 관한 정치 담론에 참여할 수 없다.

그러나 공적 이성의 요구는 동성애 권리를 지지할 때 제시될 수 있는 논거 또한 제한하며, 관용을 위해 인용될 수 있는 이유의 범위도 제한한다. 바워스 대 하드윅 사건[53]에서 이슈가 된 동성애 성행위 금지법에 반대하는 사람들은, 법률에 어떤 도덕적 판단도 전혀 표현되지 않았기 때문에 법률 자체가 잘못된 것이라는 주장 외에는, 그 법률에 구체적으로 표현된 도덕적 판단이 잘못되었다고 주장할 수 없다.[54] 동성애 권리 지지자들은 동성 간 성행위 금지법의 이면에 숨어 있는 실질적인 도덕적 판단에 이의를 제기하거나 공개적인 정치 토론을 통해서 동료 시민들에게 동성애는 도덕적으로 허용 가능하다고 설득할 수 없다. 그러한 논쟁은 자유주의의 공적 이성의 규준을 위반하는 것이기 때문이다.

자유주의의 공적 이성에서 나타나는 제한적 성격은 1830년대와 1840년대에 미국의 노예제 폐지론자들이 제시한 논거에서도 여실히 드러난다. 복음주의 개신교에 뿌리를 둔 노예제 폐지 운동은 노예제가 극악한 죄라는 이유로[55] 노예를 즉각 해방해야 한다고 주장했다. 낙태 권리를 반대하는 현대 가톨릭신자들의 논거처럼, 노예제 폐지론자들의 주장도 포괄적인 도덕적·종교적 교의에 근거하고 있는 것이 분명했다.

롤스는 모호한 표현을 통해 노예제에 반대하는 폐지론자들의 주장이 비록 종교적이긴 하지만, 자유주의의 공적 이성의 이상을 거스르지 않았다고 주장하려고 했다. 그는 사회가 질서정연하지 않은 상태라면, 전적으로 "정치적 가치(p.251, 주41)"에 대해서만 공적 토론이 이루어지는 사회를 일으키기 위해 포괄적인 도덕성에 의존할 수도 있다고 설명했다. 노예제 폐지론자들의 종교적 논거는 그것이 공적 토론에서 더 이상 적법한 역할을 하지 않는 시대를 앞당겨주는 것으로 정당화될 수 있었다. 롤스는 이렇게 결론 내렸다. "노예제 폐지론자들이 본인들이 의지하는 포괄적인 이유가 정치적 개념에 충분한 힘을 실어주어 곧바로 실현되는 데 필요하다고 생각하는 한, 또는 숙고 끝에 그렇게 생각했다면(확실히 그렇게 생각할 수 있었을 것이다), 그들은 공적 이성의 이상을 거스른 것이 아니었다(p.251)."

이러한 주장을 어떻게 생각해야 할지 알기는 어렵다. 롤스가 노예제 폐지론자들이 세속적인 정치적 이유로 노예제에 반대하고 단순히 종교적 논거를 이용하여 대중의 지지를 얻어냈다고 주장하려는 것은 아니라고 나는 생각하며, 그렇게 추정할 이유도 없다. 또한 폐지론자들이 열띤 논의를 통해 세상을 세속적인 정치 담론을 하기에 안전한 곳으로 만들고자 애썼다고 생각할 이유도 없다. 되돌아보더라도 노예제 폐지론자들이 노예제에 반대하는 종교적 논거를 펼침으로써, 정치적 토론에서 종교적 논거를 환영하지 않는 사회의 탄생에 기여했다고 자부한다는 추정도 할 수 없다. 오히려 그 반대가 더 가능성 있는 이야기인데, 노예제처럼 너무나도 명백한 불공평에 반대하는 종교적 논거를 제시함으로써, 노예제 폐지 운동에 영감을 불어넣은 복음주의자들은 미국인들이 다른 정치적 문제들 역시 도덕적·종교적 관점에서 볼 수 있기를 기대하고 있었는지도 모른다. 어떤 경우든, 노예제 폐지론자들은 노예제가 신의 율법에 어긋나는 극악한 죄이기 때문에 잘못된 것이며, 이것이 노예제가 철폐되어야 하는 이유라는 자신들의 의중을 전하고 있었다고 생각하는 것이 합당하다. 뭔가 대단한 가정이 없다면, 그들의 주장을 옳음이 좋음에 우선한다는 주장, 즉 정치적 자유주의가 제시하는 공적 이성의 이상과 조화된다고 해석하기는 어렵다.

    낙태, 동성애 권리, 노예제 폐지론의 사례들은 자유주의의 공적 이성이 정치적 토론에 가하는 엄격한 제한을 설명해준다. 롤스는 이러한 제한이 정의로운 사회 유지에 필수 불가결한 것으로 정당화된다고 주장한다. 그런 정의로운 사회의 시민들은 상충하는 포괄적인 도덕성의 관점에서 보더라도 합당하게 지지할 수 있을 것으로 보이는 원칙들에 의해 다스려진다. 공적 이성은 시민들로 하여금 본인들 눈에 보이는 대로의 완전한 진실에 구애 받지 않고(p.216) 근본적인 정치 문제를 결정하라고 요구하지만, 이러한 제한은 예의나 그로 인해 가능한 상호존중과 같은 정치적 가치들에 의해 정당화된다. "질서정연한 입헌정권에 의해 실현되는 정치적 가치는 매우 훌륭한 가치이며 쉽게 무시할 수 없다. 그리고 그 가치가 표현하는 이상을 가볍게 포기해서는 안 된다(p.218)." 롤스는 제한적 공적 이성에 대한 자신의 논거를 형사재판에서의 위법 수집증거 배제 원칙에 대한 논거와 비교한다. 이를 테면, 사람들은 다른 선을 증진시키기 위해서, 불법적으로 증거를 확보하여 알게 된 완전한 진실에 구애 받지 않고 결정을 내리는 데 동의한다(pp.218-219).

자유주의의 공적 이성과 증거 배제 원칙 간의 유사성은 도움이 된다. 우리가 아는 대로의 완전한 진실을 무시할 경우, 형사재판이나 공적 이성 모두에 도덕적·정치적 손실이 따른다. 이러한 손실을 초래할 가치가 있는지는 완전한 진실을 무시하여 가능해지는 선에 비해 그 손실이 얼마나 큰지, 그리고 그 선이 다른 방법으로 얻어질 수 있는지 여부에 달려 있다. 예를 들어, 증거 배제 원칙을 평가하려면, 얼마나 많은 범죄자들이 그 결과로 자유의 몸이 되는지, 그리고 제한적이지 않은 원칙이 범죄자로 의심 받는 무고한 사람들에게 부당한 짐을 지우고, 바람직하지 못한 법률 집행 관행을 야기하고, 사생활 존중(위법 수집 배제의 원칙)이나 부부간의 친밀함(배우자 증언 거부권)과 같은 중요한 이상을 더럽히는지 여부를 알아야 한다. 우리는 모든 증거가 인정될 경우에 희생될 수 있는 이상의 중요성과 완전한 진실의 관점에서 결정하는 중요성을 비교함으로써 증거에 관한 원칙에 도달한다.

비슷하게, 공적 이성의 제한적 원칙을 평가하려면 그로 인해 생긴다는 정치적 가치와 도덕적·정치적 희생을 비교해야 한다. 또한 우리는 관용과 예의, 상호존중의 정치적 가치가 그리 제한적이지 않은 공적 이성의 원칙하에서도 달성될 수 있는지 물어야 한다. 정치적 자유주의가 그것이 지지하는 정치적 가치를 포괄적인 도덕성 내에서 발생할 수 있는 경쟁적인 가치와 비교하길 거부하지만, 공적 이성의 제한적 원칙을 찬성하는 주장은 그러한 비교를 전제로 해야 한다.

자유주의의 공적 이성으로 인한 손실은 두 가지 종류가 있다. 엄격한 의미에서 도덕적인 손실은 정의의 문제를 결정할 때 공적 이성이 우리에게 무시하라고 요구하는 도덕적·종교적 교의의 중요성과 합당성에 달려 있다. 이러한 손실은 반드시 사례별로 다를 수 있다. 손실은 국민주권에 찬성하는 더글러스 논거에서의 노예제처럼 정치적 정의관이 중대한 도덕적 잘못의 용인을 찬성할 때 가장 클 수 있다. 낙태에 대한 주장에서는 가톨릭 교리가 옳을 경우 도덕적·종교적 교의를 고려 대상에서 제외하여 발생하는 도덕적 손실은 크고, 다른 경우에는 훨씬 적다. 이는 도덕적·정치적으로 용인이 중요하다고 해도, 특정한 관행을 용인해야 한다는 논거는 사회적 갈등을 피하고 사람들이 스스로 결정을 내리게 허용할 때 발생하는 선뿐 아니라 그 관행의 도덕적 지위를 고려해야 한다는 의미다.

자유주의의 공적 이성으로 인한 도덕적 손실에 대한 이러한 사고방식은 정치적 자유주의 자체와는 명백히 어울리지 않는다. 롤스는 정치적 정의관이 상충하는 다른 어떤 가치보다도 중요한 가치를 나타낸다고 반복해서 지적하면서도(pp.138, 146, 156, 218) 고려 대상에서 제외되는 도덕적·종교적 가치와 정치적 가치를 실질적으로 비교하는 일이 필요하지 않다고 주장한다.

> 우리는 정치적 정의의 주장을 이런저런 포괄적인 견해의 주장에 견주어 고려할 필요는 없다. 또한 정치적 가치가 본질적으로 다른 가치보다 더 중요하다고 말할 필요도 없다. 바로 그 때문에 후자가 무시되는 것이다. 그것을 말해야 한다는 것이야말로 우리가 피하고 싶어 하는 일이다(p.157).

그러나 정치적 자유주의는 포괄적인 도덕적·종교적 교의가 사실일 수도 있음을 인정하기 때문에 그러한 비교는 당연히 피할 수 없다.

자유주의의 공적 이성의 도덕적 손실 너머에는 정치적 손실도 있다. 이러한 손실은 특히 미국처럼 공공 담론이 정치적 자유주의가 제시한 공적 이성의 이상에 매우 가까워진 국가의 정치에서 점점 더 뚜렷해지고 있다. 시민권 운동과 같은 몇몇 두드러진 예외는 있지만, 최근 몇 십 년 동안 이루어진 미국의 정치 담론은, 정부는 도덕적·종교적 문제에 대해 중립을 지켜야 하고 공공정책의 근본적인 문제들은 어떤 특정한 선 관념에 구애 받지 않는 논의를 거쳐 결정되어야 한다는 자유주의적 결심을 반영하게 되었다.[56] 그러나 민주정치는 대법원 의견이 그래야 하는 것처럼 도덕적 목적으로부터 초연한 상태로, 추상적이고 점잖은 공공생활을 오래 할 수 없다. 도덕성과 종교를 너무나도 완벽하게 무시하는 정치는 곧 그 자체의 환멸을 초래한다. 정치 담론에서 도덕적 공명이 부족한 경우, 더 큰 의미의 공공생활에 대한 갈망은 바람직하지 못한 표현법을 찾아낸다. 도덕적 다수파 같은 단체들은 무방비의 공공 광장을 편협하고 옹색한 도덕주의로 표현하려고 한다. 근본주의자들은 자유주의자들이 발을 들여놓기 두려워하는 영역에 뛰어든다. 또한 탈

종교화는 더욱 세속적인 형태를 띤다. 공공 문제의 도덕적 차원을 다루는 정치적 어젠다가 부재한 상황에서 대중의 관심은 공직자들의 개인적인 비리에 집중된다. 공공 담론은 점점 더 타블로이드와 토크쇼, 결국엔 주류 언론까지 합세하여 공급해주는 스캔들과 물의, 고백에 사로잡히게 된다.

정치적 자유주의의 공공철학이 이러한 경향에 전적으로 책임이 있다고 말할 수는 없다. 그러나 자유주의가 말하는 공적 이성의 미래상은 너무 인색하여 생명력 넘치는 민주생활의 도덕적 에너지를 담아낼 수가 없다. 그 결과, 편협하고 천박하고 잘못 길을 든 도덕주의에 길을 열어주는 도덕적 진공 상태가 형성된다.

만약 자유주의의 공적 이성이 너무 제한적이라면, 보다 확대된 공적 이성은 정치적 자유주의가 추구하는 이상들(특히 상충하는 도덕적·종교적 견해를 가진 시민들 간의 상호존중)을 희생시킬 수 있을 것인지 묻는 일이 남는다. 여기서 상호존중의 개념 두 가지를 구별해야 할 필요가 있다. 자유주의적 개념에서 우리는 동료 시민의 도덕적·종교적 신념을 무시하고(정치적 목적을 위해) 그것들을 방해하지 않거나 아니면 그것과 상관없이 정치 토론을 진행한다. 정의에 관한 정치 토론에 도덕적·종교적 이상을 들여놓는다면, 오히려 이런 의미에서의 상호존중은 침해될 것이다.

그러나 이는 민주 시민이 의존하는 상호존중을 이해하는 유일한 방법이 아니며, 어쩌면 가장 그럴듯한 방법도 아닐 것이다. 다른 존중의 개념, 즉 숙의적 개념에서는 동료 시민의 도덕적·종교적 신념에 참여하고, 그것을 경청함으로써 상대의 신념을 존중한다. 특히 그러한 신념에 중요한 정치적 문제가 포함되어 있을 경우에는 상대의 신념에 이의를 제기하고 의문을 제기하기도 하고, 때로는 주의 깊게 듣고, 그것을 배움으로써 존중한다. 숙의적 존중 방식이 어떤 경우에든 합의를 이끌어내거나 심지어는 타인의 도덕적·종교적 신념을 이해하는 경우로 이어진다고 보장할 수는 없다. 도덕적·종교적 교의에 대해 더 많은 것을 알게 되면 그것을 덜 좋아하는 결과가 발생할 가능성은 늘 존재한다. 그러나 숙의와 참여의 존중은 자유주의가 허락하는 것보다 더 확대된 공적 이성을 제공한다. 그것은 다원주의 사회에 더욱 적합한 이상이기도 하다. 우리의 도덕적·종교적 이견들이 선의 궁극적인 다원주의를 반영하는 한, 숙의적 존중 방식을 통해 우리는 다른 삶이 표현하는 독특한 선을 더 잘 이해할 수 있게 될 것이다.

29

롤스를 기억하며

　미국의 가장 위대한 정치철학자인 존 롤스가 지난 2002년 11월 24일 81세를 일기로 세상을 떠났다. 롤스는 1962년부터 1994년까지 하버드 대학에서 철학을 가르쳤다. 그는 존 스튜어트 밀 이래로 자유주의 정치 원칙에 대해 가장 설득력 있는 설명을 제공한 『정의론』으로 가장 잘 알려져 있다. 1950년대와 1960년대의 영미 정치이론은 언어 분석과 도덕적 상대주의에 의해 엉뚱한 방향으로 빗나가면서 사실상 빈사 상태에 빠져 있었다. 롤스는 정의, 권리, 정치적 의무에 대해 이성적으로 논증할 수 있음을 보여줌으로써 정치이론을 소생시켰다. 그는 신세대가 도덕성과 정치학의 고전적인 문제에 관심을 갖도록 영감을 불어넣었다.
　『정의론』은 읽기 쉬운 책이 아니다. 그러나 『정의론』이 얼마나 뛰어난 공헌을 했는지는 개인의 권리, 사회계약, 평등이라는 세 가지 주요 개념을 진전시켜 나간 방식을 보면 알 수 있다. 롤스의 저서가 나오기 전에 영어권의 대표적인 정의관은 공리주의 정의관이었다. 공리주에 따르면 법과 공공정책은 최대 다수의 최대 행복을 추구해야 한다. 롤스는 이러한 견해가 개인의 권리를 존중하지 않는다고 거부했다. 예를 들어, 다수의 사람들이 소수집단의 종교를 멸시하고 그 종교를 금지시키길 원한다고 하자. 공리주의 원칙이라면 그러한 금지를 지지할 것이다. 그러나 롤스는 어떤 권리들은 너무 중요하기 때문에 다수의 욕구로 인해 그 권리들이 무시되어서는 안 된다고 주장했다.

권리가 공리주의적 원칙에 근거할 수 없다면, 달리 정당성을 증명할 방법은 무엇일까? 롤스는 이 문제에 대해 기발한 사고실험에 기초한 일종의 사회계약론을 해답으로 제시했다. 즉, 자신이 부자인지 가난한지, 강자인지 약자인지, 건강한지 허약한지도 모르고 자신의 인종, 종교, 성별, 계급도 모른 채로 사회계약을 맺는다고 상상하는 것이다. 롤스는 이러한 "무지의 베일" 뒤에서 선택하는 원칙들은 부당한 협상 조건에 의해 더럽혀지지 않을 것이기 때문에 공정하다고 주장했다. 또한 우리가 무지의 베일 뒤에 있다고 상상하면 두 가지 사회 지배 원칙을 선택하게 될 것이라고 말했다. 첫 번째는 모든 시민들에게 평등한 기본적인 자유(언론, 결사, 종교)를 제공하는 원칙이고, 두 번째는 사회에서 가장 못사는 구성원에게 이익을 제공하기 위한 불평등(소득과 부의 불평등)만을 허용하는 것이다. 따라서 소득 차이에 있어서, 능력 있는 사람들을 의료직에 유인하기 위해 필요한 경우에만, 그리고 그렇게 하는 것이 사회에서 가장 불리한 구성원을 돕는 경우에만 의사가 경비원보다 더 많은 돈을 버는 것이 정당해질 수 있다. 이것이 바로 롤스의 유명한 "차등 원칙"이다.

롤스의 평등주의를 비판하는 사람들은, 무지의 베일 뒤에 있는 사람들이 불평등한 사회를 선택할 수도 있다고, 얼마가 됐든 축적할 수 있는 재산을 모두 보유할 권리를 부여하는 원칙을 택할 수도 있다고 응수한다. 롤스가 이러한 이의제기에 제시할 수 있는 최고의 답변은 사회계약에서 벗어나 자신의 이론 뒤에 있는 도덕적 충동에 의존하는 것이다. 우리가 자신의 재능을 행사하여 생기는 이익을 자신의 권리로 당연히 취할 자격이 없는 이유는, 애초에 그러한 재능을 자신의 공으로 생각할 수 없기 때문이다. 누군가 우연히 갖게 된 기술을 시장 사회가 높게 평가하는 것은 그 사람이 도덕적 자격을 지녔다는 의미가 아니라 운이 좋았음을 의미한다. 따라서 우리는 시장이 운동선수나 앵커, 기업가, 주식중개인, 학자, 전문가에게 부여하는 포상과 명예를 우수한 미덕에 대한 보상으로 간주해서는 안 된다. 대신, 자연과 사회적 상황의 우연이 모든 사람에게 이익을 주는 방향으로 작동하도록 조세제도와 교육제도를 구상해야 한다. 이러한 주장은 미국 사회에 뿌리 깊은 능력주의 가정에 내민 도전장이었다. 즉, 성공은 미덕과 관련되어 있고, 미국은 훌륭한 나라이기 때문에 부유해진 것이라는 가정에 이의를 제기한 것이었다. 롤스의 주장이 옳다면, 능력주의 가정은 운과 상황의 혜택을 받지 못한 사람들을 더욱 관대히 대하는 입장에 양보해야 한다.

퇴임 직후, 롤스는 내가 정의에 관해 가르치는 학부생 강좌에서 학생들과의 토론에 참여했다. 나는 그의 철학적 영웅인 이마누엘 칸트에 대해 그에게 질문을 던졌다. "두 사람의 철학이 유사함에도 불구하고, 칸트가 인간의 평등이 물질적 소유의 극단적인 불평등과 완벽히 일치한다고 결론을 내린 부분에서는 잘못 생각한 게 아닌가요?" 롤스는 아주 교묘히 빠져나가며 이렇게 대답했다. "나는 칸트가 정말로, 진실로, 아주 훌륭한 사람이라고 말하고 싶습니다. 그를 비판할 생각을 조금이라도 갖는 사람은 반드시 이 사실부터 알아야 합니다. 나는 칸트가 잘못되었다고 말하지 않을 겁니다. (…) 그는 시대를 앞서갔습니다. 18세기에 동프로이센에서 인류가 무언가를 얻었다는 것은 대단한 일입니다. 이마누엘 칸트를 얻었다는 것은 기적입니다."

토머스 홉스Thomas Hobbes, 존 로크, 장 자크 루소, 칼 마르크스, 존 스튜어트 밀 등으로 이루어진 명단에서 미국 철학자의 이름을 찾을 수 있다는 것은 기적과도 같은, 적어도 놀라운 일이라고 할 수 있다. 정치철학은 미국의 공헌이 미미했던 몇 안 되는 학문 분야 중 하나다. 어떤 사람들은 이러한 기근의 원인을 미국 민주주의의 성공에서 찾는 사람들도 있다. 종교전쟁, 쇠퇴하는 제국, 실패한 국가, 계급투쟁은 안정된 제도보다 더 풍부한 철학적 내용을 제공한다. 아마도 이 때문에 미국 철학사상의 대표적인 명언들은 철학자가 아니라 공직자들로부터 나왔는지도 모른다. 토머스 제퍼슨, 제임스 매디슨James Madison, 알렉산더 해밀턴Alexander Hamilton, 존 C. 칼훈John C. Calhoun, 에이브러햄 링컨, 프레더릭 더글러스Frederick Douglass, 제인 애덤스, 올리버 웬델 홈스Oliver Wendell Holmes, 루이스 D. 브랜다이스 등이 바로 그들이다. 롤스는 비정치인으로서 미국 정치사상을 대표한 몇 안 되는 인물 중 한 사람이다.

1830년대에 미국을 방문한 알렉시스 드 토크빌은 "문명 세계에서 미국만큼 철학에 관심을 보이지 않는 나라는 없다"고 지적했다. 토크빌의 발언은 170년 뒤 롤스의 사망에 대한 대중의 관심에 의해서도 입증되었다. 유럽의 주요 신문사, 예를 들면, 프랑스의 「르몽드Le Monde」와 영국의 「타임스Times」, 「가디언」, 「인디펜던트Independent」, 「데일리텔레그

3부 | 공동체와 좋은 삶　357

래프Daily Telegraph」 등은 미국의 「뉴욕타임스」나 「워싱턴포스트」보다 미국 정치철학자의 부고기사에 더 많은 지면을 할애했다. 이는 롤스의 평등주의가 미국의 시장 중심 사회보다는 유럽의 복지국가에서 더 큰 반향을 얻었음을 증명하는 사실이지만, 철학이 신세계보다 구세계의 공적 담론에서 더욱 두드러진 역할을 계속적으로 맡고 있는 현실을 반영하기도 한다.

롤스는 학생들과 후배 교수들에게 친절했을 뿐 아니라 누구보다도 겸손한 사람이었다. 나는 1975년 옥스퍼드 대학원을 다닐 때 처음 『정의론』을 읽었고, 그의 책은 나의 논문 주제가 되었다. 이후 나는 자유주의에 관한 그 위대한 저서의 주인을 만나보지도 못한 채, 하버드 대학 정치학과 조교수로 부임하게 되었다. 그런데 하버드에 도착하자마자 누군가로부터 한 통의 전화를 받았다. 전화선 반대편에서는 주저하는 목소리가 들렸다. "전 존 롤스, R-A-W-L-S입니다." 신께서 몸소 전화를 걸어 점심을 같이 먹자고 말하며, 자신이 누군지 모를까 봐 자기 이름의 철자를 일일이 말해주는 것에 버금가는 상황이었다.

30
공동체주의자라는 오해에 대한 해명

권리의 정당성을 찾는 나의 관점

자유주의 정치이론에 대한 동시대의 비판가들, 대표적으로 앨러스데어 매킨타이어[1]와 찰스 테일러[2], 마이클 왈저[3]의 저서들과 함께, 나의 책 『자유주의와 정의의 한계 Liberalism and the Limits of Justice, LLJ』는 권리 지향적인 자유주의에 대한 "공동체주의"의 비판서로 인정받게 되었다. 내가 현대 자유주의는 공동체에 대한 부적절한 설명을 제공한다고 지적했기 때문에 그와 같은 표현은 어느 정도는 맞다. 하지만 여러 면에서 보면, 그 명칭은 오해의 소지가 많다. 최근 여러 해 동안 정치철학자들 사이에서 뜨거워진 "자유주의·공동체주의" 논쟁은 다양한 이슈들을 설명하고 있으며, 그중에서 내가 항상 공동체주의의 편에 서 있는 것은 아니다.

때로 이 논쟁은 개인의 권리를 소중히 여기는 사람들과 공동체의 가치 또는 다수의 의지가 항상 우세해야 한다고 생각하는 사람들 사이의 논쟁, 혹은 인간의 보편적인 권리를 믿는 사람들과 각각의 문화와 전통의 특징이 되는 가치를 비판하거나 판단할 방법이 없다고 주장하는 사람들 간의 논쟁으로 이해된다. "공동체주의"가 다수결주의의 다른 명칭, 즉 권리가 어떤 특정한 시대나 특정한 공동체에서 우세한 가치에 의거해야 한다는 관점을 말하는 명칭이라면, 그것은 내가 지지하는 견해가 아니다.

롤스의 자유주의와 내가 『자유주의와 정의의 한계』에서 제시한 견해의 논쟁에서 문제가 된 것은 권리가 중요한지 여부가 아니라, 권리가 좋은 삶에 대한 어떤 특정한 관념을 전제로 하지 않는 방식으로 정당화되고 확인될 수 있는지 여부다. 개인의 요구와 공동체의 요구 가운데 어느 것이 더 큰 영향력을 지녀야 하는지 여부가 아니라, 사회의 기본구조를 다스리는 정의 원칙이 시민들이 지지하는 여러 도덕적·종교적 신념에 관해 중립을 지킬 수 있느냐가 문제인 것이다. 달리 말하면, 근본적인 문제는 옳음이 좋음에 우선하느냐 하는 것이다.

칸트의 경우와 마찬가지로 롤스에게도 옳음이 좋음에 우선한다는 사실은 두 가지 주장을 나타내며, 그 주장을 구분하는 것이 중요하다. 첫 번째 주장은 어떤 권리들은 너무나도 중요하기 때문에 일반적 복지조차도 그 권리를 무시할 수 없다는 주장이다. 두 번째는 우리의 권리를 구체적으로 명시한 정의 원칙은 좋은 삶에 대한 어떤 특정한 관념도, 롤스가 설명한 바로는, 어떤 "포괄적인" 도덕적·종교적 개념도 정당성의 근거로 삼지 못한다는 주장이다. 『자유주의와 정의의 한계』가 이의를 제기하려고 하는 주장은 옳음이 좋음에 우선한다는 첫 번째 주장이 아니라 두 번째 주장이다.

정의가 선에 독립적인 것이 아니라 관련이 있다는 의견을 견지한 점 때문에 『자유주의와 정의의 한계』는 자유주의에 대한 "공동체주의적" 비판자로 인정받는 다른 학자들의 저서와 결부지어 평가되고 있다. 그러나 정의가 선과 관계가 있다는 주장에는 두 가지 해석이 존재하며, 둘 중 하나의 해석만이 통상적인 의미의 "공동체주의적"이다. 자유주의·공동체주의 논쟁을 괴롭히는 혼동의 대부분은 그 두 가지 해석을 구분하지 못하기 때문에 생겨난다.

정의를 선 관념과 연관 짓는 한 가지 방법은, 정의 원칙들이 특정 공동체나 전통에서 일반적으로 지지를 받거나 널리 공유되는 가치로부터 도덕적 설득력을 얻어낸다는 것이다. 이렇게 정의와 선을 연관 짓는 방식은 공동체의 가치가 무엇이 의롭고 무엇이 불의한 것인지를 규정한다는 의미에서 공동체주의적이다. 이 견해에서 어떤 권리를 인정하기 위한 정당한 논거는 그 권리가 해당 공동체나 전통을 특징 짓는 공유된 이해에 내재되어 있음을 보여주느냐에 달려 있다. 물론, 특정 전통에서 공유된 이해가 실제로 어떤 권리를 지지하는가에 대해서는 의견이 다를 수 있다. 또 사회 비판가들과 정치 개혁가들은 기존의 관습에 이의를 제기하는 방식으로 전통을 해석할 수 있다. 그러나 이러한 논쟁은 늘 공동체를 되불러내는 형식, 즉 공동의 계획이나 전통에 내재되어 있지만 실현되지는 않은 이상에 호소하는 형식을 취한다.

정의를 선 관념에 연관 짓는 두 번째 방식에서는 정의 원칙은 그 원칙이 만족시키는 목적의 도덕적 가치나 본질적인 선을 정당성의 근거로 삼는다고 본다. 이 견해에서 어떤 권리를 인정하기 위한 정당한 근거는 그 권리가 인간의 중요한 선을 존중하거나 증진시키고 있음을 보여주느냐에 달려 있다. 그러한 선이 공동체의 전통에 내재되어 있는지 혹은 널리 존중 받고 있는지는 중요하지 않다. 따라서 정의를 선 관념에 결부 짓는 두 번째 방법은 엄격히 말해 공동체주의적인 것이 아니다. 권리의 근거를 그 권리가 증진하는 목적의 도덕적 중요성에 두기 때문에, 그러한 관점은 목적론적이나 (현대 철학의 전문용어를 쓰자면) 완전론적perfectionist이라는 설명이 더 적합하다. 대표적인 예는 아리스토텔레스의 정치이론으로, 그는 다음과 같이 지적한 바 있다. "인간의 권리를 규정하거나 이상적인 정체의 특징을 조사하기 전에, 먼저 가장 바람직한 삶의 방식의 특징을 결정하는 것이 필요하다. 그것이 분명치 않은 상태로 남아 있는 한, 이상적인 정체의 특징 또한 모호할 게 분명하다."[14]

정의를 선 관념에 연관 짓는 두 가지 방법 중에 첫 번째 방법은 부적당하다. 특정한 관습이 특정 공동체의 전통에 의해 인정받는다는 사실만으로는 그 관습이 옳다는 것을 인정하기에 충분하지 않다. 정의를 관습의 산물로 만들게 되면, 해당 전통이 요구하는 바와 관련해 각기 다른 해석들이 경합할 수 있다는 점을 고려한다고 해도, 정의에서 그 중요한 특성들을 제거하는 결과를 가져온다. 정의와 권리에 관한 논쟁들에는 판단의 측면이 들어갈 수밖에 없다. 권리에 대한 옹호론은 실질적인 도덕적·종교적 문제에 대해 중립적이어야 한다고 생각하는 자유주의자들과, 권리가 사회의 지배적인 가치에 의거해야 한다고 생각하는 공동체주의자들은 둘 다 비슷한 실수를 저질렀다. 양측 모두, 권리가 증진하는 목적의 내용에 대해 판단을 내리지 않으려고 하기 때문이다. 하지만 이와 같은 자유주의나 공동체주의만이 대안은 아니다. 더욱 그럴듯한 방법이라고 생각되는 세 번째 방법은 권리의 정당성을 그 권리가 기여하는 목적의 도덕적 중요성에 의존하는 것이다.

종교의 자유에 대한 권리

종교의 자유에 대하여 생각해보자. 자유로운 종교 활동이 특별히 헌법상의 보호를 받는 이유는 무엇일까? 자유주의자들은, 종교의 자유는 일반적인 개인의 자유가 중요한 것과 똑같은 이유로 중요하다고 응수할지도 모른다. 그래야 사람들이 자유롭게 스스로 자신의 가치를 선택하고 추구하고 자율적으로 살 수 있다. 이 견해에 따르면, 정부는 자신만의 종교적 신념을 선택할 능력이 있는 자유롭고 독립적인 자아로서의 개인을 존중하기 위해 종교의 자유를 지지해야 한다. 엄격히 말하면, 자유주의자가 말하는 존중은 종교에 대한 존중이 아니라 종교를 가진 자아에 대한 존중, 즉 자신의 종교를 자유롭게 선택할 수 있는 능력에 존재하는 존엄성을 존중하는 것이다. 자유주의적 관점에서 종교적 신념은 존중할 가치가 있는데, 그 내용 때문이 아니라 그것이 자유롭고 자발적인 선택의 결과이기 때문이다.[5]

종교의 자유를 지지하는 이러한 방식은 옳음을 좋음에 앞세운다. 이 방식은 사람들이 믿는 내용이나 종교 그 자체의 도덕적 중요성에 대해서는 판단을 내리지 않고 종교의 자유에 대한 권리를 보호해주려고 한다. 하지만 종교의 자유에 대한 권리를 개인의 자율권에 대한 보다 일반적인 권리 중 좀 특별한 경우라고 하면, 잘 이해가 되지 않는다. 종교의 자유를 자신만의 가치를 선택할 수 있는 일반적인 권리와 동화시키면, 종교적 신념의 본질을 잘못 설명하게 되고, 자유로운 종교 활동에 특별한 헌법상의 보호를 부여하는 이유가 모호해진다. 모든 종교적 신념을 선택의 결과물로 해석한다면, 종교적 의무 준수가 본질적인 목적인 동시에 자신의 행복에 결정적으로 중요하고 자신의 정체성을 위해 없어서는 안 된다고 생각하는 사람들의 삶에서 종교의 역할을 간과하게 될 수 있다. 어떤 사람들은 종교적 신념을 선택의 문제라고 생각하지만, 그렇지 않은 사람들도 있다. 종교적 믿음을 존중할 가치가 있게 만드는 것은 그 종교를 갖게 된 방식(선택이든, 계시든, 설득이나 습관이든)이 아니라, 좋은 삶에서 종교가 차지하는 위치나 종교가 장려하는 인격의 특징, 또는 (정치적 관점에서 봤을 때) 훌륭한 시민이 되는 습관과 성향을 배양하는 방식이다.

 종교적 신념을 독립된 자아가 선택할 수 있는 다양한 관심사나 목적과 동등하게 취급하면, 양심의 주장과 단순한 선호도를 구분하기가 어려워진다. 이를 구분하지 못하면, 자유로운 종교 활동을 제한하는 법률에 대해 특별한 정당성 근거를 제시하라고 국가에게 요구할 권리는 "일반적으로 적용되는 법을 무시할 사적 권리"보다도 결코 더 중요해 보이지 않게 된다.[6] 만약 정통파 유대교인에게 공군 병원에서 근무할 때에도 야물커^{yarmulke}(유대인 남자들이 머리 정수리 부분에 쓰는 작고 동글납작한 모자 – 옮긴이)를 쓸 수 있는 권리를 부여한다면, 군대의 의복 규칙에 의해 금지된 다른 두건을 두르고 싶어 하는 군인의 경우는 어떻게 되는가?[7] 만약 아메리카 인디언에게 환각제용 선인장을 성례에 이용할 수 있는 권리를 부여한다면, 오락을 목적으로 주정부의 약물법을 위반할 사람들에게는 뭐라고 말할 수 있는가?[8] 안식일을 지내는 사람들에게 실제 안식일에 근무 일정을 조정하여 하루를 쉴 수 있는 권리를 부여하면, 축구 경기를 관람하기 위해 어떤 특정한 날에 쉬고 싶어 하는 사람들에게도 똑같은 권리를 부여해야 하는 것이 아닌가?⁹

종교의 자유를 일반적인 자유와 일치시키는 것은 중립성을 향한 자유주의자들의 열망을 반영한다. 그러나 이러한 일반화 경향이 늘 종교의 자유에 이롭게 작용하는 것은 아니다. 그것은 선호 대상을 추구하는 것과 의무를 다하는 것을 헷갈리게 만든다. 그러한 경향은, 양심적으로 연고적인 자아, 즉 포기할 수 없는 의무들(그 의무와 상충하는 시민적 의무 앞에서도 포기할 수 없는)에 구속 받는 자아가 빠질 곤경에 대해 종교의 자유가 갖는 특별한 관심을 무시하게 된다.

하지만 왜 국가가 양심적인 면에서 연고적인 자아를 특별히 존중해야 하는가 하는 물음이 제기될 수도 있다. 그 부분적 이유는, 시민의 자기정의(정체성 정의)에 중요한 역할을 하는 관습을 정부가 제한할 경우, 그들의 삶에 의미를 부여하는 계획들에 덜 중요한 이해관계를 빼앗을 때보다 시민들이 더욱 커다란 좌절감을 느끼기 때문이다. 그러나 연고성 그 자체는 특별한 존중의 근거로 충분치 않다. 계획과 의무를 규정하는 일은 칭찬할 만하거나 영웅적일 수도 있지만, 집착이 심하고 악마와 같을 수도 있다. 특정 상황에 처한 자아는 깊이 있는 인격과 단결심을 보여줄 수도 있고, 아니면 편견과 편협한 마음을 드러낼 수도 있다.

자유로운 종교 활동을 특별히 보호해야 한다는 주장은, 특정 사회에서 특징적으로 실행되는 종교적 신념이 존중과 이해를 받을 만한 가치가 있는 존재방식이나 행동방식을 만들어낸다는 사실을 전제로 삼는다. 그러한 행동방식들이 그 자체로 훌륭하기 때문이거나 훌륭한 시민에게 필요한 인격적 특성을 길러주기 때문이다. 종교적 신념과 관습이 도덕적으로 훌륭한 삶의 방식에 기여한다고 생각할 이유가 없으면, 종교의 자유에 대한 권리의 논거는 약해질 수밖에 없다. 물론 실용적인 고려 사항은 남을 것이다. 종교의 자유에 대한 지지는, 교회와 국가가 너무 밀접하게 뒤얽힐 때 발생할 수 있는 (비기독교도를 중심으로 한) 시민 분쟁을 피할 방법으로 정당화될 수도 있기 때문이다. 그러나 종교의 자유에 대한 권리가 갖는 도덕적 정당성은 어쩔 수 없이 판단에 의해 좌우된다. 종교의 권리에 대한 옹호는, 그 권리가 보호하는 관습의 도덕적 가치에 대한 실질적인 판단과 완전히 분리될 수 없기 때문이다.

언론의 자유에 대한 권리

권리와 권리가 보호하는 선의 연관성은 언론의 자유와 혐오발언에 대한 최근의 논쟁에서도 잘 드러난다. 신나치주의자들에게 홀로코스트의 생존자들 다수가 살고 있는 지역인 일리노이 주의 스코키에서 가두행진을 할 권리를 부여해야 하는가?[10] 백인 우월주의자들이 자신들의 인종적 견해를 선전하도록 허락해야 하는가?[11] 자유주의자들은 시민이 지지하는 의견에 중립을 지켜야 한다고 주장한다. 정부는 연설 시간, 연설 장소, 연설 방식을 규제할 수는 있다. 이를 테면, 한밤중에 여는 시끄러운 집회는 금지할 수 있다. 하지만 연설의 내용은 규제할 수 없다. 모욕적이거나 평판이 나쁜 연설을 금지하면 누군가에게 다른 사람의 가치를 강제하는 것이 되기 때문에 시민들이 각자의 견해를 선택하여 표현할 능력을 존중하지 못하게 되기 때문이다.

자유주의자들은 이러한 견해를 견지하면서, 폭력과 같은 심각한 피해를 끼칠 수 있는 연설은 제한할 수도 있다. 그러나 혐오발언의 경우, 피해로 간주되는 것이 자유주의의 인간관에 의해 제한을 받는다. 자유주의의 인간관에 따르면, 나의 존엄성은 내가 맡은 어떤 사회적 역할에 있는 것이 아니라 나의 역할과 정체성을 스스로 선택할 수 있는 능력에 존재한다. 그러나 이는 나의 존엄성이 내가 동일시하는 집단에 쏟아진 모욕에 의해서는 손상될 수 없음을 의미한다. 어떤 편파적인 발언도 그 자체로는 피해를 초래하지 못하는데, 자유주의적 견해에 따르면, 최고의 존중은 그 목적과 애착으로부터 독립된 자아의 자기존중이기 때문이다. 무연고적 자아에게 자기존중의 근거는 그 어떤 특정한 유대나 애착보다도 우선하기 때문에 "내 사람들"에 대한 모욕의 범위를 벗어나 있다. 따라서 자유주의자는 실제로 연설 자체와 무관한 신체적인 피해를 유발할 수 있는 경우를 제외하고는 혐오발언에 가해지는 제한에 반대할 것이다.

공동체주의자는 자유주의의 피해 개념이 너무 편협하다고 응수할 수도 있다. 자신이 속한 인종이나 종교 집단에 의해 자신의 정체성이 규정된다고 생각하는 사람들에게는, 그 해당 집단에 대한 모욕이 신체적인 피해만큼이나 파괴적이고 실질적인 피해를 초래할 수 있다는 것이다. 홀로코스트 생존자들이 보기에, 신나치주의자들의 행진은 홀로코스트 생존자들의 정체성과 인생 스토리의 핵심부를 건드리는 끔찍한 공포와 기억을 환기시킬 목적을 갖고 있었다.

그러나 혐오발언이 입힐 수 있는 피해를 인정한다고 해서 혐오발언이 제한되어야 한다는 주장에 합당함이 생기는 것은 아니다. 그러한 발언이 야기하는 피해는 연설의 자유를 지지할 때의 선과 비교·평가되어야 한다. 종교의 경우와 마찬가지로, 단순히 연고적 자아에 대한 주장을 인용하는 것으로는 충분하지 않다. 중요한 것은, 연설이 손상시킬 안정된 정체성의 도덕적 지위와 관련하여 연설이 상대적으로 보유하고 있는 도덕적 중요성이다. 스코키라는 지역은 신나치주의자들의 진입을 막을 수 있었는데, 어째서 1950년대와 1960년대에 남부의 인종 분리주의적 주정부들은 민권 운동가들의 가두행진을 막지 못했을까? 남부의 인종 분리주의자들이 자신들이 사는 곳에서 마틴 루터 킹 주니어 목사가 행진하길 바라지 않았던 것이나, 스코키 지역의 주민들이 신나치주의자들의 행진을 원하지 않았던 것은 다르지 않다. 홀로코스트 생존자들처럼, 인종 분리주의자들도 행진 참가자들과 그들의 메시지에 의해 깊게 상처 받을 수 있는 공동의 기억으로 결합된 연고적 자아임을 주장할 수 있는 것이다.

그렇다면 두 경우를 구분할 수 있는 원칙에 입각한 방법이 있을까? 연설의 내용과 관련하여 중립을 지켜야 한다고 주장하는 자유주의자들과 해당 공동체의 지배적인 가치에 따라 권리를 규정하려는 공동체주의자들에게, 위의 질문에 대한 대답은 "없다"이어야 한다. 자유주의자들은 두 가지 경우 모두에서 언론의 자유를 지지하고, 공동체주의자들은 거부할 것이다. 그러나 같은 방식으로 두 경우를 결정하고자 하는 욕구는 자유주의자와 공동체주의자가 공유하고 있는, 즉 판단을 피하려는 충동의 어리석음을 보여준다.

두 경우를 구분할 수 있는 명백한 근거는 신나치주의자들은 대량 학살과 혐오를 선동하는 반면, 마틴 루터 킹 주니어 목사는 흑인의 민권을 얻어내려고 했다는 점이다. 그 차이는 연설의 내용, 즉 대의 본질에 존재한다. 또 고결성이 문제가 되는 공동체의 도덕적 가치에도 차이가 있다. 홀로코스트 생존자들이 공유한 기억은 단결한 분리주의자들에겐 부여될 수 없는 도덕적 존중을 받을 자격이 있다. 이러한 도덕적 구별은 상식과 일치하지만, 옳음이 좋음에 우선한다고 주장하는 자유주의자들의 해석이나 권리의 근거를 공동체의 가치에서만 찾는 공동체주의의 해석과는 상충한다.

언론의 자유에 대한 권리가 연설에 수반되는 위험과 관련하여 연설의 중요성에 대한 실질적인 도덕적 판단에 그 정당성을 의존한다고 해서, 판사들이 각각의 재판에서 스스로 연설의 가치를 평가하려고 애써야 한다고 결론 내릴 수는 없다. 또 종교의 자유에 관련된 모든 사건에서도 판사들이 해당 종교적 관습의 도덕적 중요성을 평가해야 하는 것도 아니다. 어떤 권리 이론에 관해서도, 판사가 모든 사건에서 근본원칙에 호소해야 할 필요성을 없애주기 위해서는 특정한 일반 규칙이나 원칙들이 있는 것이 바람직하다. 그러나 때때로 판결을 내리기 어려운 사건인 경우, 판사들이 애초에 권리를 정당화해주는 도덕적 목적에 직접 의지하지 않고는 그런 규칙을 적용할 수 없을 때도 있다.

대표적인 예는 1965년에 셀마에서 몽고메리까지 이어진 마틴 루터 킹 주니어 목사의 역사적 행진을 허가한 프랭크 존슨Frank Johnson 판사의 의견이다. 당시 앨라배마 주지사였던 조지 월리스는 이 행진을 막으려고 애썼다. 존슨 판사는 주정부가 주 내 고속도로의 사용을 규제할 권리가 있으며 공공 고속도로에서의 대중 가두행진은 "헌법이 허용할 수 있는 범위의 한계점에 도달한 것"이라고 인정했다. 그럼에도 불구하고 그는 그 행진이 표방한 대의에 담긴 정의를 근거로 하여 주정부에 행진을 허가하라고 명령했다. 그는 판결문에 다음과 같이 썼다. "고속도로에서 집회를 갖고 시위를 하고 평화 행진을 할 권리의 범위는 항의와 청원의 대상이 되는 잘못의 극악함에 비례해야 한다. 이 경우, 해당 잘못의 정도는 막대하다. 따라서 그러한 잘못에 항의해 시위할 권리의 범위 역시 막대하다 아니할 수 없다."[12]

존슨 판사의 결정은 연설 내용에 대해 중립적이지 않았다. 그의 결정은 스코키의 신나치주의자들에게도 도움이 되지 않았을 것이다. 그러나 이 결정은 권리에 대한 자유주의적 접근방식과 권리가 기여하는 목적에 대한 실질적인 도덕적 판단에서 권리의 근거를 찾는 접근방식 사이의 차이를 보여주는 적절한 예다.

주

19장 조력자살의 권리를 허용해야 하는가?

1. "Assisted Suicide: The Philosophers' Brief," *New York Review of Books*, vol. 44, March 27, 1997 참조.

21장 낙태와 동성애, 사생활 보호권의 의미

1. 나는 특정 관습의 도덕성(또는 부도덕성)이 그것을 금지하는 법안의 존재 여부를 결정 짓는, 유일하게 관련성 있는 이유가 된다는 더 강경한 주장에 대해 옹호하지는 않는다.
2. 410 U.S. 113 (1973).
3. 478 U.S. 186 (1986).
4. Roe v. Wade, 410 U.S. 113, 162 (1973).
5. Ibid., 153.
6. Thornburgh v. American College of Obstetricians & Gynecologists, 476 U.S. 747, 777 (1986) (Stevens, 동의의견).
7. Eichbaum, "Towards an Autonomy-Based Theory of Constitutional Privacy: Beyond the Ideology of Familial Privacy," 14 *Harv. C.R.-C.L.L. Rev.* 361, 362, 365 (1979).
8. Richards, "The Individual, the Family, and the Constitution: A

Jurisprudential Perspective," 55 *N.Y.U. L. Rev.* 1,31 (1980).

9. Karst, "The Freedom of Intimate Association," 89 *Yale L.J.* 624, 641 (1980). 사생활 보호와 자율권의 관련성을 논의하는 기사들로는 또한 다음을 참조하라. Henkin, "Privacy and Autonomy," 74 *Colum. L. Rev.* 1410 (1974); Smith, "The Constitution and Autonomy," 60 *Tex. L. Rev.* 175 (1982); Wilkinson III and White, "Constitutional Protection for Personal Lifestyles," 62 *Cornell L. Rev.* 563 (1977).

10. Karst, "The Freedom of Intimate Association," 641.

11. Carey v. Population Services Int'l, 431 U.S. 678, 687 (1977).

12. Thornburgh v. American College of Obstetricians & Gynecologists, 476 U.S. 747, 772 (1986).

13. Doe v. Bolton, 410 U.S. 179, 211 (1973) (Douglas, 동의의견).

14. Bowers v. Hardwick, 478 U.S. 186, 205 (1986) (Blackmun, 반대의견).

15. Whalen v. Roe, 429 U.S. 589, 599-600 (1977).

16. Warren and Brandeis, "The Right to Privacy," 4 *Harv. L. Rev.* 193 (1890).

17. Ibid., 195-196.

18. Prosser, "Privacy," 48 *Calif. L. Rev.* 383 (1960) (사생활 보호권에 대한 잇따른 인정과 발전에 대한 논의).

19. 367 U.S. 497 (1961).

20. Ibid., 509.

21. Ibid., 519-521 (Douglas, 반대의견).

22. Ibid., 519.

23. Ibid., 545 (Harlan, 반대의견).

24. Ibid., 545-546.

25. Ibid., 553.

26. Ibid., 554.

27. 381 U.S. 479 (1965).

28. Ibid., 485-486.

29. Ibid., 486.

30. 405 U.S. 438 (1972).

31. 사실 이 사건은 한 남자가 공개 강연장에서 피임용품을 무료로 배포했다는 이유로 유죄 판결을 받으면서 발생했다. Ibid., 440.
32. Ibid., 453.
33. *Griswold*, 381 U.S. at 485.
34. *Eisenstadt*, 405 U.S. at 453. 아이젠스타트 사건에서 법원의 의견은 다음과 같이 잘못된 가정을 전제로 하여 과거의 사생활 보호권 개념에서 새로운 사생활 보호권 개념으로 옮겨갔음을 숨기고 있다. "그리스월드 판결에서 결혼한 사람들에게 피임용품을 배포하는 것이 금지될 수 없다면, 미혼자들에 대한 피임용품 배포 역시 금지될 수 없을 것이다." Ibid. 그러나 그리스월드 판결은 결혼한 사람들에게 피임용품이 배포되는 것을 금지해서는 안 된다고 주장하지 않았다.
35. 410 U.S. 113 (1973).
36. Ibid., 153.
37. Carey v. Population Services Int'l, 431 U.S. 678 (1977).
38. Ibid., 687.
39. Ibid.
40. Ibid. (*Eisenstadt*, 405 U.S. at 453 인용).
41. Ibid. (*Roe*,410 U.S. at 153 인용).
42. Ibid.
43. Ibid., 688.
44. Thornburgh v. American College of Obstetricians, 476 U.S. 747, 772 (1986).
45. Planned Parenthood v. Casey, 505 U.S. 833, 851 (1992).
46. Bowers v. Hardwick, 478 U.S. 186, 190-191 (1986).
47. Ibid., 196.
48. Ibid.
49. Ibid., 204 (Blackmun, J., 반대의견) (Thornburgh v. American College of Obstetricians & Gynecologists, 476 U.S. at 777 n.5 인용 (Stevens 동의의견) (quoting Fried, "Correspondence," 6 *Phil. and Pub. Aff.* 288-289[1977]인용)).
50. Ibid., 205.

51. Ibid.
52. Ibid., 211.
53. Ibid. 뉴욕항소법원은 항문 섹스 금지법에 반대하면서 정부는 서로 다른 선 관념들 사이에서 중립을 지켜야 한다는 생각을 분명하게 표명했다. "도덕적 또는 종교적 가치관을 의도적으로 강요하는 장치나 그 표현에 대한 매개물을 제공하는 것은 우리 정부정책의 형법 기능이 아니다." People v. Onofre, 51 N.Y.2d 476, 488 n.3, 415 N.E.2d 936, 940 n.3, 434 N.Y.S.2d 947, 951 n.3 (1980), *cert. denied*, 451 U.S. 987 (1981).
54. Rawls, "Justice as Fairness: Political Not Metaphysical," 14 *Phil. and Pub. Aff.* 223, 245 (1985); Rorty, "The Priority of Democracy to Philosophy," in *The Virginia Statute for Religious Freedom*, 257 (M. Peterson and R. Vaughan, eds., 1988).
55. 410 U.S. 113 (1973).
56. Ibid., 159.
57. Ibid.
58. Ibid., 160-162.
59. Ibid., 162.
60. Ibid.
61. Ibid., 163.
62. 476 U.S. 747 (1986).
63. Ibid., 797 (White, 반대의견).
64. Ibid., 796.
65. Ibid., 790. 할런 대법관은 Poe v. Ullman, 367 U.S. 497, 547 (1961) (Harlan, 반대의견)에서 피임에 대한 도덕적 논쟁을 배제하는 유사한 방법을 제안했다. "나는 이 문제가 논쟁의 여지를 가졌다는 점 자체가, 코네티컷이 이렇게 다양한 관점들에서 하나를 선택하는 것을 헌법에서 금했다는 결론을 섣불리 내리지 말 것을 우리에게 요구한다고 생각한다."
66. Ibid., 777 (Stevens 동의의견).
67. Ibid., 777-778 (ibid. at 794 인용 (White, 반대의견)).
68. 478 U.S. 186 (1986).

69. Ibid., 191.
70. 이 구문들의 출처는 Griswold v. Connecticut, 381 U.S. 479, 486 (1965).
71. 478 U.S. at 205 (Blackmun, 반대의견).
72. Ibid., 206.
73. Ibid., 217 (Stevens, 반대의견) (Fitzgerald v. Porter Memorial Hospital, 523 F.2d 716, 719-720 (7th Cir. 1975), cert. denied, 425 U.S. 916 (1976) 인용).
74. Ibid., 218-219.
75. Hardwick v. Bowers, 760 F.2d 1202 (11th Cir. 1985), *rev'd*, 476 U.S. 747 (1986).
76. Ibid., 1211-1212.
77. Ibid., 1212 (Griswold v. Connecticut, 381 U.S. 479, 486 (1965) 인용).
78. Ibid., 1212.
79. 그리스월드에 대한 개인주의적 견해에 대해서는 다음을 참조하라. Eisenstadt v. Baird, 405 U.S. 438, 453 (1972) and Carey v. Population Services Int'l, 431 U.S. 678, 687 (1977).
80. 394 U.S. 557 (1969).
81. Ibid., 564-566, 568 ("'그 사회적 가치와 관계없이' 정보와 견해를 수용할 권리는 우리의 자유로운 사회에 필수적이다. 미국은 외설 규제에 대해 광범위한 힘을 보유하지만, 이 힘은 개인이 단순히 사적인 공간에 음란물을 소지하는 것에는 미치지 못할 따름이다.")
82. 51 N.Y.2d 476, 415 N.E.2d 936, 434 N.Y.S.2d 947 (1980), *cert. denied*, 451 U.S. 987 (1981).
83. Ibid., 487-488, 415 N.E.2d at 939-41, 434 N.Y.S.2d at 950-951.
84. Ibid., 488 n.3, 415 N.E.2d at 940 n.3, 434 N.Y.S.2d at 951 n.3.
85. Ibid.
86. Bowers v. Hardwick, 478 U.S. 186, 191 (1986).
87. Lawrence v. Texas, 539 U.S. 558 (2003).
88. Ibid., 562.
89. Ibid., 574, *Casey*, 505 U.S. 833, 851 (1992) 인용.

90. Lawrence v. Texas, 567.
91. Ibid., 575.
92. Ibid., 602.
93. Ibid., 604.
94. Ibid., 602.

23장 절차적 공화정과 무연고적 자아

1. 이 관점에 대한 훌륭한 예는 Samuel Huntington, *American Politics: The Promise of Disharmony* (Cambridge, Mass.: Harvard University Press, 1981)에서 찾아볼 수 있다. 특히 "이상과 제도"의 차이에 대한 그의 논의에 대해서는 pp. 10-12, 39-41, 61-84, 221-262를 참조하라.
2. 예를 들어 앨러스데어 매킨타이어와 찰스 테일러가 발전시킨 "관행"에 대한 개념들을 참조하라. MacIntyre, *After Virtue* (Notre Dame: University of Notre Dame Press, 1981), pp. 175-209; Taylor, "Interpretation and the Sciences of Man," *Review of Metaphysics* 25 (1971), pp. 3-51.
3. John Rawls, *A Theory of Justice* (Oxford: Oxford University Press, 1971); Immanuel Kant, *Groundwork of the Metaphysics of Morals*, trans. H. J. Paton (1785; New York: Harper and Row, 1956); Kant, Critique of Pure Reason, trans. Norman Kemp Smith (1781, 1787; London: Macmillan, 1929); Kant, *Critique of Practical Reason*, trans. L. W. Beck (1788; Indianapolis: Bobbs-Merrill, 1956); Kant, "On the Common Saying: 'This May Be True in Theory, But It Does Not Apply in Practice,'" in Hans Reiss, ed., *Kant's Political Writings* (1793; Cambridge: Cambridge University Press, 1970). 그밖의 옳음이 좋음에 우선한다는 최근 주장들을 다음에서 찾아볼 수 있다. Robert Nozick, *Anarchy, State, and Utopia* (New York: Basic Books, 1974); Ronald Dworkin, *Taking Rights Seriously* (London: Duckworth, 1977); Bruce Ackerman, *Social Justice in the Liberal State* (New Haven: Yale University Press, 1980).

4. 이 섹션과 다음 두 섹션의 주장들은 Michael Sandel, *Liberalism and the Limits of Justice* (Cambridge: Cambridge University Press, 1982)에서 보다 완벽하게 전개된 주장들을 요약한다.
5. Rawls, *A Theory of Justice*, p. 3.
6. John Stuart Mill, *Utilitarianism*, in *The Utilitarians* (1893; Garden City: Doubleday, 1973), p. 465; Mill, *On Liberty*, in *The Utilitarians*, p. 485 (originally published 1849).
7. Kant, "On the Common Saying," p. 73.
8. Kant, *Groundwork*, p. 92.
9. Kant, *Critique of Practical Reason*, p. 89.
10. Kant *Groundwork*, p. 105.
11. Kant, *Critique of Practical Reason*, p. 89.
12. Kant, *Groundwork*, p. 121.
13. Rawls, "The Basic Structure as Subject," *American Philosophical Quarterly* (1977), p. 165.
14. Rawls, *A Theory of Justice*, p. 560.
15. Rawls, "Kantian Constructivism in Moral Theory," *Journal of Philosophy* 77 (1980), p. 543.
16. Mill, *On Liberty*, p. 485.
17. Rawls, *A Theory of Justice*, pp. 101-102.
18. Croly, *The Promise of American Life* (Indianapolis: Bobbs-Merrill, 1965), pp. 270-273.
19. Beer, "Liberalism and the National Idea," *The Public Interest* (Fall 1966), pp. 70-82.
20. 예를 들면, Laurence Tribe, *American Constitutional Law* (Mineola: The Foundation Press, 1978), pp. 2-3 참조.
21. Ronald Dworkin, "Liberalism," in Stuart Hampshire, ed., *Public and Private Morality* (Cambridge: Cambridge University Press, 1978), p. 136 참조.

25장 핵과 멸종에 관한 개인주의 관점 비판

1. George Kateb, "Nuclear Weapons and Individual Rights," *Dissent*, Spring 1986.

26장 우리가 듀이의 자유주의를 되새겨야 하는 이유

1. Robert B. Westbrook, *John Dewey and American Democracy* (Cornell University Press, 1991); Stephen Rockefeller, *John Dewey: Religious Faith and Democratic Humanism* (Columbia University Press, 1991); Jennifer Welchman, *Dewey's Ethical Thought* (Cornell University Press, 1995); Debra Morris and Ian Shapiro, eds., *John Dewey: The Political Writings* (Hackett, 1993); Richard Rorty, *Consequences of Pragmatism* (University of Minnesota Press, 1982); Richard J. Bernstein, "John Dewey on Democracy," in *Philosophical Profiles: Essays in a Pragmatic Mode* (University of Pennsylvania Press, 1986), pp. 260-272.
2. *John Dewey: The Early Works*, 1882-1898, Volumes 1-5; *John Dewey: The Middle Works*, 1899-1924, Volumes 1-15; *John Dewey: The Later Works*, 1925-1953, Volumes 1-17, edited by Jo Ann Boydston (Southern Illinois University Press, 1969-1991).
3. Dewey, "The Need for a Recovery of Philosophy" (1917), in *The Middle Works*, Volume 10.
4. Ibid.
5. Dewey, *Liberalism and Social Action* (1935), in *The Later Works*, Volume 11, p. 24.
6. Ibid., p. 25.
7. Ibid., p. 44.
8. Rorty, *Philosophy and the Mirror of Nature* (Princeton University Press, 1979), and Rorty, *Consequences of Pragmatism* (University of Minnesota

Press, 1982) 참조.
9. Richard Rorty, "The Priority of Democracy to Philosophy," in Merrill D. Peterson and Robert C. Vaughan, eds., *The Virginia Statute for Religious Freedom* (Cambridge University Press, 1988), pp. 257-282.
10. Dewey, *The Public and Its Problems* (1927), in *The Later Works*, Volume 2, p. 295.
11. Ibid., p. 314.
12. Ibid., pp. 301, 330, 308.
13. Ibid., p. 303.
14. Ibid., p. 324.
15. Ibid., p. 321.

27장 인간이 신의 역할을 하는 것은 잘못인가?

1. 할라카 유대교는 유대교 율법의 가르침을 중시하며 그에 따라 사는 사람들의 유대교를 말한다.
2. David Hartman, *A Living Covenant: The Innovative Spirit in Traditional Judaism* (New York: The Free Press, 1985), 32.
3. Ibid., 36.
4. Ibid., 3.
5. Ibid., 98.
6. Ibid., 183.
7. Ibid., 99.
8. Ibid., 96.
9. *Midrash Terumah*, chapter 2, quoted in Noam J. Zohar, *Alternatives in Jewish Bioethics* (Albany: State University of New York Press, 1997), 20-21. On religious naturalism, see Zohar, Ibid., 19-36.
10. Rabbi Joseph B. Soloveitchik, *Halakhic Man*, trans. Lawrence Kaplan (Philadelphia: Jewish Publication Society of America, 1983; originally

published in Hebrew, 1944), 99.
11. Ibid., 107, 109.
12. Hartman, *Living Covenant*, 79.
13. Soloveitchik, "The Lonely Man of Faith," *Tradition* 7:2 (Summer 1965), 35-36, quoted in Hartman, *Living Covenant*, 82.
14. Hartman, *Living Covenant*, 84.
15. Ibid., 88.
16. Ibid., 257.
17. Ibid., 256.
18. Ibid., 260.
19. Ibid., 18.
20. Ibid., 260.
21. David Hartman, *A Heart of Many Rooms: Celebrating the Many Voices within Judaism* (Woodstock, Vt.: Jewish Lights Publishing, 1999), 77-78.
22. Ibid.,78.
23. Ibid., 201-202.
24. Carey Goldberg, "Who Needs Sleep? New Pill Hits Scene," *Boston Globe*, Sept. 22, 2002, A1, A20.
25. Midrash Rabbah, Genesis VIII, 4,5; quoted in Hartman, *Heart of Many Rooms*, 77.
26. Ibid., 77-78.
27. *Mishneh Torah, Avodah Zarah* II, 4; quoted in Hartman, *Heart of Many Rooms*, 106.
28. Ibid., 107.

28장 롤스의 정치적 자유주의

1. John Rawls, *A Theory of Justice* (1971).
2. H. L. A. Hart, "Between Utility and Rights," in *The Idea of Freedom*, 77

(Alan Ryan, ed., 1979) 참조.
3. Friedrich A. Hayek, *The Constitution of Liberty* (1960); Robert Nozick, *Anarchy, State, and Utopia* (1974) 참조.
4. 다음을 참조하라. Bruce A. Ackerman, *Social Justice in the Liberal State*, pp. 349-378 (1980); Ronald Dworkin, *Taking Rights Seriously*, pp. 90-100, 168-177 (1977); Charles Fried, *Right and Wrong*, pp. 114-119 (1978); Charles E. Larmore, *Patterns of Moral Complexity*, pp. 42-68 (1987); Nozick, *Anarchy, State, and Utopia*, p. 33; Rawls, *A Theory of Justice*, pp. 30-32, 446-451, 560; Ronald Dworkin, "Liberalism," in *Public and Private Morality*, pp. 113, 127-136 (Stuart Hampshire, ed., 1978); Thomas Nagel, "Moral Conflict and Political Legitimacy," *Phil. and Pub. Aff.*, 16, pp. 215, 227-237 (1987).
5. 다음을 참조하라. Immanuel Kant, *Critique of Pure Reason* (Norman K. Smith, trans., St. Martin's Press, 1965) (1788); Immanuel Kant, *Groundwork of the Metaphysic of Morals* (H. J. Paton, trans., Harper & Row, 3d ed., 1964) (1785); Immanuel Kant, "On the Common Saying: 'This May Be True in Theory, but It Does Not Apply in Practice,'" in *Kant's Political Writings*, pp. 61, 73-74 (Hans Reiss, ed., and H. B. Nisbet, trans., 1970); Rawls, *A Theory of Justice*, pp. 30-32, 446-451, 560.
6. 다음을 참조하라. Alasdair MacIntyre, *After Virtue* (2d ed., 1984) [hereafter cited as MacIntyre, *After Virtue*]; Alasdair MacIntyre, *Is Patriotism a Virtue?: The Lindley Lecture* (1984) [hereafter cited as MacIntyre, *Is Patriotism a Virtue?*]; Alasdair MacIntyre, *Whose Justice? Which Rationality?* (1988).
7. 다음을 참조하라. Charles Taylor, "The Nature and Scope of Distributive Justice," in *Philosophy and the Human Sciences, Philosophical Papers*, 2, p. 289 (1985); Charles Taylor, *Sources of the Self: The Making of the Modern Identity* (1989) [hereafter cited as Taylor, *Sources of the Self*].
8. 다음을 참조하라. Michael Walzer, *Spheres of Justice: A Defense of Pluralism and Equality* (1983).

9. 다음을 참조하라. Michael J. Sandel, *Liberalism and the Limits of Justice* (1982); Michael J. Sandel, "The Procedural Republic and the Unencumbered Self," *Pol. Theory*, p. 81 (1984).

10. 마이클 왈저는 이와 유사한 견해를 피력했다. "정의란 사회적 의미에 따라 달라진다. (…) 구성원들의 공유된 이해에 충실한 방식으로 삶이 영위되는 사회는 정의로운 사회다." Walzer, *Spheres of Justice*, pp. 312-313. 하지만 왈저는 사회의 공유된 이해를 다른 방식으로 해석하는 관점을 취하면 권리와 관련된 주요한 관습들이 비판 받을 수 있다고 말한다. Ibid., pp. 84-91.

11. 지난 10여 년간 자유주의 정치철학을 둘러싼 논쟁의 대부분은 자유주의에 대한 "공동체주의적" 비판에, 보다 넓게 말하면 좋음보다 옳음이 우선한다는 생각에 대한 이의 제기에 초점이 맞춰져 있었다. 이러한 논쟁에 대해 가장 종합적으로 기술하고 있는 문헌은 Stephen Mulhall and Adam Swift, *Liberals and Communitarians*(1992)이다. 이 주제와 관련해서는 또한 다음 자료들을 참조하라. *Communitarians and Individualism* (Shlomo Avineri and Avnerde-Shalit, eds., 1992); *Liberalism and Its Critics* (Michael J. Sandel, ed., 1984); *Liberalism and the Good* (R. Bruce Douglass, Gerald M. Mara, and Henry S. Richardson, eds., 1990); *Liberalism and the Moral Life* (Nancy L. Rosenblum, ed., 1989); and *Universalism vs. Communitarianism* (David Rasmussen, ed., 1990); Daniel Bell, *Communitarianism and Its Critics* (1993); Will Kymlicka, *Liberalism, Community, and Culture* (1989); Charles E. Larmore, *Patterns of Moral Complexity* (1987); and Stephen Macedo, *Liberal Virtues: Citizenship, Virtue, and Community in Liberal Constitutionalism* (1990). 이 주제에 관해 광범위하게 다루고 있는 문헌은 다음과 같다. Jeremy Waldron, "Particular Values and Critical Morality," in *Liberal Rights*, 168 (1993); C. Edwin Baker, "Sandel on Rawls," *U. Pa. L. Rev.*, 133, p. 895 (1985); Sheyla Benhabib, "Autonomy, Modernity and Community: Communitarianism and Critical Social Theory in Dialogue," in *Zwischenbetrachtungenim Prozess der Aufklaerung*, p. 373 (Axel Honneth, Thomas McCarthy, Claus Offe, and Albrecht Welmer, eds., 1989); Allen E. Buchanan, "Assessing the Communitarian Critique of Liberalism,"

Ethics, 99, p. 852 (1989); Gerald Doppelt, "Is Rawls's Kantian Liberalism Coherent and Defensible?" *Ethics*, 99, p. 815 (1989); Stephen A. Gardbaum, "Law, Politics, and the Claims of Community," *Mich. L. Rev.* 90, p. 685 (1992); Emily R. Gill, "Goods, Virtues, and the Constitution of the Self," in *Liberals on Liberalism*, p. 111 (Alfonso J. Damico, ed., 1986); Amy Gutmann, "Communitarian Critics of Liberalism," *Phil. and Pub. Aff.*, 14, p. 308 (1985); H. N. Hirsch, "The Threnody of Liberalism," *Pol. Theory*, 14, p. 423 (1986); Will Kymlicka, "Liberalism and Communitarianism," *Can. J. Phil.*, 18, p. 181 (1988); Will Kymlicka, "Rawls on Teleology and Deontology," *Phil. and Pub. Aff.*, 17, p. 173 (1988); Christopher Lasch, "The Communitarian Critique of Liberalism," *Soundings*, 69, p. 60 (1986); David Miller, "In What Sense Must Socialism Be Communitarian?" *Soc. Phil. and Pol.*, 6, p. 57 (1989); Chantal Mouffe, "American Liberalism and Its Critics: Rawls, Taylor, Sandel, and Walzer," *Praxis Int'l*, 8, p. 193 (1988); Patrick Neal, "A Liberal Theory of the Good?" *Can. J. Phil.*, 17, p. 567 (1987); Jeffrey Paul and Fred D. Miller, Jr., "Communitarian and Liberal Theories of the Good," *Rev. Metaphysics*, 43, p. 803 (1990); Milton C. Regan, Jr., "Community and Justice in Constitutional Theory," *Wis. L. Rev.*, 1985, p. 1073; Richard Rorty, "The Priority of Democracy to Philosophy," in *The Virginia Statute of Religious Freedom*, pp. 257–282 (Merrill D. Peterson and Robert C. Vaughan, eds., 1988); George Sher, "Three Grades of Social Involvement," *Phil. and Pub. Aff.*, 18, p. 133 (1989); Tom Sorell, "Self, Society, and Kantian Impersonality," *Monist*, 74, p. 30 (1991); Symposium, "Law, Community, and Moral Reasoning," *Cal. L. Rev.*, 77, p. 475 (1989); Charles Taylor, "Cross-Purposes: The Liberal-Communitarian Debate," in *Liberalism and the Moral Life* (Rosenblum, ed.); Robert B. Thigpen and Lyle A. Downing, "Liberalism and the Communitarian Critique," *Am. J. Pol. Sci.*, 31, p. 637 (1987); John Tomasi, "Individual Rights and Community Virtues," *Ethics*, 101, p. 521 (1991); John R. Wallach, "Liberals,

Communitarians, and the Tasks of Political Theory," *Pol. Theory*, 15, p. 581 (1987); Michael Walzer, "The Communitarian Critique of Liberalism," *Pol. Theory*, 18, p. 6 (1990); Iris M. Young, "The Ideal of Community and the Politics of Difference," *Soc. Theory and Prac.*, 12, p. 1 (1986); and Joel Feinberg, "Liberalism, Community and Tradition," *Tikkun*, May-June 1988, p. 38. 롤스는 『정치적 자유주의』를 출간하기 이전에도 다음과 같은 여러 글에서 이 주제를 다뤘다. "The Idea of an Overlapping Consensus," *Oxford J. Legal Stud.*, 7, p. 1 (1987); "Justice as Fairness: Political Not Metaphysical," *Phil. and Pub. Aff.*, 14, p. 223 (1985); and "The Priority of Right and Ideas of the Good," *Phil. and Pub. Aff.*, 17, p. 251 (1987). 그러나 그는 『정치적 자유주의』에서 이렇게 썼다. "사람들은 때때로 나의 후기 평론들에 나타난 변화가 공동체주의자들의 비판에 대한 응수라고 말한다. 나는 그런 말에 대한 근거가 존재하지 않는다고 생각한다."(p. xvii).

12. Rawls, *A Theory of Justice*, p. 560.
13. Ibid., p. 561.
14. Ibid., pp. 574-75.
15. 『정의론』에 나타난 개인관에 대한 반대론은 『정의론』 제3부에 설명된 개인관을 고려해야 온전하게 다뤄질 수 있다. 『정의론』 제3부에서 롤스는 정치적 개인관을 제시한다. 롤스의 자유주의에 대한 비판자들뿐만 아니라 지지자들도 『정의론』이 개인에 대한 칸트의 개념을 확증하고 있다고 본다. 다음을 참조하라. Larmore, *Patterns of Moral Complexity*, pp. 118-130.
16. 다음을 참조하라. MacIntyre, *After Virtue*, pp. 190-209; MacIntyre, *Is Patriotism a Virtue?*, p. 8, passim; Sandel, *Liberalism and the Limits of Justice*, pp. 175-183; Taylor, *Sources of the Self*, p. 508.
17. 현대의 포괄적 자유주의에 대해서는 다음을 참조하라. George Kateb, *The Inner Ocean: Individualism and Democratic Culture* (1992); and Joseph Raz, *The Morality of Freedom* (1986). 로널드 드워킨은 다음 글에서 자신의 관점을 포괄적 자유주의로서 설명한다. "Foundations of Liberal Equality," in *The Tanner Lectures on Human Values*, vol. 11, p. 1 (Grethe B. Peterson, ed., 1990).

18. Rawls, *A Theory of Justice*, pp. 11-12 참조.
19. Ibid., p. 560.
20. Ibid.
21. Ibid., p. 561.
22. 우리가 도덕적·종교적 의무를 "정치적 관점에서 자기증명적인 것"으로 여겨야 한다는 생각은, "공정으로서의 정의의 관점에서 보면 이들 도덕적·종교적 의무는 개인이 스스로 부과하는 것"이라는 롤스의 말과 맥락을 같이 한다(*A theory of Justice*, p. 206). 그러나 사람들이 지니는 다른 신념이나 선택과 대비하여 특정한 종교적 신념이나 양심의 요구를 특별히 더 존중하는 관점에 대하여 어떤 정당한 근거를 제시할 수 있을지는 분명하지 않다. 다음을 참조하라. Ibid., pp. 205-211.
23. John Rawls, "Kantian Constructivism in Moral Theory: Rational and Full Autonomy," *J. Phil.*, 77, pp. 515, 519 (1980).
24. Rorty, "The Priority of Democracy to Philosophy," pp. 257, 262.
25. Ibid., p. 265.
26. Ibid., p. 268.
27. Ibid., p. 264.
28. 정치적 정의관을 개진한 인물로 해석할 수 있는 토머스 홉스는 다양한 도덕적·종교적 개념들 때문에 일어나는 주장들과 관련하여, 그러한 도덕적·종교적 개념이 진실임을 부인함으로써 자신의 정치적 정의관의 우선성을 보증했다. 다음을 참조하라. Thomas Hobbes, *Leviathan*, pp. 168-183 (C. B. Macpherson, ed., Penguin Books, 1985) (1651).
29. 롤스는 낙태와 관련된 내용의 각주에서 이와 같은 관점을 견지하는 것으로 보인다. 그러나 그는 왜 가톨릭교회의 견해가 옳다고 할지라도 관용의 정치적 가치가 보편적으로 인정되어야 하는지 그 이유에 대해서는 설명하지 않는다 (p.243 n.32).
30. *Created Equal? The Complete Lincoln-Douglas Debates of 1858*, pp. 369, 374 (Paul M. Angle, ed., 1958) [hereafter cited as *Created Equal?*].
31. Ibid., p. 390.
32. Ibid.

33. Ibid., p. 392.
34. Ibid.
35. Ibid., pp. 388-389.
36. 347 U.S. 483 (1954).
37. Voting Rights Act of 1965, 42 U.S.C. ∫∫1971, 1973 (1988).
38. *Created Equal?*, p. 374 참조.
39. U.S. Constitution, art. I, ∫2, cl. 3 참조.
40. Ibid., art I, ∫9, cl. 1 참조.
41. Ibid., art IV, ∫2, cl. 3 참조.
42. Scott v. Sandford, 60 U.S. (19 How.) 393 (1857).
43. Ibid., pp. 404-405 참조.
44. 다음을 참조하라. Milton Friedman, *Capitalism and Freedom*, p. 200 (1962); Milton Friedman and Rose Friedman, *Free to Choose*, pp. 134-136 (1980); Hayek, *The Constitution of Liberty*, pp. 85-86, 99-100; Nozick, *Anarchy, State, and Utopia*, pp. 149, 167-174.
45. 롤스는 이 같은 관점을 명시적으로 밝히진 않았지만, "합당한 다원주의의 사실"과 그것이 옳음의 우선성을 지지할 때 하는 역할을 이해하기 위해서는 그러한 관점이 필요하다. 롤스는 어떤 정책이 차등 원칙을 실현할 수 있는가에 대해서는 합당한 이견들이 발생할 수 있다고 말하지만 다음과 같이 덧붙인다. "이것은 옳은 원칙이 무엇인가에 관한 차이를 말하는 것이 아니라, 원칙들이 실현되었는지 여부를 알기 힘든 정도의 차이를 말한다."(p. 230).
46. Rawls, *A Theory of Justice*, pp. 72-75, 100-107, 136-142, 310-315 참조.
47. Ibid., pp. 20-21, 48-51, 120, 577-587 참조.
48. 이 단락에서 언급하는 동성애의 도덕성에 관한 찬성 및 반대견해들 일부는 다음 자료를 참고한 것이다. John Finnis and Martha Nussbaum, "Is Homosexual Conduct Wrong?: A Philosophical Exchange," *New Republic*, Nov. 15, 1993, pp. 12-13; Stephen Macedo, "The New Natural Lawyers," *Harvard Crimson*, Oct. 29, 1993, p. 2; and Harvey C. Mansfield, "Saving Liberalism From Liberals," *Harvard Crimson*, Nov. 8, 1993, p. 2.
49. 어떤 이들은 문란함을 옹호하면서 성행위가 도덕적 가치를 지니기 위해서는 사

량과 책임감이라는 선이 필요하다는 사실에 반대할 수도 있다. 이러한 관점에서 보면, 내가 제시한 논거는 동성애의 도덕적 합당함을 이성애의 합당함에서 유추하여 옹호하는 판단착오를 하고 있는 것으로 보인다. 다음을 참조하라. Bonnie Honig, *Political Theory and the Displacement of Politics*, pp. 186-195 (1993).

50. 동성애의 도덕성을 확증하지도, 부인하지도 않는 근거를 토대로 특정한 동성애자 권리를 옹호하는 것은 가능하다. 이 경우 문제는 정부가 동성애의 도덕적 타당성을 확인해주는 근거를 토대로 관련 법안이나 정책(예컨대 동성 간 결혼)을 지지하는 것이 정당화될 수 있느냐 하는 것이다.

51. 롤스는 공적 이성의 한계가 헌법의 본질적 요소와 기본적 정의를 둘러싼 모든 논의들에 적용된다고 말한다. 다른 정치적 문제들에 관해서는 그는 이렇게 말한다. "대개의 경우 공적 이성의 가치에 호소함으로써 정치적 문제들을 해결하는 것이 바람직하다. 그러나 언제나 그러한 것은 아니다."(pp. 214-215).

52. 이와 같은 의견은 다른 여러 곳에서도 반복된다.(pp. 215, 224, 254).

53. 478 U.S. 186 (1986).

54. Michael J. Sandel, "Moral Argument and Liberal Toleration: Abortion and Homosexuality," *Cal. L. Rev.*, 77, pp. 521, 534-538 (1989) 참조.

55. 다음을 참조하라. Eric Foner, *Politics and Ideology in the Age of the Civil War*, p. 72 (1980); Aileen S. Kraditor, *Means and Ends in American Abolitionism*, pp. 78, 91-92 (1967); James M. McPherson, *Battle Cry of Freedom: The Civil War Era*, pp. 7-8 (1988).

56. 이와 관련된 나의 보다 자세한 논거는 다음 자료를 참조하라. Sandel, *Democracy's Discontent* (Harvard University Press, 1996).

30장 공동체주의자라는 오해에 대한 해명

1. Alasdair MacIntyre, *After Virtue* (Notre Dame: University of Notre Dame Press, 1981) 참조.
2. 다음을 참조하라. Charles Taylor, *Philosophical Papers*, vol. I: *Human Agency and Language*; vol. II: *Philosophy and the Human Sciences* (Cambridge:

Cambridge University Press, 1985); and Taylor, *Sources of the Self: The Making of Modern Identity* (Cambridge, Mass.: Harvard University Press, 1989).
3. Michael Walzer, *Spheres of Justice: A Defense of Pluralism and Equality* (New York: Basic Books, 1983) 참조.
4. *The Politics of Aristotle*, 1323a14, ed. and trans. Ernest Barker (London: Oxford University Press, 1958), p. 279.
5. 이 내용의 출처는 다음과 같다. Wallace v. Jaffree, 472 U.S. 38, 52-53 (1985): "Religious beliefs worthy of respect are the product of free and voluntary choice by the faithful."
6. 이 내용의 출처는 다음과 같다. Employment Division v. Smith, 494 U.S. 872, 886 (1990).
7. Goldman v. Weinberger, 475 U.S. 503 (1986) 참조.
8. Employment Division v. Smith, 494 U.S. 872 (1990) 참조.
9. Thornton v. Caldor, Inc., 474 U.S. 703 (1985) 참조.
10. Collin v. Smith, 447 F. Supp. 676 (1978); Collin v. Smith, 578 F.2d 1198 (1978) 참조.
11. Beauharnais v. Illinois, 343 U.S. 250 (1952) 참조.
12. Williams v. Wallace, 240 F. Supp. 100, 108, 106 (1965).

출처

- 1장 *The Atlantic Monthly*, vol.227, March 1996; based on Michael J. Sandel, *Democracy's Discontent* (Harvard University Press, 1996).
- 2장 *The New Republic*, February 22, 1988.
- 3장 *The New Republic*, September 2, 1996.
- 4장 *The New Republic*, October 14, 1996.
- 5장 *The New York Times*, December 29, 1996
- 6장 *The New Republic*, October 26, 1998.
- 7장 John F. Kennedy Library, 2000, drawn from Micahel J. Sandel, *Democracy's Discontent* (Harvard University Press, 1996).
- 8장 *The New Republic*, March 10, 1997.
- 9장 *The New Republic*, September 1, 1997.
- 10장 *The New Republic*, January 19, 1998.
- 11장 *The New Republic*, May 25, 1998.
- 12장 *The New Republic*, April 13, 1998.
- 13장 *The New Republic*, May 26, 1997.
- 14장 *The New York Times*, December 15, 1997.
- 15장 *The New Republic*, December 23, 1996.
- 16장 *The New Republic*, December 1, 1997.
- 17장 *The New Republic*, July 7, 1997.
- 18장 *The New Republic*, March 2, 1998.

- 19장 *The New Republic*, April 14, 1997.
- 20장 *The New England Journal of Medicine*, July 15, 2004.
- 21장 *The California Law Review*, vol.77, 1989, pp.521-538, and Michael J. Sandel, *Democracy's Discontent* (Harvard University Press, 1996).
- 22장 *The New Republic*, May 7, 1984.
- 23장 *Political Theory*, vol.12, no.1, February 1984, pp.81-96.
- 24장 *The New York Times*, April 24, 1983.
- 25장 *Dissent*, Summer 1986.
- 26장 *The New York Review of Books*, vol.43, no.8, May 9, 1996.
- 27장 *Judaism and Modernity: The Religious Philosophy of David Hartman*, ed. Jonathan W. Malino, pp.121-132, ⓒ Ashgate, 2004.
- 28장 *Harvard Law Review*, vol.107, no.7, May 1994, pp.1765-1794.
- 29장 *The New Republic*, December 16, 2002.
- 30장 Michael J. Sandel, *Liberalism and the Limits of Justice*, 2nd edition, pp.ix-xvi, ⓒ Cambridge University Press, 1998.

해제

마이클 샌델과 이 책을 위한 비학문적 해제

이 책의 구성

새로운 번역본으로 모습을 드러내는 이 책의 원제목은 "공공철학Public Philosophy"으로, "정치에서의 도덕에 관한 에세이들Essays on Morality in Politics"라는 부제가 붙어 있다. 앞서 나왔던 번역서는 "왜 도덕인가?"라는 제목이 붙어 있었다. 이는 원서의 제목과는 사뭇 다른데, 제목만이 아니라 게재되어 있는 글의 순서에도 차이가 있고 원서에 있지만 번역서에는 빠진 글들도 있었다. 이런 변형을 통해 이 번역본은 샌델의 도덕철학을 드러내는 것처럼 되었지만, 원래의 구성이 보여주는 성격은 이와 다르게 보인다. 이 책은 원래 정치와 도덕이 어떻게 연관되어야 하는가, 혹은 정치에 도덕의 중요성은 무엇인가에 대한 논의가 핵심이다.

이 새로운 번역서는 원래 저술의 취지를 살려 "정치와 도덕을 말하다: 좋은 삶을 향한 공공철학 논쟁"이라는 제목을 달고 나왔다. 원제목보다는 독자들에게 좀 더 친근한 제목을 달아야 한다는 출판사의 의견이 반영된 결과라서 학자적 관점에서는 생소한 느낌을 주지만, 그래도 이번 번역서의 내용은 샌델의 원서 그대로다. 더욱이 번역자들은 샌델의 의도를 최대한 살려서 번역하는 데 주안점을 두었다. 현실 정치에 초점을 둔 그의 글, 특히 1부는 우리의 삶과 정치 현실에도 그대로 적용될 수 있는 내용을 많이 담고 있기에, 번역어의 선택에 따라 자칫 본의를 왜곡되게 전달할 수 있는 가능성을 배제하기 위해 번역어 선택과 표현에 특히 유의했다.

이 책의 1부는 샌델의 정치적 논평들로 구성되어 있다. 이 시대의 미국인들과 미국 시민들이 시민의식에 둔감해져 있는 현실의 근원을 현실 정치에 대한 여러 논평을 통해 드러내고 있다. 자유주의가 지향하는 공정성의 이념이 공공생활에 대한 기대까지 충족시키지는 못하는 점을 비판하면서, 미국이 전통적으로 강하게 의존해왔던 도덕적·종교적·정신적 차원을 정치의 영역에서 어떻게 다시 살려낼 수 있을지를 고민한다.

2부는 도덕철학적 문제들을 다루고 있지만, 샌델의 관심은 도덕적 문제 자체에 있는 것이 아니라, 이런 주제들에 어떠한 정치적 함의가 있는지를 드러내 보이는 데 있다. 정치와 도덕의 상관성이 그 중심에 놓여 있다는 뜻이다. 권리를 중심으로 하는 정치 담론, 개인의 선택의 자유에 대한 보장을 중시하는 자유주의적 태도가 분명 이 시대의 핵심 규범으로 자리 잡고 있기는 하지만, 그럼에도 불구하고 이런 태도가 민주사회에서 의미 있는 삶의 기반을 형성하는 데까지 나아가고 있는지, 샌델은 의문을 제기한다. 그런 점에서 낙태, 동성애자의 권리, 줄기세포 연구, 오염 배출권 등 2부에서 다루고 있는 주제들은 단지 도덕의 문제로 끝나는 것이 아니다.

1부와 2부를 읽으면서 샌델의 철학을 특징 짓는 두 개의 흥미로운 단어에 특히 주목해보자. 1부의 "형성적formative"이라는 단어는 우리의 시민의식이 형성될 수 있도록 정치를 이해하고, 그에 따라 정치적 활동을 해야 한다는 생각과 연결된다. 이런 의미에서 정치는 시민의식을 기르는 "형성적 정치"여야 한다. 2부의 "판단적judgmental"이라는 단어는 우리들이 처해 있는 자리가 각기 다르고 부딪히는 문제도 다르기 때문에 결국 우리의 문제는 직접 고민을 통해서 판단해야 한다는 뜻을 가진다. 하나의 절대적인 정답이 없을 뿐 아니라, 그런 정답을 산출하는 특별한 원리가 존재하는 것도 아니다. 그러나 이 말을 곧 모든 것이 상대적이라는 뜻으로 이해해서는 안 된다. 우리 스스로가 판단자의 입장에 서 있지만, 우리의 생각을 이끌어줄 많은 지침들이 있고, 또 더불어 살아가는 공통의 세상이 존재한다. 따라서 그 가운데서 이루어지는 우리의 판단은 동료 시민들과 더불어 사는 삶 속에서 인정받고 모두의 좋은 삶을 위해 기여할 수 있을 것이므로 좋은 판단과 나쁜 판단, 옳은 판단과 그릇된 판단은 충분히 구별이 가능한 것이다.

이러한 논지로 봤을 때, 샌델이 이 논평들을 통해서 미국의 정치 현실에 주목하고 미국 사회에서 발생한 수많은 문제들에 대해 깊이 관여하며 그것의 정치적·도덕적 문제들을 다루는 것을, 한 사람의 미국인이 자국의 사례들을 놓고 고민한 것으로만 한정할 수는 없다. 한국의 현실은 다르지만, 샌델은 치열한 고민 방법과 태도를 가지고 스스로 모범을 보이면서 우리에게도 우리의 문제들에 대해 직접 고민할 것을 권하고 있다.

3부는 이론적인 성격의 글들로 채워져 있다. 이는 샌델이 수행하는 공공철학적 작업의 철학 토대를 드러내 보인다. 현대의 공공철학은 공리주의적 철학과 권리 중심의 자유주의적 철학이 주류를 형성하고 있지만, 샌델은 여기에 맞서 시민적 공화주의의 공공철학을 설명한다. 이를 위해 권리 중심의 자유주의의 연원과 특징을 설명하고, 현대화된 형태의 자유주의의 정수를 보여주는 존 롤스의 이론에 대하여 설명과 비판을 덧붙인다. 미국의 전통적 사유라고 할 수 있는 듀이의 자유주의가 현대에 주는 의미를 되새겨보기도 한다. 롤스가 『정의론』을 출간한 뒤에 가해진 공동체주의자들의 일련의 비판에 대응하여, 자신의 이론을 더욱 정교하게 발전시킨 『정치적 자유주의』의 내용을 설명하고 그 사상의 한계를 비판한다.

아울러 샌델의 입장을 흔히 "공동체주의"라고 부르기도 하는데, 이런 명칭으로 불리는 자신의 입장이 전통주의와 연고주의를 의미하는 공동체주의와는 어떻게 다른지를 명확하게 설명하며, 또 자신의 입장과 비슷하다고 여겨지는 마이클 왈저나 앨러스데어 매킨타이어의 입장과는 어떻게 차별화되는지도 설명하고 있다. 특히 27장에서 유대교에 관한 설명을 통해 샌델의 마음 깊숙이 자리 잡고 있는 종교적 입장을 읽을 수 있어서 각별한 흥미를 불러일으킨다. 인간에게 겸손을 요청하는 그의 주장의 뿌리가 드러나는 글이다. 3부의 글들이 철학적이어서 다소 어렵게 느껴질 수도 있으나, 비교적 쉬운 언어로 우리에게 생각할 문제들을 일러주고 있으므로 정독할 가치가 충분하다.

3부로 이루어진 이 책의 각 부분은 각자 독특한 기능을 하면서도 전체적으로 하나의 흐름을 이루고 있다. 1부는 현실 정치에 대한 논평을 통해 도덕이 어떻게 시민의식을 중심으로 정치에 개입해야 하는가를 설명하고, 2부는 구체적인 도덕적 주제들에 대해 어떤 정치적 입장에서 접근해야 민주사회에 바람직한 시민의식의 토대를 형성하고, 결국 더불어 사는 좋은 사회를 만들 수 있을지 다루고 있으며, 3부는 이러한 적용이 가능한 이론적 토대가 무엇인지를 정교한 언어로 설명하고 있다. 비록 이 책이 샌델의 단독적인 저술은 아니지만, 수록된 글들은 전반적으로 일관적이고 구성적인 짜임새를 가지고 있다. 이 책을 통해 유비類比적 방법으로 한국의 정치적 문제점들을 곧바로 점검해볼 수 있다는 점에서, 어쩌면 단행본 저술보다 더 활용성이 있다고 생각된다.

공공철학이란 무엇인가?

"공공철학"이라는 개념이 일반적으로 활용된 것은 그리 오래되지 않았다. 공공철학이란 전문 철학자가 공공생활과 관련된 주제들에 대해 자신의 전문성을 발휘하여 접근하되 대중의 언어로 공적 공간에서 하는 활동을 말한다. 공공 영역에서 발생하는 문제들 가운데에는 철학적 혹은 도덕적 숙고를 요구하는 문제가 많다. 공공철학자 혹은 공공사상가는 자신의 생각의 과정을 드러내 보이고 생각의 내용을 구체적인 사례에 적용함으로써, 대중들로 하여금 그런 숙고의 과정을 스스로 진행할 수 있도록 돕고 생각의 자료를 제공해주기도 한다. 나아가 이런 작업은 정책적인 적용도 가능하다.

샌델은 이 책의 서문 말미에서 이 책에 실린 자신의 글들이 "정치 논평과 정치철학 사이의 경계를 명확히 구분하지 않는다(p.19)"고 한다. 즉, 공공철학은 이러한 경계를 넘나드는 작업인 셈이다. 샌델은 자신의 글이 시도하는 내용을 다음과 같이 두 가지로 압축한다. 첫째는 "우리 시대의 정치적·법적 논쟁거리에서 철학적 근거를 찾는" 작업이고, 둘째는 "도덕철학과 정치철학을 동시대의 대중 담론과 관계를 맺는 시도, 즉 공개적으로 철학을 행하는 시도"다. 이것이 바로 샌델의 공공철학이 담고 있는 개념이다.

이 책에 추가된 내용

이 책에는 원서에 없는 새로운 글이 실려 있다. 이 책을 준비하는 가운데 샌델에게 현재의 정치 상황에 맞는 시의적절한 논평을 부탁했더니, 그는 2016년 2월 28일자 「가디언」에 게재된 글을 알려주면서 그것으로 대신하고 싶다고 했다.

「가디언」의 글은 2016년 현재 진행되고 있는 미국 대선 과정에 나타난 흥미로운 현상을 분석하고 있다. 공화당에서는 도널드 트럼프라는 인물이 혜성처럼 나타나 공화당 후보 경선 과정에서 선두를 달리고 있다. 그는 성공한 부동산 투자자이자 부동산을 주제로 한 텔레비전 예능 프로그램의 진행자로 명성을 떨치다가 대선후보로 나서서 크게 인기를 끌고 있지만, 공화당 내의 주류 인사들은 오히려 그에게 거부감을 나타내고 있는 상황이다. 민주당에서는 국무장관을 지냈던 힐러리 클린턴이 아무 경쟁상대 없이 대선 가도를 달릴 것이라 예측했던 것과는 달리, 버니 샌더스라는 자칭 사회주의자가 나타나 판세를 크게 흔들고 있다. 이런 상황에 대해 샌델은 미국에서 심화되고 있는 빈부격차로 인해 신분의 이동 가능성이 과거보다 현저히 약화되면서, 아메리칸 드림은 더 이상 미국 땅에 존재할 수 없다는 현실이 그 원인이라고 진단하고 있다. 이런 정서가 미국의 기성정치에 대한 불신으로 나타났고, 결국 트럼프와 샌더스가 현실에 절망한 미국인들에게 구세주처럼 보이게 되었다는 것이다. 역시 한국의 상황에도 그대로 적용할 수 있는 정치 평론인데, 맨 앞에 실린 이 글은 1부의 연장으로 읽으면 좋을 것이다.

...

책 작업이 마무리될 즈음 샌델은 새로운 기사에 대해 알려왔다. 그것은 2016년 4월 5일자 하버드 대학 신문 「가제트 Gazette」에 실린 자신의 인터뷰 기사로 그의 고등학교, 대학 그리고 대학원 시절에 대한 이야기가 상세히 담겨 있었다. 그의 학창생활이 어떠했는지, 그리고 하버드 대학에 자리를 잡은 뒤에 어떠한 모습으로 교육에 임해왔는지를 보여주는 흥미있는 글로, 그 가운데 일부분을 정리해 전달해보기로 한다. (인터뷰 전문은 하버드 대학교 홈페이지에서 찾을 수 있다.)

이 인터뷰는 그의 사상을 이해하는 데도 많은 도움이 된다. 사람을 이해하고 나면 글을 읽을 때 마치 그가 직접 말하는 것을 듣는 것 같은 느낌을 받게 되지만, 그가 어떤 모습으로 공부를 했고, 대학과 대학원 시절에 어떤 책을 읽었는지 아는 것은 그가 어떤 학문적 씨름을 해왔는지를 명확히 이해할 수 있게 해준다. 그동안 샌델과 여러 차례 이야기를 나눌 기회가 있었지만 그런 내용을 알아볼 기회는 없었기에 이 인터뷰는 많은 궁금증을 해소하는 데 도움이 되었다.

내가 매우 궁금했던 것 중 하나는 나의 평소 연구 집중 분야인 유대인 여성 정치사상가 한나 아렌트와 그와의 관계였다. 이 책의 3부에서 그는 아렌트의 『인간의 조건 The Human Condition』의 구절을 두 번이나 인용하여 자신의 생각을 뒷받침했는데, 내게는 무척 흥미로운 점이었다. 그는 옥스퍼드 대학 박사과정 중 여름방학에 친구들과 독서여행을 하면서 네 권의 철학 책을 가져갔는데, 그 가운데 하나가 바로 아렌트의 『인간의 조건』이었다!

고등학교 시절, 로널드 레이건과의 만남

샌델이 고등학교 학생회장이던 시절, 마침 캘리포니아 주지사였던 로널드 레이건이 이웃에 살고 있었다. 샌델은 레이건을 학교에 초청하여 토론회를 개최한다면 무척 흥미 있을 것이라고 생각했다. 당시 레이건은 공화당 보수파 내의 떠오르는 별이었는데, 샌델뿐만 아니라 동료 학생들은 거의 다 진보주의자이자 자유주의자였고, 레이건의 정치적 성향에 거의 공감하지 않았기 때문이다.

샌델은 새크라멘토에 있는 레이건의 사무실로 초청장을 보냈으나 아무 대답도 듣지 못했다. 마침 샌델의 어머니가 레이건이 젤리빈이라는 과자를 좋아한다는 잡지기사 내용을 알려주었고, 그는 젤리빈 3킬로그램 정도를 사서 초청장과 함께 박스에 넣고 레이건의 집으로 직접 찾아갔다.

당시는 1971년으로 한창 베트남 전쟁에 대한 격론이 있을 때였다. 레이건은 베트남 전쟁에 찬성하는 입장이었기 때문에, 근처 대학인 UCLA 학생들을 비롯한 많은 사람들이 레이건에 거칠게 반대하고 있었고 시위대도 그의 집 근처에 진을 치고 있었다. 샌델이 의심스런 박스를 들고 접근하자, 독일 셰퍼드를 데리고 경비하는 경찰들은 그를 세워 박스를 열어보고 조사한 뒤에야 그를 보내주었다. 샌델은 레이건의 집 현관까지 가서 물건을 전달했고, 며칠 후 주지사 사무실에서 레이건이 학교를 방문하겠다는 연락을 보내왔다. 시위대를 염려하여 그의 방문 사실을 외부에는 알리지 않겠다는 조건과 함께였다.

학교 강당에 2000여 명의 학생들이 모였고, 무대 위에는 주지사와 토론할 수 있도록 자리가 마련되었다. 샌델은 토론에서 주지사를 쉽게 이길 수 있을 것이라고 생각했다. 자신의 실력을 믿었고, 레이건의 입장에 대해 논리적으로 반박할 수 있겠다는 자신감도 있었다. 그는 자신 있게 레이건을 공격할 수 있는 주제들, 즉 베트남 전쟁, UN[United Nations, 국제연합]에 대한 입장 차이, 사회보장제도, 투표권을 18세로 낮추는 문제 등을 준비했다.

무대에 함께 자리를 한 고등학생 샌델은 주지사 레이건을 향해 자신이 강한 비판을 제기할 수 있는 문제들을 하나씩 제시했다. 레이건은 아주 정중한 자세로 부드러운 유머와 함께 논리적으로 샌델에게 답을 했다. 시간이 반쯤 지나자 전체 학생들에게도 질문 기회가 주어졌고, 레이건의 태도는 한결같았다. 질문 대부분은 그의 견해에 반대하는 입장이었지만, 레이건은 모든 질문에 대해서 놀라우리만큼 붙임성 있고 친절한 태도로 답변을 해 나갔다.

샌델은 이 상황에 대해 다음과 같이 말했다. "그는 우리가 제기한 어떤 문제에 대해서도 우리를 설득시키지 못했어요. 그렇지만 그는 우리를 아주 진지하게 대했어요. 아니, 그렇게 보였을 뿐일 수도 있겠죠. 그러나 그는 매우 예의 있고 유머러스하게 우리의 질문에 대답했기 때문에 모두 그의 매력에 그만 흠뻑 빠져 버리고 말았죠. 우리가 스스로를 아주 엄격하고, 까다롭고, 정치적으로 똑똑한 고등학생들이라고 생각하고 있었는데도 말이죠."

레이건은 학생들이 반론을 쏟아냈지만 화를 내거나 무시하지 않고 진지하면서도 논리적으로 응답했다. 유머까지 더하면서 말이다. 비록 학생들은 논리적으로 설득 당하지 않았지만, 결국 그에게 감동을 받았다. 이를 회고하면서 샌델은 바로 이러한 능력이 그로부터 9년 후, 레이건을 대통령으로 만들 수 있었던 것 같다고 말한다.

샌델의 대학과 대학원 생활

지금은 하버드 대학 교수로 명성을 떨치고 있지만, 샌델이 대학 시절부터 교수직에 꿈이 있었던 것은 아니다. 그는 오히려 정치에 꿈이 있었다. 그래서 명문 인문교양대학인 브랜다이스 대학에 들어가 정치학을 전공으로 선택했다. 그는 인문학과 경제학에 관심이 있었고, 정치철학은 대학원에 갈 때까지 별로 공부하지 않았다. 1학년 때 플라톤과 아리스토텔레스의 저서들을 접해보았지만, 내용이 어렵고 추상적이고 자신의 관심사와 멀어 깊이 읽어보는 시간을 갖지 않았다고 한다. 그때 그는 정치철학은 자신의 적성이 아니라고 생각했다. 대신 정치제도, 역사, 경제 그리고 인문학 분야에 대해 관심을 가지고 많은 책을 읽었다. 학부 졸업논문은 미국 정당의 쇠퇴에 관한 연구였다.

워터게이트 사건에 대한 청문회와 대통령 탄핵에 대한 논의가 미국 하원 법사위원회에서 진행되었는데, 당시 샌델은 「휴스턴크로니클」의 워싱턴 지부에서 인턴으로 일하고 있었다. 그때의 경험을 담은 글이 이 책의 6장인 〈두 번의 탄핵 정국 비교〉다. 이런 활동을 통해 샌델은 현실 정치에 대한 감각을 더욱 익힐 수 있었다.

대학 졸업 당시, 그는 정치부 기자를 꿈꾸기도 했고 정치 일선으로 진출할 생각도 해보았으며, 법학대학원에 진학하여 변호사가 될지 혹은 대학에 남아 계속 공부를 해볼지도 고민하고 있었다. 입장을 정하지 못하고 갈등을 하던 차에 로즈Rhodes 장학금(로즈 장학재단에서 매년 미국·독일·영연방 국가에서 장학생을 선발해 옥스퍼드 대학교에서 공부할 기회를 주는 장학금) 수혜자로 결정되어 옥스퍼드에 입학하게 되면서, 좀 더 뒤에 진로에 대한 결정을 내리기로 했다.

대학원에 진학한 뒤에는 실천적인 정치 영역의 토대를 위해 정치철학을 공부할 필요가 있겠다는 생각에 한 학기 동안 집중적으로 철학 고전들을 읽었다. 그러나 한 학기로는 부족하다는 것을 느끼고, 다음 학기에도 공부를 지속했다. 그는 이렇게 고전을 접하는 과정에서 공부하면 할수록 정치철학에 깊이 빠져들었고 이를 더욱더 사랑하게 되었다.

첫 학기에는 경제학 연구를 하면서 평등 문제와 복지정책에 대해 관심을 가졌는데, 그때 그에게 도움을 주었던 한 선배가 평등에 관해 더 깊이 이해하기 위해서는 칸트를 읽고 더욱 진지하게 공부해야 한다고 조언했다. 첫 학기가 끝나고 6주의 방학 동안 샌델은 친구들과 스페인 남부로 수리경제 논문을 쓰기 위해 독서여행을 떠났는데, 그때 그가 더 챙겨간 네 권의 책이 이마누엘 칸트의 『순수이성비판Kritik der reinen Vernunft』, 존 롤스의 『정의론』, 로버트 노직의 『아나키, 국가 그리고 유토피아Anarchy, States and Utopia』와 한나 아렌트의 『인간의 조건』이었다. 그는 저녁에는 친구들과 함께 논문을 준비하고, 친구들이 늦잠을 자는 아침에 이 철학책들을 읽었다.

샌델은 경제학이 가진 엄밀성에 대해 많은 매력을 느꼈지만, 자신이 관심을 가지게 된 정의, 권리, 평등, 공동선 등과 같은 규범적 문제들은 경제학으로 해결할 수 없다는 생각을 갖게 되었다. 그래서 그는 경제학 공부를 뒤로 미루기로 했는데, 현재 그는 그때 고민했던 경제학 문제들을 곧 해결해야 할 과제로 여기고 있다. 대신 그는 칸트와 롤스에게서 유래된 자유주의 철학에 대한 비판적 분석에 몰두했다. 그의 박사학위 논문은 자유주의 정치철학에 대한 비판이 중심을 이루고 있었는데, 이는 그의 첫 번째 주저인 『자유주의와 정의의 한계』로 나중에 출간되었다. 이의 핵심 내용은 이 책의 23장에 요약되어 있다.

그가 옥스퍼드에 있는 동안 영향을 준 교수로 가장 먼저 꼽는 사람은 찰스 테일러다. 당시 그는 이미 정치사상가로 명성이 있었는데, 샌델의 박사 2년 차에 옥스퍼드로 와서 강의를 했다. 그 외에도 스튜어드 햄프셔Stuart Hampshire, 로널드 드워킨, 아마르티아 센Amartya Sen 등이 있다.

하버드 대학에서의 교수 생활

샌델은 옥스퍼드에서 박사학위를 채 끝내기도 전인 1980년에 하버드 대학에 교수로 채용되었다. 물론 논문의 내용은 완성되었고 다듬는 작업을 진행하던 때였는데, 학위를 끝내지 않은 학생이 교수로 채용되는 것은 매우 드문 일이었다. 당시 정치학과에는 주디스 슈클라Judith Shklar, 마이클 왈저, 하비 맨스필드Harvey Mansfield가 있었다. 이 가운데 슈클라는 당시 철학과 교수로 있었던 존 롤스의 친구였고, 샌델의 연구 업적에 대해 롤스에게 말해주었다. 샌델은 하버드에 입성한 지 얼마 되지 않아 한 통의 전화를 받았다. 전화기에서는 "마이클 샌델?" 하는 소리가 들렸고 "네?"라고 대답하자, "전 존 롤스, R-A-W-L-S입니다"라는 말이 들렸다. 마치 잘 알아듣지 못하기라도 할까 봐 말이다. 이 경험을 샌델은 종종 즐겁게 이야기했다. 롤스를 추억하는 글인 이 책의 29장에서도 볼 수 있는 것처럼, 샌델은 자신이 롤스의 저서에 대해 지속적으로 공격했지만, 롤스는 늘 샌델을 자상하고 사려 깊게 대해주었다고 하면서, 그를 추념했다.

이렇게 교수 생활을 시작해서 샌델은 2016년 현재까지 35년 이상 교수직을 이어왔다. 그리고 정치학과에 적을 두면서 동시에 학부대학에서 지속적으로 학생들에게 교양수업을 진행해왔다. 그의 "정의론" 강의는 오랫동안 명성을 이어왔고, 그 내용은 세계적인 대히트작 『정의란 무엇인가 Justice』로 소개되었다.

"정의론" 강의에서 그는 학생들에게 능동적인 참여를 통해 자기 자신의 관점에 대해 비판적으로 점검하고, 강의에서 다루는 철학자들의 견해에 대해서도 비판적으로 생각해보는 시간을 갖도록 유도한다. 그 수업에서 샌델은 학생들이 "정치적으로 문제가 되는 커다란 윤리적 질문에 대해서 비판적으로 점검해보는 기회를 가지길 절실히 원하고 있다"는 사실을 발견했다. 그래서 그는 교양교육에 대해 깊은 관심을 가지고 개입했던 것이다.

더욱이 그는 대학교육에 큰 변화가 필요하다고 생각한다. 학생들 스스로 도덕적·정치적·종교적 영역의 근본적인 문제들을 다루어볼 기회를 가져야 한다는 것이다. 사람들이 생각하는 내용이 무엇인지, 왜 그렇게 생각하는지 알아보고 비판적으로 반성해보도록 하는 것, 이것이 바로 대학교육의 핵심이 되어야 한다는 것이다. 샌델은 다음과 같이 말한다.

"학생들이 삶의 윤리적 차원에 대해 비판적으로 학습된 인식을 가지고 할 수 있는 일들이 많습니다. 그것은 어떤 특정한 직업이나 일거리를 찾는 방법이 아니라, 삶을 향한 방향을 정립하는 것 그리고 세계를 향한 방향을 정립하는 것이라고 생각합니다. 그런 강의가 제대로 이루어진다면, 학생들은 세상과 세상 가운데 있는 자신의 자리를 결코 이전과 동일한 시각에서 보지 않게 될 것입니다. 그들의 직업이 무엇이고 그들이 추구하는 것이 무엇이건 간에, 이전에는 깨닫지 못했던 도덕적·시민적 가능성과 곤궁에 대해 살아있는 모습을 갖게 될 것입니다."

나는 샌델이 대학교육에 대해 생각하는 바가 한국의 대학교육에도 동일하게 적용된다고 본다. 실용적 직업교육에 대학의 모든 힘을 쏟게 만드는 교육부의 정책은 인문학에 대한 근본적인 위기를 불러일으켜 결국 대학교육 자체를 피폐하게 만들 것이다. 하지만 이에 대해 인문학 교수들이 갖는 방어적 태도 또한 문제일 수 있다. 인문학의 참된 기능은 자신의 전공만 열심히 강의하는 데서만 제대로 발휘되는 것이 아니다. 인문학 교수들은 공공지식인으로서의 인문학적 정신을 전공 학생들뿐만 아니라, 전체 학생들과 쉬운 언어로 나눌 필요가 있다. 이를 통해 미래의 시민들은 자신의 삶과 사회를 근본적으로 돌아보고 비판적으로 반성하는 시간을 갖게 될 것이다.

인간이 정치적 동물인 까닭은, 가정과 부족을 통해서 해결되는 인간의 동물적인 자연성과는 다른 인간만의 고유한 자연성, 즉 오직 정치 공간을 통해서만 발현되는 본연의 인간적 본성 때문이다. 이것은 아리스토텔레스가 했던 생각이다. 다른 말로 하면, 제대로 된 정치적 삶이 있어야만 인간이 인간답게 된다는 말이다. 도덕과 가치가 실종되어 버린 오늘날 삶의 문제의 근원은 제대로 된 정치의 실종에 있다고도 할 수 있다. 정치 불신과 정치 혐오가 넘치는 사회에서는 인간적 가치가 공적 영역으로 등장할 길이 차단되고 오직 경제적 욕구에만 휘둘리게 되면서 인간의 삶은 곤궁에 빠지게 된다는 말이다. 샌델의 이 책은 우리가 정치에 대해 어떻게 바꿔 생각해야 하며 또 어떻게 정치를 바꿔낼 것인가 고민하게 해주고, 이를 통해 인간적 삶의 회복을 도모하는 데 도움이 될 것이다. 이런 목적으로 이 책이 널리 읽히고, 또 토론거리로 활용되었으면 하는 바람이다.

김선욱
숭실대학교 철학과 교수

찾아보기

ㄱ

가족계획협회 대 케이시 174, 211
간섭주의 83, 113
개인의 권리 47, 52, 69, 174, 185, 222-223, 233-234, 307, 354, 359
개인의 자유 68, 188, 198, 205, 280
개인의 존엄성 174, 188, 196
거대기업 33, 35, 36, 37, 46, 74, 86, 87
거대정부 35, 46, 87, 283
결혼 192, 193, 194, 205
경제적 불평등 7, 243, 336
경제 분권화 75
계급투쟁 357
계획경제주의자 39-40
고어, 앨 14
골드워터, 배리 44
공공경영 124, 127, 128
공공생활 15-19, 50-51, 59, 76, 93, 131, 164, 231, 249-251, 277, 280-284
공공선 109, 135, 231, 322

공공철학 19, 28, 63, 102, 252, 391
공공 서비스 113
공공 영역 19, 79, 108, 112-117, 124-129, 130, 133, 139, 217, 318
공교육 122, 155, 229
공동선 16, 30, 50, 76, 92, 94, 128, 157, 158-159, 227, 229-231, 246, 249, 252, 277, 281, 309, 318
공동체 18, 25-26, 30-31, 33-34, 50-51, 56-59, 66-75, 79, 86, 88, 91, 92-94, 102-105, 228, 231, 242, 246-247, 252, 260-262, 266-267, 277, 282, 285
공동체주의 62, 227, 228-231, 278, 309, 359-362, 367-369
공리주의 221-224, 226-227, 236, 243-244, 268, 307, 354-355
공립학교의 기도시간 29, 67, 73, 79
공적 이성 323, 343-353
공정성 15-16, 31, 150-154, 184, 221, 233, 303, 324
공화주의 28-32, 35, 37, 41-42, 46-51,

55, 79, 231
과학의 미덕 275
관료정치 65
교육 91, 118-123, 141-145, 155, 188, 229, 277, 405
교육비 123, 141, 144
교토 기후변화협의 146-149
국가 정체성 38, 125
국민국가 57, 59, 61, 68, 249-250
국민주권 325, 327, 329, 350
권리에 대한 옹호 154, 362, 366
권리 기반 자유주의 217, 226, 228
권리 지향적 자유주의 46, 307-309, 359
그리스월드 대 코네티컷 192-196, 205-207, 212
그리피, 켄 주니어 131
그린, T. H. 281
근본주의자 29, 54, 76, 351
글로벌 경제 25, 48, 55, 57-58, 61, 88
글로벌 미디어 62
글로벌 시장 58-59, 62, 85, 88
기업합동 35, 86

ㄴ

낙태 67, 79, 90, 175, 184-185, 188, 195-203, 220, 325-330, 346
넌, 샘 92
네이글, 토머스 173

노예제 175, 202, 325-332, 347-348
노직, 로버트 173, 308, 336, 402
농업중심적 삶 32
뉴딜 39, 63-72, 250-252, 308
뉴욕 대 오노프레 사건 207
뉴필드, 잭 102
능력 장학금 141-145
닉슨, 리처드 26, 64, 78, 95

ㄷ

다원주의 25, 153, 216, 286-289, 323, 333
당파심 89
대기업 10, 33, 37, 73, 86-87, 127
대중문화 122, 127, 329
대처, 마거릿 128
대형은행 6, 7
더글러스, 스티븐 202, 325, 328-332, 350
더글러스, 프레더릭 357
도덕 14, 54, 79, 101, 108
도덕적 가치 13, 15, 17, 341, 361, 366, 369
도덕적 논쟁 327, 329
도덕적 다수파 67, 76, 249, 351
도덕적 책임 116, 164
도덕적 품성 281
도덕주의 54, 76, 351, 352

도덕철학 19, 222, 234, 264, 286, 307, 314
도박 113-116
도시국가 47, 62, 230, 236
독점금지면제권 134
독점금지법 39, 75
돌, 밥 78, 80, 84
동성애 197, 203-211, 340, 341, 346
동성애 금지법 111, 184, 206, 212-213
동성 간 성행위 188, 209, 211-213
듀이, 존 217, 268-285
듀카키스, 마이클 14, 25, 63
드레스 스콧 사건 332
드워킨, 로널드 173, 274

ㄹ

라이언, 앨런 269-284
랍비 287-288, 293, 294, 305
러쉬, 벤저민 49
레이건, 로널드 25, 45-47, 66-68, 72, 74, 79, 399-400
로버트슨, 팻 343
로크, 존 175, 276, 357
로티, 리처드 271, 279, 321
로 대 웨이드 사건 185, 195, 199, 201, 202, 214
롤스, 존 173, 224, 226, 239-244, 279, 307-358, 360, 403

루소, 장 자크 49-50, 357
루스벨트, 시어도어 36-39, 75, 86-86
루스벨트, 프랭클린 D. 39, 64, 69-70, 83, 166
르윈스키, 모니카 106
리브랜딩 125, 128
링컨, 에이브러햄 202, 325-333

ㅁ

마르크스, 칼 357
마이모니데스 286, 289, 304
매디슨, 제임스 357
매치, 리처드 160, 164
매킨타이어, 앨러스데어 228, 309, 359, 394
맥거번, 조지 65
맥베이 재판 160
맥베이, 티모시 160
먼데일, 월터 14
멸종 217, 263-267
모델, 아서 132
모리스, 데이비드 134
몰나르, 알렉스 119
무례함 89
무연고적 자아 53, 62, 210, 216, 229, 232, 235, 240-249, 254
문화 보수주의자 93
미드라시 287, 288, 294, 303

미성년자 임신 82
민권운동 17, 71, 72, 76, 91, 229, 331
밀, 존 스튜어트 221, 236, 276, 307, 314, 354, 357

| ㅂ |

바워스 대 하드윅 185, 197, 203, 205-206, 209, 211-213, 346
반독점주의자 39-40
반성적 평형 상태 338, 339, 340, 341
배아줄기세포 연구 108, 178-183
백인 우월주의자 366
버스 탑승 거부 운동 71
범죄자 처벌의 목적 161
범죄자 처벌의 효과 161
베넷, 윌리엄 79, 92-93
베트남 전쟁 45, 64, 99, 101, 166, 399
벤담, 제레미 307
보수주의 45, 63, 64, 67, 68, 72-74
보수주의자 17, 28-29, 44, 46, 56, 60, 64, 67, 69, 76, 80, 220, 284
복권 108, 113-117
복지 29, 44, 69, 101, 104-105, 154, 221, 224-226, 233, 244, 258, 402
복지국가 29, 44, 55-56, 60, 63, 64, 68-69, 93, 230, 250, 254
부스 대 메릴랜드 사건 163, 164
부시, 젭 5, 11

부시, 조지 H. W. 63, 79
부시, 조지 W. 5, 11, 13, 16-17, 110, 183
분권주의자 37
분배 정의 29, 36, 39-41, 256-258, 313, 335-342
불평등 6, 7, 11-12, 243, 257, 336, 355, 356
뷰캐넌, 패트릭 79, 85
브라운 대 교육위원회 331
브라운, 머피 79
브랜다이스, 루이스 D. 35-36, 38-39, 48, 190, 357
브랜드 118-120, 122, 125
브랜드화 108, 124-129
브로커, 톰 16
블러메나워, 얼 134
블레어, 토니 125
비어, 새뮤얼 252
비차별 원칙 152
빈곤 33, 44, 82, 104

| ㅅ |

사생활 보호권 111, 184-214
사회계약 267, 276, 316, 354-355
산업자본주의 39, 40, 59, 271
살해 의도 163
삶의 가치 174

상업용 첩보위성 124
상업주의 108, 118, 121, 127, 138
상호 의존성 34, 57
샌더스, 버니 5, 397
생명 174-177, 178-182, 187, 197, 200-201
생어, 마거릿 270
성장과 분배 39, 40, 41
소수인종 특혜 155
소수집단우대정책 18, 109, 152-153, 155-159, 334, 355
손버그 대 미국산부인과학회 201
솔로베이치크, 조지프 295-298
순수 실천 이성 238, 242
쉘, 조너선 265
슈뢰더, 페트리샤 92
슐레진저, 아서 2세 64
스마트, 캐리 150-151
스캔론, 토머스 173
스타인, 허버트 40
스탠리 대 조지아 207, 209
스포츠 108, 118, 130-135
시나이 언약 287, 299
시민권 64, 71, 326, 331-332, 351
시민사회 91-93
시민의식 92, 94, 102, 104-105, 284, 331, 393
시민적 덕성 18, 30, 49, 52, 62, 69, 82, 91, 93, 105, 230
시민 보수주의 45-47

시장원리 108, 133, 140, 141, 143
시장의 도덕적 한계 108
시장 보수주의 47
신국민주의 36-39
신나치주의자 366-368, 370
실용주의 273-276, 279-281, 286, 321
실용주의 관점 186
심리치료 논리 161, 164

ㅇ

아렌트, 한나 231, 265, 398, 402
아리스토텔레스 47, 62, 227, 230, 236, 286, 289, 310, 362, 401, 405
아이비리그 143, 144
아이젠스타트 대 베어드 193-195
아이젠하워, 드와이트 63, 64
알렉산더, 라마 92
애덤스, 제인 34, 58, 269, 357
앵글로아메리칸 239, 240
언론의 자유 8, 187, 225, 253, 334-335, 366, 368-369
엘리슨, 랠프 104
여성의 결정권 195
역사적 물건 138
영광 150-154
영혼통치술 49, 52, 70, 80, 82
예의 89-94, 167, 348-349
오바마, 버락 6, 7, 10

오염 배출권 108, 146-149
오코너, 산드라 데이 196
오클라호마 폭파사건 160, 162, 164
옳음의 우선성 239, 245, 247, 249, 309, 313, 324, 327, 332
왈저, 마이클 217, 256-262, 309, 359
우상 숭배 299, 304-306
워런, 새뮤얼 190
워터게이트 14, 95, 98-99, 401
원초적 입장 240-242, 244, 250, 316-317, 319
월리스, 조지 102, 369
웨스트브룩, 로버트 269
위대한 공동체 282-283
위대한 사회 44, 47, 60, 64, 70, 72, 87, 250, 282-283
윌슨, 우드로 38, 76, 86, 271
유아 살해 181-182
윤리 58, 60, 68, 110, 116, 173, 174-175, 222, 244, 289, 292, 302, 404
응보 논리 161-164
의사조력자살 110, 172
이성애 204-205
이성 간 성행위 185, 209, 212
이윤 극대화 142
인간의 존엄성 178, 179, 187
인권운동 164
인종말살 266
인종차별 70, 156, 355
인종 분리주의 368

인터넷 공간 58, 88
일반의지 49, 50, 275

ㅈ

자기증명적 요구 319
자기증명적 원천 318
자선행위 29, 68, 144
자선활동 국가위원회 92
자선 및 시민의식 부흥위원회 92
자연적 권리 278
자연적 의무 248
자유론(밀) 222
자유방임주의 44, 46, 67, 69
자유주의 28, 41, 43-52, 63-64, 69, 90, 72, 74, 76, 79, 82, 101, 175, 199, 220-231, 233, 268, 307, 357
자유주의자 17, 19, 28, 30, 52-56, 69-70, 72, 101, 210, 214, 220-221, 276, 283, 363, 398
자유주의 철학자 53, 174-176
자유주의 프로젝트 243, 250
자유지상주의 45, 56, 67, 114, 226, 230, 244, 256, 308, 336-342
자율권 61, 176-177, 187-189, 195-197, 204-205, 208, 210-212, 363
자율적 개인 199
자치 16-17, 24-26, 45, 55, 59, 63, 72, 74-76, 103, 128

장인 공화주의자 48
재산세 상한선 123
잭슨, 앤드루 48
전국화 프로젝트 38, 58, 60, 87, 251
전통주의 67, 394
절차적 공화정 30, 41, 43, 46, 53-54, 56, 60, 232, 249-253
정부의 간섭 189
정부지원 115, 145, 181
정의 162, 185, 203, 211, 233-236, 242, 262, 312, 320, 362
『정의란 무엇인가』(샌델) 404
『정의론』(롤스) 218, 224, 226, 307-308, 310-311, 314, 316, 320-321, 337-338, 354-358
정의 원칙 53, 225, 234-235, 242-243, 247, 276, 308-309, 314-317, 321, 333, 335, 360-361
정치경제학 31, 39, 41
정치문화
정치이론 18, 29, 30, 42, 52, 68, 233, 354, 359, 362
『정치적 자유주의』(롤스) 218, 307-353
정치철학 19, 94, 173, 216, 221, 232, 234, 249, 251, 286, 307, 357, 402
정치적 전국화 37, 251
정치적 정체성 319, 324
정치 공동체 30, 34, 37, 51, 87, 249, 251, 259, 282
제조업 32, 48

제퍼슨, 토머스 17, 24, 32, 35, 37, 38, 47-48, 251, 357
존스, 폴라 168
존슨, 그리어 139
존슨, 린든 14, 44, 64, 70, 166-167
존슨, 프랭크 369, 370
종교 14, 79, 218, 272, 286
종교인류학 290, 291, 293, 296-300, 304
종교적 신념 19, 110, 216, 289, 314, 318-319, 352-353, 363-365
좋음(선) 204, 217, 225, 233-234, 241, 309-314, 327, 332-340, 360, 369
죄악세 114-115
주의주의 52, 54-55, 186-189, 193, 196-197, 199, 203-210, 310
중간 단계의 공동체 46, 66, 72, 93, 103, 230
중립적 국가 187, 198-199
중앙집권화 37, 87, 251
중첩적 합의 315, 321
진보개혁주의자 38
진보 시대 17, 33, 35, 37, 39, 58, 60, 82, 269, 283
집단 정체성 61, 138

ㅊ

차등 원칙 243, 245, 246-247, 337-339, 340-342, 355

체외수정 181, 182, 183
초월적 주체 238, 239, 240, 242
최소주의 관점 186, 199, 210, 201, 203
출산 179, 188, 195, 210, 204, 340-341

ㅋ

카터, 지미 14, 65, 66, 251
칸트적 인간관 312, 316, 330, 333
칸트적 자유주의 224-225, 330, 333
칸트 철학 221, 225, 224, 236
칸트, 이마누엘 52, 168-170, 175-176, 223, 224, 234-235, 237, 240, 242, 314, 356-357
칼훈, 존 C. 357
커머저, 헨리 268
케네디, 로버트 F. 26, 45, 101-105
케네디, 앤서니 196, 211
케네디, 재클린 137
케네디, 존 F. 42-43, 136, 140
케네디, 존 F. 주니어 136
케리 대 국제인구서비스 195
케리, 존 13-15
케이텝, 조지 217, 263-267
케인스식 재정정책 41, 42
케인스 경제학 40
콩스탕, 뱅자맹 169
쿠오모, 마리오 70
퀘일, 댄 79

크롤리, 허버트 37, 40, 251
클린턴, 빌 7, 14, 25-26, 56, 78, 80-83, 85, 89, 95-99, 109, 146-147, 164, 166-168, 170
클린턴, 힐러리 5-6, 396
킹, 마틴 루터 주니어 45, 56, 138, 140, 162, 368-369

ㅌ

탈무드 167, 170, 286-289, 294, 305
테러리즘 13
테일러, 찰스 309, 359
텔로스 233
토크빌, 알렉시스 드 50, 71, 92, 357
톰슨, 주디스 자비스 173
통치권 59, 61, 264, 305
트럼프, 로널드 5, 8, 396

ㅍ

팔웰, 제리 68
페인 대 테네시 164
평등주의 256-257, 313, 355, 358
평등주의적 자유주의자 226, 230, 308
포괄적 자유주의 199, 314-315
포르노 67, 73, 220, 221, 229, 230
포퓰리즘 5, 8, 12

포 대 울먼 190
프로메테우스적 43, 295, 297, 300
프리드먼, 밀턴 44, 68, 336, 343
플라워스, 제니퍼 168
피임용품 188, 190-196, 196
피해자 권리 164
피해자 증언 160, 161, 164

ㅎ

할라카 286, 288-291, 296-299, 301, 304
할리우드 80, 81, 89
하이에크, 프리드리히 308
하트만, 데이비드 218, 286-306
하트, H. I. A. 226
학교 상업화 120
합당한 다원주의의 사실 323, 333, 336, 337, 339, 342, 343
해밀턴, 알렉산더 357
핵전쟁 217, 263, 264, 267
해 어지력 363, 364
헐 하우스 269
헤겔 227, 278, 281
혐오발언 334, 366-367
호튼, 윌리 79, 83
홀로코스트 생존자 366, 367, 368, 369
홈스, 올리버 웬델 357
홉스, 토머스 357
화이트, 윌리엄 앨런 34

환경오염 57
후크, 시드니 270
흑백분리 정책 71

기타

Cool Britannia 125
Rule Britannia 125
V칩 78, 82
9.11 테러 11, 14, 16

좋은 삶을 향한 공공철학 논쟁
정치와 도덕을 말하다

초판 1쇄 발행 2016년 4월 28일 | 초판 9쇄 발행 2025년 7월 1일

지은이 마이클 샌델 | 해제 김선욱 | 옮긴이 안진환 · 김선욱

펴낸이 신광수
출판사업본부장 강윤구 | 출판개발실장 위귀영
단행본팀 김혜연, 조기준, 조문채, 정혜리
출판디자인팀 최진아, 당승근 | 출판기획팀 정승재, 김마이, 이아람, 전지현
출판사업팀 이용복, 민현기, 우광일, 김선영, 이강원, 정유, 정슬기, 허성배, 정재욱,
   박세화, 김종민, 정영묵
출판지원파트 이형배, 이주연, 전효정, 이우성, 장현우

펴낸곳 (주)미래엔 | 등록 1950년 11월 1일(제16-67호)
주소 137-905 서울시 서초구 신반포로 321
미래엔 고객센터 1800-8890
팩스 (02)541-8248 | 이메일 bookfolio@mirae-n.com
홈페이지 www.mirae-n.com

ISBN 978-89-378-3781-4 03190

* 와이즈베리는 ㈜미래엔의 성인단행본 브랜드입니다.
* 책값은 뒤표지에 있습니다.
* 파본은 구입처에서 교환해 드리며, 관련 법령에 따라 환불해 드립니다.
   단, 제품 훼손시 환불이 불가능합니다.

> 와이즈베리는 참신한 시각, 독창적인 아이디어를 환영합니다.
> 기획 취지와 개요, 연락처를 booktolio@mirae-n.com으로 보내주십시오.
> 와이즈베리와 함께 새로운 문화를 창조할 여러분의 많은 투고를 기다립니다.

「이 도서의 국립중앙도서관 출판예정도서목록(CIP)은 서지정보유통지원시스템 홈페이지(http://seoji.nl.go.kr)와
국가자료공동목록시스템(http://www.nl.go.kr/kolisnet)에서 이용하실 수 있습니다.
(CIP제어번호: CIP2016008775)」